21世纪法学系列教材

法理学

Jurisprudence

主　编　陈柏峰

副主编　资　琳　龚春霞　祁春轶

撰稿人（以撰写章节先后为序）
陈柏峰　刘　杨　朱　政
祁春轶　黄泽敏　资　琳
巢容华　徐　凯　于龙刚
李梦侠　龚春霞　刘　磊
印　子　孙少石　何　鹏
王裕根

法律出版社

——北　京——

始创于1954年

图书在版编目(CIP)数据

法理学/陈柏峰主编. -- 北京：法律出版社，2021(2024.7 重印)
ISBN 978-7-5197-5176-0

Ⅰ. ①法… Ⅱ. ①陈… Ⅲ. ①法理学-高等学校-教材 Ⅳ. ①D90

中国版本图书馆 CIP 数据核字(2020)第 241067 号

法理学
FALIXUE

陈柏峰 主编

责任编辑 吴 昉 陆帅文
装帧设计 凌点工作室

出版发行 法律出版社
编辑统筹 法律教育出版分社
责任校对 杨锦华 王沁陶
责任印制 刘晓伟
经　　销 新华书店

开本 787 毫米×1092 毫米 1/16
印张 22.75　　字数 505 千
版本 2021 年 8 月第 1 版
印次 2024 年 7 月第 4 次印刷
印刷 永清县金鑫印刷有限公司

地址：北京市丰台区莲花池西里 7 号(100073)
网址：www.lawpress.com.cn
投稿邮箱：info@lawpress.com.cn
举报盗版邮箱：jbwq@lawpress.com.cn

销售电话：010-83938349
客服电话：010-83938350
咨询电话：010-63939796

书号：ISBN 978-7-5197-5176-0
定价：49.00 元

出版说明

法律出版社作为中国历史悠久、品牌积淀深厚的法律专业出版社，素来重视法学教育图书之出版。

原"21世纪法学规划教材"系列作为本社法学教育出版的重心，延续至今已有十余年。该系列一直以打造新世纪新经典教材为己任，遍揽名家新秀，因其卓越品质而颇受瞩目并广受肯定。当前，根据法学教育发展变化的客观需要，本社将原有教材系列调整重组，形成新编"21世纪法学系列教材"，以便更好地为法学师生服务。

中国的法学教育正面临深刻变革，未来的法学教育势必以培养高素质法律人才为目标，以知识教育与应用教育相结合、职业教育与素质教育相结合、精英教育与大众教育相结合为导向，法学教育图书的编写与出版也将由此进入变革与创新的时代。

为顺应未来法学教育的改革方向和发展趋势，本社将应时而动，为不同学科、不同层次、不同阶段、不同需求的法学师生量身打造法学教材及教学辅助用书。在教材方面，将推出课堂教学系列、实训课程系列、通识课程系列、简明本系列、双语教学系列等；在教学辅助用书方面，将推出案例教程系列、法规教程系列、练习与测验系列、法学讲座系列、专业培训系列等。或革新，或全新，以厚基础、宽口径、多元化、开放性为基调，力求从品种、内容和形式上呈现崭新风采，为法学师生提供更好教本与读本，同享教材规划之盛。

"好书，同好老师和好学生分享。"本社在法学教育图书出版上必将继往开来，以精益求精的专业态度，打造全新"21世纪法学系列教材"，传播法学知识，传承法学理念，辅拂法律教育事业，积累法律教育财富，服务万千法学师生和明日法治英才。

法律出版社

作 者 简 介

（以撰写章节为序）

陈柏峰 中南财经政法大学法学院教授，第九届全国杰出青年法学家，教育部青年长江学者（2016 年），国家万人计划青年拔尖人才（2017 年）。

资　琳 中南财经政法大学法学院教授，理论法学系主任。

龚春霞 中南财经政法大学法学院副教授，理论法学系副主任。

祁春轶 中南财经政法大学法学院副教授。

刘　杨 中南财经政法大学法学院副教授。

朱　政 湖北民族大学法学院教授。

黄泽敏 中南财经政法大学法学院讲师。

巢容华 中南财经政法大学法学院副教授。

徐　凯 中南财经政法大学法治发展与司法改革研究中心讲师。

于龙刚 中南财经政法大学法学院副教授，楚天学子。

李梦侠 云南大学民族学与社会学学院博士后研究人员。

刘　磊 中南财经政法大学法学院副教授。

印　子 中南财经政法大学法学院讲师。

孙少石 西南政法大学行政法学院讲师。

何　鹏 中南财经政法大学法学院副教授，楚天学子。

王裕根 江西师范大学政法学院讲师。

编写说明

这本教材由中南财经政法大学法理学科组织编写，参加编写的人员主要来自中南财经政法大学法理学科及其联系密切的兄弟院校法理学科。他们都是活跃在教学、科研及学科建设一线的教师，是勤于观察法治实践、富有创新精神的青年学者。

最近二十多年来，中南财经政法大学法理学科一直没有编写过法理学教材。2020 年年初新冠肺炎疫情"武汉封城"期间，我们开始酝酿、协调教材编写事宜；时至今日，武汉解封刚过 1 周年，我们推出这本教材，算是对二十多年缺憾的一个弥补。

在编写过程中，我们认真学习我国法理学教材建设的经验，参考了孙国华、沈宗灵、卢云、李龙、李步云、张文显、朱景文、周永坤、付子堂、卓泽渊、葛洪义、刘星、舒国滢、高其才、姚建宗等诸位前辈教授主编的法理学教材，尤其深度学习了张文显教授主编的《法理学》（第五版）（高等教育出版社 2018 年版）。在此，向前贤学者致以诚挚的谢意和崇高的敬意！在学习他们的基础上，本教材形成了特有的体例和风格。

在篇章体例安排和具体章节写作上，本教材都力图体现当代中国法治的特色。

在篇章体例安排方面，法理学教材通常包含法的本体、法的价值、法的运行、法律方法、法的演进、法与其他现象的关系等部分。本书对法的价值、法律方法未设专编展开，仅各用一章加以陈述。全书分五编：导论、法的本体、法的运行、法与国家、法与社会。"法的本体"以及"法的运行"是法理学教学中最基础的内容。"法与国家"一编，整合"法的本质""法的历史类型"等相关内容，并增加执政党与法律、法律与公共政策、法治国家等内容；本编试图"找回国家"，着重讨论法与国家的关系以及与国家紧密相关的法律现象。"法与社会"单独设编，意在强调法与社会的紧密联系和相互影响；本编着重讨论法与社会现象的关系以及与社会密切相关的法律现象。

在具体章节写作方面，本教材从法治经验现象去解析法理学的基本原理，力图将基本原理还原为容易理解的法治经验现象，尤其重视当代中国法治现象的嵌入。一方面，不少具体章节的设立、安排，都基于中国法治的特色，如"执政党与法治""法治国家"等；另一方面，具体问题的分析和展开，多用中国法治现象的经验素材和案例来辅助说明，以帮助读者理解法理。

本教材由本人担任主编，资琳、龚春霞、祁春轶担任副主编，具体写作分工如下（以撰写章节为序）：陈柏峰，第一、二、二十三章；刘杨，第三、十五、二十二章；朱政，第四、六章；祁春轶，第五、十章；黄泽敏，第七、十七章；资琳，第八、九章；巢容华，第十一章；徐凯，第十二章；于龙刚，第十三、十六章；李梦侠，第十四章；龚春霞，第十八、十九章；刘磊，第二十章；印子，第二十一、二十四章；孙少石，第二十五章；何鹏，第二十六章；王裕根，第二十七章。

教材提纲由本人提出，经与编写组成员讨论后确定；教材初稿完成后，本人、资琳、龚春霞、祁春轶分别对相关篇章进行了编辑；全书最后由本人修改定稿。感谢我的同学吴昉女士以及陆帅文编辑，他们细致出色的编辑工作，大大完善了教材。由于编者的水平和经验不足，恳请广大师生和读者不吝提出批评意见和建议。

陈柏峰

2021年4月12日

目　　录

第一编　导　　论

第二编　法 的 本 体

第五编 法与社会

第一编　导　　论

第一章 法 学

第一节 法学的研究对象

法学以法律现象及其规律为研究对象。在认识法学之前,先理解社会现象和法律现象。

一、社会现象

《江村经济——中国农民的生活》是费孝通根据在江苏省吴江县开弦弓村的实地调查,于1938年在英国伦敦政治经济学院学习时撰写的博士论文,最初以英文发表,题为《开弦弓:一个中国农村的经济生活》。这本书描述了当时农村和农民的家庭、亲属关系、生活、消费、劳作、职业分化、土地、贸易、资金等多方面的现状和问题。[1]

> 公立学校根据教育部的教学大纲进行教学。学生就学的时间为6年,是单纯的文化教育。如果孩子在6岁开始上学,在12岁以后还有足够的时间来学习主要职业技能,蚕丝业或农业劳动。
>
> 杀害女婴更为经常。通常的办法是溺婴或流产。人们并不为这种行为辩护,他们承认这是不好的,但有什么别的办法以免贫穷呢?
>
> 儿女的婚姻大事完全由父母安排并且服从父母的安排。谈论自己的婚姻,被认为是不适当的和羞耻的。因此,这里不存在求婚的这个说法。婚配的双方互不相识;在订婚后,还要互相避免见面。
>
> 在制定1929年生效的新《民法》的时候,立法者是按照中国国民党的基本政策给男女以同等的继承权,以便促进男女平等。这与旧《民法》和传统做法有重要的区别。
>
> 在村里,除了祭祀祖先外,最经常得到祭祀的是灶王爷,有时也包括灶王奶奶。灶神是上天在这户人家的监察者,是由玉皇大帝派来的。他的职责是视察这一家人的日常生活并在每年年底向上天做出报告。灶神每月受两次供奉,通常是在初一和十五。也在其他时候受到供奉。各式刚上市的时鲜食品,第一盘要供奉灶神。供奉是把一盘盘菜肴供在灶神座前,并点上一对蜡烛,一束香以示祀奉。
>
> 当遭遇到水灾、旱灾和蝗灾的威胁时,便要施行巫术。过去每逢这种时机出

---

〔1〕 参见费孝通:《江村经济——中国农民的生活》,商务印书馆2001年版。

现,人们纷纷到县政府去要求巫术的帮助。按照古老的传统,县行政官就是百姓的巫术师。有水灾时,他就到河边或湖边把供物扔进水里,祈求洪水退去。干旱时,他就发布命令禁止宰猪,并组织游行,游行者带着一切象征雨的用具如伞、长筒靴等。有蝗灾时,他就带着刘皇的偶像游行。

礼仪开支与一生中的重大事件:出生、结婚、死亡,有着密切联系。从经济观点来看,这种开支是一家不可缺少的负担。彩礼和嫁妆是新家庭必要的准备。丧葬安排是处理死者所必需的措施。个人生活及其相关的社会群体所发生的这些红白大事里产生出来的感情,使得这些礼仪得到更加精心的安排而且花费相当的钱财。当一种礼仪程序被普遍接受之后,人们就不得不付出这笔开销,否则他就不能通过这些人生的关口。

当农村需要外界的钱来供给他们生产资金时,除非有一个较好的信贷系统可供农民借贷,否则地主和高利贷是自然会产生的。如果没有他们,情况可能更坏。农村地区资金缺乏,促使城镇高利贷发展。农村经济越萧条,资金便越缺乏,高利贷亦越活跃——一个恶性循环耗尽了农民的血汗。

中国的传统工业主要是乡村手工业,例如,整个纺织工业本来是农民的职业。目前,中国实际上正面临着这种传统工业的迅速衰亡,这完全是由于西方工业扩张的缘故。

在这个村里,当前经济萧条的直接原因是家庭手工业的衰落。经济萧条并非由于产品的质量低劣或数量下降。如果农民生产同等品质和同样数量的蚕丝,他们却不能从市场得到同过去等量的钱币。萧条的原因在于乡村工业和世界市场之间的关系问题。蚕丝价格的降低是由于生产和需求之间缺乏调节。

上述截取片段涉及各种各样的社会现象,包括:

文化现象:孩子在公立学校接受文化教育,之后可以学习职业技能。

习俗现象:人们经常溺婴或流产来控制人口性别。

儿女的婚姻大事由父母安排。

法律现象:1929年《民法》给男女以同等的继承权。

宗教现象:人们常常祭祀的是灶王爷和灶王奶奶。

政治现象:当遭遇到水灾、旱灾和蝗灾的威胁时,县行政官要带头施行巫术。

经济现象:礼仪开支是农民家庭不可缺少的经济负担。

农村高利贷耗尽了农民的血汗。

西方工业扩张导致中国手工业面临迅速衰亡的命运。

村庄经济萧条的直接原因是家庭手工业的衰落。

从我们现在的社会科学知识体系来说,可以对截取片段中的社会现象作出以上分类。社会现象包罗万象,包括政治现象、经济现象、法律现象、宗教现象、文化现象、习俗现象等。当然,有些现象可能存在交叉。例如,行政官施行巫术,既是政治现象,也是宗教(民间信仰)现象。

二、法律现象

上述1929年《民法》给男女以同等的继承权。之所以认为这类现象属于法律现象，是因为，当时中华民国政府以法律的形式规定了男女平等的继承权，并且予以实施。在社会生活中，人们可以根据法律规定来判断行为是否合法。这种法律的规定，意味着人们在何种条件下可以采取何种行为，在何种情况下不得采取某种行为。而且，这种可以、不得，是受国家机构和国家力量保护的。对于某一女性来说，当她的父亲或丈夫去世后，她可以依法主张继承财产，可以参与继承；对于其他所有人而言，都不得反对或干涉该女性参与继承相应财产。如果有人反对或干涉，该女性可以向法院提起诉讼，法院应当制止这种反对和干涉行为，保护该女性的继承权。这一连串的现象，按照法学的知识观念，包括了立法、司法、守法、违法等一系列活动。它们都与法相关，属于法律现象。

上述从《江村经济——中国农民的生活》截取的片段中所描述的政治、经济、文化、宗教、习俗现象，都不存在法律现象中的“可以”“不得”的问题，没有“受国家机构和国家力量保护”的问题。孩子在公立学校接受文化教育，在学校外学习职业技能，这是文化现象，当时的法律并没有规定必须如此。是否接受文化教育、何时接受文化教育，都是农民家庭自己决定的事情。人们祭祀灶王爷和灶王奶奶，这是宗教（民间信仰）现象。虽然关于具体的祭祀时间、祭祀方式，民间有约定，俗称“规矩”，但这些并非强制性的。民间习俗中，灶神一般是在每月初一和十五供奉，但如果有人初二供奉，并无不可，国家机构和其他机构不会阻拦。即使是政治现象，也是如此。在遇到自然灾害时，县行政官带头施行巫术，并非强制性的。经济现象中的礼仪开支、高利贷、手工业衰亡等，也都不是强制性的。习俗现象中的溺婴、流产、婚姻安排等，在法律未对它们作出明确规定之前，有个人感情、社会风气、社会舆论是否接受的问题，但不存在法律实施的问题，不存在国家机构和国家力量保障的“可以”“不得”等问题。这些政治、经济、文化、宗教、习俗现象，与法没有直接关联。

法律现象，是反映法的观念、存在和运行的现象。它是法学的研究对象。

三、法律现象的规律

上述1929年《民法》给男女以同等的继承权，其目的在于促进男女平等，保护女性权益。它在当时是否实现了这个立法意图呢？白凯考察了上述1929年《民法》对寡妇、女儿以及妾的财产继承权的影响。[2]

> 新民法使寡妇获得了一些权利，代价是丧失了对所有家产的监护。寡妻不再有家产监护权，在法律上她只是丈夫众多继承人中的一个。继承人不再限于继嗣，而是扩大到了包括丈夫的父母、子女、兄弟姐妹等非常庞大的群体。当其他继承人要求分割家产时，她没有权利去阻止。以前，寡妻虽然没有法定的继承权，却有绝对的家产监护权，两者常常重合，所以丈夫的死对妻子的物质伤害小

---

〔2〕 参见白凯：《中国的妇女与财产：960—1949》，上海书店出版社2003年版。

得多。家产监护权的失去,加上继承对象范围的扩大,使寡妻的权利实际上遭到严重削弱。

对于公婆健在的寡媳来说,新民法更是灾难。根据新民法,财产属于父亲个人的财产,父亲活着时,儿媳和儿子都没有份额。儿子死在父亲之前,寡媳无可继承。她完全丧失了旧法律下的财产监护权,却没有从新民法中得到实际的财产继承权。

新民法对女儿稍有的积极意义。在大城市,大家闺秀可以依靠法律争得遗产。不过,女儿的财产继承权利是脆弱的,因为新法律只对死后财产继承进行了约束,却没有否定传统的分家习惯。父亲可以在分家中将财产全部交给儿子,女儿无权处置。同时,新法律和男女平等意识对乡村社会的影响微乎其微。

寡妾与财产继承的关系更加疏远。在清代,寡妾如果守贞,可以拥有类似于寡妻的财产权利。然而,新民法只承认一夫一妻制,虽然允许妾继续存在,却不承认她们与丈夫存在任何关系。她在家中的身份,是女儿、姐妹、母亲、祖母及家属。没有了"准妻"身份,就失去了之前相应的权利。不过,妾丧失了法律地位,却可以因父母、祖父母等身份而获得法定财产继承权。

上述1929年《民法》是根据西方个人权利理念构建起来的一套法律规范。它承认男女平等,规定女子与男子一样有继承家庭财产的权利。在理念和立法意图上,有利于女性获得个人权益。然而,白凯的研究表明,女性获得了同男子一样的继承权,同时却失去了更多更重要的家产监护权等;不同的女性群体在此过程中受益和损失程度不同,在财产占有上总体不如过去。白凯基于数百件法庭诉讼案件的档案展开研究,揭示了女性继承法律现象的规律。

规律是现象中必然、本质、稳定和反复出现的关系,是固有的、深藏于现象背后并决定或支配现象的方面。规律是现象之间的稳定联系,是千变万化的现象中相对固定的内容。它反复起作用,在一定的条件下,合乎规律的现象必然重复出现。它不以人的意志为转移,人们可以发现它、研究它、利用它。

万事万物都有其运行规律,法律现象也是如此。人类在认知法律现象规律的基础上,构建起维系社会秩序的法律制度,并在实践中进一步摸索、提炼法律现象的规律,促成法律不断完善。法律现象在形式上千差万别,但其背后的规律具有普遍性与客观性。这是人们可以从法律现象总结规律的基础。法律现象的规律,是法学的研究对象。

第二节 法学的属性

法学属于什么样的学科?人类迄今为止拥有的知识,按照构成和存在方式的不同,大致可以归结为三种不同形态,即有关自然的、有关社会的和有关人文的,各种知识门类可以被归入这三种形态。按照这一概括,一般将科学划分为自然科学、社会科学和人文科学。在这一分类标准下,可以把法学界定为社会科学,同时,它带有一定人文科学色彩。

一、法学属于社会科学

社会科学,以社会现象及其各方面的规律为研究对象,是用科学的方法研究人类社会现象的学科总体,涵盖的学科包括经济学、政治学、法学、社会学、教育学、管理学等。法学以法律现象及其规律为研究对象,法律现象是社会现象的一种,因此法学属于社会科学。

法律现象极为广泛。它既包括静态的法律现象,如国家现行法律、法律制度、法律规范等,又包括动态的法律现象,如法律行为、法律关系、法律秩序等。法,在这些法律现象中居于核心地位。法律现象都是法的观念、存在和运行的表现形式。一切法律现象的发生,无论静态的,还是动态的,都不是人们意志任意支配的结果,要受到自然规律、社会规律的制约和影响。法学就是要透过法律现象,探索支配、制约和影响法律现象的客观规律,创造出反映这些客观规律的理论,制定符合这些规律的法律,开展符合这些规律的法律活动。

法学的研究范围广泛,它研究法的产生、发展及其规律,各种法律规范、法律制度的性质、特点与相互关系,研究法的内部联系和调整机制,研究法与其他社会现象的联系、区别及相互作用,因此具有社会科学的性质。

毛泽东在《矛盾论》中指出:

> 科学研究的区分,就是根据科学对象所具有的特殊的矛盾性。因此,对于某一现象的领域所特有的某一种矛盾的研究,就构成某一门科学的对象。例如,数学中的正数和负数,机械学中的作用和反作用,物理学中的阴电和阳电,化学中的化分和化合,社会科学中的生产力和生产关系、阶级和阶级的互相斗争,军事学中的攻击和防御,哲学中的唯心论和唯物论、形而上学观和辩证法观等等,都是因为具有特殊的矛盾和特殊的本质,才构成了不同的科学研究的对象。固然,如果不认识矛盾的普遍性,就无从发现事物运动发展的普遍的原因或普遍的根据;但是,如果不研究矛盾的特殊性,就无从确定一事物不同于其他事物的特殊的本质,就无从发现事物运动发展的特殊的原因,或特殊的根据,也就无从辨别事物,无从区分科学研究的领域。[3]

不同的学科以不同的研究对象来加以区分。法学以法律现象这种特殊的社会现象及其规律为研究对象,因而成为一门独立的社会科学。

二、法学具有人文属性

自然科学、社会科学、人文科学的划分并不绝对,有些学科会同时具有多种学科属性。一般认为,哲学、宗教学、语言学、文艺学、美学等,是典型的人文科学。此外,心理学、考古学,是人文科学和自然科学的交叉;法学、历史学、传播学,存在人文科学与社会科学的交叉;而人类学则同时兼具社会科学、自然科学、人文科学的属性。

法律有文化和生活意义的维度,法学因此具有人文属性。人文指人类社会的各种文

---

〔3〕《毛泽东选集》(第1卷),人民出版社1991年版,第309页。

化现象。文化是人类或者一个民族、一个群体共同具有的符号、价值观及其规范。符号是文化的基础;价值观是文化的核心;而规范,包括习惯规范、道德规范和法律规范,则是文化的主要内容。从社会的角度看,法是一种社会现象。从文化的角度看,法是一种文化要素。

> 作为文化的一个部分,法律本质上是一种符号。它不但具有解决问题的功能,而且兼有传达意义的性质。法律是被创造出来的,而且,它是在不同的时间、地点和场合,由不同的人群根据不同的想法创造出来的。人在创造他自己的法律的时候,命定地在其中贯注了他的想象、信仰、好恶、情感和偏见。这样被创造出来的法律固然可以是某种社会需求的产物,但是它们本身却也是创造性的。发自人心的法律同时表达了特定的文化选择和意向。[4]

法律是人们生活意义的规则体现,是规则与意义的交结。法学要解决全世界各民族、各国度、各地方人们生活所面临的问题,要为人们在规则下生活提供精神和意义导向;因此具有人文属性。

> 对立法者而言,应在时代的变局中看到中国文化"不变的底色"。这些"不变的底色"就蕴含在中国文化的经典中,贯穿在中国古典的法律体系里,反映在老百姓的日常行为及心理结构中,体现在对婚姻家庭的"仁孝观念"、对处理人际关系的"和合原则"、对民商行为的诚信坚守,等等。[5]

法律和法学有其价值导向,这是法学人文属性的表现。在不同的历史时期,法学家不断把法学与正义、自由、平等、秩序、效率等价值联系在一起。例如,罗马"五大法学家"之一的乌尔比安说:"法学是关于正义和非正义的科学。"[6]价值是从满足人们和社会需要的角度上,概括法对于人和社会的有益性。价值是高于现实状态的理想状态,是人的相关思想与行为的目标,也是法律追求的目标。

> 法律是人类的作品,并且像其他作品一样,只有从它的理念出发,才能被理解。一个无视人类作品价值的思考是不可能成立的,因此对法律的,或者对任何一个个别的法律现象的无视价值的思考也都是不能成立的。法律只有在涉及价值的立场框架中才可能被理解。[7]

法学有意识形态性,这也是法学人文属性的表现。意识形态可以理解为对事物的理解、认知,它是对某一事物的观念、观点、概念、思想、价值观等要素的总和。法学以法律现象及其规律为研究对象,是对法律现象各方面理解和认知的总和。这种理解和认知并非完全"客观中立",而有其相应的观念、观点、思想、价值观。它们不是人脑中固有的,而是一定社会存在

---

〔4〕 梁治平:《法律的文化解释》,载梁治平编:《法律的文化解释》,生活·读书·新知三联书店1994年版,第54页。

〔5〕 陈景良:《汲取传统中国的法治资源》,载《人民日报》2014年11月24日。

〔6〕 [古罗马]查士丁尼:《法学总论——法学阶梯》,张企泰译,商务印书馆1989年版,第5页。

〔7〕 [德]G.拉德布鲁赫:《法哲学》,王朴译,法律出版社2005年版,第3~4页。

的反映,并随着社会存在的变化而变化;它们反映统治阶级或社会优势群体的利益结构,是这种利益结构在思想、观念、价值观等方面的反映。人们对事物的理解、认知会受意识形态的影响。法学具有意识形态性,因此在不同的意识形态下,人们对法律的认知和理解会有所不同。

法学的意识形态性主要表现在两个方面。第一,从法学研究的对象来看,法律总是反映和维护一定的价值,代表统治阶级和相应社会群体的愿望和利益,这决定了法学必然带有一定的意识形态,这种意识形态服务于统治阶级和优势社会群体的利益。第二,从法律职业群体和法学研究群体来看,他们自身生活在一定的意识形态中,有群体性和个体性的利益结构,很难跳出这种结构,因此他们带有相应的意识形态倾向,这会对法学研究产生一定的影响。

2020年4月8日,农业农村部发布《关于〈国家畜禽遗传资源目录〉公开征求意见的通知》,其中的附件《关于国家畜禽遗传资源目录(征求意见稿)的说明》指出:随着人类文明进步和公众对动物保护的关注及偏爱,狗已从传统家畜"特化"为伴侣动物,国际上普遍不作为畜禽,我国不宜列入畜禽管理。

在上述材料中,关于狗的定位,农业农村部的通知反映和维护了一定的价值,它是社会强势群体所持有的价值。狗与人类的关系定位,最近一些年有很大争议,有人将它当作人类的"伴侣",有人将它仍然视作"畜生"和人类的食材。这种认识的不同,既有时代变迁的因素,也有社会阶层的差异。最终,何种认识会占据主流,相关法律采纳何种认识,必然体现法律的意识形态性。它反映当下的社会存在和社会意识,尤其反映主流社会群体的意识形态。

第三节 法学体系

一、法学体系的概念

体系,是若干有关事物或思想意识相互联系而构成有特定功能的有机整体。如工业体系、思想体系、作战体系等。体系由各个部分共同组成,各个部分之间具有内在联系,内在联系赋予体系存在的意义。体系有大有小,往大里说,整个宇宙是一个体系,各个星系是一个体系;往小里说,一花一木也是一个体系。大体系里含有众多的小体系,小体系里含有可以继续细分的更小体系。体系并不是先于人的认识而存在,而是人类认识世界的产物。当人类的认识水平不高,分析事物的理性能力有限时,对体系的科学认识就不够。当理性能力发展到一定程度,对事物之间的认识水平提高时,可以看到事物之间的内在联系,对体系的认识也就逐渐丰满。

科学是一个或若干个相互关系密切的特殊的知识领域构成的体系。科学体系是科学概念、科学理论等按照特定逻辑组织起来的知识体系。科学作为认识的结果,是发展着的知识体系。科学在一定条件下和一定范围内具有稳定的内容,但这种稳定是相对而言的。科学是相对稳定性和动态发展性的辩证统一。

法学从科学体系中独立出来,标志着科学体系内部的完善,也为法学的发展开辟了广阔空间。法学体系,乃至于人文科学体系、社会科学体系,与自然科学体系有所不同。自然科学体系建立的依据是自然界的客观规律,它会因人类的认识能力的发展而发展。而法律现象的规律,并非完全客观不变,法律现象会随着社会的发展而有所发展,会因世界各地各民族的历史、文化、风俗等因素而有不同,法律现象的规律也因此有所不同。因此,建立在法律现象及其规律基础上的法学体系,难免呈现国别差异。

法学体系,又可称为法律科学体系,它是由法学的各分支学科组成的相互联系的有机整体。法学体系的建立,是不断探索法律现象及其规律的产物,而它又可以进一步加深认识法律现象及其规律。随着法学各分支学科的建立和完善,各种不同的法律现象被明确界定和区分,人们可以更好更深入探索不同法律现象的规律,发现不同法律现象之间的内在联系。

二、法学分支学科

法学分支学科是构成法学体系的基本单元。由于研究法律现象的目的、视角和方法的差异,法学分支学科可以按照不同的标准进行划分。

以一定的研究范围为标准,法学可以分为:(1)国内法学,包括宪法学、行政法学、监察法学、民法学、商法学、知识产权法学、经济法学、刑法学、诉讼法学、军事法学、社会治理法学;(2)国际法学,包括国际公法学、国际私法学、国际经济法学、欧盟法学;(3)法律史学,包括法律制度史学、法律思想史学、法学史学;(4)外国法与比较法学。

以一定的学科功能为标准,法学可以分为:(1)理论法学;(2)应用法学。

以法律现象的基本方面为标准,法学可以分为:(1)法律学;(2)法治学;(3)法理学。

以法律运行过程为标准,法学可以分为:(1)立法学;(2)司法学;(3)执法学;(4)法律解释学;(5)法律监督学;(6)监察法学;(7)法社会学。

从法学和其他学科的关系,法学可以分为:(1)法学本科;(2)交叉法学(法律交叉学科),包括法逻辑学、法经济学、法社会学、法人类学、民族法学、法心理学、法律认知科学、证据学、司法鉴定学、法律职业伦理等。

综合以上几种标准,可以将目前法学体系中的主要分支学科归纳如下(见图1)。

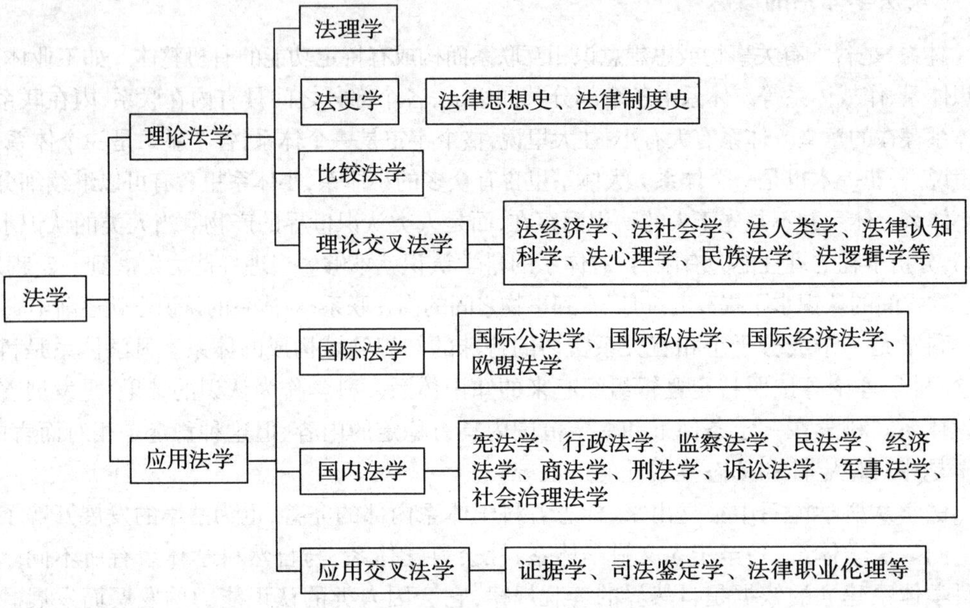

图1　法学体系中的主要分支学科

法学分支学科的类别划分,并不意味着各类别之间完全独立。由于法学体系的组成部分之间存在紧密联系,不同类别的分支学科之间难免存在交叉融合;此外,有的分支学科同时具有多种属性,难以清晰划分。例如,法理学广泛吸收其他学科的方法,有时与交叉法学就难以区分。

第四节　法学研究方法

一、法学研究的视角与方法

方法一般是指为达到某种目的而采取的途径、步骤、手段与行为方式。某一领域分散的各种具体方法组织起来构成体系,就是方法论。以法律规范为中心,法学研究可以有三种不同视角:一是从法律内部视角对法律规范进行分析,二是从法律之上的价值视角对法律现象进行评价,三是从法律之外的社会视角对法律现象进行实证研究。由此有三种研究方法:价值分析方法、规范分析方法、实证研究方法。

广西南宁人周某,小学文化,无业,好赌博。2007—2015 年,8 年间因盗窃罪、抢劫罪“四进宫”。从 2001 年起,周某就活跃于广西各条街道上偷电动车电瓶。2015 年,广西南宁电视台曾对周某进行采访。面对镜头,周某一只手被铐在窗户上说:“打工是不可能打工的,这辈子不可能打工的,做生意又不会做,就是偷这种东西,才能维持得了生活这样子。”“进看守所感觉像回家一样。在看守所里的感觉比家里感觉好多了,里面个个都是人才,说话又好听,我超喜欢里面。在家里一个人很无聊,都没有朋友玩。”周某因此言论爆红网络,被网民戏称“窃·格瓦拉”。

2020 年 4 月 18 日周某出狱,网络上引起了一片狂欢,几十家网络公司准备高价签约周某。其中,四川攀辉影视文化传媒有限公司与周某的哥哥签约。合同约定,该公司每个月给周某的哥哥发一万元钱的工资和视频平台上 20% 的打赏分红,约定里称他不用发周某本人的视频,想发什么都可以,包括他的家人的视频都行。周某的哥哥还录制了一个视频证实周某与该公司签约。这家公司利用这个视频,宣布“窃·格瓦拉”被××影视以 1500 万元年薪签约,在网络上引起轩然大波。

4 月 21 日,中国演出行业协会发声表示,对于以此为噱头炒作的网红经纪公司,行业坚决予以抵制,对这些无视行业道德底线,破坏行业健康生态的网络经纪公司,纳入负面清单。4 月 22 日,成都市委网信办、成都市文广旅局联合成都市锦江区网信办、文体旅局、公安分局、市场监管局、行政审批局等多个部门对四川攀辉影视文化传媒有限公司进行约谈,严厉告诫该公司,一旦发现违法违规行为将依法查处。后来,周某的家人在媒体上单方面宣布解除了合约,该公司表示会采取法律途径维护自己的正当权益。

在上述事件中,有许多法律问题是值得探讨的。例如,周某哥哥与文化传媒公司的合同法律关系,周某哥哥录制视频证实周某与该公司签约的行为,成都市相关部门约谈文化传媒公司的行为。针对以上问题可以从不同的角度、用不同的分析方法来分析。例如,可以用规范分析方法,研究相关合同法律关系的权利和义务,研究周某哥哥录制视频行为的合法性和有效性,研究政府相关部门约谈行为的法律性质;可以用价值分析方法评价相关合同行为和约谈行为的道德性和价值导向;可以用实证研究方法测量相关合同行为或约谈行为的社会效果,研究类似行为的发展进程,比较其法律后果。

二、价值分析方法

价值分析方法就是通过认知和评价社会现象的价值属性,揭示、批判或确证一定社会价值或理想的方法。法律作为调整社会生活的规范体系,其存在本身并不是目的,它是实现一定价值的手段。立法、司法、执法、法律监督等法律活动,最终意义上都服务于价值的实现。

法律是调整社会行为的规范体系,是一定价值观的体现。法律对一些行为予以保护,对一些行为进行制裁,对一些行为进行奖励,这都体现价值导向。法律规范之中内含一套价值准则,符合价值准则的行为受到肯定评价,不符合价值准则的行为受到否定评价;符合价值准则的权益受到保护,不符合价值准则的利益不受保护。法学需要对现实中的各种利益作出价值评价,并确定不同利益在价值体系中的位阶。当各种利益发生冲突时,还要确定取舍的原则和办法。

价值分析方法有三重任务:一是揭示实在法所蕴含的价值属性;二是探讨法的应然状态,即法律应该具备什么样的价值属性;三是用应然的价值属性对实在法律规范予以评价,包括对实在法中蕴含的价值属性是否合理的评价。通过揭示法的价值属性,探讨法的应然状态,对现有的社会行为、利益关系、法律规范进行价值评判,从而改进"实然的法"。

2020 年 2 月 24 日,第十三届全国人民代表大会常务委员会第十六次会议通过《关于全面禁止非法野生动物交易、革除滥食野生动物陋习、切实保障人民群众生命健康安全的决定》,是为了全面禁止和惩治非法野生动物交易行为,革除滥食野生动物的陋习,维护生物安全和生态安全,有效防范重大公共卫生风险,切实保障人民群众生命健康安全,加强生态文明建设,促进人与自然和谐共生。

显然,上述决定的出台,特别强调安全价值,包括生物安全、生态安全、公共卫生安全、生命健康安全等。与此类似,2020 年 2 月 11 日湖北省第十三届人民代表大会常务委员会第十四次会议通过了《关于为打赢新型冠状病毒肺炎疫情防控阻击战提供有力法治保障的决定》,也强调安全价值。在安全价值的评价和指引下,此类决定对之前的一些法定权利和利益进行了某种程度上的限制。

三、规范分析方法

规范分析方法,即仅对规范本身进行分析的方法。在法学语境中,此处的规范是指法律规范,包括法律原则、法律规则及其中的法律概念等。它一般指向在本国或他国现行有效、通常以成文形式表现出来的法律规范,有时也指代历史上曾经有效的法律规范。这种法律规范,不同于应然层面上的"应当的法""自然法",也不同于社会实证层面的"活法""行动中的法""原始社会的法"等。规范分析方法关注法律规范本身,运用法律自身的原理,遵循逻辑和体系的要求,通过适当的方法来阐释法律规范和法律现象。规范分析方法不是对法律进行价值层面上的“应然”论证，也不是对法律进行社会实证层面上的“实然”考察，而是对法律规范的概念、结构及其体系的分析。

规范分析方法不同于法的解释、续造、论证等法律方法。无论是字义解释、历史解释、体系解释等法律解释方法，还是目的性扩张、目的性限缩等法律续造方法，或者法律论证方法，目的都在于个案事实与规范的“对接”或“涵摄”，并在此过程中释明法律、填补法律漏洞。规范分析方法并不以具体个案事实为必要条件，目标也不在于司法，而是通过对法律规范和法律体系的梳理，形成系统的理论体系。可以说，规范分析方法是理论导向的，而法律方法是实践导向的。语义分析方法、逻辑分析方法以及权利义务分析方法是典型的规范分析方法。

（一）语义分析方法

语义分析方法，亦称语言分析方法，是通过分析语言的要素、结构，考察词语、概念的语源和语境，澄清语义混乱，确认或给定语义和意义的研究方法。这种方法源于语义分析哲学，目的在于从科学语言的严密性上使概念、术语、定义、范畴和规律受到严格的语义限定，从语言系统的内在结构上满足理论的要求，诉诸合理的、有效的和逻辑的必然陈述。在法律规范中，语言和文字规定了社会主体的权利和义务，对社会生活有着重要影响。立法需要通过语言文字来表达国家意志，法律实施需要通过语言和文字来贯彻国家意志，其中有对社会主体影响巨大的权利、义务、责任等内容。经由语言文字表达的法律规范，是指引、评价、引导法律行为的标准，预测法律后果的依据。因此，法律语言必须明确，语义前后一致，便于人们理解和运用。在建构法学理论、表达法学观点时，需要准确、合理使用概念和术语；同时，可以通过语义的梳理、限定来澄清学术争议、建构法学理论。

（二）逻辑分析方法

任何科学理论的建立都必须借助逻辑推理，法学与逻辑的关系尤其紧密，至少体现在三个方面：第一，法律实践活动是逻辑学产生的重要源泉。逻辑是法律思维的重要工具，正是出于对法庭论辩取胜的需要，人们研究法律推理和论证的逻辑方法。第二，逻辑是法律体系赖以建立、发展的重要基础。三段论的逻辑形式在古埃及就已经有所运用。古希腊时期，亚里士多德发展的逻辑理论体系，对罗马法的发展产生了深远的影响。古罗马法学家把各种法律概念、法律关系，用逻辑的方式构建成为博大精深、结构严谨的体系。第三，逻辑为法律思维提供表达形式和评价标准。逻辑所提供的严格的推理、论证规范，为法律思维提供了基本的知识表达形式，为法律思维的正确性提供了形式性的评价标准。

法律体系是按照逻辑建立的严密体系，法律规则是一个由各种概念所构成并具有严谨逻辑结构的判断和命题，由众多规则构成的法律体系，也是一个具有逻辑严密性的有机整体。在法学研究中，可以用逻辑分析方法分析法律规范，厘定法律概念所对应的法律事实，探讨法律规则之间的关系，分析法律规则与法律原则之间的关系。

（三）权利义务分析方法

法律关系的内容是权利和义务，权利与义务是法律的核心问题。法律思维的实质就是从权利和义务角度观察、分析、处理问题。权利义务分析方法,在法律思维中处于核心地位,是法律人面对法律事实时采取的常规方法。它本质上是一种对法律规范的逻辑分析方法,由于为法学所特有,因此单列为一种研究方法。权利义务分析方法,是对法律规范的权利义务结构予以分析,并将法律现象与其相匹配的方法。它将法律事实与法律规范中的权利义务进行对应分析,为法律行为的合法性、法律规范的合理性作出判断。其分析内容包括法律规范设定的具体的权利义务以及权利义务是否一致,义务与责任是否匹配;某项行为是否在主体的法定权限内,是否符合法定程序,是否侵犯他人的权益,是否减免了他人应负的法律义务;某个事件是否引起了人们权利义务的变动。

大学生小王在父母离婚后向法院起诉,要求父亲为其垫付一半学费和每月300元的生活费。某县法院立案受理后对原告进行了相关法律解释。法院指出,我国原《婚姻法》第21条规定,送子女上大学并非父母的法定义务。根据其规定,对于未成年子女,父母支付教育费,是一种无条件的法定义务。但对于已年满18周岁,且已完成高中学业,未丧失或未完全丧失劳动能力等非因主观原因而无法维持正常生活的,是不能要求父母支付其上大学期间的费用的。小王现已年满18周岁,且不存在丧失劳动能力等情况,父母已没有法定义务再继续为小王支付抚养费和上大学的学费等费用。听了法官的解释,小王主动撤回了起诉。

四、实证研究方法

实证研究方法是在价值中立的条件下,以对经验事实的观察为基础来建立和检验知识性命题的各种方法。价值中立,是指在研究的过程中研究者不可以用自己特定的价值标准和主观好恶来影响资料和结论的取舍;经验事实,是指可以通过直接或间接方式观察到的事实因素。实证研究在某种理论框架下描述法律规范在社会中的本来面目,说明法律在历史和社会中的“实然状态”。实证研究关注事实问题,研究“法律实践是什么”的问题,一般通过对法律现象的观察、调查和实验,获取客观材料,从个别到一般,归纳出法律现象的本质属性和发展规律。实证研究关注的重心不是法律规范本身,而是法律规范在社会中的实践,以及在社会实践中所造就的诸多现象之间的关联。实证研究方法主要有以下几种。

(一)历史研究方法

历史研究方法是运用历史资料,按照历史发展的顺序对法律现象进行研究的方法。在法学研究中,它着重对以往的法律制度、法律思想和法律文化等研究。历史研究以过去为中心,本身并不创造数据或事实,而是力图发现以某种形式存在的数据或事实。它通过对已存在的资料的深入研究,寻找事实,然后利用这些信息去描述、分析和解释历史的过程,同时揭示当前关注的一些问题,或对未来进行预测。历史研究方法关注历史上法律规范背后的历史依据和影响因素,有助于分析法律现象的现状及其演变趋向,系统地研究法律现象的历史发展规律。

(二)比较分析方法

比较分析方法是对事物的相似性或相异程度进行研究与判断的方法,它根据一定的标准,对两个或两个以上有联系的事物进行考察,寻找其异同,认识事物的本质和规律,并作出正确的评价。比较分析方法是人类的基本思维之一,它的形式多种多样。按属性的数量,可分为单项比较和综合比较;按时空的区别,可分为横向比较与纵向比较;按目标的指向,可分成求同比较和求异比较;按比较的性质,可分成定性比较与定量比较;按比较的范围,可分为宏观比较和微观比较。在法学研究中,法律规范、法律制度、法律思想、法律现象,它们背后的政治、社会、文化背景,它们在社会中的影响、实效等,都可以是比较分析方法的对象。

(三)社会分析方法

社会分析方法,关注法律规范之外的社会事实,将法学研究从书面上的、理论性的、静态的分析层面扩展至现实生活中的、实践性的、动态的运行过程,具体考察和检测法在实际生活中的运行状况、法的实际效力、实际作用和实际效果等问题。它将法律视为一种社会现象,将法律的制定、解释和实施过程都看作人类有目的的社会行动,将研究任务定位为发现跨越个别现象的普遍规律,说明社会现象之间的规律关系,通过经验材料来寻找社会现象之间的规律关系。社会分析方法采取实证进路,从事实和具体问题出发,着重分析法律实践是怎样的,尤其是集中关注法律动态过程中的实然性问题,考察和检测法的实际运行、实际作用和实际效果。在法律制度的运行过程中考虑人类社会生活的实际情势,对形成和影响法律的社会因素和经济因素有充分的认识,将具体制度的建构和调整建立在实证和经验性的考察分析之上,兼顾可行性、现实性和成本效益的分析。

社会分析的经验材料,可以分为定量和定性两种;经验材料的收集,可以采取多种办法,包括观察法、访谈法、测验法、个案法、实验法、文献法等;具体问题的分析,也可以采取多种理论视角,包括角色分析、系统分析、功能主义、结构主义、过程分析、阶级分析、利益群体分析等。

(四)阶级分析方法

阶级分析方法属于实证研究方法,因其在中国的特殊重要性而单列出来。阶级分析方法是指在承认人类社会发展到一定阶段后出现阶级并由此产生阶级斗争的前提下,运用马克思主义的阶级观点,从阶级对立和阶级斗争的角度,观察和分析社会历史现象的方法。列宁指出:“马克思主义提供了一条指导性的线索,使我们能在这种看来扑朔迷离、一团混乱的状态中发现规律性。这条线索就是阶级斗争的理论。”[8] 阶级和阶级斗争是人类社会的客观存在,在研究一些社会历史现象时,就不能不使用阶级分析方法,只有这样才能如实地反映社会历史现象的真实面貌。

阶级分析方法关注人们在社会经济关系亦即生产关系中的不同地位。人们在生产关

〔8〕《列宁选集》(第2卷),人民出版社1995年版,第426页。

系中所处的地位不同,便形成了不同的社会集团,这些不同的社会集团便是所谓的阶级。法律现象作为一种社会历史现象,与阶级有着紧密关联,应当成为阶级分析方法的对象。在阶级社会,阶级之间的利益关系是最具决定性和根本性的,在政治和经济上占统治地位的阶级或社会集团,必然借助法律来建立和维护有利于自己阶级的利益秩序,法律成为阶级统治的工具,具体法律秩序有着阶级统治的具体考量。阶级分析方法有不可替代的作用。否定阶级分析方法的作用,或夸大阶级分析方法对社会历史现象的解释力,都是不正确的。

第二章　法　理　学

第一节　法理学的研究对象

第一章讲到,法学的研究对象是法律现象及其规律。法理学的研究对象,则是法律现象的普遍性、一般性规律。法律现象十分普遍,也十分复杂,而且,它们可以分门别类。在现代社会,每个人的日常生活中都伴随着大量法律现象。

早上起床后,你去公司上班,过马路遵守交通规则。这是守法现象。

路过早餐店铺或露天早餐摊点,你买了豆浆、油条,与早餐店或摊贩形成了买卖合同关系。这是合同法律现象。

到公司门口,碰到个同事,他早上忘记带现金,找你借钱,你借了200元给他,形成了债权债务关系。这是借贷法律现象。

进了办公室后,坐在办公桌前,打不开电脑,请人来维修电脑。你跟维修人员之间建立了合同法上的承揽关系。这是承揽法律现象。

电脑维修好了,你准备掏手机扫码结账,发现支付宝里的5000元已被人盗刷。盗刷支付宝是犯罪行为,应当受到法律制裁。这是刑事法律现象。

你向公安机关报警,公安机关以这类案件难以侦破为由而未出警。你起诉公安机关,属于行政诉讼。这是行政法律现象。

公安机关败诉了,你很高兴,请同事一起去酒店聚餐庆祝胜诉。有个同事连逼带劝,要你过量喝酒,结果导致你酒后胃出血,形成了侵权法律关系。这是侵权法律现象。

你一怒之下起诉这个同事,形成了民事诉讼法律关系。这是诉讼法律现象。

简单列举,就有守法现象、合同法律现象、借贷法律现象、承揽法律现象、侵权法律现象、行政法律现象、刑事法律现象、民事诉讼法律现象,这些法律现象及其规律,分别是合同法学、侵权责任法学、行政诉讼法学、刑法学、民事诉讼法学的研究对象;而这些法律现象背后的普遍性、一般性规律,才是法理学的研究对象。法理学,要"看见"法律现象背后的普遍性、一般性规律。

法理学的这种"看见",可以与文学"看见"生活进行类比。[1] 一位台湾作家曾对文学的功能有此论说:

> 如果说,文学有一百种所谓"功能",而我必须选择一种最重要的,我的答案

---

〔1〕 这种类比最早来自刘星教授。参见刘星:《法理学导论》,法律出版社2005年版,第5~6页。

> 是：德文有一个很精确的说法，macht sichtbar，意思是“使看不见的东西被看见”。在我自己的体认中，这就是文学跟艺术的最重要、最实质、最核心的一个作用。
>
> 鲁迅的短篇《药》，讲的是一户人家的孩子生了痨病。民间的迷信是，馒头沾了鲜血给孩子吃，他的病就会好。或者说《祝福》里的祥林嫂；祥林嫂是一个唠唠叨叨的近乎疯狂的女人，她的孩子给狼叼走了。
>
> 让我们假想，如果你我是生活在鲁迅所描写的那个村子里头的人，那么我们看见的，理解的，会是什么呢？祥林嫂，不过就是一个让我们视而不见或者绕道而行的疯子。而在《药》里，我们本身可能就是那一大早去买馒头，等看人砍头的父亲或母亲，就等着要把那个馒头泡在血里，来养自己的孩子。再不然，我们就是那小村子里头最大的知识分子，一个口齿不清的秀才，大不了对农民的迷信表达一点不满。
>
> 但是透过作家的眼光，我们和村子里的人生就有了艺术的距离。在《药》里，你不仅看见愚昧，你同时也看见愚昧后面人的生存状态，看见人的生存状态中不可动摇的无可奈何与悲伤。在《祝福》里头，你不仅只看见贫穷粗鄙，你同时看见贫穷下面“人”作为一种原型最值得尊敬的痛苦。文学，使你“看见”。

在此位作家看来，文学最重要的功能和作用，就是让人们透过生活的表面现象，看到人生背后的“人的生存状态”，从而产生忧患意识。“人的生存状态”，是文学要处理的普遍性、一般性问题。与文学相类比，法理学面对的法律现象，就好比“生活的表面现象”；法律现象的普遍性、一般性规律，就好比是“人的生存状态”。法理学，就是要“看见”法律现象的普遍性、一般性规律。

前文列举的违法现象、合同法律现象、借贷法律现象、承揽法律现象、侵权法律现象、行政法律现象、刑事法律现象等，合同法学、侵权责任法学、行政诉讼法学、刑法学等部门法学，会研究它们的规律。这些法律现象又有共通性的规律。例如，违反合同约定或法律规定，都要承担法律责任；不同法律现象背后都有法律价值导向。尽管不同法律现象背后的主导性价值有所不同，不同法律现象的法律关系不同，但在所有的法律关系中，都要求权利和义务是一致和平衡的。这些跨越个别法律现象的普遍性、一般性规律，就是法理学的研究对象。

法理学要求人们透过法律现象，在法的观念、存在和运行的表象中去“看见”。“看见”的对象，是法律现象的普遍性、一般性规律。而用来“看见”的“工具”，丰富而多元，其中包括业已发现的法律现象的普遍性、一般性规律。

法律现象的普遍性、一般性规律，就是“法理”。法理学，就是关于法理的学问，其研究对象就是法理。“法理”具有丰富深邃的内涵：[2]

> 第一，“法理”是法之道理、“是”理，是法律或法律体系背后恒定不变、超越时空、具有普遍意义的东西，属于法的规律性、本质性因素，是法这一客观事物的

〔2〕 参见张文显：《法理：法理学的中心主题和法学的共同关注》，载《清华法学》2017 年第 4 期。

内在机理和规律；

第二，“法理”是法之原理，关于法的学理、学说，是法律的基本学理，是人们关于法之客观规律的部分真理性认识，有关法律的哲理学说是对法理的知识性探求；

第三，“法理”是法之条理或事理，即法律事物的规矩性，是法律社会生活实践中的当然之理；

第四，“法理”是法之公理，是与正义、良善、信念、公德、共同价值等关联的公理，是长期以来为人们所普遍接受的有关法律的正义观、道德观、价值观的法律命题；

第五，“法理”是法之原则，是源自法治精神的、作为法律规则之基础和本源的综合性、稳定性原理和准则，它们体现了一个社会的基本法理；

第六，“法理”是法之美德，法的正义性是法的首要美德，也是根本法理；

第七，“法理”是法之价值，对于法的价值、法律价值观、法律价值标准、法律价值体系的研究；

第八，“法理”还是“法理之学”，人们往往把作为学问和学科的“法理学”简称为“法理”。

第二节 法理学的体系和属性

一、法理学的体系

法理学作为法学的一个分支学科，应当研究哪些理论问题？应当按照怎样的逻辑线索把这些相对独立的理论问题组织起来，使它们成为一个结构严谨的逻辑整体？这有多种不同的划分方法，通常会包括以下部分：

1. 本体论。法的本体论是法理学和整个法学最核心的问题，它研究法和法学中最基本的概念和范畴，分析法的内部联系和调整机制。这些基本概念和范畴包括法的概念、法的要素、法的渊源、法的效力、法的作用、法律体系、法律关系、权利与义务、法律责任等。法理学只有科学阐释本体论中的概念和范畴，才能为建立法学理论体系奠定基础，为解决法学问题提供理论前提。

2. 价值论。法的价值论研究的是法对于人类生存和发展的有用性，包括法的价值的性质、构成、标准和评价等；讨论人类对高于现实状态的法的理想状态的思考，涉及人们对法的期望、追求、信仰，以及对法律思想、规范和行为的追求。价值论讨论正义、自由、秩序、平等、安全、效率、人权等法的价值，以及它们组成的法的价值体系，它能够指导法的具体功能和作用的实现。

3. 运行论。法的运行论研究法律从制定到实施的过程。法的运行，指的是从法的效力到法的实效全过程，也是法的价值实现的过程。它包括法的制定（立法）、法的适用（司法）、法的执行（执法）、法的遵守（守法）、法律监督等。运行论讨论的是法运行过程中各环节的规律,关注的是如何将法的价值落实到法律实践之中,将法律规范转化为社会现实。

4. 方法论。法律方法论研究法律人认识、判断、处理和解决法律问题的思维和工作方法体系。法律方法是法律实践中的技术方法,分布在法律解释、法律续造、法律论证等不同环节。方法论是法律人在长期法律实践中积累和发展出来的法律技术,是法律实践理性的结晶和形态。

5. 演进论。法的演进论研究法的起源和发展等问题,阐明法律现象随时间推移的宏观发展规律。法的演进,体现了人类法文明发展的递进性、规律性和多样性,具体包括法的起源、法的历史类型、法的发展、法治现代化等。演进论比较历史上法的类型和样式,寻求传统与现代之间的法文明联系,揭示法的历史发展的宏观发展规律。

6. 关系论。关系论研究法与政治、法与经济、法与科技、法与文化、法与道德等社会现象之间的关系。法是社会体系的一部分,与社会体系的其他方面存在密切联系。法能够影响、改变社会的其他方面,社会的其他方面也能影响、改变法。研究法与其他社会现象的关系,可以更加科学地探索法律现象的规律,解答法"是什么""应当是什么""在社会中是什么"等问题。

本书对价值论和方法论未专编展开,仅仅在相关编中用一章陈述。本书除导论外,设法的本体、法的运行、法与国家、法与社会四编。

20 世纪 80 年代及之前,法理学在中国被称为"国家与法的一般理论",强调国家与法的不可分割和必然联系。这是有历史原因的。中华人民共和国成立后,民国时期的法治意识形态与旧法统一起被抛进了"历史的垃圾堆",在法学领域十分需要与政权性质相适应的新的政治意识形态,学习、吸收、借鉴苏联的"国家与法的一般理论"成了必然选择。苏联法学家维辛斯基"国家和法律是统治阶级的工具"的观点,长期被我国奉为马克思主义法学理论的权威观点,几乎成为人们回答一切法学问题的出发点,成为诠释一切法律现象的终极根据。虽然这种定义和定位,至今仍是我国法学理论的基本精神,但只是在"法的本质""法的历史类型"两章中提及,由于篇幅有限,在整个法理学体系中似乎已经无足轻重。而且,国家与法的研究呈现分离趋势,与国家相关的现象被认为是政治学的研究范畴,这导致法理学对与国家相关的法律现象关注不够。本书强调"找回国家",因此专设法与国家一编,除了法的历史与发展、法与国家的本质以外,还讨论执政党与法律、法律与公共政策、法治国家等与国家紧密相关的问题,试图在实证层面讨论与国家紧密相关的法律现象。

法与社会一编试图讨论与社会密切相关的法律现象,包括法律的社会实效、法律与社会规范、法律文化、法律与科学技术、法律与经济社会发展等。法与社会单独设编,意在强调法与社会的紧密联系和相互影响。

二、法理学的属性

在西方,法理学思想可以追溯到古希腊、古罗马时期,苏格拉底、柏拉图、亚里士多德、西塞罗等思想家的言论和著述中,都含有深邃的法理学思想。法理学作为一个学科,由约翰·奥斯丁于 1826 年担任伦敦大学法理学教授时初创。

在中国,汉代典籍中就出现“法理”一词。班固《汉书·宣帝纪》记载:“孝宣之治,信赏必罚,综核名实,政事、文学、法理之士咸精其能。”这里“法理之士”与政事、文学并称,是指懂法晓律的官员。宋代,“法理”一词在判词及案例编撰中不断出现,它有时指法律条文,有时指天理、国法,有时指法律的价值或法意。[3] 词义内涵虽与现代的“法理”有一定的差异,但已有相当类似之处。

中国法理学学科的出现,是清末西方法学和法理学知识传播的结果。最早使用“法理学”一词的可能是梁启超所著的《中国法理学发达史论》。自那时开始,“法理学”课程的名称屡经变化。清末民国期间,名称五花八门,有“法理学”“法学绪论”“法学概论”“法学导论”“法学总论”“法学大纲”等;中华人民共和国成立之后,很长一段时间效仿苏联,称为“国家与法的一般理论”或“国家与法权理论”;改革开放之初多使用“法学基础理论”“法的一般理论”等名称;20 世纪 90 年代至今,普遍称为“法理学”“法学理论”。

在法学学科体系中,法理学有着特殊的地位和作用:

1. 法理学是法学的一般理论。法学的所有分支学科都研究法律现象及其规律,不同的学科从不同法律现象切入,或者从不同角度切入。法理学也研究法律现象,重心则在于法律现象的一般性、普遍性规律。所谓的一般性、普遍性规律,往往是跨越具体法律部门而为整个法律体系所共有的规律或者是跨越国家、民族、历史而为世界各国、人类历史上所共有的法律现象的规律。因此,法理学往往从宏观上、整体上切入,探索法律现象的规律;即使从微观的法律现象切入,也会以小见大,从宏观上、整体上探讨一般性规律。

2. 法理学是法学的基础理论。法理学与法学其他分支学科不同之处在于,它提供的不是法的具体知识,而是法的基础理论。例如,法理学与部门法学都研究权利问题,但部门法主要研究具体的权利,如物权、债权、土地承包经营权、商标权、专利权等,而法理学研究何为权利、权利应当受到何种保护等基础性问题,从而为法学其他分支学科提供关于权利的基础理论,使人们可以正确认识和运用权利。如果没有法理学对法律的基本问题作整体的回答,法学其他分支学科的讨论将变得零碎而缺乏系统性。法理学通过对基本问题的界定,来为法学其他分支学科提供总体性的指导,提供基本的概念、范畴,提供对法律现象及其规律的一般认识,提供基本的研究方法和视角。

3. 法理学是法学的方法论。法理学提供研究法律现象及其规律的基本方法。理论本身有方法论意涵,当人们用理论探索现象及相关规律时,本身就嵌入了特定的方法。在这个意义上,理论提供认识现象的思维方式和研究方法。法理学在理解法律现象及其规律时,提供了研究赖以为凭的思想和方法。此外,方法论是法理学的重要构成部分。在宏观上,法学方法是认识法律现象的思维工具和手段;在微观上,法律方法为法律人认识、判断、处理和解决法律问题提供方法和手段。法律现象错综复杂,不同的方法有利于研究不同的法律现象,多元方法组成的方法论体系更有利于全面研究法律现象的规律。

4. 法理学是法学的意识形态。意识形态是由各种具体意识形成的政治、法律、经济、社会、教育、艺术、伦理、道德、宗教、哲学等思想构成的有机思想体系。意识形态有指向

---

[3] 参见陈景良:《宋代“法官”、“司法”和“法理”考略——兼论宋代司法传统及其历史转型》,载《法商研究》2006 年第 1 期。

性，总是指向现实，其目的是建立或巩固一定的政治制度，维护阶级或集团的根本利益。意识形态是统治阶级或集团的政治纲领、行为准则、价值取向和社会理想的理论依据。法学意识形态是意识形态的重要组成部分。法理学提炼法学的基本立场、观点和方法，是在一定的意识形态指导下进行的。法理学对法的基本理论的阐释，是整个法学的灵魂，是认识、探索法律现象及其规律的基础和"前见"。不同流派法学家对法理认识的分歧，往往源于所遵循的法学意识形态的差异。我国法理学坚持以马克思主义基本原理为指导，在中国特色社会主义法治实践基础上，形成了中国特色社会主义法理学。

第三节 马克思主义法理学的立场

一、经济基础决定上层建筑

经济基础是指由社会一定发展阶段的生产力所决定的生产关系的总和，是构成社会的基础，主要包括生产资料所有制、生产过程中人与人之间的关系和分配关系等三个方面，其中生产资料所有制是首要的、决定的部分。上层建筑是建立在经济基础之上的意识形态以及与其相适应的制度、组织和设施，在阶级社会主要指政治法律制度和设施。在经济基础与上层建筑的关系中，经济基础是上层建筑赖以存在的根源，是第一性的；上层建筑是经济基础在政治上和思想上的表现，是第二性的。经济基础决定上层建筑，上层建筑反作用于经济基础。

> 在现实的历史中，那些认为权力是法的基础的理论家和那些认为意志是法的基础的理论家是直接对立的……那些决不依个人"意志"为转移的个人的物质生活，即他们的相互制约的生产方式和交往形式，是国家的现实基础，而且在一切还必需有分工和私有制的阶段上，都是完全不依个人的意志为转移的。这些现实的关系决不是国家政权创造出来的，相反地，它们本身就是创造国家政权的力量。在这种关系中占统治地位的个人除了必须以国家的形式组织自己的力量外，他们还必须给予他们自己的由这些特定关系所决定的意志以国家意志即法律的一般表现形式。[4]

作为上层建筑的一部分，法律是被经济基础决定的，它以现实物质生活关系为基础。物质生活即生产方式和交往形式是第一性的、基础的东西，国家与法律是第二性的；后者由前者决定，而非相反。经济基础并不是按照法律的要求来发展的，法律不能创造或废除经济基础，而只能适应和反映经济基础。法律没有自己独立的历史。法和国家都是人类历史一定发展阶段的产物，而不是人类社会从来就有的，法律的发展变化不能脱离社会物质生活关系的发展变化。

为什么自由平等成为市场经济的重要法律原则？有些学者认为是人类理性的突然发

〔4〕《马克思恩格斯全集》(第3卷)，人民出版社1960年版，第377～378页。

现，马克思对此作出了回答。在市场经济条件下，意思自治特别重要，交易主体需要是自由、独立的，不依附于对方和第三人，这样才能保障交易的正常进行。工人的劳动力是商品，工人个体是自由的；交易过程应当是平等的，每个人都关注自己的利益，因利益交换而发生联系。资本主义生产方式必然要求保障自由、平等的法律制度。恩格斯作了更广泛的分析。国际贸易要求资本和商品的流动不受限制，也要求相关的法律在各地大致相同。资本主义法律塑造了以利益交换关系为中心的现代意义上的人。

二、社会存在决定社会意识

社会存在指社会的物质生活过程，其决定力量是物质资料的生产方式。社会意识指社会的精神生活过程，是社会的一切意识要素和观念形态。社会存在决定社会意识，社会意识反映社会存在，并对社会存在起促进或阻碍的作用。社会存在是第一性的，是社会意识的根源；社会意识是第二性的，是对社会存在的反映。先进的、革命的、科学的社会意识对社会存在的发展产生巨大的促进作用，落后的、反动的、不科学的社会意识对社会存在的发展起着阻碍作用。社会存在的发展变化决定社会意识的发展变化，但社会意识具有相对独立性，在自身发展中具有历史继承性，一是反映那个时代的社会存在，二是集成前人留下来的精神文化成果。

> 在历史上出现的一切社会关系和国家关系，一切宗教制度和法律制度，一切理论观点，只有理解了每一个与之相应的时代的物质生活条件，并且从这些物质条件中被引申出来的时候，才能理解。[5]

在几千年的人类思想史上，法作为一种社会现象，一直是思想家集中思考的问题。在马克思之前，人们总是力图从所谓的上帝意志、人类理性、绝对精神、民族精神等因素去说明法律现象。马克思和恩格斯则认为，法的关系既不能从它们本身来理解，也不能从人类精神的一般发展来理解，而应当从与之相应的时代的物质生活条件去理解。在法学研究中，坚持社会存在决定社会意识，即从社会物质生活过程决定社会精神生活过程去理解法律现象。法律制度的内容、权利义务的分配，需要通过人类的理性、观念和意志来确定，但归根结底，决定力量存在于社会物质生活过程之中。社会物质生活条件决定了何种社会意识会占据统治地位，从而最终决定法律制度的内容、权利义务的分配状况。

18世纪末，西欧的犹太人享有了许多权利，出现了许多杰出的人物，为什么？有人认为是启蒙运动的影响。果若如此，为什么同时代的印第安人和黑人却没有获此待遇？犹太人流落欧洲各国，受到了歧视和排挤。法律禁止他们从事一些行业，不允许他们做农民，只让他们做商人、从事金融业。因为《圣经》中有不允许放贷的经文，基督徒不愿意从事金融业。由此可以看出，歧视有社会结构性原因。资本主义的法律建立在平等、自由的基础上，犹太人从事金融和贸易，这些职业符合资本主义生产方式，犹太人因此最早介入自由、平等化过程，从而在资本主义最先发展的西欧国家最早获得了解放。

---

〔5〕《马克思恩格斯选集》（第2卷），人民出版社1995年版，第38页。

三、社会法律发展有其客观规律

社会发展规律是社会发展过程中内在的本质联系和必然趋势。唯心主义从人们的思想、动机出发,否认社会发展有其自身的规律;与此相反,历史唯物主义从社会物质生活过程出发,主张社会是变化发展的,这种变化发展有其客观规律。生产关系一定要适应生产力的发展,经济基础与上层建筑也要相匹配,这是任何社会都要遵循的客观规律。社会发展规律是历史发展中的一种必然联系。承认历史必然性丝毫不会损害人在历史上的作用,因为全部的社会历史都是由人的活动构成,社会发展规律只是揭示在何种条件下人们的活动可以取得成功。

> 人们在自己生活的社会生产中发生一定的、必然的、不以他们的意志为转移的关系,即同他们的物质生产力的一定发展阶段相适合的生产关系。这些生产关系的总和构成社会的经济结构,即有法律的和政治的上层建筑竖立其上并有一定的社会意识形式与之相适应的现实基础。物质生活的生产方式制约着整个社会生活、政治生活和精神生活的过程。[6]

用社会发展规律观察和分析法律现象,就会发现,世界上根本没有永恒的正义标准或神的意志,以及体现这些标准和意志的超时空的法律制度;任何法律现象都具有时代特征,它必须与时代的社会条件相适应并随着这些社会条件的变化而变化。法律发展的过程与社会基本矛盾的运动过程有着深刻的联系,法律制度在准确反映社会发展主题和基本趋势的情况下,能够成为推动社会进步的力量,并在发展过程中获得强大的生命力。

1865年南北战争之后,美国制定了三条宪法修正案,规定了禁止蓄奴和选举权利等。在南方,随着北方军的撤离,南方开始了种族歧视、种族隔离,以投票税、文化考试等方式剥夺黑人的选举权。1896年的普兰西诉弗格森案,联邦最高法院判决"隔离平等";1954年的布朗诉托布卡教育委员会案,联邦最高法院判决"隔离不平等"。为什么同样的法律会在不同时期发生不同结果?美国是个大国,各地经济发展水平、生产方式实际上是不同的。内战发生时,北方已经工业化,而南方还是农业社会,北方自然而然地对奴隶的歧视少;内战后,虽然试图改变南方,但没有有效进行。南方的大土地生产方式需要的正是依赖和服从,而不需要自由的工人。这样,种族歧视就在南方有着深厚的基础。只要大农业的生产方式不改变,黑人就没有办法免于歧视。20世纪以后特别是"二战"后,许多原因促成了美国的变化。经济的发展,南方农业科技的发展,技术工人、黑人跑到北方。社会发生了许多变化,农业灾害对南方大农场的破坏,另外还有冷战时期针对苏联的攻诘必须作出行动。所有这些都使得民权运动得以发展。

在社会发展中,法律有时可以"继承"。"法和法律有时也可能'继承',但是在这种情况下,它们也不再是统治的了,而是只剩下一个名义,关于这种情况的明显例子,我们在古

〔6〕《马克思恩格斯选集》(第2卷),人民出版社1995年版,第32页。

罗马和英国的法制史中可以看到许多。”[7]法的继承，并不是如财产继承那样直接传递。新法律对旧法律的继承，不是接受旧法的统治意志和统治内容，因为旧法所体现的经济基础和统治事实已经不存在了。也就是说，旧法的本质不能继承。新法对旧法的继承，仅仅只是“名义”或“外壳”的继承，只是在法律术语、法律技术、法律文化等形式方面进行继承。

[7] 《马克思恩格斯全集》(第3卷)，人民出版社1960年版，第379页。

第三章　法的价值

第一节　法的价值释义

法的价值，是法理学的基本问题之一，它涉及人们对法律制度的期待，以及对法的目的、正当性和理想图景的思考，是我们从应然的角度思考和把握法律的重要范畴。

一、法的价值的含义

在日常生活中，我们经常在不同的意义上使用“价值”一词。比如，“这篇文章很有参考价值”，这里的价值主要是指事物的积极用途。又比如，“这件工艺品价值不菲”，这里的价值是指商品价值，即凝结在商品中的人类劳动。在哲学上，价值则是一个描述人与外界关系的范畴，它是指在特定条件下，客体对于主体的作用或意义，以及主体对客体有用性的评价。价值的主体是人以及人的结合（社会）。价值的客体，则包括物和人。人在总体上是价值的主体，而不是客体。人们之所以会思考并提出“价值”这一问题，是因为人的需要。若没有人的需要，价值就不可能产生，也不能在社会中有所体现。因此，价值也可视为客体对于主体需要的满足。

法的价值，是法律作为客体对于主体（人和社会）的意义，是法律作为客体对人的需要的满足。一般来说，我们在使用“法的价值”这一表述时，主要有以下几个方面的含义：

第一，法律在发挥社会作用过程中所保护和增进的价值。在关于法律的场景中，我们时常会看到诸如此类的表述，“法者，定分止争也”，“法律是保护社会公平正义的最后一道防线”，“法律是人权的保障”，等等。现代社会中，人身安全、人格尊严、社会稳定、社会发展、自然环境等，均是被人们视为应重视、可珍贵、有价值的事物。在社会不断发展的过程中，上述价值相继成为法律所保护的对象。当法律在社会中运行时，这些价值不仅能够获得维系，还会因为法律的作用而得到促进和发展。总体上，上述价值处于社会的生产生活之中，却在法律体系之外，它们是法律所服务和追求的目标，属于法的“对象价值”“目的价值”或“外在价值”。

第二，法律自身应当具有的品质和属性。同样，当我们谈论法律时，还会有许多针对法律本身的描述，“法律应当能被人理解”，“公平是社会主义法律的基本属性”，“法律应当与正义保持一致”，等等。与法的“外在价值”不同，这些价值不仅可以是法律所追求的目标和理想，也可以成为法律自身的品质和属性，可称作法的“内在价值”或“自有价值”。根据法的历史阶段，我们可以发现，法的“自有价值”一直处于一个不断发展的过程中。在社会的历史进程中，许多原来不为法律所追求的社会价值逐渐受到法律的重视，并慢慢内化为法律自身的品质。比如,在封建专制社会,法律主要服务于少部分人的特权,基本上不具有平等的属性。而在现代民主社会中,法律面前人人平等,法律因此具备了公平公正的内在品质。

第三,法律所包含的价值评价标准。在许多西方语言中,“价值”(value)既是名词,也是动词。当我们将其当作动词使用时,其意思是“评价”。此时,法的价值便主要指法的价值评价标准,即人们进行法的价值评价时所依据的标准。在现实中,评价主体往往从一定需要和利益出发,对法的价值进行主观认识和判断。每个阶级,每个利益集团,甚至是每个人都会从自己的需要和利益出发,确定自己的标准。由此可见,法律的价值评价标准具有很强的主观性。当然,从历史唯物主义的角度看,社会中并不存在永恒、抽象的价值评价标准,法的价值评价必须在一定的历史范围以内,以当时客观存在的物质生活条件为基础去进行。具体而言,评价主体的客观需要和评价对象的客观规律决定了法的价值评价标准的具体内容,影响着评价的过程和结果,并检验和判断评价的恰当性。因此,法的价值评价标准又具有历史性和客观性,它是主客观相结合的产物。

二、法的价值的属性

法的价值的属性是指法的价值所固有的性质,它决定了法的价值的表现、功能和作用。通过认识法的价值的属性,我们可以进一步了解法的价值的内涵与特征。

第一,法的价值具有客观性和主观性的双重属性。法的价值同时具备客观性和主观性,这并不矛盾。法的价值之所以具有客观性,主要有以下原因:首先,人的需要是客观的。在现实中,人的需要与其身处的物质世界密切相关。例如,在社会还没有复杂的交通道路系统时,人们不会需要交通安全法律;在社会还未产生金融活动时,人们不会需要金融监管法规;在互联网还没诞生时,社会也不会有网络安全的需求。其次,法律现象的产生和内容也具有客观性。法律现象属于社会现象,它存在于客观的社会实践中,与人类的生产、分配、交换等活动密不可分,这也使得法律事实都有其外在的表现形式和客观的存在状态。最后,法的价值的实现必须通过人们的社会实践活动,而人的社会实践总是客观的,因此法满足了人的需要的过程和结果也是客观的。

法的价值之所以具有主观性,主要有以下原因:首先,法本身具有主观性。尽管法由特定社会的物质生活条件所决定,但它也是人们意识活动的产物。统治阶级将自己的意志反映到法律中,被统治阶级的意志也会在一定程度上制约法律的形成。在相同的立法领域中,不同性质的国家有可能制定出完全不同的法律,这就能充分说明法具有主观性。其次,人的需要也具有主观性。人的需要不仅仅由社会的物质生活条件所决定,它还是人们自主地选择和反映的结果。在特定的社会条件下,不同的人、不同的群体会有不一样的需要。最后,法对人的需要的满足过程也具有主观性。尽管法要基于物质条件和社会实践来满足人的需要,但如何实现这种满足,人们也会有主观的选择。而对于法对人的需要的满足状况的评价,更属于非常主观的判断。一种法律现象是否满足了人们的需要,对于不同的阶级、不同的国家、不同的民族,甚至是不同的性别、不同的年龄的人而言,都可能有完全不同的看法。

第二,法的价值兼具特殊性和普遍性。法的价值的特殊性和普遍性是辩证统一的关系。法的价值不同于法的本质、特征、作用等范畴,它具有丰富多样的内涵。法的价值主要反映了人对法的需要,由于主体需要的多样性,以及主体需要的不断变化,作为客体的法因此也总是处于不断发展的过程当中。由此,法的价值的具体面向始终呈现复杂多样的状态,只有在特定的社会条件并针对特定的主体时,它才会表现出具体的内涵。尤其在现代社会中,人的需求的多样性和社会关系的多样性更加显著,现代法律制度中法的价值的特殊性也因此更加凸显。

在不同的社会和时代背景下,法的价值的内容不尽相同,但法的价值在形式和内容上的历史传承性与一致性是不容否定的。法是社会的产物,它既由社会物质条件所决定,也是社会意识的反映。在特定历史阶段中,社会从整体上始终会有较为一致的价值准则和追求。在这些一致的准则和追求的影响下,法的价值会呈现普遍性的取向和内涵。例如,在现代民主社会价值的影响下,自由和平等一直为人们所认可和追求,这些价值逐渐融入法律制度中,最终会成为具有普遍性的法的价值。

第三,法的价值是法律的外在价值和内在价值的统一。前面我们讨论过,法律在发挥社会作用过程中所保护和增进的价值,是法的价值的重要内容。从这个角度来看,法的价值构成了法律制度所追求的目标,也反映了法律制定和实施的目的。这些为法律所珍视和追求的价值目标处于法律之外,因此对于法律而言具有外在性。

伴随着社会的进步,法律在不断地发展。在这个发展的过程中,法律自身逐渐获得了越来越多的可贵品质和属性。在法产生之初,法的品质可能仅限于法的形式性要求。如法应当公开,法应当明确,法应当稳定,法应当严谨,法应当简练,等等。而随着法的发展,法与社会的交融越发深刻,如自由、平等、人权等越来越多具有实质性意义的价值目标渐次融入法律制度,并发展成为法的内在价值。这些价值目标同样为法律所珍视和追求,已内化为法律品质不可或缺的部分,属于法律自身含有的价值。因此,我们应当认识到,针对法的外在价值和内在价值的区分其实并不是绝对的,法的价值的外在性和内在性时常相互交织。在特定的历史条件下,外在价值和内在价值的内涵也可能会发生变化。

第二节　法的基本价值

法的基本价值是法的价值体系中的基础性内容。对于哪些价值可以被视为法的基本价值,不同的学者有着不同的看法。一般而言,我们认为法的基本价值至少包括秩序、安全、自由、平等、效率、正义、人权等。之所以将上述价值视为法的基本价值,首先,是因为它们是人们对于法的最基本的需要,人们创设法律的初衷就是要保障和实现这些价值。其次,从法律自身来看,上述价值都是良好的法律制度所必须具备的品质。最后,其他的价值准则基本都是以上述价值为基础形成的,法所体现和指向的各种价值基本是上述价值的延伸或扩展。[1]

---

〔1〕 参见卓泽渊:《法的价值论》(第3版),法律出版社2018年版,第123页。

一、秩序

（一）秩序的含义与意义

秩序，也作次序，指人或事物所在的位置，含有整齐守规则之意。美国法理学家博登海默认为，秩序“意指在自然进程和社会进程中都存在着某种程度的一致性、连续性和确定性”。[2] 在外在世界中，存在两种秩序——自然秩序和社会秩序。法律意义上的秩序，主要是指社会秩序，如生产秩序、工作秩序、生活秩序、教学秩序、网络秩序等。而能够作为法的价值的秩序，一般指的是有助于保护和推进人类福祉的秩序，即有益于人的秩序。

秩序是人生存的条件，它是社会得以存续和发展的重要前提。按照历史唯物主义的观点，秩序决定于一定的社会物质条件，是社会生产力和生产关系的体现。不同性质的社会拥有不同性质的秩序，任何社会的秩序都是该社会生产生活方式的内在本质的展开。因此，在私有制、剥削和阶级被彻底消灭之前，真正意义上的自由平等社会是不存在的。在此前的任何历史阶段中，社会中的不同人、不同群体之间始终存在利益、观念等方面的差异，人们时常因为各种原因形成对立状态。如果没有一定的秩序，社会将陷入无休止的冲突，社会自身也将面临威胁。当社会出现无序状态时，社会活动的规则性被打破，社会关系的稳定性消失，社会结构的有序性也将不复存在。偶然性因素和不可预测的因素不断地干扰着人们的生产生活，人与人之间的信任感不断下降，包括法律、道德在内的社会规范将不再起作用。总之，一个没有秩序的社会，必然是一个人人自危的社会，也必然是一个面临崩溃的社会。

（二）法对秩序的维护

首先，法确认和维护特定的政治秩序。法律总是服务于一定的秩序，针对“法和秩序的关系”这一问题时，其实不存在法律是否服务于秩序的问题，真正的问题应该是：“法律服务于谁的秩序、怎样的秩序？”马克思主义认为，在阶级社会中，法作为统治阶级意志的集中表现，是建立和维护阶级统治秩序的重要凭借。法使一个阶级对另一个阶级的控制合法化、制度化和具体化：它一方面将统治的力量延伸到社会的角落，使统治阶级的意志和利益得到实现；另一方面又将阶级冲突控制在社会的可承受范围内，从而保证统治秩序的可持续推行。

其次，法能够维护经济秩序。“在社会发展的某个很早的阶段，产生了这样一种需要：把每天重复着的产品生产、分配和交换用一个共同规则约束起来，借以使个人服从生产和交换的共同条件。这个规则首先表现为习惯，不久便成了法律。”[3] 马克思经典作家所谓的“生产和交换的共同条件”，就是经济秩序。上述关于习惯和法的历史的描述，既揭示了法产生的经济根源，也说明了法对经济秩序的维护作用。在现实中，法律对经济秩序的维护是非常全面和深入的。例如，安全生产监管法规对生产秩序的管理作用，工商管理法律制度对市场经济秩序的规范作用，金融监管体制对金融秩序的监督作用，等等。

---

〔2〕［美］E. 博登海默：《法理学：法律哲学与法律方法》，邓正来译，中国政法大学出版社1999年版，第219页。

〔3〕《马克思恩格斯选集》（第3卷），人民出版社2012年版，第260页。

此外,法还能够维护人们的生活秩序。在任何社会中,人们都需要一个稳定、有序的生活环境。只有在稳定的秩序下,人们的社会活动才能稳步进行,人和社会才能逐步向更高层次发展。具体而言,法对维护和促进社会生活秩序方面,主要发挥了以下作用:其一,法通过规定权利和义务的边界来避免社会冲突。现实中,社会内部总会存在各种冲突,造成冲突的原因也非常多样,如利益不均、观念差异、文化不同等。针对这种情况,法律以权利和义务为内容明确人们的行为准则,要求人们依照法的要求行事,最终起到定分止争的作用。其二,法设定特定的方式来解决冲突。当社会真的出现冲突时,法通过具体的实施重新调整冲突主体的利益格局和行为模式,对违反义务的对象加以责任,最终起到修复社会关系、重整社会秩序的目的。当然,法对秩序的影响远不止上述的方面。尤其在现代法治背景下,法对社会的影响是非常全面的,社会各方面的秩序都需要借助法及法的实施来予以稳定和促进。总而言之,法对秩序的维护作用是全方位的。

二、安全

(一)安全的含义与意义

安全,是指不受危害、没有危险的一种状态,同时也有受到保护、得到保障的意思。安全,是人处于自然和社会中都需要追求的目标。只有在安全的状态下,人的存在和活动才不会受到干扰和威胁,人才能进一步追求更高层次的发展。安全既是人存在的前提,也是社会存续和发展的基本前提。

总体而言,安全价值具有以下特征:其一,安全是主观性与客观性的统一。一方面,安全主要基于主体的需要产生,没有人的主观需求,法律就不会以安全作为目标追求。另一方面,人的安全需求不是凭空产生的,人主要基于客观的生产生活实践来形成安全需求。在不同的客观物质条件下,人们对安全需求的内容也不尽相同。例如,当社会步入信息化时代之后,人们的信息权利备受威胁,信息安全需求由此产生。其二,安全是社会性和个体性的统一。安全是存在的基础,任何人都具有安全需求,这是任何社会的共识性准则和目标。因此,人们对安全的追求是普遍的,安全价值具有社会性。但是,社会中的人是存在差别的,人们分属于不同的阶级和群体,掌握着不同的资源,对安全会有不同的认识,也具有不同的具体安全追求。

随着社会的不断发展,人们在社会的各个领域、对生产生活的各个方面都形成了安全需求,安全也有了越来越丰富的内涵。根据主体的不同,我们会将安全具体化为人身安全、群体安全、国家安全、社会安全等。根据领域的不同,我们还可以将安全具体化为经济安全、政治安全、文化安全、军事安全、环境安全、粮食安全、公共卫生安全、信息安全、网络安全、核安全等。

在现代化进程中,随着人类活动的增多、活动范围的扩大以及相互交往的增加,人类活动对自然和社会的影响也越发深刻。这样的发展和进步使人们消除了许多既存的安全威胁,却也催生出了新的危险。现代社会是一个“风险社会”,在这样一个社会中,人对自然和社会的干预范围和程度增加了,但人的活动反而成为了安全威胁的主要来源,人为风险超过自然风险成为风险的主导内容,并产生了新的风险类型——制度风险和技术风险。

例如,1930年引发西方经济大萧条和2008年影响全球经济的金融危机,就是典型的制度风险;1986年发生的切尔诺贝利事故和2011年发生的福岛核泄漏事故,就是典型的技术风险。而且,在全球化背景下,上述风险往往具有全球性的影响,会在特定情况下对全人类的安全构成威胁。在上述情况下,安全价值对于整个人类社会而言愈加可贵,人们也由此将其作为重要追求之一,对其格外珍视。

(二)法对安全的保护

由于安全价值上述境遇的变化,现代法律越来越重视安全问题,并通过各种方式对其进行了全方位的保护。

法对安全的保护具有全面性。一方面,法对社会各方面的安全都进行了保护。2015年《国家安全法》颁布实施,该法对政治安全、国土安全、军事安全、文化安全、科技安全等领域的安全内容进行了明确规定,基本上涵盖了当前安全的全部内容。另一方面,法对安全的保护贯穿了法的运行的各个环节。在立法阶段,安全价值便已融入法律规范之中,成为法律所要实现的重要目标。例如,在食品事故频发的背景下,国家为了保障公众的身体健康和生命安全制定《食品安全法》,以保证人们的食品安全。在司法和执法阶段,司法和执法机关也会依照法律规范保护人们和社会各方面的安全。比如,当人们面临危急情况时,可以拨打"110""119""120"等紧急呼叫电话,相关国家机构便会及时地保护人们的生命和财产安全。

法对安全的保护具有超前性。前文提到,由于现代社会处于广泛的风险之中,人们的安全状态因此具有不确定性。风险不同于危险和危害,它更侧重于强调危险和危害发生的可能。风险的后果虽然可能永远不会发生,但它却是时刻存在的一种威胁,风险的存在使人们的安全难以得到完全的保障。在此情况下,法律要保护安全价值,就不能仅满足于消除已发生的危害后果,而是要尽量遏制危害发生的可能性。这便要求法律活动要"决策于未知之中",才能做到防患于未然。因此,在现代社会中,法对安全的保护必须具有超前性,法律要致力于消除威胁安全的风险因素,才能真正保护人民和社会的安全。例如,2007年颁布实施的《突发事件应对法》中明确规定:"突发事件应对工作实行预防为主、预防与应急相结合的原则。国家建立重大突发事件风险评估体系,对可能发生的突发事件进行综合性评估,减少重大突发事件的发生,最大限度地减轻重大突发事件的影响。"

三、自由

(一)自由的含义与价值

"自由"一词,在中西方社会和文化中都由来已久。汉语中的"自由",应理解为"由自",即"任由自己",意指如意行事而不受拘束。在西方,自由指的是从束缚中解放,或者说是一种不受约束的状态。在现实中,自由具有非常复杂的内涵,它广泛地存在于社会的各个方面,不同的人、不同的学科、不同的历史阶段对自由有着不同的理解。在马克思主义经典作家看来,自由是对必然的认识和支配。恩格斯认为:"自由不在于幻想中摆脱自然规律而独立,而在于认识这些规律,从而能够有计划地使自然规律为一定的目的服务。这无论对外部自然的规律,或对支配人本身的肉体存在和精神存在的规律来说,都是一样的。”[4]这说明真正的自由并不是绝对的,它始终受到物质世界及相关规律的制约。例如,当电话还未被发明出来时,人类便不可能有遥相呼应的自由;当快速交通工具诞生之前,人类也不可能有日行千里的自由;等等。

从法律的角度来看,自由主要是指人的行为与法律的关系。法国启蒙思想家孟德斯鸠认为:“在一个有法律的社会里,自由仅仅是:一个人能够做他应当做的事情,而不被强迫做他不应该做的事情。”他还指出:“自由就是做法律所许可的一切事情的权利;如果一个公民能够做法律所禁止的事情,他就不自由了,因为其他的人也同样会有这个权利。”[5]可见,法律意义上的自由,主要是指法律赋予行为主体的权利。而自由的边界,就是人们不能从事法律所禁止的行为。

作为一种重要的社会价值,自由应该是人与生俱来的属性。没有自由,人就只能被自然奴役,或为社会中的其他自由者所统治,也就不能算作真正意义上的主体。人要谋求自我的生存和发展,必须要发挥自身的主观能动性。这种主观能动性有赖于人的自我意识的现实化,这是人从意识自由走向行动自由的必经过程。自由也是人生存和发展的方向。人总是追求自由的,社会在整体上也是追求自由的。从终极意义来说,人和社会自由程度的提高既是一个必然的发展方向,也是人和社会向更高的自由度迈进的基础。

(二)法对自由的保障

由于自由具有如此重要的意义,因此保障自由、追求自由一直是法律的重要目标。社会中存在许多妨碍、威胁自由的因素,这些因素都需要法律予以限制和排除。在现实中,自由对法律的需要是迫切而全面的,若无法律的保障,人们的自由很可能无法实现,更难言有所发展。马克思认为:“法律不是压制自由的措施……法律是肯定的、明确的、普遍的规范,在这些规范中自由获得了一种与个人无关的、理论的、不取决于个别人的任性的存在。法典就是人民自由的圣经。”[6]具体而言,法对自由的保障主要体现为以下两个方面:

第一,法律可以尽可能地让人们免受他人行动的侵害。现实中,社会主体是多样的,这些主体的利益也是多元的。多样的主体难免具有不同的观念和行为主张,他们在自由行动时便可能会相互掣肘、相互侵犯。如果法律不及时介入这些矛盾和冲突,社会就会出现恃强凌弱的不公正现象。在此情况下,法律通过特有的规范性和强制力,确认各类社会主体的自由行动范围,以尽量缓解和抑制主体之间相互冲突,从而尽可能地保障人们的自由。例如,在相邻的两片土地上,一方如果绝对自由地建设和使用房屋,就有可能影响另一方的通风和采光,从而侵害邻居的自由。对此,《民法典》第293条规定:“建造建筑物,不得违反国家有关工程建设标准,不得妨碍相邻建筑物的通风、采光和日照。”上述相邻

---

〔4〕《马克思恩格斯选集》(第3卷),人民出版社1995年版,第455页。

〔5〕[法]孟德斯鸠:《论法的精神》(上册),张雁深,商务印书馆1961年版,第154页。

〔6〕《马克思恩格斯全集》(第1卷),人民出版社1995年版,第176页。

权制度表明,不动产的所有人或者使用人,有义务接受一定的限制和为相邻方提供便利。只有如此,法律才能更好地保障相邻各方的自由免受侵害。

第二,法律还可以抑制主体自身对自由的滥用。在现实中,人们的自由不仅会受到来自他人侵害的威胁,人们对自由的滥用也会损害到自由本身。例如,许多机动车驾驶人和乘客认为系安全带"不方便""很麻烦",在行车时往往不系安全带。尽管这种行为没有直接损害他人或社会,但直接危害了行为人自己。因此,交通法规会对这类行为进行干预,强制要求驾驶人和乘客系安全带。这种干预虽然在某个层面否定了被干预者的自由,但如果没有对行为人滥用自由的干预,被干预者的自由会在更大程度上遭受威胁。此时,对自由滥用的抑制,其实是对自由进行保护。

四、平等

(一)平等的含义与价值

平等,是指社会主体之间,类似情形类似对待、不同情形不同对待的原则和状态。[7] 平等作为一种社会价值,在人类历史上存在并发展了数千年,中国古代就有"王子犯法与庶民同罪""刑过不避大臣,赏善不遗匹夫"等平等观念。如今,平等已成为各国立法和国际法律普遍认可的原则,近200年来的世界成文宪法,普遍确认了法律的平等原则和人们的平等权利,[8] 我国《宪法》第33条第2款明确规定:"中华人民共和国公民在法律面前一律平等。"

平等的法律化主要体现为平等权,这一基本权利可以从以下两个方面来理解。

第一,平等意味着社会主体享有同等或类似情形被同等或类似对待的权利,具体包括反对特权和反对歧视。在现实中,平等的权利不是孤立存在的,它必须以其他主体在同等或类似情形下的待遇作为参照,如果某一个社会成员所得到的待遇与同等或类似情形的其他成员所得到的待遇不同,即可认定这一成员是享受了特权或遭受了歧视。

第二,平等还意味着针对不同情形的区别对待。这是平等的一种特别情形,即当不同社会主体的实际状况存在差异时,为了保障平等,应当根据差异对不同主体进行差别化的对待。例如,我国《女职工劳动保护特别规定》明确要求,女性因法定事由,可以享受特定时长的专门假期。此类假期专属于女性职工,男性职工无权享有,这体现了法律对不同性别群体的区别对待,是法律保护女性平等权利的特别情形。

(二)法对平等的保障

平等是法律追求的重要价值,是法的价值体系中不可或缺的内容。平等指导法律对权利和义务进行合理分配,法律也以确认和实现平等为要务。

法律是确认平等的重要依据。社会中存在许多能够影响权利和义务分配的规范,法律则是其中最为重要的一种。在内容上,法律主要通过权利和义务的配置来确认平等,换言之,平等反映了法律中权利和义务的分配格局。法律由国家制定和认可,以国家名义颁

[7] 参见卓泽渊:《法的价值论》(第3版),法律出版社2018年版,第269页。
[8] 参见卓泽渊:《法的价值论》(第3版),法律出版社2018年版,第252页。

布，它具有规范性、明确性和广泛性。因此，与其他的社会意识形态和规范相比，法律在确认平等上具有明显优势。比如，相较于道德，法律无疑是更加统一和明确的，它对公平的内容规定得更加一致和具体，对人们具有直接的指导意义；又如，相较于社会风俗，法律的影响范围无疑更广泛，法律是对整个国家和社会具有效力的规范，它所确认的公平无疑是更加普遍的，对社会具有整体的影响。在一个社会中，只要有法律的存在，即使平等可能会在个人、群体和地域上存在分歧，但通过既定的法律规范的整合统一，人们便能够获得相对一致的平等。

法律是实现平等的重要保障。尽管平等早已是人们公认的价值准则，但在现实中，威胁和破坏平等的因素一直存在。此时，法律应当成为维护和恢复平等的力量。法律为平等设置了各种保障措施，当有人侵犯他人权益、破坏社会平等时，都有可能会受到法律的驳斥和制裁。这种保障机制既能够起到保护受害者的作用，还能通过惩罚破坏者，起到补救、恢复平等的效果，最终推动平等在社会的整体实现。

五、效率

（一）效率的含义

"效率"是一个多用词。在经济领域，效率主要指成本和收益的关系，如人们熟悉的"帕累托效率"，就是一个讨论通过资源配置改进净收益的概念。在物理领域，有"机械效率""热效率"等词，这里的效率主要指特定装置运转过程中输出能量和输入能量之比。在日常生活中，人们也会用效率来描述自己的活动，如工作效率、生活效率等。虽然上述的各种效率有着不同的具体含义，但我们从中也可以发现，效率主要是一个用于指称投入和产出关系的概念。即当利用一定的资源实现了最大（或较大）产出，或通过最少（或较少）投入便能实现一定量的产出时，我们便可以认为是有效率的。

在法律领域，作为价值的效率主要有两个方面的含义。一方面，效率是法律在社会中需要促进的目标。社会各个领域的活动基本都包含投入和产出的关系，当社会活动的效率较高时，人们无疑能够获得更大的福利。作为一种主要的社会规范，法律以促进社会各方面效率为重要目标，此时效率价值主要存在于法律外部，属于一种外在价值；另一方面，效率是法律自身运行的要求。法的运行作为一项重要的社会活动，同样需要追求效率。法律运行的自身效率主要是指立法、司法、执法等过程中的投入和产出关系，此时效率价值主要反映于法律内部，属于一种自有价值。

（二）法对效率的促进

法主要通过对权利和义务的合理安排来优化资源配置，从而达到促进社会效率的目标。首先，在明确权利和义务的基础上，法律能够为人们的活动提供恰当的指引，人们依照法律行事，便不会破坏社会的正常运转，这是法律促进效率的前提。我们可以认为，当违法现象十分普遍时，人们进行的各方面活动都会陷入阻滞，在一个不正常的状态下，社会运转将不再有效率可言。其次，以法律作为调整社会关系的主要规范，人们可以比较准确地预计各种行为的后果，这有助于减少人与人之间交往的不确定性，避免社会资源的浪费,从而节约成本、提高效率。例如,当人们在市场中进行交易时,法律可以促使交易参与方形成稳定而明确的预期。有了良好的预期,人们参与交易的积极性将会有所保障,也不再需要在保障交易安全上投入更多的成本,市场交易将变得更有效率。此外,法律还会在促进效率的同时兼顾公平,以确保社会不会因过度追求效率而损害自身。效率和公平的冲突,是社会在运行和发展的过程中无法回避的问题。在人类历史中,许多优先追求效率的制度都会在一定程度上牺牲公平。例如,资本主义市场经济虽然在推进经济发展、创造社会财富上发挥了巨大作用,但也造成了社会贫富差距加剧的问题。这表明,社会如果一味追求效率而不兼顾公平,效率也必将崩溃。因此,作为从根本上促进效率的安排,法律必须要平衡好效率和公平之间关系,这也是法律促进效率的应有内涵。

除了保障外部社会的效率之外,法律也会通过许多制度安排来促进自身的效率。例如,在司法诉讼过程中,法律对多种司法活动设置了期限性的规定,如人民法院审结案件的期限、当事人的举证期限、当事人的上诉期限,等等。这些关于期限的规定都有着相同的目标,即通过设定时间限制来督促诉讼参与者尽快采取行动,以免司法活动陷入停顿。其实,法律运行本身就是一项重要的社会活动,法的制定、法的实施、法律监督等过程都涉及资源的投入和产出问题。法的运行不属于经济生产范畴,它是一个纯粹消耗社会资源的活动。正因如此,法的运行更强调要以最小的资源投入换取最大的社会产出,这是法的运行效率的终极追求。

六、正义

(一)正义的含义

从词义上来看,正义即正当的道理,与公正、公平、公道等相当。从具体内容来看,正义的含义非常复杂,历史上众多思想家都曾尝试解释何为正义。古希腊思想家柏拉图认为,正义就是各得其所。古罗马法学家乌尔比安认为,“正义是给予每个人他应得的部分的这种坚定而恒久的愿望”。孔子所言“己所不欲勿施于人”,也可视为一种对正义的解读。尽管不同的社会或不同的人对正义有着不同的理解,但这些理解无疑都属于主观的价值判断,而且,这些主观价值判断的形成都受到了客观物质条件的制约。按照马克思主义经典作家的观点,正义是主观与客观的统一,是流变性与不变性的统一,也是一致与不一致的统一。正义在不同的时空中会改变其内容,我们必须从历史中把握其具体的含义。但作为社会的统领性价值,不同历史条件下的正义也具有共同性,我们可以认为,正义是在一定时代中被人们认为代表着正当性的理念、原则和评价标准。

法与正义天然具有密切关系。汉字“法”的古体“灋”中有“水”,即含公平之意。在古罗马时期,法学家乌尔比安将法作为“关于正义与非正义的学问”;另一位法学家塞尔苏斯则认为,法是“善良与公正的艺术”。在人类社会的历史中,正义既是法律的尺度,也可作为法律的内容,正义为法奠定了原则和基础。法谚有云:“恶法非法。”古希腊思想家亚里士多德在给“法治”下定义时认为,“良法”是法治的基础。此间用于衡量法的“恶”与“良”的标准,即正义。正义在法的价值体系中处于核心地位,秩序、安全、自由、平等、效率这些法的基本价值都与正义相关。更确切地说,在很多情况下它们都可视为正义的另一个面相。

（二）法对正义的实现

既然法以正义为最重要的内在标准，那么法对正义的实现也会有重要作用。

首先，法使正义得到普遍的认同。在现实中，法并不是唯一以正义为标准的社会规范，如道德、地方习俗、宗教规范等，也会具有正义性。但法不同于其他社会规范，它由国家制定，并在社会中普遍适用。除法律以外的其他社会规范并不具有法律的这种普遍性，它们有的仅存在于一定的区域，有的仅对特定的群体具有约束力。换言之，它们无法成为一个社会中的共同正义，无法得到社会中所有主体的认同。而正义通过法律的确认和传达，在法所能触及的范围之内，会对其中的每一个地方、每一个主体产生影响。总之，法凭借其普遍的效力，将它所确认的正义加以普及，使正义在社会中得到普遍认同。

其次，法使正义得到维护。如果我们将法的制定视为法律对正义的确认，那么法的实施就是法律对正义的实现。法律除了具有普遍性，还具有规范性。从内容上看，法的规范性主要表现为法对人的行为和社会关系的规范要求。在社会中，人们必须依照法的要求行事，社会关系需要依照法律给定的模式进行搭建和维护。如此一来，在法律贯彻其规范性要求的过程中，被法确认的正义也得到了维护。当然，法律维护正义的手段是多样的。具体而言，一方面，法律可以通过配置实体性的权利和义务来实现正义。例如，为了实现“老有所养”，我国法律规定年老的父母有权要求成年子女赡养自己，《民法典》第 1067 条第 2 款规定：“成年子女不履行赡养义务的，缺乏劳动能力或者生活困难的父母，有要求成年子女给付赡养费的权利。”另一方面，法律也可以通过设定程序性的要求来维护公正。例如，为了保障刑事司法过程中的公民权益，我国《刑事诉讼法》第 52 条规定：“审判人员、检察人员、侦查人员必须依照法定程序，收集能够证实犯罪嫌疑人、被告人有罪或者无罪、犯罪情节轻重的各种证据。严禁刑讯逼供和以威胁、引诱、欺骗以及其他非法方法收集证据，不得强迫任何人证实自己有罪……”

最后，当正义在社会中遭到破坏时，法使正义得到恢复。尽管正义为法律所确认和传达，但任何社会中都不乏违反法律、破坏正义的行径。此时，当正义价值遭受侵犯，法律就必须展现出刚性的一面，依靠国家强制力制裁破坏正义者，并为受害者讨回公道。在现实中，法律修复正义的方式也是多样的。具体采取何种措施和标准，取决于法律所调整社会关系的属性，以及社会关系被破坏的程度。在民事领域，若有人受到他人的侵权损害，法律一般会要求施害方对受害方进行经济赔偿。比如，《民法典》第 1247 条规定：“禁止饲养的烈性犬等危险动物造成他人损害的，动物饲养人或者管理人应当承担侵权责任。”据此规定，若有人饲养烈性犬并对他人造成损害，应当依法赔偿受害人的直接损失，以及医疗护理费用、误工费等；而在刑事领域，若有人犯下了严重罪行，给他人和社会都造成了巨大伤害，法律则会对罪犯施以重刑。比如，《刑法》第 115 条第 1 款规定：“放火、决水、爆炸以及投放毒害性、放射性、传染病病原体等物质或者以其他危险方法致人重伤、死亡或者使公私财产遭受重大损失的，处十年以上有期徒刑、无期徒刑或者死刑。”在现实中，放火、决水、爆炸等行为往往直接危害公共安全，不仅性质恶劣，也容易造成严重后果，因此法律需要严厉处置这类犯罪，方能修复被破坏的社会价值。

第三节 法与人权

人权是现代文明的结晶,也是现代社会的重要价值体现。人权在其漫长的演进过程中,逐步吸收了自由、平等、安全等众多社会价值内涵,它将丰富的价值融为一体,是人类社会发展过程中脱胎出的一个复合性的价值范畴。

一、人权概述

(一)人权的含义和属性

人权,从词义上来讲就是“人应当具有的权利”,或“使人之所以成为人的权利”,它是指一定时代中作为人应当具有的,以人的自然属性为基础、社会属性为本质的人的权利。根据上述定义,我们认为人权主要具有以下属性:

1. 人权具有时代性。“权利决不能超出社会的经济结构以及由经济结构所制约的社会的文化发展。”[9]从根本上讲,人权也是由特定历史条件下的经济基础所决定的。在不同的历史时期,社会具有不同的客观物质条件,也会产生不同的社会文化和价值观念。在不同的物质和文化条件的影响下,人类社会各历史时期的人权都被打上了深刻的时代烙印。总之,人权如同其他的人的权利一样,也是由一定时代的社会经济结构及其制约的社会文化所决定的。

2. 人权具有自然性。人权以人的自然属性为基础,是指人权的内容必须以人作为自然生命的存在和发展为根据。在现实中,人的存在必须以人拥有自然生命为前提,人权首先是满足人作为自然生命需要而产生的权利。因此,人权的首要内容应当是那些使人能够在物质世界真实存在的基本权利,如人的生命权、健康权、安全权等。没有这些最基本的权利,人的存在都会受到威胁,更遑论人权的进一步发展。

3. 人权具有应然性。人权不仅是实然意义上的权利,也是应然意义上的权利。这里的应然,并不是脱离客观物质条件的随意想象,而是人们根据其所处社会的生活条件为人权所勾画的基本蓝图。从人权的时代性我们可以看到,任何历史社会及其中的物质条件都为人权的存在和发展提供了基础,这个基础不但决定着人权的具体状况,也为人们构想人权的基本内容和评价标准提供了重要参考。因此,应然人权主要包含人们参照物质条件所树立的人权目标及其评价标准,人权的应然性既反映了客观世界的状况,也反映了人们主观的追求。

4. 人权具有社会性。人权不仅是人作为自然存在的权利,也是人作为社会主体的权利。人是社会的人,人依靠社会获得完整的属性,又在社会中实现其存在和发展。只有在人与人的相对状态中,人权才能够获得完整的存在,孤立的人是不存在真正意义上的人权问题的。若没有社会性,人权的内涵和价值都将不再完整。

---

〔9〕《马克思恩格斯选集》(第3卷),人民出版社2012年版,第364页。

（二）人权的历史发展

人权从诞生伊始不断发展至今，大致经历了三个主要的历史阶段。

第一阶段自17世纪和18世纪西方资产阶级革命时期开始，此时人权的主要内容为个人的基本权利和人作为公民的政治权利。这一阶段人权的主要特点为权利的自由性、消极性，即人权主要用于保护公民自由免受公权力的侵犯，人权主要通过对国家权力进行限制来予以实现。因此，第一代人权也称“消极的权利”（negative rights），即保护公民自由免遭侵犯的权利。

第二阶段自1917年俄国十月革命开始，此时人权的主要内容扩展为人的经济、社会和文化权利。这一阶段人权的主要特点是权利的平等性、积极性，即要求国家采取积极行动保障公民平等地享受经济、社会和文化上的权利。因此，第二代人权也称“积极的权利”（positive rights），即由国家采取积极行动来配合实现的权利。

第三阶段由20世纪50年代以来，世界各地反殖民压迫的民族解放运动不断发展，此时人权的内容得到进一步扩充，民族自决权、发展权、和平权、环境权、自然资源权、人道主义援助权等权利被纳入人权体系。这一阶段的人权主要强调人的发展问题，权利的内容和范围也从国内保护扩展到国际保护，具有显著的发展性、国际性的特点，因此也被称为“第三代人权”。

随着人权实践和人权理念的不断革新，人们对人权的进一步发展提出了更多的理解，提出了和谐权、美好生活权、数字人权等新型人权。和谐权理论认为，新一代人权是着眼于人类整体的人权，“和谐权不独是达成一国内人与社会、人与自然和谐的基础，而且也是达成国际间文化与文化、宗教与宗教、民族与民族、国家与国家相互和谐的纽带”。[10]美好生活权理论认为，国际社会已然是一个“人类命运共同体”，“享有‘美好生活’”的权利是当今国际社会对人权内涵的共同追求，这种新的人权话语能够增强国际人权领域的涵盖力，推动人权领域的合作共赢。数字人权是随着网络技术、信息技术和人工智能技术的发展而兴起的人权理念。在新技术不断改造社会的背景下，越来越多的“数字权利”迫切需要得到法律的确认和保护，人权观念也正在按照新的生产生活规律被重新塑造，这必然促发人权的变革和发展。[11]

（三）人权的基本内容

经过长期的发展，人权已经形成了一个庞大的权利体系。从法律的角度来看，现代人权主要包括人身权、政治权、经济权和文化权等内容。

人身权是指人们进行人身保护、实现人身自主的权利。人权是围绕人形成的权利，人身的存在是人的基础，没有人身就没有人的存在，没有人也就没有所谓的人权。因此，人身权是人权的基础性内容，没有人身权，人的任何权利都将失去存在的基础和意义。人身

---

〔10〕 徐显明：《和谐权：第四代人权》，载《人权》2006年第2期。

〔11〕 参见张文显：《构建智能社会的法律秩序》，载《东方法学》2020年第5期；马长山：《智慧社会下的“第四代人权”及其保障》，载《中国法学》2019年第5期。

权主要包括人格权和身份权。其中,人格权包括生存权、健康权、安全权、迁徙权、行动权、名誉权、荣誉权、肖像权等;身份权包括亲权、监护权、继承权等。

政治权是指人们参与国家和社会治理,以及在政治上表达意愿和见解的权利。政治权是人权在国家和社会政治领域的具体化,它主要表现为人们参与政治过程中所应当拥有的自由,主要包括政治了解权、政治参与权、政治评议权和政治监督权等。

经济权是指人们参与经济活动中所享有的基本权利。作为人权的经济权,是人权实际能够得到实现和保障的重要基础。经济权主要包括劳动权、财产权、休息权、平等发展权、生活保障权等。

文化权是指人们参与文化活动、开展文化创造和分享文化成果时所拥有的基本权利。文化权主要指受教育权、文化生活权、文化创作权等。

20 世纪以后,人类社会进入了新的发展时期,但也遭遇到前所未有的挑战。尽管世界性的全面战争已经不复存在,但局部战争从未完全停止,全球区域发展不平衡的问题进一步凸显,战争、饥饿、贫困、金融危机、恐怖主义、公共卫生危机、气候变化等问题不断给人类的生存和发展带来威胁。在此背景下,传统的人权观念和人权内容已经日渐无法适应人类保障权利、维护公平、追求发展等现实需要,以人身权、政治权、经济权和文化权为主要内容的传统人权体系正面临着更新迭代,和平权、发展权、环境权等新兴人权日益受到重视和强调。

和平权是第二次世界大战以后发展起来的一种人权。20 世纪的两次世界大战使国际社会认识到,战争是消极的、负面的现象,不利于人类社会的健康发展;侵略战争是国际不法行为,应予禁止;和平是国家发展、社会进步和人类幸福的基础和前提,值得各国努力追求。在这种认识的基础上,国际社会逐渐把和平权确认为一项基本人权。其中,联合国大会通过《为各国社会共享和平生活做好准备的宣言》《人民享有和平权利宣言》《联合国和平权利宣言》等文件,逐步在世界范围内确立起和平权的地位。

发展权是个人、民族和国家积极、自由和有意义地参与政治、经济、社会和文化的发展并公平享有发展所带来的利益的权利。20 世纪 60 年代以来,广大发展中国家对不平等、不合理的国际政治经济秩序进行了持续斗争,为争取自身的政治、经济、社会和文化的全面发展进行了不懈努力。1970 年,联合国人权委员会委员卡巴·穆巴耶在一篇题为《作为一项人权的发展权》的演讲中明确提出了“发展权”的概念。时至今日,发展权已成为世界公认的一项基本人权。

环境权是人类享受良好环境并进行支配的权利。随着人类活动对自然环境所造成影响的不断加深,资源稀缺、物种灭绝、环境污染等问题日益凸显,生态价值、环境正义、生态文明等话题越发受到人类社会的重视。1994 年联合国《人权与环境基本原则草案》第 13 条指出,任何人享有从自然资源保护和可持续利用中平等获益的权利。环境权是随着社会文明的进步和对人的尊严及自由的日益重视,以及权利的种类和内容不断得以扩充和完善而进入人权体系的,产生于人类在环境危机面前对于自身及未来的生存发展的忧虑。与其他人权一样,环境权是一个由多项子权利组成的内容丰富的权利系统。在理论上,环境权至少应当包括环境使用权、环境知情权、环境参与权和环境请求权等内容。

(四)社会主义中国的人权

时至今日,人权已经成为人类社会普遍认同和保护的价值。从形式上看,世界各国有关人权的规定大同小异。但由于各国在经济基础、社会制度和国家性质方面存在差异,不同国家的人权可能具有不同的本质和侧重点。

社会主义中国始终坚持,人民幸福生活就是最大的人权。中国共产党从诞生那一天起,就把为人民谋幸福、为人类谋发展作为奋斗目标。改革开放以来,伴随着思想解放和制度创新,中国人权建设取得辉煌成就,全体人民从贫穷到温饱再到全面小康,正在迈向追求美好生活的新时代,也同时开辟出了一条成效卓著的人权发展道路。在社会主义中国人权的发展进程中,党和国家始终坚持人权的普遍性与中国具体国情相结合,坚持一切依靠人民、为了人民、造福人民、保护人民,以实现和维护人民权利为根本出发点和最终归宿,这不仅确保了人权的社会主义性质,还在既有基础上保障并发展了人权。总体上,社会主义中国的人权主要呈现以下特征:

第一,在人权的属性上,坚持人权的普遍性与特殊性相结合。根据特定的经济、政治、社会、文化因素来设计人权的内容体系和发展路径,从具体国情出发,结合社会基础动态调整人权的社会关切,积极回应社会的发展变化,充分满足人民群众在民主、法治、公平、正义、安全、环境等方面的权利诉求。

第二,在人权的内容上,始终立足中国的基本国情,坚持以生存权和发展权作为人权的基本内容。中国仍处于社会主义初级阶段,中国仍然是发展中国家,发展中的问题必须依靠发展来解决,发展是解决一切人权问题的关键。中国应当克服自由主义人权观的历史局限,强调人权的整体性和不可分割性,协同推进和一体落实公民政治权利、人身人格权、经济社会文化权利以及环境保护与生态权益。

第三,在人权主体上,实现个人人权与集体人权的有机统一。在国家发展和民族复兴的历史进程中,应当将个人各方面权利的实现和发展寓于国家和社会的整体发展过程之中。将国家富强、民族振兴和人民幸福融为一体,兼顾协调好集体利益和个人利益的关系,在推动全国、全民族和全体人民的权益保障的同时,实现每一个人的自由和全面发展。

第四,在人权实现上,构建全面的人权保障体系。其中,应当特别强调人权的法治保障工作,通过法律规范、法律制度、法律程序等手段维护人的各项权利。以人权入宪为契机实现人权的立法保障,通过司法改革促进人权的司法保障,实施全面依法治国战略完善人权的法治保障体系。此外,还应当统筹国内国际两个人权工作领域,秉持包容、开放、普惠、公正的立场,构建人类命运共同体,促进全球人权共商共建共享,提升参与全球人权治理能力。

二、法对人权的保护

尊重和保障人权,是人类文明的重要标志,也是现代法治的根本要求。实际上,若没有法对人权的确认、宣誓和保障,大多数人权便只能停留在道德权利的应然层面,或经常面临受到侵害而无法救济的局面。在现代法治中,法律对人权的保护是全面而有效的,这种保护主要体现在以下几个方面:

第一,制定保护人权的法律制度。围绕人权的保护制定相关的法律制度,是实现法律对人权保护的前提。通过将人权具体化为法律权利,法律将人权保护的目标转化为具体的规范要求。融入法律规范的人权要求在社会中具有普遍的效力,人们在遵守规范的同时,法律便实现了对人权的确认和保护。

第二,通过法律建立人权秩序。法的实施会造就一定的秩序,法律规范的价值取向和具体内容决定了法律秩序的模式和内容。只要法律以人权为价值取向,人们在法律上所拥有的权利和义务便会符合保护人权的要求。在以保护人权为价值的法律的影响下,社会在整体上会形成一个相对有效、合理和平等的秩序,使人的权利能够得到充分的实现。

第三,依靠法律实现人权救济。有了完善的法律制度和良好的人权秩序,并不意味着人权就不会再遭受侵犯。现实社会中总存在各种侵害人权的行径,此时法律便需要为被侵犯的人权提供一个救济的渠道。法对人权的救济是全方位的,它既可以在人权遭到侵犯时,要求侵犯者立即停止其侵犯行为;也可以在人权遭受损害后,要求施害者付出对等的赔偿或补偿;还可以在人权遭受损害后,要求侵犯者对其所破坏的秩序予以恢复。总之,当人权受到损害,法律便会出场,并对被侵犯或损害的人权予以保护和补救。而且,法的强制性也决定了,这种保护和补救往往是真实有效的。

第四节　法的价值冲突及解决

法的价值是一个庞大的体系,其中包含着多样化的价值准则,每个价值都具有独特性,且相互之间具有独立性。在逻辑上,不同价值准则具有不同的追求,它们始终存在相互对立和冲突的可能。在现实中,不同的阶级、群体、个人可能持有不同的价值观念和价值追求,这使得法律实践过程中的价值冲突始终无法避免。

一、法的价值冲突的表现

法的价值的相互冲突在社会中其实是较为常见的,我们先从下面的材料了解一下冲突的具体情境:

2020 年年初,一场由一种新型冠状病毒引发的肺炎疫情席卷全球。2020 年 2 月 11 日,世界卫生组织(WHO)总干事谭德塞宣布,将新型冠状病毒感染的肺炎(简称新冠肺炎)命名为“COVID－19”。新冠肺炎具有潜伏期长、传染力强等特点,这些特点给世界各国的防疫工作带来了巨大的挑战。针对新冠肺炎的上述特点,为了有效应对日益严峻的疫情,世界各国纷纷围绕“居家隔离”的防疫要求制定了公共卫生法规。经过数月的努力,这种倡导或强制人们暂留居所、减少流动的做法已被事实证明具有显著作用。但在不同的国家和地区,这种有效的公共卫生法规却引发不同的社会反映。在中国,人们积极响应“居家隔离”的要求,普遍认为这是能够有效保障自身安全的做法。中国也凭借这一举措,在较短的时间内控制住了疫情的传播。而在西方国家,许多人并不赞同这种法律规定,他们认为这是在损害自由。在美国的部分地区,甚至出现了专门反对“居家隔离”的示威游行。

上述材料展现了安全与自由的冲突。在新冠肺炎疫情的影响下，人们的生命健康处于危险之中，整个社会的安全都面临着威胁。在此情况下，政府依法开展公共卫生应急处置，并针对疫情的特点出台了一系列法规和政策。如上述材料所展现的那样，一些应急性的法律制度很可能会在一定程度上限制人们的自由。此时，法的安全价值便与自由价值形成了对立和冲突。而且，在不同的社会背景下，安全与自由的冲突还呈现完全不同的局面。在中国，人们更加追求安全价值，认为只有在保障安全的前提下，追求其他价值才有意义。此时，安全价值在冲突中占据优势地位，成为社会最重要的价值追求；而在西方国家，人们可能更加倾向于无条件地维护自由价值，并反对这种以牺牲部分自由为代价来换取安全的做法。此时，自由价值在冲突中占优，并可能影响安全价值的实现。当然，法的价值冲突是非常多样化的，上文的例子仅仅展现了其中的一种类型。在现实中，自由与平等的冲突、秩序与自由的冲突等，都是较为常见的法的价值冲突的情形。

二、法的价值冲突的原因

法的价值冲突的原因是多方面的，我们至少可以从主体原因、社会原因这两个方面进行认识。

（一）法的价值冲突的主体原因

从社会主体的角度来看，国家、政府机关、企事业单位、社会团体、公民都是法的价值主体。法的价值主体是非常广泛的，也是十分多样的。法的价值主体的多样性在客观上导致多元价值观念的共存，这些价值观念相互冲突便在所难免。

在 1999 年 7 月 18 日中央电视台播放的《今日说法》节目中，有一则名为《萝卜怎么办》现实案例：

民警在追捕歹徒的过程中，尾随歹徒进入刘某的庭院，并在与歹徒搏斗的过程中，踩坏了公民刘某院里的萝卜。刘某认为自己的财产因民警的行为遭受损失，欲向公安机关提出索赔。刘某的言论在地方上引起了轩然大波，当地有许多群众对其持谴责的态度。群众普遍认为，公安民警的初衷是想保护人民的财产安全，刘某提出赔偿是不恰当的。

在上述案例中，民警和刘某明显持有不同的价值取向。民警在执行公务的过程中，主要考虑执法的效率和效果，侧重于实现效率、秩序、安全等价值。刘某则认为自己的财物在执法活动中遭到毁坏，民警的行为虽然情有可原，但也应当赔偿自身的损失。此时，刘某更看重公平问题。从客观上看，民警和刘某的价值取向都具有合理性，双方的分歧主要缘于身份的差异。在特定的社会情境中，具有不同身份的主体往往会有不同的价值追求，当他们都坚持自身的价值取向时，具体的价值冲突便会产生。

（二）法的价值冲突的社会原因

社会是通过人与人之间的联系所建构起来的共同体，人们在社会中进行各种各样的交往，并形成了广泛而复杂的社会实践。社会实践的复杂性意味着，在特定的社会场景中，不同的人为了各自的目的开展各式各样的行为活动，这些行为活动可能会相互干扰，并表现为人与人的不同需求的冲突。

在2017年9月12日的《贵州都市报》中，有一则题为《的哥为救人连闯4红灯》的新闻报道：

9月8日早上8点左右，一名男子在驾车途中突发疾病，疼痛难忍的他跪在路边求救。载着两名乘客的出租车司机龙政金正好路过，毫不犹豫地把他扶上出租车，连闯4个红灯，把他送到了金阳医院抢救。昨日，贵阳市运管局等三部门通报表扬的哥龙政金的好人好事行为，发放5000元奖金，鼓励龙师傅的凡人善举。

在上述新闻中，出租车司机连闯红灯确实在客观上扰乱了交通秩序，破坏了法的秩序价值；但他这种可能会威胁交通安全的行为却挽救了一条生命，保护了法的其他价值。从事理上看，我们都认为出租车司机的闯红灯行为是情有可原的；在法律上，我国《道路交通安全违法行为处理程序规定》第22条规定："交通技术监控设备记录或者录入道路交通违法信息管理系统的违法行为信息，有下列情形之一并经核实的……予以消除：……（三）……提供证据证明机动车因救助危难或者紧急避险造成的违法行为……"其实，法律之所以有这样的规定，也进一步证明了类似的法的价值冲突在社会中的普遍性。

除了上述两点基本原因之外，社会中的文化、风俗、习惯等因素，也会引起法的价值的冲突。

三、法的价值冲突的解决

从法的价值冲突的原因可以看出，法的价值冲突是价值主体开展社会实践的必然结果，它是绝对的、无法避免的。但是，法的价值冲突会在一定程度上影响法律的整体性，更会影响法律的实施效果。因此，如何降低法的价值冲突的频率和烈度，实现冲突的相对可控，是法理学研究所面临的重要问题。现实中，法的价值冲突是无法被彻底消除的，所谓法的价值冲突的解决，其实是指法的价值在特定情况下的平衡与整合。

法的价值冲突的解决贯穿了法运行的全过程。在法的制定阶段，立法者就会考虑法的价值冲突问题的解决。根据法的价值冲突的原因，结合现实中各种各样的法的价值冲突情形，立法者会为冲突的解决提供方向。例如，法律规定的"紧急避险"，就是能够用于解决法的价值冲突的原则。当然，立法阶段的解决往往具有宏观性，解决的方案主要是一些原则性的法律规定。而且，考虑到法的价值冲突的多样性和复杂性，立法阶段的解决方案要为价值冲突情形预留一定的空间，以保证具体冲突解决工作的灵活性。在法的实施阶段，司法者和执法者也会处理法的价值冲突问题。尽管司法和执法必须要依照法律规定来进行，但面对复杂的法的价值冲突实践，法律规定无法穷尽所有情形，此时具体法律实施活动的冲突解决作用便显得尤为重要。司法和执法主要通过具体的个案解决法的价值冲突，由于个案中法的价值冲突形态各式各样，司法和执法给出的解决方案也会各不相同。由于司法和执法是深入具体社会实践当中的工作，法的价值冲突在此过程中会得到更加仔细和妥当的安排。通过一个个司法和执法案件的影响作用，法的价值冲突能够得到持续的平衡和整合。因此，法律实施阶段的相关工作同样对法的价值冲突的解决发挥了重要作用。

从法的价值冲突的形态及其解决的具体方式可以看出,法的价值冲突的解决是一项强调实事求是的工作,现实中不存在一劳永逸的解决方案,也不存在放之四海而皆准的解决办法。但是,根据法的价值冲突的原因、形态和特点,结合价值主体的需求,我们仍然可以总结出一些可供参考的原则:

第一,基本价值优先原则。一般而言,法的基本价值在法的价值体系中处于优先地位。在不同位阶的法的价值发生冲突时,法的基本价值要优于一般的价值。法的基本价值主要包括秩序、安全、自由、平等、效率、正义、人权等,当这些基本价值与其他价值发生冲突时,应当固守基本价值的优先地位。

第二,兼顾协调原则。在法的价值体系中,所有的价值都应当受到保护。但在现实中,法的价值冲突又是非常普遍的。在这种两难困境之下,围绕法的制定和实施工作,应当采取兼顾协调的原则来处理法的各种价值之间的冲突,尽力平衡好不同价值目标之间的关系,维持整个价值体系的稳定。

第三,法益权衡原则。尽管我们在原则上强调应当对法的各种价值进行兼顾和协调,但现实中法的价值冲突总会出现无法兼得的情形。此时,解决法的价值冲突便无法再秉持完全的兼顾的态度和立场,而必须在不同的法的价值中进行权衡和取舍。这其实是在不同的法的价值中进行利害衡量,即所谓“两利相较取其大,两害相权取其轻”。当然,法益权衡原则一般在较为具体的法的价值冲突情境中才具有参考意义。只有在具体的冲突情境中,人们才能具体地衡量和评价不同的法的价值的意义,并根据现实情况作出合理的取舍。

第二编　法的本体

第四章　法的概念

法学以法律现象及其规律为研究对象。当人们谈论纷繁复杂的法律现象，试图探索法律现象背后的社会规律和自然规律时，其实已经有了某种关于法的大致想法。大多数时候，没有严格为法下定义，并不妨碍顺畅交流。然而，深究起来，思考和追问“法律是什么”，问题就不那么简单。试想：中国古代，皇帝下的诏书是不是法？古罗马法学家的著述是不是法？当下，不同国家的人们，谈论法或法律的时候，指称的是同一事物吗？

法的概念是重要的法理学问题。历史上，无数思想家、法学家试图为法下定义，并提出各自的法概念主张，却始终难有定论。那么，困难究竟在哪里？让我们带着疑惑，进入本章的学习。

第一节　法的词源

一、中文中的法与法律

深入理解法的概念，探寻法的词源显然是必要的。根据考古学和文字学的相关研究，古汉字中“法”在西周金文中就已经出现了。到春秋战国时代，关于“法”的探讨，达到了一个相当高的水平。例如，《韩非子·定法》中有云：“法者，宪令著于官府，赏罚必于民心”；《慎子·佚文》：“法者，齐天下之动，至公大定之制”。

我国第一部系统分析汉字字形和考究字源的著作——东汉许慎的《说文解字》，对“法”字（古体写作“灋”）作出了如下解释：“灋，刑也。平之如水，从水；廌，所以触不直者去之，从去。”[1]东汉王充在《论衡》中指出，“廌”是一种神兽，“性知有罪”，“有罪则触，无罪则不触”。[2]据此，通常认为，其一，在中国古代，“灋”与刑通用，法即刑；其二，“灋”具有追求公平、公正的象征性意义；其三，古代“灋”的实施借助神兽，具有神明裁判的性质。

对于“灋”字“平之如水”的解说，学术界的反对之声也不少见。蔡枢衡先生认为，“平之如水”四字乃“后世浅人所妄增”。这里的“水”，从功能意义上解释，指的是将违法者置于水中，任其随波逐流，实为刑罚，意为“放逐”。[3]苏力教授认为，先秦文献中，“水”并没有强调“平”的特征。更合理的解释是：“法学，水旁，意味着古人强调法是由上向下颁

---

〔1〕许慎：《说文解字》，中华书局1963年影印版，第202页。

〔2〕王充：《论衡》，上海人民出版社1974年版，第270页。

〔3〕参见蔡枢衡：《中国刑法史》，广西人民出版社1983年版，第170页。

布的。"[4]

关于"律"字,《尔雅·释诂》注释:"法,亦律也"。《唐律疏议》也指出:"法亦律也,故谓之为律"。可以说,中国古代的"法"、"律"和"刑"三者基本是通用的。还需说明的是,在古汉语中,"法"和"律"语义虽同,但一般分开使用。"法律"这一合成词的普遍运用,是近代以后的事情,其历史不过百余年。

现代汉语中"法"和"法律"的含义,一方面,受到近代以来西学东渐的深刻影响;另一方面,则受到当代中国法律实践的塑造。一般认为:"法律"指的是具有立法权的国家机关依照立法程序制定的法律规范,或一国法律体系的整体;而"法"则有评价"法律"的某种价值尺度或道义标准的意味。

二、西文中的法与法律

在西文中,"法"和"法律"两字的字形与字义是不同的(见表1)。英语是一例外:英语 law 既可表示"法",也可表示"法律";但从语义上说,right(权利)与 law 亦相对应。

表1 西文中的"法"和"法律"

中文	拉丁文	法文	意大利文	德文	西班牙文	希腊文
法	Jus	Droit	Diritto	Recht	Derecho	Δίκαιου
法律	Lex	Loi	Legge	Gesetz	Ley	νόμος

资料来源:何勤华:《法律名词的起源》,北京大学出版社 2009 年版,第 1 页。

不难看出,西文中"法"与"法律",既相互关联,又相对独立。"法"具有权利、正义、衡平的意涵,有时也意指某种自然规律或社会规律;"法律"则通常指国家或组织颁布的具体规范或规则体系。在西方法律思想史中,"法"与"法律"的二分法,表现得更为清晰。一般认为,"法"指"自然法"(超验法、应然法、正义法),往往以某种永恒的、普遍有效的正义原则和道德公理的形态存在;"法律"指"人定法"(实在法、实然法、国家法),通常由国家立法机关制定和颁布。"自然法"是一种"人定法"之上的某种"高级法";"自然法"可以作为衡量"人定法"是否具有德性、是否正义的尺度。

三、法的词源与法文明

法和语言一样,深嵌入一个民族(国家)的文明进程和历史文化之中。因而,解析法的词源,或可体察一个民族(国家)法文明的内在品格和精神取向。同样是被称为"法"与"法律"的事物,在中文世界与西文世界之间,却存在微妙的差异。在古中文中,"法"的核心是"刑";在西文中,Jus 具有权利、公平、正义等富有道德意味的含义;而在现代汉语中,法与法律的词义更加复杂,呈现中西法文明深度融合的特征。从某种意义上说,文字翻译中的"词不达意",是难以完全消除的。

归根结底,文字、语言是对特定历史时期社会生活的"捕捉"和"表达"。词源上的微

---

[4] 苏力:《"法"的故事》,载《读书》1998 年第 7 期。

妙差异，源于中西方文明初期法律现象及其形态上的区别。中国古代之法，脱胎于氏族部落的攻伐和征服；而族姓之间统治的合法武力，在中国青铜时代就是刑。[5] 如《左传》所云："夏有乱政，而作禹刑。"《尚书·尧典》："帝曰：'皋陶！蛮夷滑夏，寇贼奸宄。汝作士，五刑有服，五服三就。'"在世界的另一端，西方文明初期，如雅典城邦，社会分工的扩大瓦解了古老的血缘组织，以职业标准划分的社会集团构成了"原始国家"。国家作为凌驾于社会之上的力量，必须协调各社会集团之间的对立、冲突；法律则成为各类群体斗争和利益分配的工具。在城邦政治生活和社会生活中，出现了法律与权利、正义、公平、自由的广泛探讨，促使这些问题相互融合，共同塑造了西方政治法律哲学的原初形态。例如，古希腊哲学家亚里士多德认为，法律"应该是促成全邦人们都能进于正义和善德的[永久]制度"。[6] 总而言之，法的词源上的微妙差异，标志着人类文明的不同形态和发生径路，以及人类灿烂的多元法文明。

第二节　法学主要流派的法概念

如果说，法的词源是对特定历史社会条件下法律现象的朴素表达；那么，法概念的理论主张则将问题指向"法律是什么"这样一个颇具哲学意味的方向。这一节，通过简要介绍西方主要法学流派和马克思主义法学的法概念，深化对法律现象的理解。

一、西方主要法学流派

（一）自然法学

在西方法律思想史上，自然法学派源远流长，可以追溯到古希腊时代的政治哲学。自然法学主张，在制定法、国家法之上存在某种"高级法"；它可能以"超验法""神法""自然权利""自然理性"等不同形态出现。当代德国法哲学家阿列克西认为，自然法是法的理想维度或批判维度，"它的理想维度的核心要素是正确性宣称"。[7] 因此，在自然法学的视阈中，国家、强制力与法只具有偶然性的联系，而某种意义的"善""正义""理性"才是法的概念内核。

西方法律思想史上，大量自然法学家试图对法下定义。自然法哲学的重要学者荷兰法学家、思想家雨果·格劳秀斯把自然法定义为："一种正当理性的命令，它指示：任何与合乎理性的本性相一致的行为就是一种道德上的必要性；反之，就是道德上罪恶的行为。"[8]新自然法学派的代表人物美国法学家朗·富勒认为，"道德使法律成为可能"，"法律的内在道德乃是一种程序版的自然法"。[9]

---

[5] 参见梁治平：《法辨：中国法的过去、现在与未来》，中国政法大学出版社 2002 年版，第 79 页。

[6] [古希腊]亚里士多德：《政治学》，吴寿彭译，商务印书馆 1965 年版，第 138 页。

[7] [德]阿列克西：《法：作为理性的制度化》，雷磊译，中国法制出版社 2012 年版，第 251 页。

[8] [美]E. 博登海默：《法理学：法律哲学与法律方法》，邓正来译，中国政法大学出版社 1998 年版，第 45 页。

[9] [美]富勒：《法律的道德性》，郑戈译，商务印书馆 2005 年版，第 114 页。

下面以雅典悲剧作家索福克勒斯的名著《安提戈涅》为素材，探讨自然法传统下的法概念。

安提戈涅是伊俄卡斯忒与其子俄狄浦斯乱伦后生下的女儿。俄狄浦斯因弑父娶母，登上王位而受到众神的诅咒。俄狄浦斯死后，安提戈涅的两个哥哥波吕尼刻斯与厄忒俄克勒斯为争夺统治权引发内战，波吕尼刻斯被厄忒俄克勒斯赶走，他愤而召集了六位英雄一起攻打忒拜城。结果波吕尼刻斯和厄忒俄克勒斯两兄弟在单独对决中同归于尽。战后，安提戈涅的舅父克瑞翁继承了王位。克瑞翁用对待英雄的方式安葬了厄忒俄克勒斯，而将波吕尼刻斯的尸体弃之荒野。安提戈涅认为这种做法违反神意，因此不顾克瑞翁的禁令，埋葬了哥哥的尸体。

安提戈涅说：

……这些法律不是出自宙斯
享有尘世之神荣光的正义
也没有颁布这些人类的法律
我并不认为你的命令是如此强大有力
以至于你，一个凡人，竟敢僭越
诸神不成文的，且永恒不衰的法
它们的诞生不在今天，也非昨天
它们是不死的；没有人知道其在时间上的起源〔10〕

显然，在安提戈涅那里，国王克瑞翁颁布的命令与“享有尘世之神荣光的正义”发生冲突时，后者才是永恒的法，具有法的效力。因而，“神法”才是至高无上的法。总而言之，自然法学派的法概念，强调法的正义性、道德性、目的性。

（二）实证分析法学

实证分析法学是在反对自然法主张的情境中发展起来的。“在18世纪中期，欧洲发生了深刻的思想转型，它从不同的出发点表达了对经由理性可获致的自然法概念的弃置；这种弃置是彻底的，以至于19世纪时，任何自然法观念都不再那么流行。”〔11〕实证分析法学的代表人物英国法学家H. L. A. 哈特，曾将法律的特征概括为：（1）法律是一种命令；（2）对法律概念的分析不同于社会学和历史学的研究，也不同于批判性的价值评价；（3）判决可以从事先确定的规则中逻辑地归纳出来，而无须求助于社会目的、政策或道德；（4）道德判断不能通过理性论辩论证或证明来建立或捍卫；（5）实际的法律不得不与应然的法律保持分离。〔12〕

在实证分析法学看来，法律是某种具有实际效力和权威性的规范体系；至于它是否符合某种“自然法”的评判标准，则是哲学、伦理学或其他学科应该关心的问题，法学对此存

〔10〕［爱尔兰］凯利：《西方法律思想史》，王笑红译，法律出版社2010年版，第17～18页。

〔11〕［爱尔兰］凯利：《西方法律思想史》，王笑红译，法律出版社2010年版，第231页。

〔12〕See H. L. A. Hart, *Positivism and the Separation of Law and Morals*, Harvard Law Review Vol. 71, No. 4 (Feb., 1958), p. 593－629. 参见徐爱国：《分析法学》，法律出版社2004年版，第3～4页。

而不论。实证分析法学的开拓者英国法学家奥斯丁认为,准确意义的“法”是一种具有普遍性质的“命令”,“如果你表达或宣布一个要求(wish),意思是我应该做什么,或者不得做什么,而且,当我没有服从你的要求的时候,你会用对我不利的后果来处罚我”。[13] H. L. A. 哈特主张法律是规则,一套由两类规则组成的规则体系:“第一种类型的规则科以义务;第二种类型的规则授予权力,包括公共的或私人的。”[14]

仍借助戏剧《安提戈涅》进行讨论。在实证分析法学这里,相对于“神法”“分享尘世之神荣光的正义”,禁止波吕尼刻斯下葬的命令,由克瑞翁国王发出,以现实的强制力(暴力)保障实施;显然,这更有资格被称为法律。

> 安提戈涅的妹妹爱斯梅娜:
>
> ……现在只剩下我们两个;如果我们违法法律,公然藐视我们的国王,结局会是什么?啊,仔细考虑一下,安提戈涅;我们是女人;不需要我们与男人斗争;我们的统治者比我们强大,我们必须遵守这个命令,否则,我们的处境就会比现在更糟糕。愿死神饶恕我,除了接受命令,我没有其他选择;做更多的事情是不理智的。[15]

显而易见,视国王的命令为法律的观点,接近于奥斯丁的法概念主张。概言之,实证分析法学主张将法限定在实在法(人定法)领域,反对超越现行法律和经验事实的、形而上学的法律概念。

(三)社会法学

社会法学主张通过借鉴社会学的方法,在真实的社会生活中认识和理解法律。德国学者托马斯·莱赛尔认为法律可以成为社会学的研究对象:“首先,法律是社会现实的一种现象;其次,可以根据自然科学的研究模式对法律进行实证研究;最后,法律本身具有一定的规律性,通过这种方式人们也能认知其规律。”[16] 正是因为聚焦法的实然世界(对应于自然法学),不拘泥于法的文本规范(对应于实证分析法学),社会法学视野中的法律是多元化的,至少包括:(1)国家制定法;(2)习惯(法);(3)非政府的社会团体规则;(4)行动中的法,即法的执行者、遵守者在法律实际运行过程中创制或运用的规则。

让我们通过电影《秋菊打官司》中的情节,体会社会法学视野中法的概念以及法律多元。

《秋菊打官司》讲述了农村妇女秋菊与村长之间的纠纷。事情的起因是,因为一些并不特别要紧的琐事,秋菊的丈夫与村长发生口角。秋菊的丈夫骂村长“断子绝孙”(村长生了四个女儿),村长激愤之下,踢伤了秋菊丈夫的下身。秋菊感到不公,遂向村长、乡镇直至县市政府、法院讨要一个“说法”,要求村长认错。秋菊认为,丈夫骂人不对,村长可

---

〔13〕 [英]奥斯丁:《法理学的范围》,刘星译,中国法制出版社 2001 年版,第 18 页。

〔14〕 [英]哈特:《法律的概念》,许家馨、李冠宜译,法律出版社 2006 年版,第 77 页。

〔15〕 [英]韦恩·莫里森:《法理学:从古希腊到后现代》,李桂林等译,武汉大学出版社 2003 年版,第 23 页。

〔16〕 [德]莱赛尔:《法社会学导论》(第 6 版),高旭军等译,上海人民出版社 2014 年版,第 6 页。

以踢他,但“不能往那个地方踢”。故事的最后,在一位律师的帮助下,经过公安人员的调查,发现秋菊的丈夫受了轻伤(但并不是下身),村长应当受到治安处罚,处以15天的行政拘留。秋菊看着公安带走了村长,警车呼啸着离开山村,秋菊疑惑地说:“怎么把人给抓走了,我只是要个说法。”

20世纪90年代,在中国广大乡村社会,存在一些不成文的、模糊的习惯规则,表达了当地某种朴素的“正义观”。例如,秋菊的男人犯了错(恶毒地骂了村长),村长可以打人,但不能踢人“命根子”;因为,踢人“命根子”意味着让人“断子绝孙”,相对于村长与秋菊男人发生的口角,这种惩罚(或报复)显然过分了。又如,村长把人踢了,得认错,仅仅赔钱是不行的。秋菊想要的“说法”,重点在于“村长做错了,应该低个头,认个错”。然而,国家法并没有给秋菊想要的“说法”;相反,故事的最后,秋菊非常困惑,国家的法律为什么是这样的——“怎么把人给抓走了”?!

社会法学强调法是社会系统的有机组成部分,并在“活法”“行动中的法”的意义上理解法与法律,进而形成了特有的法的概念主张。譬如,奥地利法学家埃利希认为,社会生活中被人们广泛遵循的规则,不是那些被称为“判断规范”的指导法官如何断案的特殊有限的规则,而是应用范围更为广泛的“活的法律”。[17]

社会法学的法概念主张,极大拓宽了人们观察法律现象的视野,但也为回应“法律是什么”的本体论追问制造了新的困难。社会法学视阈中的法律多元,使得法律与道德、伦理、习惯、宗教等其他社会规范之间的界限,变得模糊不清,难以简单辨识。

二、马克思主义法学

西方法学主要流派关于法的概念的讨论,虽然皆试图从某个角度回答“法律是什么”这样一个法哲学问题,极具启发性,但是都没能触及法的本质,无法形成一个具有高度科学性和强大生命力的法学理论体系。马克思主义法学以辩证唯物主义和历史唯物主义为指导思想,使法的概念获得了具有科学性和进步性的丰富内涵。

马克思、恩格斯对法的概念的探讨,散见于一系列哲学、政治经济学著作之中。简要摘录若干经典叙述。

> 在社会发展的某个很早的阶段,产生了这样一种需求:把每天重复着的产品生产、分配和交换用一个共同的规则约束起来,借以使个人服从生产和交换的共同条件,这个规则首先表现为习惯,不久便成了法律。随着法律的产生,就必然产生出以维护法律为职责的机关——公共权力,国家。[18]
>
> 我的研究得出这样一个结论:法的关系正像国家的形式一样,既不能从它们本身来理解,也不能从所谓人类精神的一般发展来理解,相反,它们根源于物质的生活关系……[19]
>
> 你们的观念本身是资产阶级的生产关系和所有制关系的产物,正像你们的

---

〔17〕 参见赵震江主编:《法律社会学》,北京大学出版社1998年版,第9页。

〔18〕《马克思恩格斯选集》(第3卷),人民出版社2012年版,第260页。

〔19〕《马克思恩格斯选集》(第2卷),人民出版社2012年版,第2页。

法不过是被奉为法律的你们这个阶级的意志一样，而这种意志的内容是由你们这个阶级的物质生活条件决定的。[20]

归结起来，马克思主义法学认为：其一，法律由特定社会的物质生活条件决定；其二，法律是阶级统治的一种方式；其三，法律与国家具有内在关联。不难看出，与自然法学、规范分析法学和社会法学相比较，马克思法学的法概念主张更具有理论穿透力，亦即试图透过纷繁复杂的法律现象，探寻法具有的某种根本性的、终极性的含义与特征。国内学术界普遍认为，法是由国家制定或认可并依靠国家强制力保证实施的，反映由特定社会物质生活条件所决定的（在阶级对立社会中）统治阶级意志或（在社会主义社会中）人民意志，以权利和义务为内容，以确认、保护和发展对统治阶级或人民有利的社会关系、社会秩序和社会发展目标为目的的行为规范体系。[21]

第三节　法的基本特征

法的基本特征是法的概念的扩展表达，是法与其他现象和事物的基本关系的表现。法的基本特征是法本身所固有的、确定的属性。

一、法是调整行为的社会规范

首先，法的调整对象是人的行为，包括作为和不作为。马克思曾适切地指出，“对于法律来说，除了我的行为之外，我是根本不存在的，我根本不是法律的对象”。[22] 没有付诸外在行动的纯粹思想领域，法律不得也不应干预。其次，法通过调整人的行动，间接调整社会关系。法律通过设定一系列的权利与义务，向人们传达禁止、允许和授权实施特定行为的信息，引导法律关系的建立，进而构造社会秩序。最后，法是一种社会规范，具有规范性。所谓法的规范性，是指法规定了人们可以为、应当为或不得为某些行为，从而为人们提供行为的引导及其评价标准。当然，在社会生活中，法只是社会规范的一种。道德、伦理、宗教等同样具有指导人们行动的功能，只是它们调整社会关系的机制有别于法。例如，道德不仅关注人的外在行为，更强调人的内心世界和行为动机；道德更多趋向于为人们设定义务，而非主张权利。

法国思想家孟德斯鸠在其名著《论法的精神》中讲述了一个关于“思想犯”马尔西亚斯梦中“杀死”国王狄奥尼西乌斯的故事，对于我们理解“法是调整行为的规范”颇有助益。

一位名叫马尔西亚斯的人做了一个梦，他在梦中割断了狄奥尼西乌斯的喉

---

〔20〕 马克思、恩格斯：《共产党宣言》，中共中央马克思恩格斯列宁斯大林著作编译局编译，人民出版社2014年版，第45页。

〔21〕 参见张文显主编：《法理学》（第5版），高等教育出版社2018年版，第83页。

〔22〕 《马克思恩格斯全集》（第1卷），人民出版社1956年版，第16～17页。

咙，狄奥尼西乌斯为此把他处死，理由是如果白天他不这样想，夜里就不会做那样的梦。这是可怕的暴行，因为，即使他确实这样想过，他也并没有付诸行动。法律只惩处外在的行动。[23]

二、法由国家制定或认可

法律由国家制定或认可意味着法律具有国家意志性。所谓制定，是指立法机关或立法授权机关按照一定的程序创制法律；所谓认可，是指拥有立法权的国家机关赋予某些既存的社会规范以法律效力，如认可习惯、民间习俗、行业惯例，承认或加入国际条约，还可能如古罗马时代赋予权威法学家的法律学说以正式的法律约束力。

国家的立法机关制定、颁布法律是常见的现象。例如，我国全国人民代表大会及常务委员会、国务院和地方立法机关，每年都要制定若干法律、法规。相对来说，立法机关认可既有社会规范之法律效力的相关工作，则不太引人注目。事实上，从立法程序上说，立法的前期调研往往就包含了立法机关开展法律认可的内容，亦即吸纳既有的社会规范，经过立法技术的改造和处理，形成法律规范文本。

例如，清末民初，清政府和民国政府在修订民法的过程中，就曾进行大规模的民事习惯调查，将大量民间习惯、风俗等纳入民事立法的视野中。

20世纪初，晚清政府迫于各方压力进行变法修律活动。光绪三十三年（1907年），为了筹议编纂民律草案，开展了大规模的民事习惯调查。法部尚书戴鸿慈等指出："先事之预备，则在调查习惯。"是年岁末，修订法律馆在奏折中也强调："中国幅员广阔，各省地大物博，习尚不同，使非人情风俗洞彻无遗，恐创定法规必多窒碍。"光绪三十四年（1908年），由修订法律馆主持此次民商事习惯调查。民事习惯调查大体可分两个阶段：第一阶段为光绪三十四年至宣统元年（1909年），其调查工作主要是为编纂商律草案而进行；第二阶段为宣统二年（1910年）正月至八月，主要是为编纂民律草案而进行的民事习惯调查。

中华民国成立后，在清政府民事调查的基础上，继续开展此项调查活动。1930年5月，南京国民政府司法行政部编撰了《民事习惯调查报告录》。同年7月，立法院认为民法亲属、继承两编与各地习惯关联甚大，"该院民法起草委员会为慎重起见，特先商同院统计处，制定调查表多种，发交各地征求习惯"。此后，民事习惯调查断断续续，一直延续到20世纪30年代《中华民国民法典》颁布。

又如，《民法典》有40处明确规定"习惯""当地习惯""交易习惯""风俗习惯"的条款。在具体表述上，有3个条款认可"习惯"，有1个条款认可"当地习惯"，有35个条款认可"交易习惯"，有1个条款认可"风俗习惯"，涉及总则、物权、合同、人格权等部分。下面列举若干条款，以增进对该问题的感性认识。

第五百一十五条第一款　标的有多项而债务人只需履行其中一项的，债务

〔23〕［法］孟德斯鸠：《论法的精神》（全二卷），许明龙译，商务印书馆2012年版，第233页。

人享有选择权；但是，法律另有规定、当事人另有约定或者另有交易习惯的除外。

第八百八十八条　保管合同是保管人保管寄存人交付的保管物，并返还该物的合同。

寄存人到保管人处从事购物、就餐、住宿等活动，将物品存放在指定场所的，视为保管，但是当事人另有约定或者另有交易习惯的除外。

第一千零一十五条　自然人应当随父姓或者母姓，但是有下列情形之一的，可以在父姓和母姓之外选取姓氏：

（一）选取其他直系长辈血亲的姓氏；

（二）因由法定扶养人以外的人扶养而选取扶养人姓氏；

（三）有不违背公序良俗的其他正当理由。

少数民族自然人的姓氏可以遵从本民族的文化传统和风俗习惯。

三、法以权利义务为主要内容

法律通过规定人们可以为、应当为或不得为某些行为，为人们提供行为引导及其评价标准。这里的“可以”“应当”“不得”，就是权利与义务的法律表达，即授权、命令和禁止。法律正是以权利、义务为内容，调整人的行为和社会关系。权利和义务贯穿于各个法律部门和法律运作的全部环节。因而，国内学术界一般认为，权利和义务是法学、法哲学的基本范畴和中心范畴。[24]

法以权利、义务为主要内容，通过设定权利和义务来分配利益，引导人们实现立法设想的社会关系，形成良好的社会秩序。权利与义务，前者表征利益主张，后者表征利益负担；它们两者结构上相关、功能上互补，互为彼此的界限与尺度。正是因为法律具有利导性，所以更能够适应现代工业大生产和商品经济社会。法以权利、义务为主要内容，这也使得其与道德、宗教、习惯等其他社会规范区别开来。

下面以《民法典》第四编“人格权”中第二章“生命权、身体权和健康权”的部分法条为例，呈现法律的权利与义务的内容。关于“权利与义务”更详尽的论述，请参见本书第十章。

第一千零二条　自然人享有生命权。自然人的生命安全和生命尊严受法律保护。任何组织或者个人不得侵害他人的生命权。

第一千零三条　自然人享有身体权。自然人的身体完整和行动自由受法律保护。任何组织或者个人不得侵害他人的身体权。

第一千零四条　自然人享有健康权。自然人的身心健康受法律保护。任何组织或者个人不得侵害他人的健康权。

第一千零五条　自然人的生命权、身体权、健康权受到侵害或者处于其他危难情形的，负有法定救助义务的组织或者个人应当及时施救。

---

〔24〕参见张文显：《法哲学范畴研究》（修订版），中国政法大学出版社2001年版，第324页。

四、法由国家强制力保障实施

任何一种社会规范，都依赖某种强制性力量作为实施保障。例如，政党的章程、规章由政党的纪律保障实施；道德规范由传统文化、社会舆论、民间习惯等保障实施；宗教规范则由宗教信仰、宗教团体保障实施。法律由国家制定或认可，体现国家意志，因而也由国家强制力保证实施。国家强制力是指国家垄断的有组织的暴力机器，如军队、警察、法庭、监狱等。如果没有国家强制力作为后盾，法律无疑就变成了“没有牙齿的老虎”。德国法学家耶林曾指出，国际法的强制力很弱，因而是不完善的法。

当然，保障法律实施，并不意味着国家强制力总是直接运用的；相反，它往往以潜在的、间接的方式发挥影响力，引导人们自觉守法。法律的强制力不等于纯粹的暴力；它由专门的有权机关，依照法定程序，通过法定强制措施得以实施。法律强制力也不是保障法律实施的唯一力量，法律的实施更需要诉诸人们对法律的认同和信仰等。

最后，阅读2006年搜狐新闻上的一则报道，理解国家强制力对于法律及其运行何以如此重要。

20万元判决赔偿无法执行　男子当街拍卖判决书〔25〕

播报实录：一名男子高举着用红色大字写的“拍卖判决书”的大牌子，引来了二三十人围观。这是怎么回事？原来，来自泉州的潘先生以公司代表的名义，正在当街“拍卖”一份民事判决书。这份判决书是法院判给该公司的20.5510万元应还款和诉讼费，可是时隔一年多，仍未执行下来。

泉州铭鸿公司的代表潘先生告诉记者，2002年9月，福州天葵广告公司向泉州铭鸿房地产公司借款20万元，至今分文未还。

2005年6月30日，福州市鼓楼区法院作出(2005)鼓民初字499号民事判决，判令福州天葵广告公司在判决10日内返还20万元，并支付诉讼费5510元。福州市鼓楼区法院2005年10月11日立案执行。福州天葵广告公司的董事长林先生接受了这一判决。法院在执行过程中，因天葵广告公司账上没钱，至今没有任何结果。可是林先生却转而担任福建某房地产发展公司的法定代表人。铭鸿公司目前出现经营困难，急需资金，无奈之下，他们想出了拍卖判决书的办法。前天，公司5个人从泉州赶到福州，希望有人开价，拍卖了判决书中20万元的债权，用来周转资金。

记者了解到，潘先生并未对拍卖定出底价，也没有人表示想买。

昨日，福建某房地产发展公司工作人员向记者确认，林先生现在是该公司的董事长，但联系不上。

就公司拍卖判决书这一行为，记者请教了部分法律人士。福建世纪新安律师事务所陈少峰律师告诉记者，判决书，对于胜诉方而言，它就是获得了某种权利。既然是权利，只要法律无明文禁止，公民当然有权处置它。该公司转让的是法律确认的债权，按现行法律，如果真有人买走了判决书，那也是一种债权转让行为。

---

〔25〕《一男子当街拍卖判决书》，载“搜狐新闻”，http://news.sohu.com/20060813/n244765743.shtml。

一位法律界人士表示，胜诉方拍卖判决书一举，反映了法院执行力的欠缺。从这个意义上讲，拍卖的不只是一纸判决，更是法律的尊严、法院的权威、司法的信用。

一位不愿透露姓名的法官表示，能否拍卖或转让判决书，法律虽无明确规定，但拍卖判决书的行为不可取，最好的解决方式还是向当地法院或其上级法院反映，让法院加大执行力度。法院方面，也应千方百计查找被执行人的财产。

第五章　法的要素

法的要素指法的基本成分，即构成法律的基本元素。建筑历史学家尼古拉斯·佩夫斯纳曾说："怎样才能称得上一座建筑？自行车棚是一处房屋，林肯大教堂才能被称为建筑。"[1]建筑是多种元素的复杂构成。法律，在某种意义上是一种语言的建筑。当我们翻开一部法典时，看到的皆是一个一个的法律条文。那么，法的要素是法律条文吗？法条只是外观上法律的基本成分。如果用建筑来作比喻，法的要素的内涵与所指可以讲得更清楚些。

任何风格、规模或形式的建筑，都是由若干主要元素构成的：

墙（墙体和表皮）是建筑物围合空间的基础元素，一来可以创造出区分建筑物内部和外部的物理界限，二来可以在建筑物内部划分区域。墙的常见构成有石材、砖、木材、瓦片、陶瓷、玻璃、金属和合成材料等。

开口包括窗和门，其作用一来为内部空间提供采光，二来保证建筑内外之间的空气、热量和人流的流通。窗分为固定窗、竖铰链窗、直拉窗等类型；门分为平开门、格板门等类型。

屋顶是建筑物顶部的构件，能够保护内部空间不受外部因素侵袭。屋顶分为坡屋顶、四坡屋顶、亭屋顶、平屋顶、曲面屋顶、小穹窿等类型。

楼梯（如果建筑物超过一层）是方便各楼层之间走动的结构，分为楼梯和电梯等。[2]

建筑学家在讲述建筑的构成要素时，认为一幢建筑不是像它外观上看起来的那样，由一间一间房间作为组成要素，而是由墙（墙体和表皮）、开口（窗和门）、屋顶和楼梯构成。这是透过建筑的形式外观，对其组成要素作出的抽象总结。法的要素也需要通过法的形式外观进行这种抽象，它是法（无论是制定法、判例法，还是习惯法）的组成要素和基本质料。在这一章，我们将综合各家关于法的要素的学说，通过法律概念、法律规则、法律原则三要素来讲解法的要素。在讲解中，我们也会分析不同的法的要素的功能、在不同标准下法的要素的具体分类等。

第一节　法律概念

当我们打开一部法律开始阅读时，就会接触到一个又一个法律概念。以《刑法》

---

〔1〕参见［英］欧文·霍普金斯：《解读建筑》，邢真译，北京出版集团公司、北京美术摄影出版社2014年版，第4页。

〔2〕［英］欧文·霍普金斯：《解读建筑》，邢真译，北京出版集团公司、北京美术摄影出版社2014年版，第83～153页。

为例：

> 第十四条第一款　明知自己的行为会发生危害社会的结果，并且希望或者放任这种结果发生，因而构成犯罪的，是故意犯罪。
>
> 第十五条第一款　应当预见自己的行为可能发生危害社会的结果，因为疏忽大意而没有预见，或者已经预见而轻信能够避免，以致发生这种结果的，是过失犯罪。
>
> 第二十二条第一款　为了犯罪，准备工具、制造条件的，是犯罪预备。
>
> 第二十三条第一款　已经着手实行犯罪，由于犯罪分子意志以外的原因而未得逞的，是犯罪未遂。
>
> 第二十四条第一款　在犯罪过程中，自动放弃犯罪或者自动有效地防止犯罪结果发生的，是犯罪中止。

除了专门表述法律概念的法条外，其他大量法条在对法律原则、法律规则（某个部分）进行表述时，也必须运用法律概念。例如：

> 《民法典》第二百四十条　所有权人对自己的不动产或者动产，依法享有占有、使用、收益和处分的权利。

这里的法律概念有“所有权人”“不动产”“动产”“占有”“使用”“收益”“处分”“权利”。

一、法律概念释义

法律概念是对各种有关法律的事物、状态、行为进行概括而形成的法律术语。从上面的例子可以看到，离开法律概念，法律将无从表达，法律制度将无从建立，人们也不能清晰准确地思考和讨论法律问题。这是因为，任何命题都是由概念组成的，作为命题的法律规范（包括法律规则和法律原则）也不例外。

法律概念的来源主要有两个方面：一是对日常生活中概念的采用，如“物”“承诺”“婚姻”“证据”“继承”等。二是来自法律人的创设，例如：

> 《民法典》第五十七条　法人是具有民事权利能力和民事行为能力，依法独立享有民事权利和承担民事义务的组织。
>
> 《民法典》第四百七十二条　要约是希望和他人订立合同的意思表示，该意思表示应当符合下列条件：（一）内容具体确定；（二）表明经受要约人承诺，要约人即受该意思表示约束。

需要注意的是，当日常生活的概念变成法律概念后，就具有了法律上明确的定义和范围。例如，在日常生活中，“物”指客观存在的一切物体和现象。而民法上的“物”指民事主体实际能够支配或控制的具有一定经济价值的物质资料，包括不动产和动产。由此可见，法律上的“物”的概念外延小于日常生活中的“物”。这就要求我们在理解法律概念时,不能仅限于其日常含义,还要把握它在法律体系中的特定含义。

法律概念的功能可以概括为以下三个方面:第一,法律概念使法律规范得以表达。正是借助法律概念之间富有逻辑关联的、理性化的连接,法律规范才得以阐述。第二,法律概念使人们得以认识和理解法律,从而进行法律实践和法律交流。可以说,法律概念是法律规则和法律原则的基础元素,只有澄清相关法律概念的含义,才能理解法律规则和法律原则所表述的内容。第三,法律概念的抽象凝练保障了法律的准确性和专业化程度。例如,在日常生活中,我们会获取超市的广告宣传册,上面附有商品价格,打开手机应用程序也会接收到拍卖公告等,这些是合同的“要约”吗?合同法中把同类意思表示形态抽象为法律概念“要约邀请”。

> 《民法典》第四百七十三条　要约邀请是希望他人向自己发出要约的表示。拍卖公告、招标公告、招股说明书、债券募集办法、基金招募说明书、商业广告和宣传、寄送的价目表等为要约邀请。商业广告和宣传的内容符合要约条件的,构成要约。

这就使“要约邀请”和“要约”在法律上可以进行明确的区分,同时也可以避免在没有对这两个概念进行区分的情况下,每次都逐一讨论不同的意思表示形态的归属,进而认定其法律效果。

法律人在职业领域中,首先要学习并准确、熟练地运用这些“法言法语”,然后才能进行专业化的法律活动。需要说明的是,法律概念的含义有时候在法律中没有明确进行表述,而是在法律教义学中或者在司法判例、法律的正式解释中进行完善。

二、法律概念的分类

按照不同的标准,可以把法律概念区分为不同的种类,这有助于我们从多重角度认识各异的法律概念,理解其表意的内涵和侧重点。

(一)涉人概念、涉物概念和涉事概念

按照法律概念涉及的内容不同,可以将其分为涉人概念、涉物概念和涉事概念。

可以用于证明案件事实的材料,都是证据。(《刑事诉讼法》第50条第1款)

委托代理人按照被代理人的委托行使代理权。法定代理人依照法律的规定行使代理权。(《民法典》第163条第2款)

国家工作人员利用职务上的便利,侵吞、窃取、骗取或者以其他手段非法占有公共财物的,是贪污罪。(《刑法》第382条第1款)

保险合同是投保人与保险人约定保险权利义务关系的协议。投保人是指与保险人订立保险合同,并按照合同约定负有支付保险费义务的人。保险人是指与投保人订立保险合同,并按照合同约定承担赔偿或者给付保险金责任的保险公司。(《保险法》第10条)

不动产或者动产可以由两个以上组织、个人共有。共有包括按份共有和共同共有。(《民法典》第297条)

向人民法院请求保护民事权利的诉讼时效期间为三年。法律另有规定的,依照其规定。诉讼时效期间自权利人知道或者应当知道权利受到损害以及义务人之日起计算。……(《民法典》第188条)

从内容来看,涉人概念是法律上关于人(包括自然人、法人、其他社会组织)的概念,如上述例子中的"委托代理人""法定代理人""投保人""保险人"。涉物概念是法律上关于物及其质量、数量,关于时间、空间等无人格的概念,如上述例子中的"证据""保险合同""诉讼时效期间"。涉事概念是关于法律事件和法律行为的概念,如上述例子中的"贪污""共有"。

(二)确定性法律概念和不确定性法律概念

按照法律概念的确定性程度不同,可以将其分为确定性法律概念和不确定性法律概念。

确定性法律概念指外延、内涵相对确定的法律概念,如上述例子中的"保险合同""投保人""保险人""共有"等。不确定性法律概念指外延、内涵相对不确定的法律概念。例如,《民法典》第8条规定,民事主体从事民事活动,不得违反法律,不得违背公序良俗。一般认为,"公序良俗"这个法律概念包括公共秩序和善良风俗。公共秩序指国家社会的存在及其发展所必需的一般秩序,善良风俗指社会公共生活中全体社会成员所普遍认可、遵循的道德准则。这个概念的含义相对不确定,其内涵随着社会的发展不断变化。

需要注意的是,确定或不确定是一个程度问题,因此这一区分标准也是相对的。随着社会发展,原本确定性的法律概念可能会变得不确定;而通过法律解释、法律适用和法教义学的发展,不确定性的法律概念可能会变得确定。

我国《刑法》第303条第2款规定:"开设赌场的,处五年以下有期徒刑、拘役或者管制,并处罚金;情节严重的,处五年以上十年以下有期徒刑,并处罚金。"在认定是否构成开设赌场罪时,其中关键的法律概念就是"开设赌场"。这一概念通常的含义是,以营利为目的,在行为人支配下设立、承包、租赁专门用于赌博的场所,并提供赌博用具供他人赌博。因为赌博行为并不能带来社会财富的增值,反而浪费了人们的时间和精力,刺激了人们的投机和侥幸心理,甚至引发其他犯罪,破坏社会风气和社会秩序,因此开设赌场这种有组织地提供赌博场所和机会的行为,为我国法律所禁止。在互联网技术普及之前,通常都是在一定的实体空间内开设"赌场",如私人自住的房屋或出租店面,酒店、娱乐场所内设的房间等。随着信息时代的发展,网络改变了人们的行为方式和交往方式,在虚拟空间内也催生出开设赌场的新形式,如开设赌博网站,这就使原本确定的法律概念的内容变得不确定。

最高人民法院、最高人民检察院、公安部《关于办理网络赌博犯罪案件适用法律若干问题的意见》在第1条专门将"开设赌场"的法律概念的内涵进行进一步明确:

利用互联网、移动通讯终端等传输赌博视频、数据,组织赌博活动,具有下列情形之一的,属于《刑法》第303条第2款规定的"开设赌场"行为:(1)建立赌博网站并接受投注的;(2)建立赌博网站并提供给他人组织赌博的;(3)为赌博网站担任代理并接受投注的;

(4)参与赌博网站利润分成的。

这以司法解释使得在互联网时代下,“开设赌场”具有了新的相对确定的含义。但是,随着微信等社交工具的普及,这一概念的含义又有了需要进一步明确的必要。

李某、洪某等人运用智能手机、电脑等设备建立微信群[群昵称为“寻龙诀”,经多次更名后为“(新)九八届同学聊天”]拉拢赌客进行网络赌博。参赌人员加入微信群后,通过微信或支付宝将赌资转至庄家(昵称为“白龙账房”“青龙账房”)的微信或者支付宝账号计入分值,根据“PC蛋蛋”等竞猜游戏网站的开奖结果,以押大小、单双等方式在群内投注赌博。该赌博群24小时运转,每局参赌人员数十人,每日赌注累计达数十万元。截至案发时,该团伙共接受赌资累计达3,237,300元。(最高人民法院指导案例105号:洪小强、洪礼沃、洪清泉、李志荣开设赌场案)

在该案中,赌博行为既没有发生在实体空间内,赌博活动的组织者也没有建立赌博网站,但是法院认为,以营利为目的,通过邀请人员加入微信群的方式招揽赌客,根据竞猜游戏网站的开奖结果等方式进行赌博,设定赌博规则,利用微信群进行控制管理,在一段时间内持续组织网络赌博活动的,属于《刑法》第303条第2款规定的“开设赌场”。这就是对“开设赌场”这一法律概念内涵进行的新的明确。可见,随着新的社会事实的出现,法律概念的内涵变得不确定,外延不断发生变化。法官需要在一个又一个的疑难案件中辩驳、明确它的具体含义,这恰恰显示出“法律的发展道路”。

(三)描述性概念、评价性概念

按照法律概念的功能不同,可以将其分为描述性概念和评价性概念。

《民法典》第十三条　自然人从出生时起到死亡时止,具有民事权利能力,依法享有民事权利,承担民事义务。

《民法典》第五十七条　法人是具有民事权利能力和民事行为能力,依法独立享有民事权利和承担民事义务的组织。

《民法典》第七条　民事主体从事民事活动,应当遵循诚信原则,秉持诚实,恪守承诺。

《刑法》第二十条第一款　为了使国家、公共利益、本人或者他人的人身、财产和其他权利免受正在进行的不法侵害,而采取的制止不法侵害的行为,对不法侵害人造成损害的,属于正当防卫,不负刑事责任。

描述性概念指描述自然事实或者社会事实(制度性事实)的法律概念。“自然人”这个法律概念就是对生物学意义上的“智人”这一自然事实进行描述的法律概念。与“自然人”比较,“法人”则是对具有法律人格的团体这一社会事实进行描述的法律概念,该团体由数人(至少三人)为同一合法目标联合起来并建立起个人/财产集合体。

评价性概念指包含对事实或事物的价值判断的法律概念,如上面已经提到的“公序良俗”,还有“诚实信用”“正当防卫”等。

第二节 法律规则

一、法律规则及其逻辑结构

“不以规矩,不成方圆”,在社会生活中人们之间的交往需要遵循一定的规则才能有序进行。社会中有各类社会规则,如伦理规则、道德准则、团体规范、商事交易惯例、宗教教规等。法律规则是社会多元规则体系中的一种,相对于其他社会规则,法律规则和法律一样,具有国家强制性、国家意志性、普遍性等特征。在概念上,法律规则是指采取一定的逻辑结构形式,具体规定权利、义务,以及相应的法律后果的行为规范。

法律规则的逻辑结构,指从逻辑的角度看,法律规则是由哪些部分或要素组成的,以及这些部分或要素如何联结在一起。对法律规则的逻辑结构,学界观点各异,分为传统“三要素说”(假定、处理、制裁)、“两要素说”(行为模式、法律后果)和新“三要素说”(假定条件、行为模式、法律后果)。本书采用新“三要素说”,新“三要素说”综合了传统“三要素说”和“两要素说”中的合理部分,又弥补了二者的不足,解决了传统“三要素说”中“处理”一词表述不精确的问题、“制裁”只规定了法律后果中的否定性后果的问题,和“两要素说”遗漏了法律规则的“假定条件”的问题。法律规则的三要素,即假定条件、行为模式、法律后果在逻辑上缺一不可。

(一)假定条件

假定条件指法律规则中有关适用该规则的条件和情况的部分,即法律规则在什么时间、空间、对什么人适用以及在什么情境下对人的行为有约束力。

它包含两个方面:第一,法律规则的适用条件,其内容有关法律规则在什么时间生效,在什么地域生效以及对什么人生效等。

例如,《刑法》中规定法律规则适用条件的部分条文:

在什么时间生效:本法自1997年10月1日起施行。(《刑法》第452条)

在什么地域生效:凡在中华人民共和国领域内犯罪的,除法律有特别规定的以外,都适用本法(《刑法》第6条第1款)。

对什么人生效:中华人民共和国公民在中华人民共和国领域外犯本法规定之罪的,适用本法,但是按本法规定的最高刑为三年以下有期徒刑的,可以不予追究。(《刑法》第7条第1款)

外国人在中华人民共和国领域外对中华人民共和国国家或者公民犯罪,而按本法规定的最低刑为三年以上有期徒刑的,可以适用本法,但是按照犯罪地的法律不受处罚的除外。(《刑法》第8条)

第二,行为主体的行为条件。这又区分为一般的行为条件和特别的行为条件。

一般的行为条件,如《刑法》中的部分法条(因为刑法的特点,所以行为主体的行为条件在这里是认定犯罪的条件):

《刑法》第十七条第一、二款　已满十六周岁的人犯罪,应当负刑事责任。已满十四周岁不满十六周岁的人,犯故意杀人、故意伤害致人重伤或者死亡、强奸、抢劫、贩卖毒品、放火、爆炸、投放危险物质罪的,应当负刑事责任。

可以再比较一下《民法典》中规定行为主体之一般行为条件的部分法条:

《民法典》第十八条第一款　成年人为完全民事行为能力人,可以独立实施民事法律行为。

特别的行为条件通常对主体的身份、从事的行为等方面作出特别规定。例如:

《民法典》第二百九十六条　不动产权利人因用水、排水、通行、铺设管线等利用相邻不动产的,应当尽量避免对相邻的不动产权利人造成损害。

《刑法》第一百六十三条　公司、企业或者其他单位的工作人员,利用职务上的便利,索取他人财物或者非法收受他人财物,为他人谋取利益,数额较大的,处三年以下有期徒刑或者拘役,并处罚金;数额巨大或者有其他严重情节的,处三年以上、十年以下有期徒刑,并处罚金;数额特别巨大或者有其他特别严重情节的,处十年以上有期徒刑或者无期徒刑,并处罚金。

(二)行为模式

行为模式指法律规则中规定人们如何具体行为之方式的部分。一部法律的大部分条文都在表述行为模式。

《民法典》第五百四十五条　债权人可以将债权的全部或者部分转让给第三人……

《宪法》第四十一条第一款　中华人民共和国公民对于任何国家机关和国家工作人员,有提出批评和建议的权利……

《民法典》第五百零九条第一、二款　当事人应当按照约定全面履行自己的义务。当事人应当遵循诚信原则,根据合同的性质、目的和交易习惯履行通知、协助、保密等义务。

《民事诉讼法》第二百三十六条　发生法律效力的民事判决、裁定,当事人必须履行。……调解书和其他应当由人民法院执行的法律文书,当事人必须履行。……

《民法典》第二百七十九条　业主不得违反法律、法规以及管理规约,将住宅改变为经营性用房。……

《民法典》第七百九十一条第三款　禁止承包人将工程分包给不具备相应资质条件的单位。禁止分包单位将其承包的工程再分包。……

根据行为要求的内容和性质不同,法律规则中的行为模式分为三种:可为模式、应为模式、勿为模式。可为模式指在假定条件下,人们“可以如何行为”的模式,其常见表述方式有“可以”“有……权利”“有……自由”等。应为模式指在假定条件下,人们“应当或必须如何行为”的模式,其常见表述方式有“应当”“必须”等。勿为模式指在假定条件下,人们“禁止或不得如何行为”的模式,其常见表述方式有“不得”“禁止”“严禁”。其中,可为模式又称权利行为模式,应为模式和勿为模式又称义务行为模式。

在表述行为模式时,有时会省略表述的关键字眼,理解和适用时需要将其补充完整。例如,《行政诉讼法》第38条第2款规定:“在行政赔偿、补偿的案件中,原告应当对行政行为造成的损害提供证据。因被告的原因导致原告无法举证的,由被告承担举证责任。”

行为模式是所有法律规则的核心部分,占据了法律的大部分篇幅。

(三)法律后果

法律后果指法律规则中规定人们在作出符合或不符合行为模式的要求时,应承担相应的结果的部分,是法律规则对人们具有法律意义的行为的态度。

> 《民法典》第二百一十五条　当事人之间订立有关设立、变更、转让和消灭不动产物权的合同,除法律另有规定或者当事人另有约定外,自合同成立时生效。……
>
> 《刑法》第二百六十四条　盗窃公私财物,数额较大的,或者多次盗窃……处三年以下有期徒刑、拘役或者管制,并处或者单处罚金……
>
> 《民法典》第五百七十七条　当事人一方不履行合同义务或者履行合同义务不符合约定的,应当承担继续履行、采取补救措施或者赔偿损失等违约责任。

根据人们对行为模式所作出的实际行为的不同,法律后果又分为合法后果和违法后果。合法后果又称肯定式的法律后果,是法律规则中规定人们按照行为模式的要求行为而在法律上予以肯定的后果,其具体表现是对人们行为的保护、许可或奖励,如《民法典》第215条。合法后果常常在法律规则中被省略掉,我们在寻找一个法律规则时,可以根据一个法律规则的逻辑脉络,对它补充完整。如前述《民法典》第545条关于“债权人转让债权”的行为模式,在该条中并没有规定其合法后果。它的合法后果就是:债权人将合同的权利全部或者部分转让给第三人的行为是有效的。

违法后果又称否定式的法律后果,是法律规则中规定人们不按照行为模式的要求行为而在法律上予以否定的后果,其具体表现是对人们行为的制裁、不予保护、撤销、停止,或要求恢复、补偿,如《刑法》第264条和《民法典》第577条。违法后果有时会集中在一部法律的“法律责任”部分进行规定,《刑法》分则几乎都是关于违法后果的规定。

二、法律规则的分类

法律规则多种多样,按照一定标准对其进行分类,有利于对不同类型规则的性质进行认知、比较和区分,进而提高立法技术,并为法律实务中对具体规则的运用提供便利。

(一)授权性规则、义务性规则和权义复合规则

以法律规则的内容为标准,可以将其分为授权性规则、义务性规则、权利义务复合规则。授权性规则指规定人们有权作一定行为或不作一定行为的规则,即规定人们的“可

为模式”的规则。义务性规则指在内容上规定人们的法律义务，即有关人们应当作出或不作出某种行为的规则。义务性规则又分为两种：一是命令性规则，指规定人们的积极义务，即人们必须或应当作出某种行为的规则（“应为模式”的规则）；二是禁止性规则，指规定人们的消极义务（不作为义务），即禁止人们作出一定行为的规则（“勿为模式”的规则）。

权义复合规则又称职权性规则，一方面法律规则被指示的对象有权按照法律规则的规定作出一定行为，另一方面作出这些行为又是其不可推卸的义务。职权性规则大多是有关国家机关组织和活动的规则。例如，《行政处罚法》第44条规定，行政机关在作出行政处罚决定之前，应当告知当事人拟作出行政处罚内容及事实、理由、依据，并告知当事人依法享有的陈述、申辩、要求听证等权利。

（二）确定性规则、委任性规则和准用性规则

以法律规则内容的确定性程度为标准，可以将其分为确定性规则、委任性规则和准用性规则。先比较一下这三个法律条文的不同。

> 《民法典》第三百二十一条　天然孳息，由所有权人取得；既有所有权人又有用益物权人的，由用益物权人取得。当事人另有约定的，按照其约定。法定孳息，当事人有约定的，按照约定取得；没有约定或者约定不明确的，按照交易习惯取得。
>
> 《药品管理法》第一百五十三条　地区性民间习用药材的管理办法，由国务院药品监督管理部门会同国务院中医药主管部门制定。
>
> 《保险法》第一百八十二条　海上保险适用《中华人民共和国海商法》的有关规定……

确定性规则指内容本已明确肯定，无须再援引或参照其他规则来确定其内容的法律规则。例如，《民法典》第321条对天然孳息和法定孳息的归属进行了明确规定。委任性规则指内容尚未确定，而只规定某种概括性指示，由相应国家机关通过相应途径或程序加以确定的法律规则，如《药品管理法》第153条。准用性规则指内容本身没有规定人们具体的行为模式，而是可以援引或参照其他相应内容规定的规则，如《保险法》第182条。

（三）强行性规则和任意性规则

以法律规则对人们行为规定和限定的范围或程度上的差异为标准，可以将其分为强行性规则和任意性规则。先比较下面这两个法律条文的不同。

> 《刑事诉讼法》第五十六条　采用刑讯逼供等非法方法收集的犯罪嫌疑人、被告人供述和采用暴力、威胁等非法方法收集的证人证言、被害人陈述，应当予以排除。收集物证、书证不符合法定程序，可能严重影响司法公正的，应当予以补正或者作出合理解释；不能补正或者作出合理解释的，对该证据应当予以排除。在侦查、审查起诉、审判时发现有应当排除的证据的，应当依法予以排除，不得作为起诉意见、起诉决定和判决的依据。

《劳动争议调解仲裁法》第五条　发生劳动争议，当事人不愿协商、协商不成或者达成和解协议后不履行的，可以向调解组织申请调解；不愿调解、调解不成或者达成调解协议后不履行的，可以向劳动争议仲裁委员会申请仲裁；对仲裁裁决不服的，除本法另有规定的外，可以向人民法院提起诉讼。

强行性规则指内容规定具有强制性质，不允许人们随便加以更改的法律规则。例如，《刑事诉讼法》第56条表达的是一个强行性规则，是针对司法人员的"非法证据排除规则"。任意性规则指规定在一定范围内，允许人们自行选择或协商确定为与不为、为的方式以及法律关系中的权利义务内容的法律规则。任意性规则允许主体在法律许可的范围内通过协商，自行确定其权利的内容与方式。例如，《劳动争议调解仲裁法》第5条表达的是一个任意性规则，该规则赋予劳动争议当事人一定的权利和自由，可以选择调解、仲裁、诉讼等救济方式。

第三节　法律原则

在不同法律中，有各种各样的法律原则：

《刑法》第三条　法律明文规定为犯罪行为的，依照法律定罪处刑；法律没有明文规定为犯罪行为的，不得定罪处刑。

《民法典》第五条　民事主体从事民事活动，应当遵循自愿原则，按照自己的意思设立、变更、终止民事法律关系。

《行政处罚法》第五条第一款　行政处罚遵循公正、公开的原则。

《刑事诉讼法》第五十五条　对一切案件的判处都要重证据，重调查研究，不轻信口供。……

《民事诉讼法》第十三条第二款　当事人有权在法律规定的范围内处分自己的民事权利和诉讼权利。

《行政诉讼法》第四条　人民法院依法对行政案件独立行使审判权，不受行政机关、社会团体和个人的干涉。人民法院设行政审判庭，审理行政案件。

一、法律原则及其与法律规则的区别

"原则"一词源于拉丁语"principium"，意为开始、起源和基础。在法的诸要素中，法律原则是为法律规则提供某种基础或本源的综合性、指导性的价值准则或规范。法律原则反映了立法者以法的形式所选择确定的基本价值，体现了法律的主旨和精神品格。

对法律规则和法律原则进行区分，有利于明确二者在法律中的功能定位，进而确立法律规则和法律原则的适用条件。

（一）内容上的区别

《民法典》第六条　民事主体从事民事活动，应当遵循公平原则，合理确定

各方的权利和义务。

《民法典》第四百九十六条第二款 采用格式条款订立合同的,提供格式条款的一方应当遵循公平原则确定当事人之间的权利和义务,并采取合理的方式提示对方注意免除或者减轻其责任等与对方有重大利害关系的条款,按照对方的要求,对该条款予以说明。提供格式条款的一方未履行提示或者说明义务,致使对方没有注意或者理解与其有重大利害关系的条款的,对方可以主张该条款不成为合同的内容。

从内容上看,法律原则较为笼统,它没有明确具体的假定条件和法律后果,在对行为的设定上,只提出一些概括性的要求或标准,但并不直接通过具体的行为模式,规定应当如何去实现或满足这些要求或标准,如《民法典》第 6 条。法律规则的规定则明确具体,有具体的假定条件、行为模式和法律后果,如《民法典》第 496 条是关于采用格式条款订立合同的法律规则的行为模式部分。

(二)性质上的区别

从性质上看,法律原则是一种"应该是"的规范,它要求规范主体的行为或活动符合某种性质或实现某个目标,以及行为或活动的结果符合某种性质或达到某种性质的状态。法律规则是一种"应该做"的规范,它直接要求规范主体"做"或"实施"某行为或活动。例如,《民法典》第 6 条规定了民事主体从事民事活动,应该符合公平的要求,"各人得其所得"应得到最大限度的实现。《民法典》第 496 条则是明示采用格式条款订立合同的主体双方,应该如何约定彼此的权利义务。

"应该做"的规范以"应该是"的规范为前提和基础,所以法律规则以法律原则为前提和基础,法律原则处于法律的深层面,法律规则处于法律的浅层面。正因如此,在外在表现上,二者的修改频率上也存在区别,即法律原则具有较高的稳定性,而法律规则修改频率相对较高。例如,1986 年的《民法通则》在第 4 条规定:"民事活动应当遵循自愿、公平、等价有偿、诚实信用的原则。"历经 34 年后,2020 年的《民法典》在第 5、6、7 条规定的仍是自愿、公平和诚信信用原则,只是表述略微完善。而与之对照,对个人所得税进行规定的法律规则,在个税起征点上则经历了不断的修改,1980 年《个人所得税法》中规定的是 800 元,2005 年、2007 年、2011 年、2018 年多次进行修正,分别调整为 1600 元、2000 元、3500 元和 5000 元。

(三)适用范围上的区别

从适用范围上看,法律原则具有抽象概括性,所以其覆盖面更广,对某一类法律关系、某一法律部门甚至全部法律体系都可能成为一种通用的价值准则,适用范围比法律规则宽广,如上文列举的公平原则。法律规则由于有具体的行为模式和法律后果,所以只适用于具体类型的行为,如《民法典》第 496 条只适用于以格式条款订立合同的行为。

(四)适用方式上的区别

从适用方式上看,法律规则以"全有或全无的方式"(all or nothing fashion)应用于个案中。如果一条规则所规定的假定条件和行为模式被该案件事实满足，那么，这条规则所规定的法律后果就被确定地适用该案件；如果该规则规定的假定条件和行为模式没有被满足或者由于与另一个规则相冲突而被排除，那么，该规则对裁决就不能起任何作用。[3]

> 网店店主臧某获悉金某的网银账户内有305,000余元存款且无每日支付限额，遂以未看到金某前次付款成功的记录为由，发送给金某一个交易金额标注为1元而实际植入了支付305,000元的计算机程序的虚假链接，谎称金某点击该1元支付链接后，其即可查看到付款成功的记录。金某在诱导下点击了该虚假链接，其网银账户中的305,000元随即通过臧某预设的计算机程序，经平台支付到臧某的账户中（最高人民法院指导案例27号：臧某等盗窃、诈骗案）。

对于臧某的犯罪事实，根据一条法律规则的法律后果可认定构成“诈骗罪”，根据另一条法律规则的法律后果可认定构成“盗窃罪”。刑法中的这两条法律规则的假定条件是一样的，但是行为模式却不同，承担的法律后果也不同。“诈骗罪”（《刑法》第266条）的行为模式是：以非法占有为目的，采用虚构事实或者隐瞒真相的方法，骗取公私财物，并且被害人是基于错误认识而自愿交付财物；“盗窃罪”（《刑法》第264条）的行为模式是：以非法占有为目的，秘密窃取公私财物，并且被害人当时对财物被窃取不知情。该案事实表明，金某对点击“1元”支付链接后，账户内305,000元即被非法转移到臧某账户中的结果不知情，也非自愿。臧某获取财物的手段是秘密窃取，诱骗金某点击“1元”的链接只是为盗窃作掩护。所以，在该案中，应“全有地”适用“盗窃罪”的法律规则，“诈骗罪”的法律规则对该案件事实的裁判“全无地”不起任何作用。

因此，法律规则在适用中，主要通过形式标准判断：其一，看规则自身形式要件是否被满足；其二，在解决规则冲突时，可以通过根本法优于一般法、新法优于旧法、上位法优于下位法、特别法优于一般法等原则进行确定。

与之不同，法律原则是以衡量的方式应用于个案中，即比较不同法律原则具有的“强度”（分量）。当两个原则在具体的个案中冲突时，法官要根据案件的具体情况，在不同强度的原则间作出权重和衡量，强度较强的原则对该案件的裁决具有指导性的作用。[4] 因此，在解决原则冲突时，主要通过价值衡量进行判断，即在个案中，一个原则的强度较强，意味着其体现的价值在该案中更需要得到保护。

二、法律原则的适用

（一）法律规则和法律原则的功能定位

法律规则的功能定位是，确保法的安定性和可预测性，它因为明确具体，所以可以削弱或防止法官在法律适用上的“自由裁量”。但是法律规则的问题在于：其一，在出现法律漏洞的情况下，没有可以据以裁判的法律规则；其二，有时法律规则直接运用在个案中

---

〔3〕［美］罗纳德·德沃金：《认真对待权利》，信春鹰、吴玉章译，中国大百科全书出版社1998年版，第43、44、46页。

〔4〕［美］罗纳德·德沃金：《认真对待权利》，信春鹰、吴玉章译，中国大百科全书出版社1998年版，第44～46页。

会产生不公正的结果。

法律原则的功能定位在于，它不仅可以为相关的法律规则提供正当化基础（基于其内涵和性质上的特点），而且可以对法律漏洞进行填补（对上述法律规则的第一个问题进行解决），也可以纠正个案中的不正义（对上述法律规则的第二个问题进行解决）。因为内容笼统概括，所以法律原则在适用时有较大的余地供法官选择和灵活应用。但是法律原则的问题在于，它赋予法官较大的自由裁量权，如果司法者借此滥用此权力，会危及法律的确定性和可预期性。

因此，就法律规则和法律原则的适用而言，在个案裁判中，应当优先适用法律规则。适用法律规则存在的问题，可以通过法律原则进行弥补；而为了尽量降低法官在适用法律原则时可能存在的对自由裁量权的滥用，需要对法律原则的适用设定严格的条件。

（二）法律原则适用的条件

法律原则适用的第一个条件是，穷尽法律规则，方得适用法律原则。这意味着，在有具体的法律规则可供适用时，不得直接适用法律原则。只有出现无法律规则可循的情况，才可以适用法律原则弥补“法律漏洞”。

新郎经过紧张筹备准备迎娶新娘。婚礼当天迎亲车队到达时，新娘却已飞往国外，由其家人转告将另嫁他人，离婚手续随后办理。此事对新郎造成严重伤害，遂诉至法院，要求新娘赔偿新郎财产损失和精神抚慰金。

案例中，新娘用落跑的方式，逃离可以预见的一种婚后生活，在最后时分忠实自己内心的声音。但是当一个人生活在一种社会关系里时，他/她的任何重大决定都应当考虑到社会关系里相关的其他人。在该案中，对新娘逃婚的法律行为是否需要追究民事赔偿责任，并没有可以适用的法律规则。但是法院审理认为，新娘的逃婚行为违背了诚实信用原则和公序良俗原则，判决新娘赔偿新郎财产损失和精神抚慰金。由于缺乏可供适用的法律规则，法官可以依民法中的基本原则裁判案件。

法律原则适用的第二个条件是，除非为了实现个案正义，否则不得舍弃法律规则而直接适用法律原则。这意味着，只有当把某个法律规则适用于具体案件，会产生极端的不可容忍的不正义的裁判结果时，法官才可以舍弃法律规则而直接适用法律原则。该项条件相对于第一个条件具有优先地位。

帕尔默是一个16岁的少年，他是其祖父遗嘱中的财产继承人。因恐祖父撤销遗嘱并为早日得到遗产，帕尔默将祖父毒死。后帕尔默因二级谋杀罪被法庭判处监禁，但是同时他提出继承遗产的请求。一审支持了他的请求。因此，帕尔默的姑妈里格斯对其提出上诉。

在里格斯诉帕尔默案（Riggs v. Palmer）中，根据纽约州关于遗嘱继承的法律规则，帕尔默有遗产继承权，该遗嘱有效。但是，这样的判决将带来不可容忍的不正义的裁判结果。因此，法官舍弃关于遗嘱继承的法律规则，而是依据普通法中的一项原则，“任何人都不得从他的不当行为中获利”，判决帕尔默无权继承其祖父的遗产。[5]

---

〔5〕［美］罗纳德·德沃金：《法律帝国》，李长青译，中国大百科全书出版社1996年版，第14～19页。

法律原则适用的第三个条件是,没有更强理由,不得径行适用法律原则。"优先适用法律规则"的要求(第一个适用条件)表达了对法的安定性和可预期性的价值追求。所以,法律原则的第三个适用条件意味着法官不仅必须证明,被适用的法律原则在价值上的强度强于被排除的法律规则背后的法律原则,还必须证明被适用的法律原则在价值上的强度足以排除"优先适用法律规则"的形式原则的要求。这就是"更强理由"的内涵。可见,第三个适用条件是对第二个适用条件进行补足的。

在里格斯诉帕尔默案中需要证明下述两点:

1. 被适用的法律原则在价值上的强度强于被排除的法律规则背后的法律原则。在该案中,"任何人都不得从他的不当行为中获利"的公正原则(根源于正义与自然法的一般原则),在强度上强于关于遗嘱继承的法律规则背后的法律原则,即"依照遗嘱合法继承遗产"的权利本位原则。

2. 被适用的法律原则在价值上的强度足以排除"优先适用法律规则"的形式原则的要求。在该案中,"任何人都不得从他的不当行为中获利"的公正原则在价值上的强度足以排除"优先适用法律规则"的形式原则的要求。在该案判决书中,厄尔法官指出,立法者并不总能精确地表达他们的目的,而是有时会超出,有时又受到限制,为此,就需要法官从可能或合理的推断中修正立法者的目的,这被称为"合理性解释"。受赠人为使遗嘱生效而谋杀立遗嘱人,从中获取遗嘱利益,这绝不会是立法者的目的。立法者如果能想到这种情况,并认为有必要制定相应的法律规定,那么立法者会毫不犹豫地作出规定。因此,在该案中,有理由排除"优先适用法律规则"的形式原则的要求。[6]

延伸讨论

一、法律规范与语言之间存在什么关系?

法律规范具有语言依赖性,借助语言,法律得以表达、记载、解释和发展。一切法律规范都必须以"法律语句"的形式表达出来。

"表达法律规范的语句",指的是对法律规范进行表达的字、词,以及它们构成的语句整体。而"法律规范"则指的是以语句为载体的法律规范及其所表达的意义。法律人适用法律解决具体案件时,适用的并非仅是表达法律规范的语句,而是以语句为载体的法律规范中所表达的意义。因为语言的意义具有模糊性,容易产生歧义,所以需要对法律进行解释,揭示构成法律规范的字词所表达的意义。

表达法律规范的特定语句是一种规范语句。根据其运用的助动词不同,规范语句可以分为命令句和允许句。命令句指使用了"必须""应该""禁止"等道义助动词的语句,允许句指使用了"可以"等道义助动词的语句。有时,法律规范不是用规范语句进行表达,而是用陈述句进行表达。陈述句通常用来描述一个事实,但是作为法律规范的陈述句仍然是一种规

[6] Riggs v. Palmer, 115 N. Y. 506 (1889).

范陈述,可以被改写为一个规范语句。例如,前文列举过的《行政诉讼法》第 38 条第 2 款:“在行政赔偿、补偿的案件中,原告应当对行政行为造成的损害提供证据。因被告的原因导致原告无法举证的,由被告承担举证责任。”其中第二句是一个陈述句,但实际上表达的是一个命令,可以改写为:因被告的原因导致原告无法举证的,应当由被告承担举证责任。

二、法律规则与法律条文是什么关系?

法律条文是一种表达法律规范的语句,是规范性法律文件的基本构成单位。法律规则是法律条文的内容,法律条文是法律规则的表现形式。法律是以法律条文为形式构成单位,而一个法律规则需要从法律条文的字里行间,从法律的行文脉络中进行寻找。一个完整的具有假定条件、行为模式、法律后果的法律规则,需要花一番功夫才能组织完全。这也是一个法律人,尤其是法官需要练就的功夫。因为法官在进行法律推理时,寻找的大前提就是一个(或者多个)法律规则,运用案件事实对小前提进行准备的过程,就是在确认具体个案的假定条件和行为模式是否被满足,最后推理出来的结论就是法律后果在个案中的具体体现。

法律规则与法律条文之间的关系可能表现为三种情况:

第一种较为常见的情况是一个完整的法律规则由数个法律条文来表达。例如,关于“合同履行”的一般法律规则,其假定条件包括《民法典》总则和附则中规定的生效时间、地域和适用主体的范围及其行为条件;行为模式则是《民法典》第 509 条第 1 款规定的,“当事人应当按照约定全面履行自己的义务”;法律后果是《民法典》第 577 条规定的,“当事人一方不履行合同义务或者履行合同义务不符合约定的,应当承担继续履行、采取补救措施或者赔偿损失等违约责任”。所以,有的时候法律条文仅规定法律规则的某个要素或若干要素。

第二种情况是法律规则的内容分别由不同规范性法律文件的法律条文来表述。例如,关于“醉酒驾驶”的法律规则在我国分别由《道路交通安全法》第 91 条、《刑法修正案(八)》第 22 条(《刑法》第 133 条之一)、《关于办理醉酒驾驶机动车刑事案件适用法律若干问题的意见》(2013 年 12 月 18 日)中的相关法律条文所表述。

第三种情况是一个法律条文表述不同的法律规则(或其某些要素)。例如,《民法典》第 552 条规定:“第三人与债务人约定加入债务并通知债权人,或者第三人向债权人表示愿意加入债务,债权人未在合理期限内明确拒绝的,债权人可以请求第三人在其愿意承担的债务范围内和债务人承担连带债务。”该条文规定了两条法律规则的特别行为条件和行为模式:一是第三人与债务人约定加入债务并通知债权人的,债权人可以请求第三人在其愿意承担的债务范围内和债务人承担连带债务;二是第三人向债权人表示愿意加入债务,债权人未在合理期限内明确拒绝的,债权人可以请求第三人在其愿意承担的债务范围内和债务人承担连带债务。

三、西方法理学中如何探讨“法的要素”?

在西方法学理论中,法律实证主义试图确认立法者、法官等设定的法律体系的关键特征。在这个过程中,学者试图按照形式而不是道德标准描述法律,这是因为悬置道德判断才能更好地分析和理解法律及法律体系。[7] 正因如此,法律实证主义者在界定“法律的

---

〔7〕[英]雷蒙德·瓦克斯:《读懂法理学》,杨天江译,广西师范大学出版社 2016 年版,第 96~98 页。

概念”时，自然在形式上也回答了“法的要素”是什么。奥斯丁认为，法律由主权者的命令构成，并且该命令包含着未能遵守命令就会遭到制裁的可能性。当代法律实证主义奠基的学者之一——哈特则拒斥命令论，在对法律进行描述时，他通过“法律是初级规则和次级规则的结合”来揭示法律的概念。初级规则涉及的是个人必须去作或不可以作的行为，而构成次级规则的承认规则、变更规则和裁判规则规定了初级规则被确定、引进、废止和变动的方式，以及违规事实被决定性地确认的方式。[8]

德沃金在对哈特的规则模式进行批评时，指出法律并非仅仅由规则构成，还包括原则和政策这样的“非规则的准则”。“原则”是这样的准则，它“应当得到遵守，并不是因为它将促进或者保证被认为合乎需要的经济、政治或者社会形势，而是因为它是公平、正义的要求，或者是其他道德层面的要求”（由此也可看出，德沃金并非法律实证主义者）。“政策”是这样的准则，它“规定一个必须实现的目标，一般是关于社会的某些经济、政治或社会问题的改善”。因此，必须减少车祸的准则是一项政策，而任何人不得从自己的错误行为中获利则是一个原则。[9] 在德沃金的分析中，他更侧重的是把法律原则与法律规则区别开来，这对中国法理学产生较大的影响。

一般地，德国法学理论视法律规范为法律体系的“基本粒子”。法由法律规范组成，而法律规范则是由法律语句组成，法律语句又以法律条文为表现形式。[10] 构成法律规范基本结构的要素有：(1)法律规范的接受对象。这是因为，法律规范通过使特定的群体（接受对象）负有遵守或执行规范命令的义务，从而达到塑造或调整特定生活领域的目的。法律规范的接受对象视其规范目标而定，可能是公民、法人，也可能是特定的国家机构及其工作人员。(2)法律规范是条件式的规范，它由对适用条件（法定的事实构成）的描述性规定、当为规定、对行为的规定（法律效果）组成。一个完整的法律规范首先要描述特定的事实类型，即法定的事实构成，然后才赋予该事实构成某个法律后果，其中包含了立法者对法定的事实构成所涉及的生活事实过程进行的法律评价。正是借助一个又一个的法律规范，立法者对一个又一个典型的生活事实过程或利益状态进行法律上的处理，并作出相应的法律评价。因此，事实构成和法律后果之间的连接是法律规范首要的，也是最重要的内容。法律规范的当为规定则具体包括四类，即要求、禁止、允许、免除。其中，命令要求人们为一定行为，禁止则要求人们不为一定行为，允许赋予积极行为的可能性，免除（义务）则是权利的放弃。(3)法律规范表达的价值评判。通过事实构成与法律后果的连接，立法者部分地表达了他们对如何组织社会的设想，即在事实构成所描述的事实行为中什么才应该是适当的、正义的。因此，法律规范中包含着立法者的“价值判断”，而法律适用就意味着在具体的案件中实现法定的价值判断。所以，识别这种法定的评价标准，就是解释和适用法律规范最为核心的部分。[11]

---

〔8〕［英］H. L. A. 哈特：《法律的概念》，许家馨、李冠宜译，法律出版社2006年版，第75～93页。对相关理论的解读，参见陈景辉：《法律的界限——实证主义命题群的展开》，中国政法大学出版社2007年版。

〔9〕［美］罗纳德·德沃金：《认真对待权利》，信春鹰、吴玉章译，中国大百科全书出版社1998年版，第40～41页。

〔10〕［德］伯恩·魏德士：《法理学》，丁小春、吴越译，法律出版社2003年版，第48页。Klaus F. Röhl und Hans Christian Röhl, *Allgemeine Rechtslehre*, Carl Heymanns Verlag 2008, S. 189.

〔11〕［德］伯恩·魏德士：《法理学》，丁小春、吴越译，法律出版社2003年版，第62～64页。

第六章　法的渊源与分类

第一节　法 的 渊 源

一、法的渊源释义

“法的渊源”是一个重要的法学概念。词源上，它可以追溯到古罗马法时代的fons juris；中文“法的渊源”一词，由近代学者从英文source of law翻译而来。词义上，fons、source，意指水流的起源，或泉水涌出的源头，以中文“渊源”对应之，既形象又准确。然而，作为组合词fons juris、source of law，称其为“法的渊源”，则脱离了生活世界的直观感受，因而语义复杂、歧义丛生。

美国法学家庞德认为，“法的渊源”的含义至少有五种：(1)意指从分析法学立场上称之为法律源泉的东西；(2)指称权威的文献，构成一个法律体系之传统因素的理论和学说的发展基础；(3)表示原始资料，包括成文的和习惯的，法官从中发展出判决案件的依据；(4)认为它是一种制定规范的机构；(5)意味着相关著作，可以发现法律规则以及表达这种法律规则的形成。[1]

根据《牛津法律大辞典》，“法的渊源”一词有若干种不同的意义：(1)法的历史渊源；(2)影响法律、促进立法及推动法律变革的一些理论或哲学原则；(3)法律的形式渊源，由于它们公认的权威性，由此而引出的原则和规则具有有效性和法律威力；(4)文件渊源，也就是对法律规则作出权威性的阐述；(5)文字渊源，也就是法律文献。[2]

在社会主义法律传统中，苏联法学界一般将“法的渊源”与国家、阶级相联系。1956年的《苏联法律辞典》将之解释为：“它表明各种统治阶级意志的形式，而统治阶级的意志只在具备这种形式的时候，才能成为法。……‘法的渊源’这一术语是一个假借的名词，因为统治阶级意志的内容归根结底是由该阶级的物质生活条件来决定的，所以实际上构成法的渊源的，正是这些物质生活条件，而不是表现统治阶级意志的形式。……在剥削者类型的法的历史上，曾有以下一些法的渊源：法律，国家权力机关和管理机关的各种文件(敕令、诏书、法令)，习惯，条约和审判实践，即所谓判例。”[3]

“法的渊源”的含义与用法如此多元，自然会影响人们之间的交流。因而，有学者主张放弃这一概念。例如，纯粹法学的代表人物汉斯·凯尔森认为：“‘法律渊源’这一用词

[1]　参见[美]庞德：《法理学》(第3卷)，廖德宇译，法律出版社2007年版，第285页。

[2]　参见[英]沃克：《牛津法律大辞典》，李双元等译，法律出版社2003年版，第1048~1049页。

[3]　[苏联]库德利雅夫采夫主编：《苏联法律词典》(第三分册)，法律出版社1957年版，第108页。

……近乎于无甚用处,人们应当采用一个明确地并直接地说明人们心里所想的现象的说法以代替这一会使人误解的比喻语。"[4]不过,抛弃"法的渊源"的主张并没有得到学术界的响应,人们依然在使用这个法学概念表达法的源头、法的出处等。

受国外多种学术传统的影响,国内法学界也在不同的意义上使用"法的渊源",如法的历史渊源、法的理论渊源、法的文献渊源、法的文化渊源、法的本质渊源、法的效力渊源等。在国内法理学教材中,通常使用"法的形式"或"法的形式渊源"来表述相关内容,即"法的渊源是指与法的效力相联系的法的表现形式"。[5]

近些年,我国法学界对"法的渊源"的理论解释,存在两种主要学说:"立法中心主义"的法律渊源学说和"司法中心主义"的法律渊源学说。前者站在立法者的立场上看待法律的形式与效力,指立法机关制定的,具有法律效力的规范性文本。后者站在司法立场或法官立场上看待何种规范性文本或不成文的习惯、民间习俗、行业惯例等能被运用到判决中去,作为司法裁判的依据。"司法中心主义"的法律渊源学说主张,法的形式和效力本身不构成法的渊源,只有当法官进行司法裁判时,将其建构为法律推理的"大前提"或"规范性前提",它们才成为法的渊源;"法的渊源"不是一个静态的法律概念,而是一个描述司法裁判的动态法律概念,又可称为法官法源。这两种学说主张都有一定的道理,但也都存在不足之处。如果将这两种主张相结合,从"法律是什么"这样一个本体论视野去理解,"法的渊源"是指从特定的角度阐发,一个国家之内哪些规范文本、成文的或不成文的社会规范是我们通常说的"法律"。

二、法的渊源的类别

由于各自不同的法律传统和法律文化,世界各国在法的渊源上存在一定的差异。在大陆法系国家,法的渊源以制定法为主体,以习惯、民间习俗、法律学说为辅;在英美法系国家,法的渊源则以判例法和制定法为主体;在伊斯兰法系国家,最重要的法的渊源是宗教教义,即《古兰经》《圣训》等。

综观世界各国的法律实践,法的渊源主要包括以下几种:

1. 制定法。制定法是当今世界各国最普遍的法的渊源。即便是在具有悠久判例法传统的英美法系国家,制定法也是重要的法的渊源。通常认为,制定法是指立法机关或有权机关通过法定程序创制的规范性法律文件。大陆法系国家的司法裁判中,法官一般也会将制定法置于优先适用的地位。

2. 判例法。在英美法系国家,由历代大法官创制的判例是最主要的法的渊源。英美法系国家的法官习惯遵循先例,从众多相类似的判例中归纳、抽象出可以适用于当下案件的法律规则或原则,作为司法裁判的依据。

3. 习惯。习惯是一种自发形成的社会规范,在某个地区长期为人们所遵从,表达了某种地方性的正义观。一般来说,习惯能够成为法的渊源,主要是通过被制定法、判例法吸收,或者在司法判决中得到法官确认并作为裁判依据。例如,我国《民法典》第10条规

[4] [奥地利]凯尔森:《法与国家的一般理论》,沈宗灵译,中国大百科全书出版社1996年版,第149页。

[5] 《法理学》编写组编:《法理学》,人民出版社、高等教育出版社2010年版,第91页。

定:“处理民事纠纷,应当依照法律;法律没有规定的,可以适用习惯,但是不得违背公序良俗。”

4. 法律学说。法律史上,权威学者的法律学说可能成为具有法律约束力的法的渊源。在古罗马法时代,盖尤斯、帕比尼安、乌尔比安、保罗、孟代斯梯安五大法学家解释法律以及回答法律问题形成的法律学说,可以作为司法裁判的依据。近代以来,随着民主立法和法典编纂的兴起,制定法越发占据显著位置,法学家的法律学说渐渐失去了法的渊源地位。即便如此,法律学说依然可能与习惯一道,成为解释制定法或填补制定法漏洞的重要依据。

5. 国际条约和协定。国际条约和协定是指国家、地区之间缔结的具有法律约束力的规范性文件。国际条约和协定不仅是国际法的渊源,而且当得到一国立法机关批准后,就成为国内法的渊源。随着经济全球化和法律全球化进程不断推进,国际条约和协定的重要性越发凸显。

6. 宗教教义。人类历史上,宗教教义与法律规范曾经高度融合,呈现一种“你中有我,我中有你”的形态。犹太教的《摩西十诫》、旧约的《圣经》,伊斯兰教的《古兰经》,都是法律的正式渊源,具有法律约束力。当代,在某些政教合一体制的国家,宗教的经典文本、教义依然是最基本的法的渊源。

三、当代中国法的渊源

(一)以宪法为核心、以制定法为主体

在当代中国,法的渊源主要是制定法。其中,《宪法》是根本法,具有最高法律效力。当代中国法的渊源受国情、历史和文化传统的深度影响。一方面,人民代表大会制度是我国的根本政治制度。全国人民代表大会及其常务委员会是我国的最高立法机关,由立法机关制定的法律是最主要的法的渊源。另一方面,中国具有悠久的成文法和法典传统。如果从历史上第一部较为完整的成文法典——战国时期的《法经》算起,我国制定法传统已经延续了两千多年。近代以来,历经多次“法律革命”,制定法传统亦从未动摇。中华人民共和国成立后的法律实践也表明,以宪法为核心、以制定法为主体的法的渊源,符合中国实际,能够很好地发挥法律的功能。

(二)当代中国法的正式渊源

1. 宪法。我国《宪法》由全国人民代表大会制定和修改。从法的形式上看,我国属于成文宪法;从法律效力上看,宪法是根本法,具有最高的法律地位和法律效力。

2. 法律。这里的“法律”,专指由全国人民代表大会及其常务委员会制定的规范性法律文件。根据《宪法》和《立法法》的规定,“法律”包括基本法律和基本法律以外的其他法律。基本法律是指由全国人民代表大会制定和修改的法律,如《刑法》《民法典》《刑事诉讼法》《民事诉讼法》等。基本法律以外的其他法律是指由全国人民代表大会常务委员会制定和修改的法律,如《行政处罚法》《反不正当竞争法》《国家赔偿法》等。

3. 行政法规。行政法规是指由最高国家行政机关即国务院根据宪法和法律,按照法

定程序制定的规范性文件。国务院常务会议通过的决议、决定和行政命令,亦属于行政法的范畴,具有同等法律效力。

4. 监察法规。监察法规是最高监察机构即国家监察委员会根据宪法和法律,为执行法律的规定或者为履行领导地方各级监察委员会工作的职责而制定的规范性法律文件。2019 年 10 月 26 日第十三届全国人民代表大会常务委员会第十四次会议表决通过的《全国人民代表大会常务委员会关于国家监察委员会制定监察法规的决定》,授予了国家监察委员会根据宪法和法律制定监察法规的权限。监察法规的效力等级低于宪法和法律,全国人民代表大会常务委员会有权撤销同宪法和法律相抵触的监察法规。

5. 地方性法规。根据《立法法》第 72 条第 1～2 款的规定,省、自治区、直辖市的人民代表大会及其常务委员会根据本行政区域的具体情况和实际需要,在不同宪法、法律、行政法规相抵触的前提下,可以制定地方性法规。设区的市的人民代表大会及其常务委员会根据本市的具体情况和实际需要,在不同宪法、法律、行政法规和本省、自治区的地方性法规相抵触的前提下,可以对城乡建设与管理、环境保护、历史文化保护等方面的事项制定地方性法规;法律对设区的市制定地方性法规的事项另有规定的,从其规定。

6. 行政规章。行政规章主要包括部门规章和地方政府规章。部门规章是指国务院所属各部委、中国人民银行等,根据法律和国务院行政法规、决定和命令,在本部门权限范围内制定的规范性法律文件。地方政府规章是指省、自治区、直辖市的人民政府和省、自治区的人民政府所在地的市以及设区市的人民政府根据宪法、法律和行政法规等制定的规范性法律文件。

7. 自治法规。我国是一个统一的多民族国家,民族区域自治是国家的一项基本政治制度。《宪法》规定,我国在少数民族聚居地区实行民族区域自治,设立自治机关。民族自治地方的人民代表大会有权依照当地民族的政治、经济和文化特点,制定自治条例和单行条例。

8. 特别行政区的法律、法规。《宪法》第 31 条规定:"国家在必要时得设立特别行政区。在特别行政区内实行的制度按照具体情况由全国人民代表大会以法律规定。"根据《香港特别行政区基本法》和《澳门特别行政区基本法》,这两个特别行政区有权制定在各自辖区内生效的法律、行政法规等。

9. 国际条约与协定。我国缔结或参加的国际条约和协定,属于具有法律效力的法的渊源。

(三)当代中国法的非正式渊源

1. 习惯。在当代中国,作为非正式法律渊源的习惯,主要包括:(1)地方性的习惯、民间习俗,尤其是在少数民族地区,少数民族习惯(法)发挥着重要的规范作用,有些学者称之为民间法、软法;(2)行业惯例,即一些行业经过长期业务活动而形成的一些通用习惯规则,如商会惯例、拍卖惯例、银行结算惯例等;(3)国际惯例,主要指国际外交惯例和国际贸易惯例,它们都是在国际交往中逐渐形成的不成文的规则或原则。

2. 政策。政策是指国家或政党为了完成一定时期的重要任务而制定的基本方针和活动准则。在当代中国,作为非正式法律渊源的政策,包括党的政策和国家政策。党的政策对我国法的制定和实施发挥着重要的指导作用,国家政策可以促进法律实施,填补法律空白。

3. 指导性案例。在我国,指导性案例是指由最高人民法院、最高人民检察院确定并发布的、对全国法院审判、执行工作具有指导作用的案例。关于指导性案例的法源地位,2010 年最高人民法院制定的《关于案例指导工作的规定》(法发〔2010〕51 号)第 7 条规定,最高人民法院发布的指导性案例,各级人民法院审判类似案例时应当参照;2015 年的《〈关于案例指导工作的规定〉实施细则》(法〔2015〕130 号)第 10 条规定,各级人民法院审理类似案件参照指导性案例的,应当将指导性案例作为裁判理由引述,但不作为裁判依据引用。因此,法学界普遍认为指导性案例是非正式法律渊源,具有事实意义上的拘束力,但不具有规范意义上的拘束力。

第二节 法的分类

分类思维是人类认识世界的常规思维方式之一。对法律进行分类,不仅可以深化人们对不同性质和特点的法律的理解,而且可以帮助法官在法律适用时迅速缩小相关法律的搜寻范围。法的分类与法的渊源的概念具有内在密切关联。

依据不同的标准或视角,可以将作为整体的法律规范划分为不同的类别。一般来说,法学理论关注的法的分类,主要包括以下几种。

一、成文法与不成文法

按照法的制定和表现形式,可以将其分为成文法与不成文法。

成文法,又称为制定法,是指经由具有立法权的国家机关制定或认可,并以各种法律文本作为表现形式的法律规范的总称。成文法的典型形态是由立法机关编撰的法典。不成文法是指不具有法律文本形式,或虽有法律文本形式但缺乏系统性,被国家认可具有法律效力的法律规范的总称。不成文法主要包括判例法和习惯(法)两种形式。

成文法与不成文法,具有显著的不同。这是此种法的分类被广泛接受的根本原因。第一,内容与体例上的不同。成文法的内容相对明确,体例编排具有内在的逻辑性;而不成文法往往内容不够清晰,更缺乏体系化。第二,立法方式与立法程序上的不同。成文法由国家立法机关制定和修改,遵循严格的立法程序;而不成文法并非立法机关制定,一般也不具备严格的程序规定。第三,司法适用上的不同。成文法具有较高的确定性,因而极大地约束了法官自由裁量权的行使;不成文法,由于语言上的模糊性和体例上的不系统,使得法官需要运用复杂的法律发现方法,如类比推理,建构司法裁判的规范性“大前提”,法官通常拥有较大的自由裁量权。

二、实体法与程序法

根据法律的内容和功能差异,可以将其分为实体法与程序法。

实体法是规定法律关系主体的实体性权利义务、职权、职责的法律规范的总称,如刑法、民法、行政法等;程序法是规定保障法律关系主体的实体性权利义务、职权、职责得以实现,以及规定诉讼过程中程序性权利义务的法律规范的总称,如刑事诉讼法、民事诉讼法、行政诉讼法等。

在实体法与程序法的关系上,一方面,程序法既有相对独立的价值追求,同时又服务于实体法规定的法律关系主体权利与义务的实现。因此,实体法是程序法的目的,而程序法是实现实体法的手段与保证。在中国传统法律文化中,有“重实体、轻程序”的倾向,对程序法的价值不够重视;而在近代西方法律文化中,又过于强调程序法的独立性,甚至将其凌驾于法律实体性价值追求之上。显然,两种倾向皆失之偏颇。另一方面,实体法与程序法的界限不是绝对的,而是相对的。很多时候,实体法中包含着程序性的规定,而程序法中也有实体法的内容。例如,我国《刑法》第 11 条规定:“享有外交特权和豁免权的外国人的刑事责任,通过外交途径解决。”这即是实体法中的程序性条款。此外,还有少数法律规范,既非实体法,也非程序法。例如,国际私法中的冲突规范,只是指引涉外民事法律关系适用何种法律的规范。

三、根本法与普通法

根据法的地位、效力和制定程序的不同,可以将其分为根本法与普通法。

根本法,就是一个国家的宪法。根本法位于一个国家法律体系的顶端,具有最高的法律地位和法律效力,其他法律都是其下位法,不得与之相冲突。根本法的内容是关于一个国家最重大、最根本的问题的规定,如国体、政体、国家结构形式、公民的基本权利与义务、经济制度等;它由国家最高立法机关制定和修改,并且立法程序比其他法律的制定和修改程序更为严格。

这里的普通法是指根本法以外的其他法律,它的地位与效力均低于根本法,其制定和修改的程序也相对简化。普通法是根据根本法的基本精神和基本原则,具体调整某一类社会关系的法律。值得注意的是,在法学理论中,当谈到英美法系时,会出现另一种“普通法”,它特指英国12 世纪前后发展起来的,由英国王室法庭实施于英格兰地区的判例法与习惯法;英国的普通法与衡平法相对应。因而,此“普通法”非彼“普通法”。

根本法与普通法是上位法与下位法的关系。因而,根本法又被称为“母法”,普通法又被称为“子法”。两者的区别,具体体现在立法主体、立法程序、基本内容、效力等级、法律解释和法律监督等方面。

四、一般法与特别法

根据法律适用范围的不同,法可以分为一般法与特别法。

一般法是针对一般主体、一般事项、一般时间、一般空间生效的法律。如刑法、民法等,针对一般人和事适用,属于一般法。特别法是针对特定的人、特定的事项、特定的时间、特定的地域生效的法律。例如,《妇女权益保障法》《消费者权益保护法》等,这一类法律显然是面向特定人群适用的法律,属于特别法。

一般法与特别法的分类具有一定的相对性。例如,《公司法》相对于《民法典》来说,是特别法;而对于《外资企业法》《个人独资企业法》《乡镇企业法》,它又是一般法。

一般来说,法律适用上,特别法优于一般法;但这有一个重要前提,即两者属于同一位阶的法。因为特别法针对某一特别人群、事项、时间或空间,因而具有法律规定的针对性,优先适用。《立法法》第 92 条规定:"同一机关制定的法律、行政法规、地方性法规、自治条例和单行条例、规章,特别规定与一般规定不一致的,适用特别规定;新的规定与旧的规定不一致的,适用新的规定。"而不同位阶的法之间发生冲突,应优先适用上位法。

五、公法与私法

公法与私法的划分,可以追溯到罗马法时代。查士丁尼的《法学阶梯》指出:"公法涉及罗马帝国的政体,私法则涉及个人利益。"[6]法的这一分类,对以德国、法国为代表的大陆法系国家产生了深远的影响。公法与私法的划分,成为大陆法系国家法律分类的基本方法。

根据大陆法系的法学理论,公法与私法调整的社会关系迥然相异。公法是指关于国家之间、国家与个人之间的职权与职责、权力与义务关系的法律部门的总称,一般包括宪法、行政法、刑法、程序法、国际法等。私法是指关于公民、法人等平等主体之间权利与义务的法律部门的总称,典型的私法包括民法和商法。

20 世纪三四十年代以后,随着国家深度介入市场经济和传统的个人生活领域,兼具公法与私法性质的法律不断出台。大陆法系公法与私法分类的界限,变得模糊起来。这种公法与私法混合的现象,被学者称为公法私法化与私法公法化。因而,有学者提出介于公法与私法之间的"第三类法"的新的法的类别,它又被称为"社会法"。"社会法"既保护公共利益,同时也维护私人利益。"社会法"主要包括社会安全、社会保障、社会福利和保护特殊群体权益的法律规范等;在更广义的意义上,它还包括消费者保护法、劳动法、环境保护法等法律规范。

在大陆法系国家,从公法与私法的基本分类,发展到今天公法、私法与社会法三种类型的划分,这说明随着工业化进程中经济的高速发展和社会的快速转型,人们对法的调整对象、调整方式、法的价值目标等方面有了更深刻的认识。从这个意义上说,学习和研究法的分类,也是从特定角度对法律现象及其规律展开分析和反思的过程。

---

[6]　[古罗马]查士丁尼:《法学总论——法学阶梯》,张企泰译,商务印书馆 2009 年版,第 6 页。

第七章　法的效力与作用

第一节　法 的 效 力

一、法的效力的概念

法的效力是法对人的行为的约束力,它包括强制力和保障力两方面。法的强制力是指对违法犯罪行为的强制惩戒;法的保障力是指对合法行为的肯定与保护。法的效力是法理学的一个重要议题,不同法学派对法的效力有不同的观点。现实主义法学派认为,法的效力就是对人们的心理影响,没有这种心理影响就没有效力可言;自然法学派认为,法的效力是道德约束力,法律之所以具有效力,正是因为它应当符合道德与正义。对于法的效力的理解,关键在于区分"效力"与"实效"两个维度,对此可通过思考以下案例进行把握。

李某驾驶机动车闯红灯驶过某一交叉路口,该交叉路口无违法摄像头,也无执勤交警,而事发之时也无任何来往车辆与行人。李某未因该违法行为受到惩罚与谴责。

《道路交通安全法》第44条规定,机动车通过交叉路口,应当按照交通信号灯、交通标志、交通标线或者交通警察的指挥通过……上述案例中,《道路交通安全法》实际上并未对李某的行为起到实际约束作用,那么是否意味着《道路交通安全法》没有效力?

法的效力是法的自有属性。法之所以存在和发生作用,在于法对人的行为具有约束力,通过效力调整人们之间的关系,维护社会秩序。没有约束力的规则不能被称为法律。但是,法具有效力不意味着每一个违法行为都实际上受到制裁。在违法行为不能受到制裁、合法行为无法得到保障的情况下,就涉及法律实效问题。法律实效是规范上法的效力在现实层面上的投射,是法运行的实际效果。法律实效中的"效"并非指"效力",而是指"效果",是指规范意义上的效力在现实层面投射的效果。法的效力是规范层面的问题,即法应当具有效力,但效力实际会产生何种效果则是现实层面的问题。法的效力属于"应然范畴",法律实效是"实然范畴"。因此,法的效力不一定产生法律实效,而法律实效,则一定意味着法的效力。

二、法的效力范围

法的效力有一定的范围,即在一定的时间和空间,对一定的人有效。具体而言,法的效力包括三种范围:法的时间效力、法的空间效力和法的对人效力。

（一）法的时间效力

法的时间效力，是指法的效力时限，涉及效力的起始、终止以及溯及力的问题。

1. 法的效力起始，即法的生效时间。法的生效时间一般是根据法律的具体性质和实际需要决定的。在大多数情况下，法律自颁布之日起生效，除此之外，还存在以下两种主要的生效方式：(1)颁布的法律本身规定了一个具体生效时间；(2)该法律规定具备一定条件（如送达、试行结束等）后生效。

2. 法的效力终止，即法的失效时间。一般以“废止”一词来表示法的效力终止，主要分为以下几种形式：(1)法律明文规定了有效期限，期限届满时，该法即自行终止效力；(2)新法公布实施后，旧法自行失去效力；(3)新法规定自新法生效之日起，旧法的效力终止；(4)有权国家机关颁布决定、命令等专门的法律文件，宣布某法失效。

3. 法的溯及力，是指法律对其生效以前的行为和事件是否予以适用的问题。如果法律对过去的行为产生效力，而那时人们无法预知新法的内容，不可能按新法调整自己的行为，因此新法是无法指导人们过去的行为的。基于此，原则上，法不溯及既往，即法律对其生效以前的行为和事件没有溯及力。然而，从人本精神出发，目前刑法和行政法关于法的溯及力普遍采取从旧兼从轻原则，即原则上新法无溯及力，但若是新法对行为人更有利时，则适用新法。若是新法对犯罪嫌疑人或行政相对人更为有利时，则适用新法。

2005 年，王某在集体土地上建房，2014 年镇政府根据 2008 年 1 月 1 日实施的《城乡规划法》认定房屋为违法建筑，并下达《责令拆除违法建筑通知》，王某诉请确认镇政府行政行为违法。

因城市规划区变更，被划入城市规划区内的农民集体所有土地的建筑物性质应根据建设时的相关法律规定进行认定。王某建房的时间为 2005 年，镇政府下达通知的依据为 2008 年 1 月 1 日实施的《城乡规划法》。根据法不溯及既往原则，镇政府行政行为适用法律错误。

（二）法的空间效力

法的空间效力，是指法的效力的空间范围。法的空间效力是国家主权的一种体现。一般而言，法律具有域内效力，特殊情形下才具有域外效力。例如，《涉外民事关系法律适用法》第 31 条规定，法定继承，适用被继承人死亡时经常居所地法律，但不动产法定继承，适用不动产所在地法律。如果没有该条文规定，在域外就不能适用他国或本国法律。

在域内，法的效力范围及于该国主权的一切领域，既包括领陆、领水、领空及底土，也包括拟制领土，如该国境外的飞行器、船舶等。法的域内效力也有地域区分：有些法在全国有效，如全国人大及其常委会和国务院制定的规范性法律文件；有些法在局部地域有效，如我国民族自治机关制定的自治条例和单行条例在该自治地方有效。

（三）法的对人效力

法的对人效力，是指法的效力的对象范围。本国法律约束本国人，而无论其居于何处，这是属人主义原则，是历史上较早的关于法的对人效力原则。但是，在本国的外国人也同样受本国法律的约束，如外国人在本国实施犯罪行为，也可能受到本国刑法的制裁。因而法的对人效力延伸出第二个原则——属地主义原则，即凡在一国领土范围内的人，不管是本国人、外国人还是无国籍人，均适用该国法律。然而，属地原则依然无法排除外国人或无国籍人在本国领土之外从事损害本国利益的行为，故形成第三个原则——保护主义原则，即凡有损本国利益，无论是本国人、外国人还是无国籍人，均受本国法约束。目前，世界上很少有国家单一奉行某个单一原则，绝大多数国家持综合主义的态度，即以属地主义原则为主，结合属人主义原则和保护主义原则，称为“综合主义原则”。如此，就有四种对人的效力的原则，即属人主义原则、属地主义原则、保护主义原则、综合主义原则。

1. 属地主义原则。法律适用于该国管辖地区内的所有人，无论是否是本国公民，都受法律约束和法律保护。本国公民不在本国，则不受本国法律的约束和保护。

2. 属人主义原则。法律只适用于本国公民，无论其身在国内还是国外，非本国公民即使身在该国领域内也不适用。

3. 保护主义原则。以本国利益作为是否适用本国法律的依据，任何侵害了本国利益的人，无论其国籍和所在地域，都要受该国法律的追究。

4. 综合主义原则。它以属地主义原则为主，结合属人主义原则和保护主义原则，既维护本国利益，坚持本国主权，又尊重他国主权，照顾法律适用中的实际可能性。

目前，我国采用综合主义原则。例如，《刑法》第6条规定，凡在中华人民共和国领域内犯罪的，除法律有特别规定外，都适用本法。凡在中华人民共和国船舶或者航空器内犯罪的，也适用本法。犯罪的行为或者结果有一项发生在中华人民共和国领域内的，就认为是在中华人民共和国领域内犯罪。该条规定了属地主义原则。《刑法》第7条规定，中华人民共和国公民在中华人民共和国领域外犯本法规定之罪的，适用本法，但是按本法规定的最高刑为3年以下有期徒刑的，可以不予追究。中华人民共和国国家工作人员和军人在中华人民共和国领域外犯本法规定之罪的，适用本法。该条规定了属人主义原则。《刑法》第8条规定，外国人在中华人民共和国领域外对中华人民共和国国家或者公民犯罪，而按本法规定的最低刑为3年以上有期徒刑的，可以适用本法，但是按照犯罪地的法律不受处罚的除外。该条规定了保护主义原则。

（四）法的效力冲突

理想中的法应当是体系完整、位阶分明，无矛盾、无漏洞，呈现一幅完美的规范图景。但现实中，由于法的数量繁多，且立法权限界分不清，导致不同法之间未能协调一致，不可避免地产生冲突。法的效力冲突，也称为法律规范冲突，或法源冲突。之所以称为法的效力冲突，是因为对于某一行为事实，若存在两个相冲突的法律可适用，则它们不可能同时对该行为产生约束力，需择其一而适用。法的效力冲突是法治实践中的常见问题。冲突的解决依赖于以下原则。

1. 根本法优于普通法。成文法国家，根本法就是宪法，其效力等级最高，普通法要以宪法为基础，不能与之抵触。例如，我国《立法法》第87条规定，宪法具有最高的法律效力，一切法律、行政法规、地方性法规、自治条例和单行条例、规章都不得同宪法相抵触。

2.上位法优于下位法。“位”指位阶、等级。解决法的效力冲突,必须明确法的效力等级,即法的效力位阶。效力等级高的法律优于效力等级低的法律,即上位法优于下位法。法的效力等级是指,在一国的法律体系中,由于制定或认可法律的国家机关的地位高低不同而形成在效力范围上的层级差别。一般而言,制定或认可法律的国家机关的地位越高,其创制的法律文件的等级就越高;在多数情况下,制定的程序越严格,其法律的效力等级也越高。例如,我国《立法法》第88、89、91条规定了效力等级与高低优先关系。《立法法》第88条规定:“法律的效力高于行政法规、地方性法规、规章。行政法规的效力高于地方性法规、规章。”《立法法》第89条规定:“地方性法规的效力高于本级和下级地方政府规章。省、自治区的人民政府制定的规章的效力高于本行政区域内的设区的市、自治州的人民政府制定的规章。”《立法法》第91条规定:“部门规章之间、部门规章与地方政府规章之间具有同等效力,在各自的权限范围内施行。”

上位法优于下位法也有例外。例如,在我国经济特区所在地的省、市的人大及其常委会根据全国人大及其常委会的授权制定的法规,民族自治地方的人大制定的自治条例、单行条例,相较于法律、行政法规,它们本质上属于下位法,一旦冲突,则应当优先适用法律、行政法规。但《立法法》第90条作了例外规定:自治条例和单行条例依法对法律、行政法规、地方性法规作变通规定的,在本自治地方适用自治条例和单行条例的规定。经济特区法规根据授权对法律、行政法规、地方性法规作变通规定的,在本经济特区适用经济特区法规的规定。

不管如何,上位法优于下位法原则仅适用于不同位阶法律规范之间的效力冲突,同位阶法律规范之间的效力冲突解决涉及第三个原则。

3.新法优于旧法。该原则适用于同一位阶法的效力冲突,新法的效力不能优于比其位阶高的法的效力。新法优于旧法是指新法、旧法对同一事项有不同规定时,新法的效力优于旧法。谈论新法优于旧法时,实际上包含两层意思:一是新法、旧法都是现行有效的法律;二是新法和旧法对特定行为都可以适用。例如,2017年10月1日起施行的《民法总则》相对于1987年1月1日起施行《民法通则》是新法,两者曾在2017年10月1日至2020年12月31日《民法典》生效前这段时间内同时有效,这段时间内的法律行为(无论何时进入诉讼程序),《民法总则》《民法通则》都可以适用,但《民法总则》优先适用。

新法优于旧法原则容易与新法原则上无溯及力这一原则混淆。两个原则中的新法和旧法的含义有所不同。新法优于旧法中的新法和旧法对某一事项,同时具有效力,因而新法和旧法会产生效力冲突。新法原则上无溯及力中的“新法”实际上包含两层意思:一是新法是现行有效的法律,二是新法和旧法在本质上是同一法的新旧更替。例如,《刑法修正案(九)》相对于《刑法修正案(八)》是新法。因此,此处的新法一旦生效,原则上旧法就失去了效力,两者不可能产生效力冲突。

4.特别法优于一般法。适用该原则的条件必须是同一主体制定的法,即效力上处于同一位阶。例如,相对于《民法典》,《著作权法》《商标法》《专利法》等法律就是特别法,针对特定行为时一般应当优先适用。

法的效力冲突未必都能根据上述原则予以解决,如新的一般法和旧的特殊法之间的冲突。对此,按照我国《宪法》和《立法法》有关规定,一般采用如下方法解决:(1)依法裁决;(2)由法定机关改变或撤销;(3)进行备案与审查。例如,《立法法》第94条规定:"法律之间对同一事项的新的一般规定与旧的特别规定不一致,不能确定如何适用时,由全国人民代表大会常务委员会裁决。行政法规之间对同一事项的新的一般规定与旧的特别规定不一致,不能确定如何适用时,由国务院裁决。"《立法法》第95条规定:"地方性法规、规章之间不一致时,由有关机关依照下列规定的权限作出裁决:(一)同一机关制定的新的一般规定与旧的特别规定不一致时,由制定机关裁决;(二)地方性法规与部门规章之间对同一事项的规定不一致,不能确定如何适用时,由国务院提出意见,国务院认为应当适用地方性法规的,应当决定在该地方适用地方性法规的规定;认为应当适用部门规章的,应当提请全国人民代表大会常务委员会裁决;(三)部门规章之间、部门规章与地方政府规章之间对同一事项的规定不一致时,由国务院裁决。根据授权制定的法规与法律规定不一致,不能确定如何适用时,由全国人民代表大会常务委员会裁决。"

第二节　法的作用

一、法的作用的概念

作用一词在现代汉语中是指对事物产生的影响或效果,法作为一种社会规范,它的作用在于规范人们的行为。而且,法的规范具有普遍性,所以法的作用是指,法对人的行为产生的普遍影响或功效。

法作为重要的社会规范,对其作用的理解、把握是必不可少的。随着法治观念深入人心,人们对法的作用的期待也有所提升。在历史上,曾有观点认为法可以解决一切社会问题,具有至高无上的地位。对此,我们应正确认识法的作用。

第一,法的作用具有应然和实然两个维度。法的本质决定了法一旦产生,它的应然作用就是确定的,但是它的实然作用却受到诸如法的实施主体、社会环境等各种因素的制约。因此,法应当具有怎样的作用和法在实际中具有怎样的作用,并不完全是一回事。

第二,法的作用本身具有局限性。法无法规范人们的思想情感活动。思想情感是人的内心活动,只有外化于行为才能加以规范。同时,还有不少行为,由道德、社会规范、社会信用机制调整更合适,或成本更低。所以,我们应当理性看待法的作用,认识到法律并非无所不能。

二、法的作用类型

不同的划分标准会形成不同的法的作用类型。例如,根据一般和特殊的逻辑关系,可以将法的作用分为一般作用与具体作用;根据法的作用范围,可以将法的作用分为整体作用和局部作用;根据人们对法的期待和法的实际效果之间的区分,可以将法的作用分为预期作用和实际作用等。但是,以上划分都建立在对法的社会作用和规范作用这一类型的认识基础之上。

（一）法的规范作用

从法作为社会规范看，法具有规范作用；从法的本质和目的看，法具有社会作用。法最直接且最根本的作用在于规范作用，它主要表现为以下几方面：

1. 评价作用。法律评价人的行为的基本标准是合法与非法，法律保护合法行为，惩治不法行为。法律对人的评价，是从法律的角度，对人的行为进行合法或非法的评价，不是道德上善或恶的评价。

2. 指引作用。法律作为一种行为规范，为人们设定了普遍的行为模式，因此，它首先就具有指引作用，即指引人们什么能做，什么不能做，以及怎么做。例如，2011 年 5 月 1 日《刑法修正案（八）》正式实施，醉酒驾驶作为危险驾驶罪被写入刑法。该规定指引人们采取正常的驾驶行为，而不能醉酒驾驶。又如，《不动产登记暂行条例》指引人们在不动产登记过程中具体该如何行为。

3. 预测作用。有指引便有预测。法律的预测作用是指人们根据法律规定可以预先知晓、估量相互间怎样行为以及行为后果，从而对自己的行为作出合理的安排。例如，根据《民法典》第 725 条“买卖不破租赁”的规定，出租人可以计划房屋出售时间以利于房屋出售。但是，预测作用有一定限度，人们根据法律并非总能准确预测到行为后果。请思考以下案例。

天津一位老太太，在街头摆了一个射击摊位，共九支气枪，打气球，打中的有奖品。

《刑法》第 128 条第 1 款规定：违反枪支管理规定，非法持有、私藏枪支、弹药的，处 3 年以下有期徒刑、拘役或者管制；情节严重的，处 3 年以上 7 年以下有期徒刑。试问老太太是否能准确预测到自己的行为触犯了《刑法》中的非法持有枪支罪？恐怕不能。鉴于法律术语的专业化、复杂化，以及自然语言本身具有的模糊性，普通人一般无法判断气枪是否属于《刑法》第 128 条规定的“枪支”，因而难以对行为后果作出准确预测。

4. 抑制与激励作用。人们根据法律的指引，预测可能的后果，从而安排自己的行为，其依然可作出合法行为或违法行为的选择。对违法行为的否定和对合法行为的肯定衍生出了法对人们行为的抑制作用和激励作用。法的抑制作用的形成，很大程度上依赖于法律的制裁。例如，《刑法》规定的故意杀人罪，通过设置死刑等刑罚抑制杀人行为的发生。因而，抑制作用也可视为制裁作用、强制作用。法律的制裁形式多样，从刑法制裁到行政法制裁，有一套完整的制裁体系。例如，《刑法》设置了管制、拘役、有期徒刑、无期徒刑、死刑等刑罚。至于法的激励作用，则不是通过制裁，而是通过保护发生影响。例如，知识产权类的法律，通过对知识成果的保护和尊重鼓励人们的创新行为。

5. 教育作用。法的教育作用，是指法律对人们今后的行为发生直接或者间接的诱导影响，具体表示为示警作用和示范作用。法的教育作用对于提高公民法律意识、促使公民自觉遵守法律具有重要意义。

（二）法的社会作用

法的社会作用是相对于法的规范作用而言的，法通过规范作用实现其社会作用。依据法的社会作用所产生影响的不同领域,可以将其分为政治、经济、文化等方面,其主要表现为以下几个方面。

1. 维护政治秩序,实现阶级统治。在阶级社会,法律是统治阶级实现阶级统治的工具。统治阶级经由国家机器制定法律、实施法律,实现对社会的政治统治。法维护阶级统治具体表现为:其一,调整统治阶级与被统治阶级之间的关系;其二,调整统治阶级内部的关系;其三,调整国家机关相互之间的关系。法的阶级统治作用与社会公共事务治理并不冲突。每个社会都有公共事务需要处理,统治阶级处理好公共事务才可能维持阶级统治。

2. 调整经济关系,分配社会利益。经济关系是最基本的社会关系,在任何社会里,都必须运用一定的手段加以调节,才能使社会生产有序地进行,进而推动社会向前发展。法律是调整经济关系的重要手段:其一,法律建构和公布各种基本经济制度(如公司制度、雇佣制度、交易制度、金融制度等);其二,法律为国家干预、组织社会经济生活提供了依据;其三,法律调整和保护经济法律主体之间的权利义务关系。其中,法律最重要的作用之一是分配社会利益。社会利益属于稀缺资源,无法被社会成员完全同等地拥有。法律主要通过规定权利义务来确认利益主体、利益内容、利益数量和范围,以具体的法律规范调整利益分配。并且,法律还会不断变化,修正利益分配格局,以适应社会需要。

3. 推进教育、科学、文化的发展。法律在文化方面的作用主要体现为推进社会精神文明建设,包括教育、科学、文化事务建设。在教育、科学、文化建设领域,我国逐渐认识到不仅要依靠政策、思想政治工作,依靠理想、道德教育,依靠模范人物的榜样作用,还需要法律规范的指引、激励与保障。教育、科学、文化的发展对于一个社会来说,具有长期的重要性。各国都通过立法保障和推进教育、科学和文化事业,如制定教育法、知识产权法等。

第八章　法律体系

第一节　法律体系的含义

一、法律体系的概念界定

法律体系就是法律规范的体系，指由一国现行的所有法律规范以若干个法律部门为单元而构成的一个具有内在逻辑关联的统一整体。法律体系有以下几个特点：

1. 法律体系是一个国家的全部现行法律构成的整体。也就是说，法律体系是一个主权国家的所有有效法律构成的整体，既不包括其他国家的法律，也不包括该国历史上的法律和该国将要制定的法律，还不包括已经失效或尚未生效的法律，只包括现行的国内法和被本国承认的国际法。

2. 法律体系具有统一性。法律体系是一国现行法组成的有机联系的整体，在这个整体当中，法律部门不是任意堆砌在一起，是按照一定的标准和原则组合在一起，各个法律部门之间的关系有相应的原则来进行协调。在每个部门法内部，各种法律制度也是结构严密的。

3. 法律体系具有层次性。构成法律体系的单元是各个部门法，在各个部门法内部，又由各种法律制度构成了部门法体系，如民法体系、刑法体系，每一个法律制度又可以分解为不同的法律概念、法律规则和法律原则等基本要素。

二、相关概念辨析

在我国法理学界，有几个概念和法律体系这个概念的关系比较密切，需要注意区分。

1. 立法体系与法律体系。立法体系指的是一国现行的所有规范性法律文件根据效力等级组成的统一整体。立法体系和法律体系的表现载体都是一个个的规范性法律文件，如宪法、民法典、刑法等。但是在立法体系中，这些规范性法律文件的分类标准是根据立法机关的不同，如宪法、法律、行政法规、规章、地方性法规等；而在法律体系中，这些规范性法律文件是依据不同的部门法划分标准而组合在一起。立法体系中的单元是效力等级不同的法律渊源；法律体系的单元则是各个部门法。

2. 法学体系与法律体系。法学体系是指一个国家关于法律科学的知识所构成的有组织的整体，具有思想文化属性；法学体系是法律知识的体系，而法律体系仅仅指法律规范的体系。法学体系应该以法律体系为基础进行研究，但是法学体系涉及的内容比法律体系宽泛很多。而且，一个国家可能存在很多法学体系，但是只有一个法律体系。不同的法学体系对现行法律规范体系的解释和论证不同，可以说一国现行的法律体系是该国现阶段主流法学体系的体现。

3. 法治体系与法律体系。近年来，很多学者开始使用法治体系这一概念。中国共产党第十八届中央委员会第四次全体会议提出，全面推进依法治国，总目标是建设中国特色社会主义法治体系，建设社会主义法治国家。社会主义法治体系要求形成完备的法律规范体系、高效的法治实施体系、严密的法治监督体系、有力的法治保障体系，形成完善的党内法规体系。可见法治体系指的是法治实现过程中各种制度、结构、方法、法律实践等综合体，比法律体系的范围要宽泛。法律体系仅仅指法治体系中的法律规范体系。

第二节 法律部门的划分

法律部门是法律体系的单元，法律体系就是由若干个法律部门组成的。“法律部门”也被称为“部门法”。它是指根据法律规范所调整的社会关系的不同领域以及法律规范调整社会关系的不同方法，按照一定的原则和标准所划分的同类法律规范的总和。

划分法律部门时，首先是根据法律规范的实质特征予以区分，这些实质特征就构成了法律部门的划分标准。在根据标准划分部门法时，同时要注意一些技术性要领，它们构成了法律部门划分的原则。

一、法律部门的划分标准

（一）法律规范所调整的社会关系

法律是调整社会关系的行为规范，社会关系的种类非常繁多，人们根据社会关系的内容和特性的不同，可以分为各个不同领域，如政治关系、经济关系、文化关系、家庭关系等，这些不同领域的关系的性质和内容各异，调整这些关系的规范自然也会有所不同。为了使法律规范的预期作用得以最大限度实现，法律规范的制定就必须符合其所调整的社会关系的性质，因而社会关系的内容也就决定了调整这些关系的法律规范的基本性质。

2019年3月15日早高峰时期，邯郸市交警支队丛台大队的民警正在丛台路与滏河大街执勤，疏导交通，这时一名身穿米黄色羽绒服的女子骑着电动车闯入了民警的视线。

据交警介绍，该女子骑行至丛台路与滏河大街东北角，红灯亮起，女子却视而不见，横穿马路，逆向飞速向对角驶去。而此时，滏河大街上的车辆已开始启动，正在路口西南角执勤的交警于海，立即伸手拦截。此女子见交警拦截，不但不减速，反而飞速向前。

女子驾驶电动车不遵守交通规则，交警上前劝阻，反被该女子打了一耳光。随后，女子被赶过来的执勤民警控制，移交丛台东派出所。3月15日，邯郸公安部门依法对该女子阻碍民警执行职务的行为作出行政拘留5日的处罚。

在上述事件中，就涉及多种社会关系，分别归属于不同部门的法律规范予以调整。该女子闯红灯的行为破坏了行政管理秩序，调整这种社会关系的法律就属于行政法律规范；该女子打交警一耳光的行为，引发了人身侵权关系，归属于民事法律规范调整；同时该女子打交警的行为，阻碍了民警执行职务，破坏了行政管理秩序，引发了行政处罚关系，调整此社会关系的法律属于行政法律规范。

可见，法律规范所调整的社会关系就成为划分不同法律部门的最为重要的标准，这个标准的确立有利于深入准确地认识和研究各种法律的不同特质，也有助于法律的有效实施。

（二）法律规范的调整方法

法律规范所调整的社会关系是划分法律部门最为重要的标准，但是有的法律部门并没有自己独特的调整对象，只能通过其独特的调整方法体现该法律部门的独立性。

甲把乙打成重伤，双方协商私了，甲赔偿乙50万元人民币。乙接受了甲的赔偿后，向公安机关报案，甲因为故意伤害罪，被判处有期徒刑3年。

某明星醉酒后驾驶私家车发生交通事故，致四车追尾、三人受伤。经司法鉴定，该明星血液内酒精含量为243.04mg/100ml。该明星涉嫌危险驾驶罪被刑事拘留。检方认为，该明星醉酒后在道路上驾驶机动车，其行为触犯了《刑法》的相关规定，犯罪事实清楚，证据确凿充分，应以危险驾驶罪追究其刑事责任。最终，该明星以"危险驾驶罪"被判拘役6个月，罚款人民币4000元；交通管理部门吊销了该明星的驾驶证，5年内不得重新取得驾驶证。

从上述事例可以看出，刑法调整的社会关系种类繁多，既有个人与个人之间的人身财产关系，也有行政机关与行政相对人之间的行政管理关系，等等。刑法部门通过最为严厉的调整方法即刑罚来对社会关系予以规范，只有当其他法律部门的调整方法不足以救济法律关系的损害时，刑法才会同时予以调整，因而刑法没有自己独特的调整对象。刑法部门之所以独立，是因为刑法以刑罚的方式来调整社会关系。

另外，不同的法律部门所调整的社会关系可能会有重叠之处，只有结合调整方法才能够更为恰当地划分法律部门。

2012年5月1日，孙某在南京欧尚超市有限公司江宁店购买"玉兔牌"香肠15包，其中价值558.6元的14包香肠已过保质期。孙某到收银台结账后，即径直到服务台要求索赔，后因协商未果诉至法院，要求欧尚超市江宁店按照《食品安全法》支付14包香肠售价十倍的赔偿金5586元。欧尚超市江宁店提出孙某明知食品过期而购买，其主观目的是希望利用店家错误谋求利益，所以不应给予张银山十倍赔偿，只应该依据《合同法》对过保质期的火腿肠予以退换。（孙某诉南京欧尚超市有限公司江宁店买卖合同纠纷案，最高院指导性案例23号）

在上述案件中，孙某与超市之间的交易关系既可以由《食品安全法》予以调整，也可以由《合同法》予以调整，当然还可以由《消费者权益保护法》予以调整。但是《食品安全法》《消费者权益保护法》《合同法》[1]分别属于不同的法律部门。《食品安全法》《消费者权益保护法》主要是通过行政管理、行政处罚的方式来调整消费者和商家之间的关系，

[1] 2021年1月1日起《民法典》开始施行，1999年制定的《合同法》失效，其内容被《民法典》合同编取代。

而《合同法》主要通过平等协商、等价赔偿等方式来调整消费者和商家之间的关系。

二、法律部门划分的原则

在划分法律部门时，除了依据法律部门的划分标准外，我国法学界还提出了一些划分原则。法律部门的划分原则并不决定法律部门的实质特征，而是为了使法律部门的划分符合法律体系所要求的统一性、协调性、齐全性等特点，采取的技术性要领，这些原则概括起来有以下几点。

1. 整体性原则。整体性原则是指划分法律部门时，必须以该法律体系的所有法律规范为划分对象，使该国所有的现行法律规范都能归属于某一个法律部门。

2. 均衡性原则。均衡性原则是指划分法律部门时，应当考虑各法律部门之间法律规范的数量保持大体上的均衡，尽量不使某些法律部门的法律规范特别多，而有些法律部门的法律规范特别少。当然，这种均衡只是相对均衡，不能只是为了均衡而另行划分法律部门，只有在有些法律规范在调整对象和调整方法上兼具两个法律部门的属性时，才适当考虑法律的均衡因素。

3. 前瞻性原则。前瞻性原则是指划分法律部门时，应该考虑到法律对某些社会关系的未来发展及其重要性程度，为某些将来发展的社会关系设定相应的法律部门。在一个法律体系中划分法律部门，尽管是以现行法律为主要对象，但是法律体系的内容也在不断发生变化，所以划分法律部门以现行法律为基础，但也要有前瞻性，要预先考虑到法律的发展变化，否则就容易频繁变动法律部门的划分。

第三节 当代中国法律体系

当代中国的法律体系如何划分，法学界和法律界有过不同的方案。例如，有的学者提出三分法，将法律体系分为公法、私法和社会法；有的学者提出八分法，将法律体系分为民法、商法、行政法、经济法、劳动和社会保障法、自然资源与环境保护法、政治法、文化法；有的学者提出十分法，将法律体系分为宪法、行政法、民法、商法、经济法、劳动法和社会保障法、环境法、刑法、诉讼程序法、军事法。2001 年，全国人民代表大会常务委员会曾经将中国特色社会主义法律体系划分为七个主要法律部门：宪法及宪法相关法、民法商法、行政法、经济法、社会法、刑法、诉讼与非诉讼程序法。随着我国经济社会的发展，环境问题的重要性越发凸显，我国环境方面的立法也日益增多，环境法逐渐成为了一个独立的法律部门。

此外，为了深入监察体制改革，2018 年 3 月第十三届全国人民代表大会第一次会议通过《宪法修正案》，确定了中华人民共和国国家监察委员会为最高国家监察机关，领导地方各级监察委员会的工作，对全国人民代表大会和全国人民代表大会常务委员会负责。脱胎于《行政监察法》的《国家监察法》也在此次会议上予以通过。《监察法》主要调整以国家监察机关为主导的各种监察关系，这类社会关系具有独立性，不能归属于传统的任何一个法律部门。因而监察法应该成为一个独立的法律部门。所以，当代中国法律体系应该划分为九个主要法律部门。每个法律部门中又包括若干子部门,有些子部门内部还可以再进一步划分,如经济法中包括宏观调控法和市场规制法两个子部门,宏观调控法又可以划分为财税法、金融法等部门法。

一、宪法及宪法相关法

宪法及宪法相关法是我国社会制度、国家制度、公民的基本权利和义务及国家机关的组织与活动的原则等方面的法律规范的总和。该法律部门的目的是保障国家性质和人民主权,其核心是1982年通过的《宪法》以及1988年、1993年、1999年和2004年、2018年五次修宪通过的五个修正案。宪法规定国家和社会生活的根本问题,体现了我国社会主义法律的本质和基本原则,在中国特色的社会主义法律体系中起着统帅作用。宪法在法律体系中的统帅作用不仅表现为法律的制定必须以宪法为立法依据,而且还体现在法律制定之后,应该接受日常的监督审查。〔2〕

宪法相关法包括如下一些种类的宪法性法律文件:(1)有关国家机构组织的法律,主要有《全国人民代表大会组织法》《国务院组织法》《地方各级人民代表大会和地方各级人民政府组织法》《人民法院组织法》《人民检察院组织法》等;(2)关于民族区域自治的法律,主要有《民族区域自治法》;(3)特别行政区基本法,主要有《香港特别行政区基本法》和《澳门特别行政区基本法》;(4)立法方面的法律,主要有《立法法》;(5)保障公民民主权利,扩大基层民主方面的法律,主要有《全国人民代表大会和地方各级人民代表大会选举法》《全国人民代表大会和地方各级人民代表大会代表法》《村民委员会组织法》《城市居民委员会组织法》等;(6)涉及国家领域、国家主权、国家象征、国籍及公民的有关政治权利等方面的法律,主要有《国防法》《国家安全法》《领海及毗连区法》《专属经济区和大陆架法》《国旗法》《国徽法》《国籍法》,以及《集会游行示威法》《戒严法》《反分裂国家法》等。

二、民法商法

民法商法是规范社会民事和商事活动的基础性法律。民法是指调整平等主体的自然人、法人、非法人组织之间的财产关系和人身关系的法律规范的总和。我国现行的民法以2020年5月28日第十三届全国人民代表大会第三次会议通过的、2021年1月1日实施的《民法典》为核心规范,辅之以一些未完全纳入《民法典》的单行民事法律,如《商标法》《专利法》《著作权法》《农村土地承包法》等。

商法是调整平等主体的自然人、法人和非法人组织之间的商事关系和商事行为的法律规范的总和。商法和民法在调整对象和调整方法上比较接近,在调整对象上都是调整平等主体之间的关系,在调整方法上主要都遵循自愿平等原则,法律规范中的任意性规范居多。最初,商法是包含在民法中的,后来随着现代商事交易的发展,调整商事关系的法律越来越多,而且商事关系的要求和传统民事关系也有所不同。例如,商事关系除了遵循平等自愿、诚实信用等传统民法原则之外,还要求便捷、迅速、安全。传统民法的调整方法

---

〔2〕 许崇德:《宪法在中国特色社会主义法律体系中的统帅作用》,载《中国人大》2011年第3期。

不足以应对商事关系的发展,因而商法逐渐从民法中独立出来,在许多国家成为一个独立的法律部门。我国是在实行市场经济体制之后,才开始承认和逐渐发展商法的,但是仍然采取民商合一的立法模式,所以在法律部门划分时,将两者划分为一个法律部门。商法的主要法律规范有《公司法》《合伙企业法》《证券法》《保险法》《票据法》《海商法》《商业银行法》《信托法》《个人独资企业法》《招标投标法》《企业破产法》《电子商务法》等。

三、行政法

行政法是调整国家行政机关管理社会事务和对国家行政权力的行使予以规制的法律规范的总和。行政法部门根据法律的目的不同,可以分为两重内涵。

一是规定行政机关对社会事务的管理和服务,其目的是为行政机关的日常行政工作提供基本的法律依循,这方面的法律涉及范围很广,包括国防、外交、军事、人事、民政、公安、国家安全、民族、宗教、侨务、教育、科学技术、文化体育卫生等行政管理方面的法律。在社会事务的管理上,我国制定了大量的行政法律文件。在国防、军事、外交等方面,有《人民防空法》《国防教育法》《国防动员法》《兵役法》《军事设施保护法》《驻外外交人员法》等;在公安、国家安全、人事、民政等方面,有《人民警察法》《出境入境管理法》《治安管理处罚法》《枪支管理法》《消防法》《反恐怖主义法》《核安全法》《国家情报法》等;在教育、科学技术、文化、卫生、体育等方面,有《教育法》《义务教育法》《职业教育法》《高等教育法》《教师法》《科学技术进步法》《科学技术普及法》《促进科技成果转化法》《农业技术推广法》《文物保护法》《母婴保健法》《传染病防治法》《中医药法》《献血法》《体育法》《人口与计划生育法》等;在司法行政方面,有《律师法》《监狱法》《公证法》等。

行政法的另一个重要目的就是用专门的法律来规制行政权力的行使。这方面的法律主要有《行政许可法》《行政处罚法》《行政复议法》《行政强制法》《公务员法》等。

四、经济法

经济法是指调整因国家干预、管理、调控经济活动所产生的社会经济关系的法律规范的总和,经济法的目的是通过国家调控,使得经济活动的运行符合公共利益。经济法和民商法都调整经济关系,但是民商法所调整的经济关系是平等的私法主体之间的,是横向的,而经济法调整的经济关系是国家机关之间或者国家机关与私法主体之间的,是纵向的;民商法的调整方式主要是主体之间的意思自治,其规范大多是任意性规范,而经济法的调整方式则是国家调控,其规范大多是强行性规范;民商法调整经济关系的目的主要是保障市场的自由发展,而经济法的目的主要是保障经济活动的公平性。

我国经济法部门从性质上可以分为两类:一是市场规制、保证公平竞争的法律,有《反垄断法》《反不正当竞争法》《消费者权益保护法》《产品质量法》《广告法》等;二是国家宏观调控和经济管理方面的法律,主要是有关财政、税务、金融、审计、统计、物价、工商管理、对外贸易和经济合作等方面的法律,包括《预算法》《审计法》《会计法》《中国人民银行法》《银行业监督管理法》《价格法》《税收征收管理法》《个人所得税法》《对外贸易法》《计量法》《统计法》《资产评估法》等。

五、社会法

社会法是调整有关劳动关系、社会保障和社会福利关系的法律规范的总和。社会法的目的是通过国家对有关民生的社会事务进行调控和管理，以达到社会的公正与和谐。社会法部门的法律规范包括劳动用工、职业安全、社会保险、社会救济和弱者保护等方面。我国已制定的社会法有《劳动法》《劳动合同法》《社会保险法》《工会法》《红十字会法》《公益事业捐赠法》《安全生产法》《矿山安全法》《残疾人保障法》《未成年人保护法》《妇女权益保障法》《老年人权益保障法》等。

六、环境与资源保护法

环境与资源保护法是关于合理开发利用、保护、修复自然资源，保护环境、防治污染，维护生态平衡的法律规范的总称。环境与资源保护法主要包括两部分内容：一是关于自然资源的保护和利用的法律规范，主要有《矿产资源法》《森林法》《草原法》《渔业法》《水法》《水土保持法》等；二是关于保护环境、防治污染的法律规范，主要有《环境保护法》《海洋环境保护法》《野生动物保护法》《大气污染防治法》《环境噪声污染防治法》等。

七、刑法

刑法是规定犯罪、刑事责任和刑罚的法律规范的总和。刑法所采用的调整方法是刑罚，这是最严厉的一种法律制裁方法。个人或单位违背其他法律部门的行为如果严重危害了社会，达到了犯罪的程度，则由刑法予以调整，给予刑事处罚。刑法的目的是惩治各种刑事犯罪，以保护社会和保卫人民。刑法在维护社会正常秩序，保护国家利益、集体利益以及公民各项合法权益方面起着重要作用。我国目前的刑法部门以 1997 年实施的《刑法》及其此后的 11 个刑法修正案为核心，此外还有《关于惩治骗购外汇、逃汇和非法买卖外汇犯罪的决定》等。

八、监察法

监察法是对监察机关行使监察权的权限、对象、方式、程序等内容予以规制的法律规范的总称。监察法调整监察机关与其他国家机关、监督对象、当事人及其他监察工作参与人之间的权利义务关系。我国监察法部门现行生效的法律只有《监察法》和《公职人员政务处分法》。《监察官法》已经纳入第十三届全国人民代表大会常务委员会立法规划。在 2020 年 12 月 22 日召开的第十三届全国人民代表大会常务委员会第二十四次会议上，审议了监察和司法委员会关于提请审议监察官法草案的议案。

2019 年 10 月 26 日第十三届人民代表大会常务委员会第十四次会议表决通过的《全国人民代表大会常务委员会关于国家监察委员会制定监察法规的决定》，授予了国家监察委员会根据宪法和法律，制定监察法规的权限。国家监察委员会拟制定《监察法实施条例》，目前已经就该条例需要明确、细化的内容，征求了省级监委和国家监委各派出机构意见，正在开展条例初稿的研究起草工作。

在全国人民代表大会常务委员会作出授权决定之前，中央纪委、国家监委为推动《监察法》的实施与适用,联名发布了一系列具有法规性质的文件。这些文件主要是对《监察法》如何适用作出补充与解释,在内容上具有监察解释的特征,在形式上又具有监察法规的特征,主要包括《国家监察委员会管辖规定(试行)》《公职人员政务处分暂行规定》《中央纪委国家监委监督检查审查调查措施使用规定(试行)》《国家监察委员会特约监察员工作办法》《中央纪委国家监委立案相关工作程序规定(试行)》等。

随着监察实践的发展,我国监察法部门的法律规范将会逐渐丰富完善,从而形成以《监察法》为核心,以监察权运行方面的法律、监察法规和规范性文件为补充的内部协调一致的独立部门法体系。

九、诉讼与非诉讼程序法

诉讼与非诉讼程序法是调整为解决实体法律纠纷而进行的诉讼活动和非诉讼活动的法律规范的总和。它包括民事诉讼、刑事诉讼、行政诉讼和仲裁等方面的法律。程序法是实体法的权利得以实现的重要保障,是一个完整的法律体系中不可缺少的一环。在现代国家,程序法上的公正除了保障实体法的公正实施之外,也具有独立的价值。我国目前的诉讼与非诉讼程序法包括《刑事诉讼法》《民事诉讼法》《行政诉讼法》《海事诉讼特别程序法》《引渡法》《仲裁法》《人民调解法》等。

延伸讨论

一、国际法是否为独立的法律部门?

我国大多数学者主张国际法不是一个独立的法律部门,但是有的学者主张应该将国际法作为一个独立的法律部门,才能在国内法体系中更好地融入国际法。我们认为不适合将国际法作为一个独立的法律部门,但是国际法学仍然是一个独立的法学学科,我国所缔结的国际条约、认可的国际惯例也是我国法律体系的一部分。理由如下:第一,法律部门的划分是根据法律所调整的社会关系的实质特征而确立的,我国所缔结的国际条约根据其调整对象的不同,完全可以划归为不同的部门法。比如,国际公法根据其调整内容的不同可以归入宪法部门或者行政法部门,国际私法可以纳入民法部门或者诉讼法部门,国际经济法的内容也可以分别归入民法商法或者经济法部门。第二,法学学科和法律部门并不等同。国际法学虽然是法学内部一门独立的学科,但是并不意味着其能够成为一个独立的法律部门。我国法学内部各学科的划分虽然很大程度上是以部门法为基础,如民商法学、诉讼法学、经济法学。但是两者并不完全等同。法学学科是根据法律知识的内在逻辑而予以确定的。法律体系则是根据法律调整对象和调整方法的不同而予以划分的。

二、法律文件与法律部门的关系

从表面上看,法律部门是由一个个独立的法律文件组成的,但是从法律部门的实质特征来看,构成法律部门的要素是各种逻辑自洽的法律制度,比如民法部门是由合同制度、物权制度、侵权制度等构成。在同一个法律文件中,则可能包含不同法律部门的制度内

容,从而使得法律部门的划分具有相对性,因而可能出现综合性法律文件。[3] 下面以《监察法》的一些条款为例予以说明:

> 第七条 中华人民共和国国家监察委员会是最高监察机关。
>
> 省、自治区、直辖市、自治州、县、自治县、市、市辖区设立监察委员会。
>
> 第八条 国家监察委员会由全国人民代表大会产生,负责全国监察工作。
>
> 国家监察委员会由主任、副主任若干人、委员若干人组成,主任由全国人民代表大会选举,副主任、委员由国家监察委员会主任提请全国人民代表大会常务委员会任免。
>
> 国家监察委员会主任每届任期同全国人民代表大会每届任期相同,连续任职不得超过两届。
>
> 国家监察委员会对全国人民代表大会及其常务委员会负责,并接受其监督。
>
> 第二十三条 监察机关调查涉嫌贪污贿赂、失职渎职等严重职务违法或者职务犯罪,根据工作需要,可以依照规定查询、冻结涉案单位和个人的存款、汇款、债券、股票、基金份额等财产。有关单位和个人应当配合。
>
> 冻结的财产经查明与案件无关的,应当在查明后三日内解除冻结,予以退还。

《监察法》是一个综合性法律文件。其中关于监察机构组织结构的相关制度,比如上文的第7条和第8条属于宪法及宪法相关法律部门;有关监察行为的权限、行为模式等制度,比如上文的第23条则属于监察法律部门。

---

〔3〕 参见周永坤:《法理学》(第4版),法律出版社2016年版,第75页。

第九章 法律关系

第一节 法律关系概述

一、法律关系的含义

法律关系是静态的法向动态的法的转换，是纸面上的法律规范在社会生活中的具体展开。法律关系本质上是一种社会关系，但是它与一般的社会关系不同。

甲和乙是好友。甲在乙的工作单位附近购买了一套房屋。乙为了上班方便，想租赁甲的这套房屋居住。甲以低于市场价20%的价格将房屋租给乙居住。乙搬进房屋之后，发现房屋漏水，请小区物业予以维修。

在这个事例中，存在很多种社会关系：甲和乙之间的朋友关系，甲和乙之间的租赁关系，甲的房屋所有权关系，乙和物业之间的物业服务关系。其中后面三种关系都是法律关系，因为这些关系都有相关的法律予以调整。因而，法律关系是以法律规范为基础形成的、人们之间的权利和义务关系。法律关系具有以下三个特征：

1. 法律关系是以法律规范为基础形成的。社会关系涉及很多领域，并非所有的社会关系都是法律关系。有的社会关系，法律并不调整，比如上例中甲与乙之间的友谊关系；有的社会关系如经济关系、政治关系等则属于法律调整范围。社会关系只有被法律调整之后才能成为法律关系。因而，法律规范是产生法律关系的前提，法律规范确立了法律关系的范围，划定了法律关系的具体内容。

2. 法律关系是人与人之间的关系。这里讲的"人"是指法律关系的主体，不仅指单个的自然人，还包括拟制的人，如公司、国家机关、合伙企业等，这包含两层含义。其一，法律关系必须关涉到他人，如果只关涉自己，不可能产生法律关系。如果一个人在一个孤岛上，是不可能产生法律关系的。另外需要注意的是，人对自己的身体所享有的权利，并不仅仅关涉到自己，也不是自身与身体的关系，而是自己就身体产生的与他人之间的关系。其二，人与物之间的关系不可能是法律关系。此处的物不仅仅指有形的物体，还包括无形的有价值的事物，如电力、精神产品、美好的环境等。人与物会产生关联，但是这种关联在法律上还是体现为人与人之间的关系。人可以占有、使用物品，但在法律上，一个人对某物的占有，意味着他人不能随意侵占该物。上例中，甲拥有所购房屋的所有权，这体现的是甲和其他人之间就房屋应该如何使用形成的关系。

3. 法律关系是以权利和义务为内容的关系。这是法律关系和其他社会关系实质上的不同之处。法律规范不仅确定人的义务，也赋予人以权利。从利益的角度看，权利可以给人们带来利益，而义务则会给人们带来负担，法律在规定义务的同时还规定人们相应的权利，使得权利义务处于平衡的状态。根据法律规范而产生的法律关系自然就以明确的权利和义务作为内容。上述事例中，乙与物业服务公司之间存在物业服务关系，乙有义务按照合同交纳物业费，同时也有权利要求物业公司提供相应的维修、管理等服务。道德规范、宗教规范、乡村民俗等规范更多地规定人的义务，因而依据这些规范而产生的道德关系、宗教关系、乡亲关系大多以义务为主要内容。

二、法律关系的分类

按照不同的标准可以对法律关系作出不同的分类。根据规范法律关系的法律部门不同，可以分为民事法律关系、行政法律关系、刑事法律关系、诉讼法律关系等；根据法律关系的重要程度不同，可以分为基本法律关系和普通法律关系等。既具有法理学的一般性，又能在法律实现中具有分辨价值的分类，主要有以下三种。

（一）绝对法律关系和相对法律关系

根据法律主体是否具体特定，可以分为绝对法律关系和相对法律关系。绝对法律关系是指，权利主体特定，而义务主体不特定，是除权利主体以外的所有人的法律关系。相对法律关系是指权利主体和义务主体都特定的法律关系。

张某在商场购买了一台笔记本电脑，签订合同后预付了价款，约定三天后商场送货到家。三天后商场将电脑送至张某家中，张某验货后予以签收。电脑使用半年后，发生故障，张某要求商场按照合同约定，予以免费维修。

上述事例中，张某与商场之间买卖电脑的民事合同法律关系就是相对法律关系。权利和义务主体是张某和商场。合同法律关系产生后，张某依据合同承担按时付款的义务，享有要求商场按时送货、保证电脑质量的权利。商场享有请求张某按时付款的权利，同时也要承担按时交货、保证电脑质量等义务。张某签收电脑后，产生了电脑的所有权法律关系。所有权法律关系是典型的绝对法律关系。在所有权法律关系中，张某是权利主体，享有对电脑的支配、占有、使用和收益等权益，除了张某之外的所有人都是义务主体，他们都有不得损害张某电脑的义务。

（二）纵向法律关系和横向法律关系

按照法律主体在法律关系中的地位和性质不同，可以分为纵向法律关系和横向法律关系。纵向法律关系是指在不平等的法律主体之间所产生的权利义务关系；横向法律关系是指平等法律主体之间的权利义务关系。

马某酒后在某市人民医院放射科就诊时，无理取闹，对值班医务人员进行谩骂、拉扯，发生肢体冲突，严重扰乱了医院的正常医疗秩序，对医务人员和医院保安的劝解置之不理。无奈之下，院方报警。根据《治安管理处罚法》的规定，公安机关给予马某行政拘留10日的处罚。

在这个事例中，马某与公安机关之间的关系属于纵向法律关系。纵向法律关系具有两个特点。其一,法律主体处于不平等的地位。例如,行政管理法律关系中的上级机关与下级机关、行政管理机关与行政相对人,诉讼法律关系中的法院与当事人,亲权关系中的父母与未成年子女,等等。在该案中,马某和公安机关处于不平等的地位,马某属于被管理被处分的对象,公安机关则是管理者和处罚者。需要注意的是,法律主体地位不平等并不意味着法律关系中的双方主体之间必然具有依附性或者服从性。在现代法治社会,法律主体地位不平等的实质含义是指主体之间的关系不能通过平等协商而确定。法律主体的不平等具有多种表现形式:既有一方对另一方的管理与被管理、命令与服从、监督与被监督;也有双方之间的相互制约相互监督。在诉讼法律关系中,检察院与法院之间的关系也属于纵向法律关系,但是两者之间不是命令与服从的关系,而是相互监督的关系。其二,法律主体之间的权利与义务具有强制性,不能随意变更、转让,也不能任意放弃。该案中院方报警,公安机关必须出警对马某的行为予以处理,不能以任何理由放弃权力的行使;而马某所承担的行政拘留 10 日的处罚也不能变更为罚款或让他人替代履行。

上述事例中,马某与医院之间存在医疗服务关系,这属于横向法律关系。横向法律关系的特点在于,法律主体的地位是平等的,法律关系的内容可以通过法律主体平等协商来确定。该案中,马某和医院的法律地位是平等的,马某可以和医院协商确定治疗方案、治疗药品等相关内容。另外,在横向法律关系中,权利和义务的内容具有一定程度的任意性,可以变更或者放弃。马某和医院协商确认相关治疗方案后,马某仍然可以变更或者放弃治疗。私法中的法律关系一般都是横向法律关系,如合同法律关系、知识产权法律关系等。

(三)第一性法律关系和第二性法律关系

按照法律关系产生的原因和时间顺序的不同,可以分为第一性法律关系和第二性法律关系。第一性法律关系是源自合法行为或者自然事件的法律关系,如合同法律关系、人身权法律关系等。通过合法行为或者自然事件,人们拥有了原生性的权利和义务。第二性法律关系是因为第一性法律关系受到干扰、破坏的情况下产生的救济性的法律关系,也被称为派生性法律关系,如违约赔偿法律关系、侵权赔偿法律关系、刑事法律关系等。

2016 年 1 月,市民张先生与某房地产开发公司签订了一份商品房认购协议。协议中就认购商品房的房屋位置、房型、价格、建筑面积等进行了明确约定。由于张先生认购的房屋还处于开发初期,尚未取得预售许可证,张先生依照认购协议,向房地产开发公司支付了 5 万元的认购金。2016 年 3 月,张先生收到房地产开发公司的书面通知:"一期物业已取得预售许可证,可以签订商品房买卖合同。"与此同时,房地产开发公司表示由于整体楼市房价大幅上涨,所以张先生之前订购的房屋房价也由之前约定的每套 60 万元左右,上调至 70 余万元。若张先生在 10 日之内不能按房地产开发公司通知的价格签订商品房买卖合同,则视为放弃原定的认购协议。对此,张先生表示不能接受,在双方协商未果的情况下,张先生向法院提起诉讼。法院判定房地产开发公司违约,赔偿张先生经济损失 10 万元。

该案中张先生与房地产开发公司签订认购协议时,双方意愿表达真实有效,协议内容符合法律规定,因而他们之间产生了法律上所认可的商品房预约合同法律关系,这是第一性法律关系。房地产开发公司后来因商品房涨价,拒不履行商品房认购协议中所约定的售房义务,构成违约,破坏了他们之间原有的商品房预约合同法律关系,进而产生了违约赔偿法律关系,这属于第二性的法律关系。

第二节　法律关系的构成

要构成一个法律关系,需要同时具有法律关系主体、法律关系客体以及法律关系的具体内容。

2020 年 3 月新冠肺炎在世界范围内扩散,口罩等防疫物资急缺。甲医疗物资生产公司承诺乙建筑企业,会尽量优先供应乙公司的防疫物资的需求。

张某是地质爱好者,某日在荒郊野外勘察地质,突然山坡塌陷。张某不幸被砸伤,被附近村民发现送到医院治疗,花费医药费、营养费等近 3 万元。

在上述第一个事例中,甲公司和乙公司之间尚未形成防疫用品的买卖合同法律关系,因为甲和乙之间没有就防疫用品的具体种类、数量、价格、交货日期、交货方式等方面达成具体的协议,因而法律关系的客体不明确,法律关系的具体内容也不明确,无法构成法律关系。在第二个事例中,张某的人身健康遭到损害,但是没有形成侵权的法律关系,因为该事件中没有侵害主体,缺少法律关系中的义务主体,无法构成侵权法律关系。

一、法律关系的主体

法律关系的主体简称法律主体,即法律关系的参加者,是法律关系中权利的享有者和义务的承担者。什么样的人或者组织能够成为法律关系的主体,是由一个国家的法律确定的。不同国家不同社会阶段所确定的法律主体的种类和法律主体的能力都有所不同。

(一)法律关系主体的种类

目前我国法律所确定的法律主体主要有自然人、法人、非法人组织和国家。

某县一母婴店将一款蛋白固体饮料冒充特殊医学用途配方食品销售给牛奶过敏儿童,虚假宣传特殊功能,涉嫌消费欺诈。有数名家长向该县市场监管部门投诉。该县市场监督管理局、县卫健局等相关职能部门组成工作专班,对该事件进行调查。同时,该县对购买食用该款蛋白固体饮料的婴幼儿,安排该县人民医院进行免费体检,对有症状的婴幼儿进行临床医学诊断治疗,并邀请营养专家指导辅助性治疗。

在该事例中,有数个法律关系,涉及多种类型的法律主体。其中购买蛋白固体饮料的家长,属于自然人主体。事例中的母婴店是一家合伙经营的母婴店,属于非法人组织;市场监督管理局和县卫健局属于机关法人;县人民医院属于非营利性法人。

1. 自然人

自然人指具有生命的个人。我国法律上的自然人主体包括中国公民、外国公民和无国籍人。具有中华人民共和国国籍的中国公民,是多种法律关系的参加者,享有广泛的权利,承担相应的义务。外国公民和无国籍人,参与法律关系的范围有所限制。比如,外国公民和无国籍人不能成为选举法律关系的主体。他们所能够参加的法律关系以中国有关法律以及相关国际条约和国际惯例的规定为依据。

按照我国相关法律,自然人在出生之前和死亡之后,也能够成为特定法律关系的主体。比如,著作权人死亡之后,其著作署名权永远存续。涉及遗产继承、接受赠与等胎儿利益保护的,胎儿被当作法律关系的主体。

2. 法人

法人是具有权利能力和行为能力、依法能够独立享有权利和承担义务的组织。法人主要包括三类。第一类是营利法人,指以取得利润并分配给股东等出资人为目的成立的法人,主要包括有限责任公司、股份有限公司和其他企业法人等。第二类是非营利法人,指为公益目的或者其他非营利目的成立,不向出资人、设立人或者会员分配所取得利润的法人,主要包括事业单位、社会团体、基金会、社会服务机构等。第三类是特别法人,主要包括机关法人、农村集体经济组织法人、基层群众自治组织法人等。

3. 非法人组织

非法人组织是不具有法人资格,但是能够依法以自己的名义参与法律关系的组织。非法人组织包括个人独资企业、合伙企业、不具有法人资格的专业服务机构等。

4. 国家

国家是法律关系中一类非常重要的主体。对于国家属于什么性质的法律主体,学者们尚存在争议。有的认为,国家属于一种特殊的法人,国家机关是国家的代表;也有的认为,国家是独立于国家机关的一种特殊的法人;还有学者认为,国家不是一种实体意义的法人,而是一种法秩序或者一种集合体。在对国家是否是法人的争论中,核心的问题其实是国家是一个组织实体,还是一种抽象的集合体或者法秩序。在私法领域,国家无疑是作为一个实体组织参加法律关系,但是其实际权利和义务的承担都由相关机关代为行使。但是在有些法律关系中,国家的主体地位不能被某个国家机关所取代,如主权法律关系、国家赔偿关系、保护国家安全的法律关系等。在这个意义上,国家不是作为一个实体而存在,是作为一种法秩序或者一种集合体而存在。因而,国家应该成为一种单独的法律主体类型。

(二)法律关系主体的权利能力

权利能力,又称法律人格,是指能够参与一定的法律关系,依法享有一定权利和承担一定义务的法律资格。只有具备了相应的权利能力,才有资格参与具体的法律关系。根据权利能力的主体性质不同,可以分为自然人权利能力和法人权利能力。

赵女士和丈夫刘先生婚后将一套房产落户在刚出生的儿子小明名下。最近,因想扩大生意需要更多资金,刘先生打算将儿子名下的这套房产卖掉,可是赵女士并不同意,两人发生争执。

青岛酷特智能股份有限公司于2007年12月28日在青岛市工商行政管理局登记成

立,公司经营范围包括生产、销售服装鞋帽、服饰、皮革制品、纺织品等。2020年1月新冠肺炎疫情暴发后,该公司欲调整业务范围,转产一次性口罩、隔离衣。按照医用口罩生产标准,该公司计划建造10万级无菌净化车间,可容纳多条口罩机生产线,车间正式达产后可实行24小时生产。2020年3月18日,青岛酷特智能股份有限公司获批"国家医疗器械生产许可证"和"医疗器械注册证",取得一次性使用医用口罩生产经营资质。

现代社会,自然人的权利能力一般始于出生,终于死亡。上述第一个事例中,刚出生的小明一出生就具有权利能力,因而有资格拥有自己的房屋。但是自然人的某些特殊权利能力需要达到一定年龄才能够具备。比如,到一定年龄才有资格结婚,成年公民才具有选举权、被选举权等。

一般而言,法人的权利能力自法人成立时产生,至法人解体时消灭。法人权利能力的大小和范围取决于法人成立时的宗旨和业务范围。法人成立后,若想扩大权利能力范围,必须申请登记,调整业务范围。上述第二个事例中,青岛酷特智能股份有限公司成立时的业务范围不包含生产销售口罩。如果该公司没有获批生产经营医用口罩的资质,即使做了多项准备工作,具备生产医用口罩的各项条件,仍然不具有生产经营医用口罩的权利能力。

(三)法律关系主体的行为能力

行为能力是指法律关系主体能够通过自己的行为实际取得权利、履行义务、承担责任的能力。行为能力以权利能力为前提,没有权利能力不可能具有行为能力,但具有权利能力的人未必具有行为能力。行为能力分为积极行为能力和消极行为能力。积极行为能力是指法律关系主体通过合法行为实际参与法律关系、享受权利、履行义务的能力;消极行为能力指在第二性法律关系中承担法律责任的能力,又称责任能力。

判断自然人行为能力的实质标准在于自然人所具有的认知能力和控制能力,即能否认识自己行为的性质和后果,能否控制自己的行为,并为行为负责。在法律上,判断自然人是否具有认知能力和控制能力,体现为两个形式标准,年龄和心智。世界各国的法律,一般依据年龄和心智状况的不同,把自然人划分为完全行为能力人、限制行为能力人和无行为能力人。

1. 完全行为能力人。这是指达到一定法定年龄、智力健全、能够对自己的行为负完全责任的自然人。例如,我国《民法典》规定,18周岁以上的自然人是成年人,具有完全的民事行为能力;16周岁以上的未成年人,以自己的劳动收入为主要生活来源的,视为完全民事行为能力人。我国《刑法》则将已满16周岁的自然人视为完全行为能力人,触犯所有罪名都应承担刑事责任。

2. 限制行为能力人。这是指行为能力受到一定限制,只具有部分行为能力的公民。例如,我国《民法典》规定,8周岁以上的未成年人,不能完全辨认自己行为的成年人,是限制行为能力人,可以独立实施纯获利益的民事法律行为或者与其年龄、智力相适应的民事法律行为。我国《刑法》将已满12周岁不满16周岁的公民视为限制行为能力人,并且依据年龄段将限制行为能力人分为两个层次。已满12周岁不满14周岁的人,只有犯故意杀人、故意伤害罪,致人死亡或者以特别残忍手段致人重伤造成严重残疾,情节恶劣,而且经最高人民检察院核准追诉的，才负刑事责任；已满14周岁不满16周岁的人，犯故意杀人、故意伤害致人重伤或者死亡、强奸、抢劫、贩卖毒品、放火、爆炸、投放危险物质罪的，应当负刑事责任。

3. 无行为能力人。这是指完全不能以自己的行为行使权利、履行义务的公民。在民法上，不满8周岁的未成年人，不能辨认自己行为的成年人是无行为能力人；8周岁以上的未成年人不能辨认自己行为的，也是无行为能力人。在刑法上，精神病人和不满12周岁的未成年人，被视为无行为能力人，不需要承担任何刑事责任。

刘女士向某市消费者协会投诉称，自己13岁的儿子在她不知情的情况下，偷偷去某电动车商行购买了一辆3100元的电动助力车。刘女士觉得，儿子怎么瞒着大人买这么贵重的东西呢？于是，刘女士便带着孩子来到该店，以儿子还未成年为由，要求店家退货。但店家以电动车售出已使用，且不存在质量问题为由拒绝退货，最终双方没有协商好。

在上述事例中，刘女士的儿子尚未成年，属于限制民事行为能力人，同时刘女士并未陪同孩子购买，儿子也未征得家长的同意。电动车属于高价商品，其儿子的购买行为显然与其年龄、智力并不适应。因而该电动车买卖合同没有产生法律效力，电动车可以退还。

法人的行为能力，从法人成立时产生，到法人终止时消灭。法人的行为能力与自然人有所不同。首先，法人的行为能力和权利能力在存续时间上具有一致性，都始于法人成立，终于法人终止。但是自然人的权利能力和行为能力并不一定同时存在。其次，法人的行为能力范围和权利能力范围一致，均取决于法人的宗旨和业务范围。自然人的权利能力具有平等性和广泛性，但是行为能力则根据年龄和心智的不同有所区分。

二、法律关系的客体

法律关系的客体是法律关系主体的权利和义务所指向的对象。它是构成法律关系的要素之一。客体相对于主体，是指独立于主体而存在的客观事物。哪些客观事物能够成为法律关系的客体，是由法律确定的。根据我国法律，法律关系的客体可以分为以下四种类型。

（一）有体物

这里所说的物是指以一定的物理形态存在的实体。此处的有体并不要求一定具有外在的固定形态，而是该事物为独立客观存在的实体。比如天然气，没有固定的形态，但是却独立客观存在，仍然属于有体物。作为法律关系客体的物，有以下几个特征。其一，客观性。作为法律关系客体的物是独立于人体之外而客观存在、不是主观拟制或臆想的某种事物。其二，有用性。物要成为法律关系的客体，必须对主体具有价值，能够满足主体物质上的需要或者精神上的需要。其三，可控性。只有人类可以控制利用的物才可能成为法律关系的客体，人类目前还不能控制之物即使对人类的价值非常高，也无法成为法律关系的客体，如其他星球上的资源。

（二）无体物

无体物是观念、思想、技术、信息等各种非实体的无形物，主要包括智力成果、权利和信息。

1. 智力成果

智力成果是人们通过智力劳动创造出来的精神产品，如文学作品、学术著作、创造发明等。智力成果一般是各种知识产权法律关系的客体。智力成果需要以某种形式表现出来，才可能成为法律关系的客体，如果仅仅是人的主观精神活动本身，没有通过外在形式表现出来，就不能成为智力成果。智力成果的表现形式具有多样性，既能通过有体的物予以表现，如纸张、芯片；也可以通过语言、代码等各种形式予以表现。

2. 信息

作为法律关系客体的信息，是指具有价值的法律上予以保护的情报或资讯。如商业秘密、个人隐私、金融市场的内幕信息、国家安全信息等。

2020年3月4日，有暗网用户发布一则名为“5.38亿微博用户绑定手机号数据，其中1.72亿有账号基本信息”的交易信息，其中绑定手机数据包括用户ID和手机号，账号基本信息包括昵称、头像、粉丝数、所在地等。3月21日，针对新浪微博因用户查询接口被恶意调用导致App数据泄露问题，工业和信息化部对新浪微博相关负责人进行问询约谈，要求新浪微博：一是尽快完善隐私政策，规范用户个人信息收集使用行为；二是加强用户信息分类分级保护，强化用户查询接口风险控制等安全保护策略；三是加强企业内部数据安全管理，定期及新业务上线前要开展数据安全合规性自评估，及时防范数据安全风险；四是在发生重大数据安全事件时，及时告知用户并向主管部门报告。

在该事例中，微博用户对本人的ID、手机号、昵称、头像、所在地等信息具有使用、收益及转让的权利，任何人未经授权不得公布、出售微博用户的基本信息。就新浪微博而言，其有义务保护微博用户的信息安全。这些权利义务指向的对象都是信息。

3. 权利

网络作家林某创作的小说《寒塘夜渡》在网络上获得了百万以上的阅读量。林某将该小说的出版权转让给鹤影出版社，将该小说的表演权转让于冷月制片公司，将该小说的翻译权转让给诗魂翻译公司。

杨某在驾驶出租车营运过程中，因疏忽撞上正在街道打扫卫生的清扫工王某，致其严重受伤。在交通肇事后，杨某将王某抱上出租车拉至彬州市新区滨河路东段消防大队东侧“世纪城”施工工地东侧大门外路面上遗弃。杨某被法院认定构成故意杀人罪，判处无期徒刑，剥夺政治权利终身。[杨某故意杀人二审刑事判决书，陕西省高级人民法院刑事判决书，(2019)陕刑终21号]

在上面第一个事例中，小说的出版权、表演权、翻译权都分别成为出版权转让法律关系、表演权转让法律关系以及翻译权转让法律关系的客体。《寒塘夜渡》作品本身并非这些法律关系的客体，而是小说上所承载的财产利益和各项权利成为这些法律关系的客体。在上面第二个事例中，杨某的刑事处罚是一种以法律责任为内容的法律关系，杨某要承担的刑事法律责任有无期徒刑和丧失政治权利，其中丧失政治权利这一法律责任指向的对象即为政治权利，也即政治权利是该刑事法律责任关系的客体之一。

（三）人格利益

在现代社会，人的身体、人的尊严、人的身份一般而言不能成为法律关系的客体，但是基于人身自由、人格尊严而产生的利益则能够成为法律关系的客体。我国《民法典》规定，人格权是民事主体享有的生命权、身体权、健康权、姓名权、名称权、肖像权、名誉权、荣誉权、隐私权等权利。人格利益是人格权法律关系的客体。

2014 年 9 月，刘某不慎摔伤，导致右侧股骨颈骨折，瘫痪在床且非常疼痛，遂产生轻生念头，多次向照料其的孙女纪某、孙女女婿冯某夫妇索要安眠药欲自杀。2014 年 10 月 3 日，刘某又向冯某夫妇索要安眠药，冯某在明知刘某欲自杀且过量安眠药物会导致死亡的情况下，将一瓶阿普唑仑安眠药交给刘某服用。直至 2014 年 10 月 7 日冯某迫于其他亲属的压力对刘某进行救治，次日刘某因救治无效死亡。经法医鉴定，被害人刘某系阿普唑仑中毒合并肺部感染死亡。法院认为，被告人冯某对于他人要求自杀的行为提供帮助，且在自杀行为施行后未履行抢救义务，其行为与被害人的死亡之间具有刑法上的因果关系，触犯了《刑法》第 232 条之规定，构成故意杀人罪。

我国法律规定，自然人享有生命权，有权维护自己的生命安全和生命尊严，任何组织或者个人不得侵害他人的生命权。当自然人的生命权受到侵害或者处于其他危难情形的，负有法定救助义务的组织或者个人应当及时施救。在生命权法律关系中，权利义务指向的客体不是生命，而是生命安全这种不可转让的人格利益。因而帮助他人自杀的行为仍然是侵犯生命权的行为。该案中，冯某不仅具有不得侵害刘某生命权的义务，而且作为刘某的照看者，还具有救助刘某、尽力维护刘某生命安全的义务。

（四）行为

行为也是一类重要的法律关系的客体。需要注意的是，要将作为法律关系客体的行为和实现权利履行义务的行为区分开来。在以行为作为客体的法律关系中，权利义务的对象指向行为本身，对该行为是否作用于某项事物没有要求。比如，在演出合同关系中演员的表演行为，家庭关系中父母对子女的抚养行为，诉讼法律关系中法官的审判行为，这些行为都没有具体的指向对象，可以独立存在。因而这些行为既是法律主体需要履行的义务，同时也是法律关系的客体。当行为仅仅作为实现权利义务的手段时，该行为必须依附外在于行为的某项客体。比如，在货物买卖合同关系中，要实现该法律关系，必须依赖于卖方履行交付货物的义务，该义务的履行就会指向具体的对象——货物，因而货物买卖合同关系的客体是货物，而不是交付货物的行为。

三、法律关系的内容

法律关系的内容，即法律关系中的主体所具体享有的法律权利（权力）、承担的法律义务、履行的法律责任。

2020 年 1 月 26 日上午，天津市津南区市场监管委接群众举报，某药房存在哄抬口罩价格的情况。一款 N95 口罩进货价格 12 元每袋，售价却高达 128 元每袋。药店涉嫌不明码标价、哄抬物价、非法牟取暴利。检查人员当场查扣涉事产品,并责令药店暂停营业,处以300万元行政处罚。

在该案中,存在两个法律关系。第一个法律关系是药房与市场监管委之间的监督管理关系。该法律关系的内容为市场监管委对药房的销售行为予以监督管理的权力和药房不得违法哄抬物价、牟取暴利的义务。由于药房哄抬物价、牟取暴利,违反了义务,从而产生了第二个法律关系,即市场监管委与药房之间的行政处罚关系。该法律关系的内容是市场监管委对药房非法销售行为予以查处的权力和药房承担的暂停营业、缴纳300万元罚款的法律责任。

第三节 法律关系的形成与变动

一、法律关系的形成与变动释义

法律关系的形成与变动是从动态角度对法律关系的认识,是法律关系运行过程的体现。法律关系的形成指基于一定条件和原因,法律主体之间产生了法律上的权利义务关系。法律关系的变动指基于一定的原因,法律关系的各个要素发生了变化。法律关系的变动包括法律关系的变更和法律关系的消灭。法律关系的变更指的是法律关系的客体和内容发生了非基本性质的改变。法律关系的消灭指主体之间的权利义务关系终止。如果法律关系各要素的变动使得法律关系发生了基本性质的改变,则意味着旧的法律关系消灭、新的法律关系产生。

2017年9月,甲以每月3000元的租金将其位于武汉市某小区的房屋A出租给乙,租赁期限三年。2018年5月,甲不幸逝世,房屋由甲的儿子丙继承。乙继续租住该房屋。2020年1月20日,乙利用其所在工作单位的春节假期,回河南老家过年。1月23日,武汉因新冠肺炎传播封城。封城期间,乙无法返回武汉,丙减免乙两个月房租。4月8日武汉解封后,乙返回武汉,发现其租住的房屋A卫生间漏水。乙与丙协商后,搬到丙位于同一小区同一房型的房屋B继续租住。

在上述事例中,产生了很多新的法律关系,这些法律关系又发生了各项变动。甲和乙签订了房屋租赁协议,甲和乙之间关于房屋A的租赁法律关系形成。丙继承了房屋A,使该房屋租赁法律关系的主体发生变动,同时意味着甲和乙的房屋租赁法律关系终止,丙和乙的房屋租赁法律关系产生。丙免除甲两个月的房租,租赁法律关系的内容发生了变动,该变动不涉及租赁法律关系基本性质的变化,可以称为法律关系的变更。乙搬到房屋B,使得乙和丙之间租赁法律关系的客体发生变动,同时意味着乙和丙之间对房屋A的租赁法律关系终止,对房屋B的租赁法律关系产生。可见法律关系的变更与消灭紧密联系,有时互为因果,从外在形态上看,都表现为既有法律关系的变动。

二、法律关系形成与变动的依据:法律规范

要形成一个法律关系,必须存在相关的法律规范。法律关系是法律规范所确定的权

利义务在生活中的实现，法律规范则是法律关系形成与变动的法律依据。以我国《民法典》关于租赁合同关系的规范为例：

第七百零七条 租赁期限六个月以上的，应当采用书面形式。当事人未采用书面形式，无法确定租赁期限的，视为不定期租赁。

第七百零八条 出租人应当按照约定将租赁物交付承租人，并在租赁期限内保持租赁物符合约定的用途。

第七百零九条 承租人应当按照约定的方法使用租赁物。对租赁物的使用方法没有约定或者约定不明确，依据本法第五百一十条的规定仍不能确定的，应当根据租赁物的性质使用。

第七百二十九条 因不可归责于承租人的事由，致使租赁物部分或者全部毁损、灭失的，承租人可以请求减少租金或者不支付租金；因租赁物部分或者全部毁损、灭失，致使不能实现合同目的的，承租人可以解除合同。

第七百三十三条 租赁期间届满，承租人应当返还租赁物。返还的租赁物应当符合按照约定或者根据租赁物的性质使用后的状态。

《民法典》第707～709条确定了租赁法律关系如何产生以及租赁法律关系中权利义务的来源；第729条则涉及租赁法律关系的变更；第733条则是租赁法律关系消灭的相关规定。这些规范为租赁合同法律关系的形成与变动提供了依据。

三、法律关系形成与变动的起因：法律事实

法律规范对法律关系的规定并不能自动转换为具体的某个法律关系，还需要一个中介将两者予以连接，这就是法律事实。法律事实指能够引起法律关系形成与变动的行为和事件，它是法律关系运行的原因。

贵阳一女子阿丹因债务纠纷和同事小夏、小佳闹起了矛盾。小夏和小佳两人在微信朋友圈对阿丹予以辱骂，并将她的身份证截图和生活照发到了朋友圈。阿丹认为小夏和小佳侵害了自己名誉权，故将两人告上法庭。贵阳市云岩区法院审理后认为，公民享有名誉权，公民的人格尊严受法律保护，禁止用侮辱、诽谤等方式损害公民的名誉。以书面、口头等形式宣扬他人隐私，或者捏造事实公然丑化他人人格，以及用侮辱、诽谤等方式损害他人名誉，造成一定影响的，应当认定为侵害公民名誉权的行为。小夏和小佳在自己的朋友圈中采取大量侮辱性语言辱骂阿丹，并配发了阿丹的身份证截图及生活照，不仅对阿丹进行了侮辱，还因在朋友圈中传播，造成他人怀疑阿丹个人道德品质，降低了对阿丹个人的社会评价。法院认定，小夏和小佳的行为已经侵害了阿丹的名誉权，故判决：小夏和小佳立即停止传播并撤回微信中对阿丹有人身攻击性的文字、图片及身份证截图，并在微信中向阿丹以书面形式赔礼道歉，同时赔偿精神抚慰金1000元。

该案中，小夏和小佳在朋友圈辱骂阿丹的行为是一个法律事实，它引发了侵犯阿丹名誉权法律关系的形成。法律事实有三个特点。其一，客观性。法律事实是一种客观存在的外在现象，而不是人们的心理现象或心理活动。如果小夏和小佳只是在心里咒骂阿丹，

则不可能成为法律事实。其二,法定性。法律事实能否引发法律关系以及引发哪种类型的法律关系,都要根据法律规范来确定。如果小夏和小佳只在私下交谈中辱骂阿丹,则不构成对阿丹名誉权的侵犯。其三,复杂性。法律事实与法律关系并非一一对应的关系。有时一个法律事实可以引起多种法律关系的产生、变更和消灭。例如,故意杀人致死,不仅可以导致生命权法律关系、婚姻法律关系的消灭,还可以导致刑事法律关系、侵权赔偿法律关系、继承法律关系的产生。有的法律关系的产生则需要两个或者两个以上的法律事实共同存在。比如遗嘱继承法律关系的成立,需要被继承人订立有效遗嘱和被继承人死亡两个法律事实。

第四节 法 律 事 实

法律事实多种多样,根据不同的标准可以划分不同的类别。以法律事实与人的主观意志的关系为标准,可以将法律事实分为法律事件和法律行为。

一、法律事件

法律事件是不以当事人的意志为转移的能够引起法律关系形成或变动的客观事实。法律事件又分成社会事件和自然事件两种。

(一)社会事件

社会事件,是指由于社会发生各种难以预料的重大变动所造成的能够引起法律关系的产生、变更或终止的客观事实。

2020 年 1 月 23 日凌晨 2 点,武汉市新型冠状病毒感染的肺炎疫情防控指挥部发布消息称:自 23 日 10 时起,武汉全市城市公交、地铁、轮渡、长途客运暂停运营;无特殊原因,市民不要离开武汉,机场、火车站离汉通道暂时关闭,恢复时间另行通告。

多家航空公司连夜研究进出武汉的航班是要取消还是继续。东方航空(600115)发布通知称,应武汉市政府要求,东航决定取消 1 月 23 日东航、上航实际执飞武汉的部分进出港航班。后续东航将持续关注疫情进展,及时调整航班运行。南方航空(600029)决定 23 日 10:00 前武汉出港航班均正常执行,10:00 后武汉出港航班全部取消。

武汉因新冠肺炎疫情传播而封城就是一个社会事件,其引发了一系列法律关系的变动。比如,劳动法律关系的变动、人身自由的限制等。在上述事例中,航空公司取消了武汉发出的航班,终止了航空公司和乘客之间的运输合同法律关系。尽管封城的决定是一个政府行为,但是该政府行为对于上述法律关系的主体而言,是无法预料、无法控制、不以当事人意志为转移的客观事件。

(二)自然事件

自然事件,是指与人的意志完全无关,纯粹由自然原因导致的能够引发法律关系形成或变动的客观事实，如人的生老病死、自然灾害等。人的出生会产生婴儿的生命权、身体健康权等法律关系，还会引发父母与子女间的抚养关系和监护关系；而人的死亡则会导致生命权、抚养关系、夫妻关系等法律关系的消灭。

当地时间2020年5月20日14时30分，特强气旋风暴"安攀"从印度和孟加拉国交界的沿海地带登陆，两国交界的部分地区出现强降水等极端天气，同时风暴和强降水也摧毁了当地数千栋房屋，造成了非常大的经济损失。"安攀"登陆时中心风力一度达到了190公里每小时，甚至在强风影响下，印度东部西孟加拉邦和奥里萨邦多个地区的植物、农作物和电线杆等被连根拔起，与此同时这些地区交通、通信和电力等基础工程也出现中断，给当地民众造成了不便。

该事例中，"安攀"这一自然灾害导致了印度、孟加拉国两国受灾人民的房屋所有权、农作物所有权、与电力公司的供电合同等法律关系的内容都发生了变动。

二、法律行为

（一）法律行为的概念辨析

法律行为，指能够引起法律关系产生和变动的人的有意识的活动。法律行为的范围非常宽泛。凡是能够引发法律关系形成与变动的行为都属于法律行为：既包括合法行为，也包括违法行为；既包括具有意思表示的表意行为，如合同行为，也包括不具有意思表示的事实行为、违约行为、侵权行为。事实行为和表意行为都属于合法行为，违约行为和侵权行为则属于违法行为。

王女士在停车场内不慎将钻戒丢失。随后，王女士向警方求助。民警调取事发点录像资料，发现是张某拾得钻戒。在警方帮助下，王女士找到了张某，对方认可捡到钻戒，但拒绝返还。张某自称，当时认为戒指是假的，就随手扔掉了。

无奈之下，王女士将张某告上法庭，要求赔偿钻戒损失4.6万余元。此案开庭时，张某承认确实曾经捡到了一枚戒指，但当时认为这是假钻戒便随手丢弃，并没有在意。对于王女士丢失订婚钻戒一事，他表示惋惜，但不同意赔偿。法院审理后认为，张某拾得遗失物未妥善保管，且具有主观故意造成损失，应向王女士赔偿。

依据我国《民法典》，当事人拾得遗失物，就引发了将遗失物返还权利人并妥善保管遗失物的义务。拾得人因故意或者重大过失致使遗失物毁损、灭失，则应当承担民事责任。该案中张某拾得钻戒的行为就是一种法律行为，其引发了不当得利返还的法律关系。张某拾得钻戒的行为不存在意思表示，是事实行为。

（二）法律行为的分类

法律行为依据不同的标准可以划分不同的类别，其中既在法理学上具有一般意义，又在法律关系的辨别上具有重要价值的分类主要有两种。

1. 合法行为和违法行为

合法行为指符合法律规定的，能够引发法律关系产生和变动的行为。合法行为所产生的法律后果是肯定性的,如当事人合法订立的合同,会对当事人产生合同约定的拘束力。合法行为包括事实行为和表意行为。事实行为是行为人不具有设立、变动法律关系的意图,但依照法律的规定能引起法律后果的行为。事实行为不以意思表示为其必备要素,在行为人的客观行为符合法定构成要件时即引起法律后果。先占、无因管理、拾得遗失物、发现埋藏物等均属于事实行为。表意行为是指行为人为了设立、变动法律关系,通过意思表示而进行的活动。民法上通常所谓的民事法律行为都属于表意行为,如登记结婚、订立合同等,行政法上的行政合同行为、刑法中的刑事和解("赔钱减刑")也属于表意行为。

违法行为指不符合法律规定的行为。违法行为包括违约行为和侵权行为(含犯罪行为)。违法行为是法律责任关系产生的原因,其所导致的法律后果是否定性的,如犯罪行为会引发刑事法律关系的产生。

薛某在曲江宾馆东门口乘坐张某驾驶的出租车回家。该车行驶至雁南路处时逆行与一辆正向行驶的东风牌中型普通货车相撞。薛某身上及面部多处受伤,经住院治疗后出院。经西安市交管支队事故处鉴定,薛某伤残程度为十级。薛某要求张某赔偿医疗费、住院伙食补助费、残疾赔偿金等费用。

在该案中,薛某乘坐张某驾驶的出租车是合法行为,形成了薛某和张某之间的乘客运输合同法律关系。张某的车与货车相撞,则是违法行为。该行为违反了交通规则,侵犯了薛某的人身权,导致了人身权赔偿法律关系的产生。同时,张某未尽到谨慎驾驶义务,没有将原告安全送到目的地,违背了薛某和张某之间的乘客运输合同法律关系,也导致了张某违约赔偿法律关系的产生。

2. 积极行为和消极行为

积极行为,又称"作为",指以积极、主动作用于客体的形式表现的、能够引发法律关系形成或变动的行为。消极行为,又称"不作为",指以消极的、抑制的形式表现的能够引发法律关系形成或变动的行为。

2017 年 10 月,红星公司与日月空调厂签订合同,以 3000 元一台的价格从日月空调厂定制 1000 台空调,并按照合同交付了定金 20 万元。空调交货日期为 2018 年 5 月 1 日。2018 年 1 月,根据相关部门的气象预测,当年夏季气温会非常高,日月空调厂的订单数量剧增。5 月 1 日,日月空调厂以生产能力不足为由,拒绝交付空调给红星公司。红星公司要求日月空调厂支付违约赔偿金。

该事例中,红星公司与日月空调厂签订合同的行为是积极、主动的行为,该行为使双方之间的空调买卖合同关系产生。日月空调厂拒绝交货的行为则属于消极行为,即以不作为的形式违约,从而引起了违约赔偿法律关系的产生。我们要注意区分作为法律事实的消极行为和不作为的法律义务。不作为的法律义务并不会导致法律关系的形成与变动,比如在合同关系中,双方当事人都具有不得泄露对方商业秘密的义务,这就是一种不作为的义务,双方当事人在合同关系中履行这项义务,并不会引起法律关系的形成或变动。

第十章 权利与义务

第一节 权利与义务概述

一、权利与义务的作用

权利和义务是法学的核心概念。

首先,从法的外在整体上观察法律体系的各个法律部门,权利和义务皆贯穿其中。宪法从根本法的角度,确认和规定了各阶级、阶层、集团等社会基本力量在国家中的权利和义务。其中最主要的两方面:一是公民的基本权利和义务,如选举权和被选举权、获得物质帮助的权利、纳税的义务、劳动的义务等;二是国家机关及其公务人员的职权和职责,如全国人民代表大会制定和修改基本法律的职权,国务院对经济、民政、文教等各项工作的管理权,地方人民代表大会制定地方性法规的职责等。民法调整的是平等主体的自然人、法人和非法人组织之间的人身关系和财产关系,其内容是具体的权利和义务,如所有权,人格权,父母对未成年子女抚养、教育和保护的义务,履行合同的义务等;商法调整的是平等主体之间的商事关系,其中的权利和义务包括公司股东依法享有资产收益、参与重大决策和选择管理者的权利,上市公司的信息披露义务等。刑法通过规定犯罪和刑罚,保护法律上各类主体的权利,强制罪犯履行法定义务。例如,通过规定故意杀人罪保障人们的生命权,通过规定盗窃罪保障各类主体的财产权。同样,诉讼法规定诉讼活动中不同诉讼主体的权利和义务。例如,在诉讼活动中当事人有申请回避的权利、进行辩论的权利、上诉的权利,也有向法院提供证据的义务、履行生效判决的义务,等等。

其次,权利和义务是从法律规范到法律关系再到法律责任的逻辑过程各环节的构成要素。权利和义务是法律规范的核心内容。有的法律规范授予人们权利,有的法律规范设定一定的义务。正因如此,在依据法律规范形成和变动的法律关系中,也以权利和义务为构成要素。只不过法律规范中的权利和义务存在于应然领域,针对一般的人,具有普遍的、一般的法律效力;而法律关系主体间的权利与义务存在于现实领域,针对特定的人并对特定主体有效。在《民法典》的法律规范中规定,私人对其合法的收入、房屋、生活用品等不动产和动产享有所有权,而在具体的物权关系中,就是张三对自己的合法所得、公寓、具体生活物品等享有所有权,任何组织和个人都有不得侵占、哄抢、破坏其合法财产的义务。如果法律上规定的权利被侵犯或滥用,义务被违反,就可能导致法律责任的承担。因此,权利和义务也是法律责任的核心要素,法律责任体现为由于违反第一性义务而导致的第二性义务,该义务保障了对应权利的实现。例如,如果李四通过电信方式诈骗张三50万元存款,就是违反了上述特定义务而需要承担刑事责任,张三可以依法要求李四返还财产。

最后,法的运行过程围绕权利和义务而展开。立法是为了实现国家和社会生活的有效调控而展开的国家职能活动,其成果是产生具有规范性、国家强制性的普遍行为规范,它通过权利和义务的设定将统治阶级的根本利益,社会实际的政治、经济、文化情况进行规范化和制度化。在法的实施中,执法是在国家行政机关管理社会的过程中,通过具体的行政法律关系落实法定权利和义务;司法是在国家审判活动中,通过建构程序性的诉讼法律关系和归结、追究法律责任,保障实体性的法律关系,使被侵犯、滥用、搁置的权利和义务各归其位;守法是主体正确行使法定权利和履行法定义务;法律监督则是国家法律监督机关对国家公权力主体行使权利和履行义务的情况进行监督,并追究违反者的法律责任。[1]

二、权利的内涵

权利概念有不同的层次和领域,下面先从一般意义上揭示权利的内涵。

(一)作为自由的权利

从每个人有自我意识开始,就通过外观、生活方式、爱好、职业目标……来表征自己,在通过把自己塑造为具有独立个性的自我,从而与他人进行区分的过程,每个人都享受着最普遍意义上的属于个人的权利:穿帆布鞋还是运动鞋?手机上装载哪些应用程序?是否和几个同道一起成立一个致力于保护环境的学生社团?从法学院毕业后是考公务员还是进入律所打拼?网约车无故违约后是否要投诉司机?

自由是权利首要的内涵,这是因为拥有权利意味着可以自主决定做或者是不做某事,以什么方式做某事。

正是因为自由所赋予权利的这种可以选择的特性,“意志”理论才成为一种非常重要的权利理论。在某人享有某项权利并进行选择做或不做某事时,在某人可以决定他人能做什么与不能做什么(拥有对他人义务的支配力)时,他实际上是在不受限制和阻碍地进行自我支配,凭借自身的意志行动并对自己的行为负责,以此促进个人的自我实现。[2]

(二)作为利益的权利

“利益”理论是在“意志”理论的批评基础上形成的,它认为权利的目标不是保护个人的选择,而是权利享有者的某些利益。

“耕者有其田,居者有其屋”是孙中山先生提出的民生思想。以“居者有其屋”为例,当一个人拥有了一套属于自己的房屋,他就能从对这套房屋的所有权中获得利益,包括可以实际控制这套房屋,这最明显地体现在房屋交付那一刻手中持有的那串钥匙上。这把

---

〔1〕 这一分析框架参见张文显主编:《法理学》(第5版),高等教育出版社2018年版,第128~129页。关于权利和义务作为法哲学的核心范畴,参见张文显:《法哲学范畴研究》,中国政法大学出版社2001年版,第281页及之后。

〔2〕 相关理论概述及代表性学者,参见朱振、刘小平、瞿郑龙等编译:《权利理论》,上海三联书店2020年版,第32~33页。

钥匙可以让他随意进出房屋，支配房屋，他可以按照房屋的性能和用途使用它使自己获益。例如，在厨房里烹饪美食与家人朋友欢聚，在客厅里放松劳累一天的身心，在卧室里安享一夜好眠。他也可以将房屋出租收取租金，甚至将房屋出售，另迁新居。

利益理论认为，儿童和成人一样享有权利，如人身权、财产权，但是儿童并不能实际行使或者放弃这些权利，不能进行选择，但是他们却同样能够从这些权利中获益。所以“意志”理论是有局限性的。但是在理解作为利益的权利时，需要注意并不是所有能带来利益的情况下都存在相应的权利。例如，在“第三方受益者”的情况下，某人的父母和他自己共居在该人的房屋中，享受其利益，但是他的父母并不享有对该房屋的所有权。[3]

（三）作为资格和主张的权利

1970年至1971年北爱尔兰恐怖主义暴力强度激增，导致大量平民伤亡。没有人否认是爱尔兰共和军发动了大部分袭击，但是在调查中常规的讯问、逮捕和起诉方法只能带来有限的情报和非常低的定罪率。于是，英国军方在“迪米特里厄斯行动”中对一些嫌疑人使用蒙头、保持特定痛苦姿势、噪声干扰、剥夺进食和睡眠五种手段的“深度讯问”。事后一些曾接受此讯问的当事人提出控诉，其所属国向人权法院提起诉讼，认为这种讯问侵犯了人权。[4]

这些接受“深度讯问”的犯罪嫌疑人之所以可以（通过其所属国）向英国提出诉讼上的主张，在于其享有《欧洲人权公约》第3条中所规定的人权，即“不得对任何人施以酷刑或者使其受到非人道的或者是侮辱的待遇或者是惩罚”。这项人权使他们具有资格起诉英国政府的行为。这种资格的来源不是任何别处，只是因为这些犯罪嫌疑人基于自己是人而应得到“属人的”而不是“非人”的对待。

不仅在“人权”这类占据现代法理学高地的权利上，在一般的权利内容如所有权上，同样体现出这种“资格”的面向，它能够为某人提供独有的正当行动的理由。一方面，“权利的要旨是‘资格’，说你对某事享有权利，也就是说你被赋予某种资格。例如，选举，领取养老金，坚持自己的看法，享受隐秘的家庭生活”[5]。人们在某事上享有资格，意味着其他人的行动或不行动使该资格遭到否认，这种否认就是不正当的。另一方面，资格意味着存在排他性的或抑制性的理由，它排除了对可能成为理由的其他因素的考虑。例如，“如果某人对某物享有权利，那么，别人是否会从中获得快乐就是不相关的事情，而不仅是次要的事情”。[6] 因此，这种资格必须来自法律、习俗或道德，是需要正当性基础的。

正是这种“资格”赋予了权利进一步的含义，即权利也是具有正当性的主张，即要求他人承认自己的主张、事实，或要求他人的作为或不作为。如耶林所指出的，“每一项权

[3] 参见朱振、刘小平、瞿郑龙等编译：《权利理论》，上海三联书店2020年版，第33～35页。

[4] [新西兰]杰里米·沃尔德伦：《法律：七堂法治公开课》，季筏哲译，北京大学出版社2015年版，第138～183页。

[5] [英]A. J. M. 米尔恩：《人权哲学》，王先恒、施青林等译，东方出版社1991年版，第165～166页。

[6] [美]朱尔斯·科尔曼、斯科特·夏皮罗主编：《牛津法理学与法哲学手册》，杜宴林、朱振、韦洪发等译，上海三联书店2017年版，第524页。

利,无论是民众的还是个人的,都是以坚持不懈地准备自己去主张它为前提"[7]。权利可以分为行动权和接受权,拥有行动权就是有资格做某事或以某种方式采取行动;拥有接受权就是有资格接受某事物或被以某种方式对待。如果一个人在有资格发言时被威胁保持沉默,就是行动权遭到侵犯,可以据此作出主张;如果一个人的养老金被取消,未被给予有资格接受的对待,也可以据此作出主张。这种正当性的主张,在法律上进一步具体化为请求权、诉权等权利形式。例如,这种主张包含一项"第二人称权威",即权利主体"我"可以在必要的情况下对"你"进行"抵制、控诉、抗议,以及也许使用其他类型的强制措施,或许包括在权利受到侵犯时获得赔偿"[8]。

(四)作为能力的权利

一项权利不仅关涉到选择的自由与意志、切身可享的利益、拥有与行动的资格及在此基础上的正当性主张,还关涉到切实行使的能力。这种能力是一种社会规范意义上的能力,即社会规范赋予主体以享有或维护特定利益的力量。当这种社会规范是法律规范时,它就可以表现为改变或创立一定法律关系的影响力。霍菲尔德认为,"我有权处分我的财产",即意味着我在法律上有能力或权利出卖、赠与、放弃我的财产(这一点在延伸讨论"权利与权力"中还会进一步展开)。

总之,权利在内涵上呈现出上述多重意义维度,因此我们可将其定义为,权利是指社会规范赋予的能够享有或保障某种利益的能力和选择自由,它基于一定资格可以作出要求他人作为或不作为的正当性主张。

三、义务的内涵

为了说明"法的视域中满是义务、尽是责任",莱斯利·格林教授在讨论"法律与义务"开篇时举了下面的例子。

> 法律或许会要求我们浴血疆场,或许要求我们放下自己攥紧的拳头;或许要求我们主动缴纳捐税;或许要求我们诚实信守与他人缔结的合约;或许要求我们照顾至亲;或许要求我们揭发犯罪;或许要求我们保护环境;或许要求我们尊重、履行判决,彻底且绝不含糊。[9]

什么是义务?与"权利"对照,义务展现出下面这些多重维度。

(一)义务的约束性

在中文词源中,将丝缠绕成一束的动作称为"约",缠绕好的丝称为"束",因此,约束有缠缚、限制、管束的意思。以"照顾至亲"为例,在家庭关系中,夫妻双方有相互扶助的义务,共掌生活之舵乘风破浪;为人父母后有抚养教育子女的义务,从其牙牙学语、蹒跚学步到其长大成人;子女有赡养扶助关爱父母的义务,不仅体现在离家求学后要常给父母打

---

[7] [德]鲁道夫·冯·耶林:《为权利而斗争》,郑永流译,法律出版社2007年版,第2页。

[8] 朱振、刘小平、瞿郑龙等编译:《权利理论》,上海三联书店2020年版,第36页。

[9] [美]朱尔斯·科尔曼、斯科特·夏皮罗主编:《牛津法理学与法哲学手册》,杜宴林、朱振、韦洪发等译,上海三联书店2017年版,第567页。

电话报平安,也体现在成家后要"常回家看看"。这些义务约束着家庭成员的行为,所以夫妻一方深陷病患,对方不会弃之不顾;父母不会疏于照顾甚至遗弃子女,子女则会竭尽孝道,反哺跪乳,报答亲恩。

义务的约束性表明当某人承担一项义务,他就必须履行这项义务,而无权选择是否需要履行。与之相对,是否行使权利是可选择的,权利也是可放弃的。

(二)义务的不利性

当权利表现为权利享有者的某种利益,义务则是加诸义务承担者的负担或不利。根据行为模式的不同,义务分为两类:一是义务人必须根据权利的内容作出一定的行为,这被称为"积极义务"或"作为义务";二是义务人不得作出一定行为的义务,这被称为"消极义务"或"不作为义务"。

当国家在更高的福祉层面上要求人们浴血疆场时,人们便将最宝贵的生命交付给硝烟与炮火。当国家要求人们交纳捐税,人们则必须将自己劳动所得的一部分转归国家,以维持公共权力运转,满足社会需要。当合同关系要求缔约主体信守约定内容,相关主体则需要按照要求作出或不作出某种行为。例如,遵循诚实信用原则,根据合同的性质、目的和交易习惯,货物运输到达后,承运人知道收货人的,及时通知收货人;在履约中,义务人要顾及对方及其标的物的状况,尽可能协助对方实现合同目的,提供照顾和便利;对于知晓的对方商业秘密或要求保密的信息、事项不得对第三人泄露等。

(三)义务的强制性

因为权利具有作为"资格"的内涵,所以,这种资格使义务主体自身产生内在强制,同时在外部形成社会"外在压力"。例如,对中国传统社会秩序维护发挥重要作用的三纲五常,即"君为臣纲,父为子纲,夫为妻纲"和"仁、义、礼、智、信",就是在君臣、父子、夫妻、上下尊卑、人际交往等社会关系中,明确了君、父、夫、兄、友等主体的主宰、尊贵的身份资格,使其各自相对的义务主体通过内在强制臣服、顺从。进而,在君臣之间因礼义之道故而忠,在父子之间有尊卑之序故而孝,在夫妻之间因挚爱而又内外有别故能忍,在兄弟手足之间因骨肉至亲故能悌,在朋友之间因诚信之德故而信。只不过在古代社会中,这些强制性的义务对应的并非现代意义上的权利,而是君权、父权、夫权等特殊的权力。

当权利主体基于一定资格,将要求义务主体作为或不作为的正当性主张明确提出时,义务内涵的约束会变得迫在眉睫。社会规范会将"外在压力"付诸具体的由强制措施保障的"外在要求"。不同社会规范的强制措施的方式、范围、程度、性质不同,通过法律实现的义务强制是一种国家强制,以军队、警察、法庭、监狱等国家暴力为后盾。例如,法律要求人们尊重、履行判决,如果判决内容涉及法律责任的承担,而责任主体怠于,甚至故意不履行判决,就需要通过不同社会规范进行强制。对失信被执行人信用进行警示和惩戒,是通过道德失信谴责机制强制义务履行,而对拒不执行判决情节严重的追究法律责任,则是通过法律上的惩罚发挥作用。

总之,我们可以把义务定义为,存在于社会规范中并实现于社会关系中的具有约束性、不利性、强制性的要求。

第二节 权利与义务的分类

权利和义务在不同层次、不同主体上,以不同形态、不同形式存在,因此可以按照不同标准对其进行分类,从而认识不同类型的权利和义务的特点,保障主体的权利并促进义务的履行。

一、应有权利和义务、法定权利和义务、现实权利和义务

根据存在的形态不同,可以将权利和义务分为应有权利和义务、法定权利和义务、现实权利和义务。这一分类可以帮助我们理解法定权利和义务的道德基础,明确将部分道德权利和义务转化为法定权利和义务的必要性,保障法定权利和义务落实为现实权利和义务的重要意义。

应有权利和义务是基于物质生活条件、政治传统和文化传统而产生的权利需求和应履行的义务,它们通常以“道德权利”和“道德义务”的形式存在。

人降生伊始,懵懂无知。要开启潜能使有吸收力的心灵得到发展,要强壮心智使人摆脱软弱无助的状态,都有赖于教育。教育是一种通过向个人传授一定价值观念、文化传统、生产生活知识和技能来促进人的社会化的活动。通过接受教育,一个人才能获得独立生存的能力,学会与人交往和合作,认知自己的使命和责任,为社会发展和进步创造价值。

因此,对每个公民来说,接受教育既是一项道德权利,也是一项道德义务。现代社会无不重视教育的普及化和平等化。

法定权利和义务是通过法律明确规定,或者通过立法纲领、法律原则加以宣示的,以规范形态存在的权利和义务。在法治国家,法定权利和义务是权利和义务主要的存在形态。

《宪法》第四十六条第一款 中华人民共和国公民有受教育的权利和义务。

在法律没有明文规定的情况下,可以依照法律的精神和逻辑进行权利推定,但是基于义务的特性,一般不得对法定义务随意进行扩展。

通常法定权利和法定义务被称为法律权利和法律义务。在这里,我们给这两个概念下一个简要的定义。法律权利是规定或隐含在法律规范中、实现于法律关系中的,权利主体以相对自由的作为或不作为的方式获得利益的资格和能力。法律义务是规定在法律规范中、实现于法律关系中的,义务主体以相对抑制的作为或不作为的方式保障权利主体获得利益的约束或强制。

现实权利是主体实际享有并行使的权利,又称“实有权利”。现实义务是主体实际承担和履行的义务。法律主体通常通过建立法律关系将法定权利和义务落实为现实权利和义务。例如,学龄儿童通过注册入学可以和学校建立法律关系,实际享有受教育权和履行受教育的义务。

在1990年的中专考试中，就读滕州市第八中学的齐某被山东省济宁市商业学校录取，其同学陈某落榜。但是在陈父的策划下，陈某领取了齐某的录取通知书，冒名顶替入学就读，毕业后分配到银行工作。1999年，得知真相的齐某以侵害姓名权和受教育权为由，将陈某、滕州市第八中学和滕州市教委等告上法庭，要求停止侵害、赔礼道歉并赔偿经济损失16万元和精神损失40万元。山东省高级人民法院在二审判决中指出，侵犯姓名权的行为实质上侵犯了齐某依据宪法所享有的公民受教育的基本权利，因此各被告应当承担民事责任。

在该案中，当齐某被录取时，她本可以通过报到和注册学籍，与济宁市商业学校建立法律关系并享有和实现受教育的权利。但是当她被冒名顶替后，这一现实权利"受教育权"遭到侵犯，因此她提起诉讼。在诉讼法律关系中，通过法律所设置的诉讼机制及公正裁判，齐某受侵犯的权利虽然已无法实现，但是得到了补偿。

法定权利只有转化为现实权利，对主体来说才有实际价值，才是真实和完整的。一个国家应当注重从法定权利向现实权利的实现。

二、基本权利和义务、普通权利和义务

根据体现社会关系的重要程度不同，权利和义务可以分为基本权利和义务、普通权利和义务。这一分类凸显的是基本权利和义务的价值。

基本权利和义务源于社会关系的本质，与主体的生存、发展、地位直接相关，是"不证自明的"权利和义务。因此，它们一般由宪法确认、规定和保障。例如，选举权和被选举权，宗教信仰自由的权利，言论、出版、集会、结社、游行、示威自由的权利，人身自由不受侵犯的权利，等等。

普通权利义务则是由宪法以外的法律规定的一般权利和义务。例如，《著作权法》中规定的著作权人的发表权、署名权和修改权，《公司法》中规定的有限责任公司经理组织实施公司年度经营计划的权利等。

三、绝对权利和义务、相对权利和义务

根据对应的主体范围不同，权利和义务可以分为绝对权利和义务、相对权利和义务。这一分类有助于在不同法律关系中确定权利的对应主体，进而对权利提供保障。

绝对权利又称"对世权利"，权利主体的义务人不是特定的，而是社会上的所有人。相对权利又称"对人权利""特定权利"，权利主体有特定的义务人。例如，所有权、出版自由权属于绝对权利；合同关系中的权利、父母子女之间的权利属于相对权利。

绝对义务又称"对世义务"，义务主体无特定的权利人与之相对。相对义务又称"对人义务""特定义务"，义务主体有特定的权利人与之相对。例如，不得私自闯入民宅的义务、政府进行信息公开的义务属于绝对义务；买卖合同中交付标的物的义务、在侵权法律关系中进行赔偿的义务属于相对义务。

四、第一性权利和义务、第二性权利和义务

根据权利之间、义务之间的因果关系不同，权利和义务可以分为第一性权利和义务、

第二性权利和义务。这一分类有助于在明确初始权利义务状态的基础上进行权利的救济和法律责任的确定。

第一性权利和义务又称"原有权利"及其义务,是直接由法律赋予的,或由法律授权的主体依法通过其积极活动而创立的权利及其对应义务。第二性权利义务又称"补救权利"及其义务,是在原有权利受到侵害时产生的权利及其义务,其中第二性义务就是法律责任。

傅某和王某系前后楼住户。因王某所住的楼顶彩钢瓦积雪过重,坍塌后将傅某停在楼下的汽车砸坏。傅某诉至法院,要求王某赔偿车辆维修费2000余元,王某辩称事故是天灾。法院查明,彩钢瓦系王某花钱私自加盖,且面坡结构不合理,故判决王某赔偿傅某2000元。

在上面的案例中,对傅某而言,第一性权利是对汽车的所有权,第一性义务是所有其他人(包括王某)不得损害傅某对汽车所有权的义务。第二性权利是傅某要求王某进行损害赔偿的权利,第二性义务是王某对傅某的损失予以赔偿的义务。

进一步来看,法律权利、法律义务与法律责任的关系是,法律责任是侵犯(原有)法律权利或不履行(原有)法律义务而导致的不利法律后果。因此法律责任是法律权利在事实上得以享有、法律义务在事实上得以履行的保证。法律责任可以对被侵犯的法律权利进行救济,通过强制履行或施加新的义务的方式,保证未被履行的义务得以履行。

五、个体权利义务、集体权利义务、国家权利义务、人类权利义务

根据权利主体的不同,可以将权利和义务分为个体权利和义务、集体权利和义务、国家权利和义务、人类权利和义务。这一分类不仅可以区别不同主体的具体权利和义务,也可以确定特定权利和义务的主体特征与范围。

个体权利是自然人依法享有的权利,即"公民权利",如人身自由不受侵犯,人格尊严不受侵犯,财产权、从事艺术创作的权利等;个体义务是自然人依法承担的义务,如履行合同的义务,债权债务终止后根据交易习惯履行通知、协助、保密、旧物回收义务等。

集体权利和义务的主体是社会团体、企事业组织、法人等。

北京、天津、河北、江苏等28省市的消费者协会开展了地板与板材环保性能比较试验活动,并发布了《地板与板材环保性能比较试验报告》。

在这个例子里,消费者协会的行为是根据《消费者权益保护法》第37条履行其公益性职责(既是权利也是义务),即"向消费者提供消费信息和咨询服务,提高消费者维护自身合法权益的能力,引导文明、健康、节约资源和保护环境的消费方式"。

国家权利和义务的主体是国家。例如,国家权利包括国家对国有财产的所有权、审判权、检察权、外交权等。

《宪法》第四十一条第三款　由于国家机关和国家工作人员侵犯公民权利而受到损失的人,有依照法律规定取得赔偿的权利。

《宪法》第四十五条第一款　中华人民共和国公民在年老、疾病或者丧失劳

动能力的情况下，有从国家和社会获得物质帮助的权利。国家发展为公民享受这些权利所需要的社会保险、社会救济和医疗卫生事业。

上述两个宪法条文规定的则是国家义务。

人类权利和义务显示了某项权利或义务的主体不仅是某个个体、团体或国家，而是人类的每个成员、每种群体、所有国家，即人类整体。人类权利如环境权、和平权、发展权；人类义务如维护生态平衡的义务、禁止种族歧视和种族迫害的义务、维护世界和平等。

"二战"后，欧洲国际军事法庭在纽伦堡对22名纳粹德国的军政首领进行了审判。纽伦堡审判中体现的自然法原则是，为了掠夺资源和侵略他国而发动战争、屠杀人类和进行种族灭绝都是违反人类理性和良知的，是反人类的。执行违反人类理性的邪恶法律，应当承担法律责任，受到法律的惩罚。因此，纳粹军政首领的行为即使没有违反当时的制定法，也构成犯罪。法庭经过218天的审判后，以"战争罪"、"破坏和平罪"和"反人类罪"对盖世太保（德语"国家秘密警察处"缩写GESTAPO）的缔造者戈林等18名战犯定罪，处以绞刑等刑罚。

纽伦堡审判中纳粹战犯被指控的罪行，即是违反了人类义务，因而需承担责任。

第三节　权利与义务的关系

法律权利和法律义务之间的关系，可以从不同角度进行观察。综合不同的观点，下面从结构上、数量上、功能上和价值上展开分析。

一、权利与义务在结构上的相互关联

在法律中，权利和义务在结构上一般是相互关联地存在于不同法律部门、法律规范和法律关系中。权利和义务相互关联，相互依存，相互贯通。在法律中，权利和义务不能一方孤立地存在和发展。

我国《婚姻法》在2001年的修改中建立了"对子女的探望权制度"，该制度旨在保护未成年子女的身心健康，弥合家庭解体给子女造成的感情伤害，使其能经常见到不直接抚养其的一方父母，得到情感慰藉。《民法典》第1086条第1款规定："离婚后，不直接抚养子女的父或母，有探望子女的权利，另一方有协助的义务。"

对于探望权制度的设立，其制度目标的实现不仅需要在法律上明确规定，离婚后不直接抚养子女一方的"探望权"，还需要规定另一方协助探望的义务。这是因为被探望的孩子是和抚养孩子的一方共同生活的，所以这种探望权利需要满足一定条件方可实现，而这些条件只有经由抚养者履行协助义务才能成立。这体现了权利和义务在结构上的相互关联。

二、权利与义务在数量上的正相关

法律权利和法律义务在数量上具有正相关的关系。当权利增加时，对应义务也会增加。当权利减少时，对应义务也会减少。但是权利和义务在数量上并不是完全一项一项

逐一对等的。例如,在上面的例子中,探望权是离婚后不直接抚养子女的一方与未成年子女会面、交往、短期共同生活的权利;另一方的协助义务既包括积极配合、商量约定探望的具体方式和时间、按约定促成其探望等积极义务,也包括不得以各种方式妨碍、阻止对方探望孩子等消极义务。

三、权利与义务在功能上的互补

权利和义务在功能上具有互补关系。权利的功能问题,是权利可以为拥有它的人实现什么。"自由意志理论"认为所有权利的功能都是给予权利人选择权。[10] "利益理论"旨在强调权利对权利拥有者的利益的保护和促进。此外,无论是资格还是基于资格而产生的正当性主张,都是围绕权利主体的存在而产生的。现代意义上的权利概念建立在人的主体性之上,因此,"自由意志理论"在近代法哲学中取得基石地位。在根本上,法律权利的功能在于对个人的主体地位进行法律上的肯定,通过保障其意志自由、选择空间和行动可能性促进实现个人的自治。

法律上义务的设定,具有保障权利实现的功能。如果权利表征利益,义务则表征不利和负担。在二者密切的结构关系中,当权利体现为自由,义务就体现为通过积极的作为促成或者通过消极的行为不妨碍这种自由的实现。如果一个人有行动权,所有其他人就有义务不得进行阻挠或干涉;如果一个人有接受权,相对人就有具体的行动义务使权利人得到应有的对待。

四、权利与义务在价值上的主次关系

从权利义务的关系结构可以看出法律制度的价值取向和价值序列。在二者关系上,法理学中有"义务重心论""权利本位论""权利义务一致论"等观点。[11]

"义务重心论"主张法律的重心在于按照社会关系的客观要求设定义务,权利也要以义务来保障。无论是怠于履行义务还是履行义务失当,法律责任的承担都是一种违反初始义务而产生的第二性义务。义务的设立保证了法律的顺利实施。

"权利本位论"认为法律发展的重心在于权利,权利是义务存在的根据和前提。在权利和义务的关系中,权利是目的,义务是手段,法律设定义务的目的是保障权利的实现。"权利本位"理念的现实意义在于,"使人们从传统的义务约束、身份限制和专制传统的影响下解放出来,从而有可能创造一个自由、平等、宽容和富于活力的法治社会"。[12] 在现代法治国家,一般都坚持权利本位论。

"权利义务一致论"则认为权利和义务并重,应当客观看待二者之间的关系。这更多是从整个社会层面对权利义务配置的考察,即不能违反社会关系实际情况赋予某些特定群体以更多的权利,而施加另一些群体以更多的义务,否则将有违社会公正。所以,对所

---

〔10〕 如哈特指出"意志理论"的核心是"有权利的人拥有受法律尊重的选择",参见朱振、刘小平、瞿郑龙等编译:《权利理论》,上海三联书店 2020 年版,第 151、152、186 页。

〔11〕 李龙主编:《法理学》,武汉大学出版社 1996 年版,第 193 ~ 196 页。

〔12〕 李龙主编:《法理学》,武汉大学出版社 1996 年版,第 194 页。

有社会主体来说,承担的权利与履行的义务应该相当。

延伸讨论

一、权利与权力

在权利理论中,霍菲尔德的概念分析堪称一座绕不过的标杆。霍菲尔德将(广义)权利和义务概念各分为四个基本法律概念:(广义)权利分为权利、特权、权力、豁免;(广义)义务细分为义务、无权利、责任、无权力。霍菲尔德认为,"X享有一项做R的权利"这一命题具有下列四种含义之一:

——Y(或者其他任何人)处于一项允许X做R的义务之下。这意味着X具有一项针对Y的请求,他把这一请求权称为"权利"(right)。例如,X拥有一块土地,因此,X享有一项权利,要求Y离开X的土地。此时,Y处于避开这块土地的义务(duty)之下。

——X自由地做或避免做某事,他称其为"特权"(privilege)。在上面的例子中,X本人享有进入自己土地的特权,X没有离开自己土地的义务。

——X享有一项做R的权力;X非常自由地作出一个改变法律权利和法律义务或者一般法律关系的行为,不管他是否享有这么做的请求权或特权,他称为"权力"(power)。在上面的例子中,X有权出卖自己的土地,创设土地买卖契约关系。

——X不受Y(或者其他任何人)的变更X法律地位之权力的支配,他称为"豁免"(immunity)。[13] 在上面的例子中,Y无权出卖X的土地,X可以对抗Y处分其土地的行为。

霍菲尔德认为,权利是某人针对他人的强制性请求,特权则是某人免受他人的权利或请求权约束之自由,权力是对他人针对特定法律关系的强制性"支配",豁免是在特定法律关系中,某人免受他人法律权力或"支配"约束的自由。[14] 因此,在广义的权利概念中,权力是一种特殊的权利。权力既存在于私法领域,也存在于公法领域。

马克斯·韦伯在对正当性支配的类型进行分析之前,也在概念上先分析了"权力"概念,他指出人的社会行动总是在一定的主观意图下进行。没有人愿意成为没有主观意义取向、绝对服从他人意志的工具。但是社会生活中存在这样的情况,即一个人在遭到别人反对的情况下,仍然具有某种以其意志左右他人行为的能力。韦伯把这种能力称为"权力",即处于社会关系中的行动者,排除抗拒而使其意志得到实现的可能性,不论这种可能性的基础是什么。权力关系形态多样,如父母对子女的管教权力、军官对下属发号施令的权力,以及国家对国民的支配权力等。[15]

就霍菲尔德的"权力"概念来看,它可以包括在韦伯所分析的"权力"概念中,只是他

---

〔13〕[英]雷蒙德·瓦克斯:《读懂法理学》,杨天江译,广西师范大学出版社2016年版,第394~395页。

〔14〕[美]霍菲尔德:《基本法律概念》,张书友编译,中国法制出版社2009年版,第26、70页。

〔15〕[德]马克斯·韦伯:《社会学的基本概念》,顾忠华译,广西师范大学出版社2011年版,第94~97页。在进一步的分析里,韦伯以一种特殊的权力形态——统治(支配)作为研究对象,即它是涉及社会群体行动范式的那种权力,是某种特定的命令或者命令总体得到特定人群服从的可能性,它不能以纯粹暴力方式达到控制,必须以人们对统治正当性的信仰为前提。

是从法律关系角度进行阐明,而韦伯更多从社会学视角出发的。“代理”关系建立的实质是将权力授予了代理人。在代理中,代理人可以通过自己的行为创设被代理人与他人的法律关系。在所有权保留合同中,买受人拥有一种权力,可以通过完成付清价款这一行为创造他对合同标的的所有权。同样,政府官员所谓的“权力”,其本质就是一种法律能力,据此政府官员可以通过自己的行为创设公民与国家之间的法律关系。[16]

在公法语境中,“公权力”只为代表公共利益的国家机关所掌握,与私人享有的、表征个人利益的权利相区分。现代意义上的权力概念有着双重概念基因。就英语中的power而言,它主要有两个前身:一是potestas,可译为“支配”,指的是法律上能够支配某种对象的能力;二是potentia,常译为“力量”或“潜能”,通常指的是事实上能够影响其他对象的能力。在社会契约假定中,政府权力来源的正当性在于人们的让渡行为。霍布斯指出,每个公民将自己的potentia转让给拥有最高治权(summen imperium)的人或会议,就是potestas的来源。他在《利维坦》中将potestas与potentia(甚至包括ius的部分内容)整合成为power,建立了政治哲学和公法理论基础。至此,“权力”概念连通了三大领域:从自然的个体力量或权势,到缔约后形成的共同体的主权,再到每一种具体形态的权力。[17] 因此,可以说公权力来自自然权力的联合,而自然权力是从拥有权利的个体中分出的。最终在公法理论发展中,公权力只有基于公民权利才具有正当性,公民权利形成对公权力的支撑和制约关系。在此基础上才可以进一步讨论权力的分立与制衡、主观权利与客观法的关系等议题。

二、如何认定新型权利

在以追求个人利益和幸福为时尚的“权利的时代”,权利意识高涨导致“权利泛化”,各种权利名目被“发明”出来,如养狗权、亲吻权、悼念权、眺望权、相思权、被遗忘权等。这些“新型权利”能否得到法律保护,需要通过一定的标准作出判断。

在司法活动中,首先需要判断的是,该新型权利是否符合社会主流的价值观念,是否符合当前法律的基本原则。其次,还要检视该项权利能否通过法律解释,纳入既有法律权利保护的范围,如果可以,就不需要任意扩张“法定权利”的内容。最后,当需要在制定法上明确一项新型权利存在时,需要确保该项权利同时符合权利客体新、权利属性新、权利权能新的要求。

1. 如何判断是否符合社会主流的价值观念,是否符合当前法律的基本原则。

王某在妻子离世后,与李某结婚。后王某因病去世,李某未告知王某前妻所生之子女其父亲生病、死亡的消息,并擅自处理了王某的后事。后王某子女从他人处获悉其父亲死亡的消息,去墓地拜祭时候发现墓碑没有子女姓名。王某子女诉至法院,主张李某侵犯了其“悼念权”,要求李某停止侵害、更换墓碑;在公开场合讲明父亲病情、死亡情况并赔礼道歉;赔偿精神损失1000元。

在该案中,根据中华民族“慎终追远”的伦理传统和社会道德,子女有在父母身亡后进行悼念和哀思的权利,这包括知悉自己父母病亡的具体情况,参与办理后事,在墓碑上刻名字,在这些事务中寄托和表达怀念与追思。因此,原告的诉讼请求可以得到支持。

---

〔16〕 王涌:《私权的分析与建构——民法的分析法学基础》,北京大学出版社2020年版,第86页。

〔17〕 更详细的阐述,参见苏宇:《权利概念的变迁与反思》,载《北大法律评论》第19卷第1辑。

如果该案的案情变为，王某的侄子后来从他人处获悉王某死亡的消息，以未得到通知也未在追悼会上进行悼念为由起诉李某，法院应如何认定？这一诉讼请求将不会得到支持，因为李某没有通知王某所有的远房亲属参加王某丧事的法定义务，否则这违反了民法上的公平原则，对李某课加了过重的负担。

2. 如何判断该项权利能否通过法律解释纳入既有法律权利保护的范围。

陶某被吴某驾车撞伤，经诊断，车祸造成陶某上唇裂伤等多处伤害，被鉴定为十级伤残。陶某认为，由于上嘴唇残留了片状疤痕，让她每次与丈夫亲吻时都会疼痛，造成心理障碍。为此，陶某向法院起诉，诉称被告侵犯了自己的"亲吻权"，要求吴某作出赔偿。

在该案中可以认定，吴某撞伤陶某致其口唇裂伤。一方面，这损伤了陶某的身体权，即肢体、器官、毛发等物质组织完满状态，在本案中具体是其上嘴唇的完美状态。另一方面，这侵犯了陶某的健康权，即身体器官及机能的正常状态，在本案中具体是其上嘴唇的器质健康和表达爱意时的亲吻机能。因此，"亲吻权"的权利主张可以通过法律解释纳入身体权、健康权的权利内容中，可以通过认定吴某侵犯了陶某的身体权和健康权保障其权益，而无须在法律上创设"亲吻权"。

3. 如何明确新型权利是否符合权利客体新、权利属性新、权利权能新的要求。

在现代社会，信息在生产和传播中的潜在价值不断被发掘出来，经济效应越发显著，侵犯公民个人信息的案件逐年增多。《民法典》第 111 条规定："自然人的个人信息受法律保护。任何组织或者个人需要获取他人个人信息的，应当依法取得并确保信息安全，不得非法收集、使用、加工、传输他人个人信息，不得非法买卖、提供或者公开他人个人信息。"《刑法修正案（七）》增设出售、非法提供公民个人信息罪和非法获取公民个人信息罪，《刑法修正案（九）》将两罪名合并为侵犯公民个人信息罪。

个人信息权是一项新型权利，并在我国立法中加以明确，可以用于确认侵权案件事实，惩处非法侵犯公民个人信息的犯罪行为。首先，个人信息权的权利客体注重的是个人的身份识别性，即此种信息与个人人格、个人身份有一定的联系，无论是直接指向个人，还是在信息组合之后指向个人。这使得个人信息可能被信息控制人或其他人合理利用以识别某个个体。个人信息包括姓名、身份证件号码、通讯联系方式、住址、账号密码、财产状况、活动轨迹等。其次，个人信息权在权利属性上属于一种独立的兼具人格权和财产权的权利类型。现有的财产权说、人格权说、隐私权说均无法准确涵盖公民个人信息的全部内容，无法对公民个人信息进行合理解释和有效的法律保护。最后，在权能上，个人信息权侧重对个人信息的支配和自主决定，内容包括个人对信息被收集、利用等的知情权，对自己利用或者授权他人利用的决定权等。即便对于可以公开且必须公开的个人信息，个人也应当有一定的控制权。权利人应有权知晓在多大程度上公开、向谁公开该信息以及他人会基于何种目的利用信息等。正因如此，个人信息权又被称为"信息自决权"。[18] 可以说，个人信息权同时符合权利客体新、权利属性新、权利权能新的要求，是一项新型权利。

---

〔18〕 王利明：《论个人信息权的法律保护——以个人信息权与隐私权的界分为中心》，载《现代法学》2013 年第 4 期。

第十一章　法律责任

当人们怠于履行义务或者违反法律的禁止性规定时,需要引入特定的机制来保障相对人的合法利益。法律责任是实现这种机制的关键词。法律责任是法理学的基本范畴,是一个与法律义务紧密关联的范畴。法律责任和法律义务都是对主体的一种约束,相对而言,法律责任具有更加明显的强制性。如果行为主体没有遵从法律规范的指引,就要承担法律上的不利后果,承担法律责任。

第一节　法律责任的概念

一、法律责任的概念

(一)责任的含义

人们在日常生活中经常使用“责任”一词。“责任”通常包含两个彼此联系的含义。

第一,分内应做的事,如“抚养教育子女是父母应尽的责任”,这种含义上的“责任”与“义务”同义,是一种积极责任,即责任人主动采取措施做好分内之事。

2015年10月,实施了30多年的独生子女政策正式宣布终结,“二孩”政策全面开放。随后,国家出台了“二胎补贴”新政策,鼓励生育,然而,并没有迎来新生儿的高峰期。据国家统计局发布的数据显示,2017—2020年中国出生人口较其上年而言,均在减少。究其根源,则是抚养教育孩子的“责任”太过重大——为人父母将意味着承担起为子女提供更好学习、生活条件的“责任”,毕竟每个父母都不愿意自己的孩子输在起跑线上。

第二,没做好分内之事而应承担的不利后果或强制性义务,如“侵权责任人对受害人承担赔偿责任”,通常采用“承担责任”“追究责任”等表述方式。这是一种消极责任,责任人通常被动地承担不利后果或强制性义务,此时的“责任”区别于“义务”。

2020年3月10日13时40分许,周某驾驶小轿车沿宏声路由东向西行驶至磐石大街交汇处,与行人徐某发生碰撞,徐某受伤住院治疗。经公安交通管理大队认定,周某承担本起事故全部责任,徐某无责任。徐某受伤后,住院治疗8天。周某驾驶的车辆未投保交强险。徐某向法院提起诉讼,要求周某承担相应的侵权损害赔偿责任。

上述案例中,徐某要求周某承担的是一种区别于“义务”的责任。作为法律上的自然人,周某有自觉遵守道路交通安全法及民法的义务,其驾车撞伤他人的行为,违反相关法律,应当承担赔偿受害人医疗费、住院伙食补助费等损失的责任。这是一种由法律明确的、具有强制性的责任,责任人通常是被动地承担这种不利后果(强制性义务)。

(二)法律责任的概念

"责任"一词的多义以及它在法律文献中的广泛使用,导致对法律责任有多种定义。归纳起来,主要有以下三种代表性的观点。

1. 惩罚论。惩罚论认为,法律责任是指法律所确定的违法者因其违法行为所应承受的惩罚、制裁。哈特即持此观点,他认为:"要求某人在法律上承担责任(responsible for),是指他应该被责难(blamed)、被惩罚(punished)或者承担赔偿责任(made to pay)。"[1]

2. 后果论。后果论认为,法律责任是指法律主体必须承担的某种不利的法律后果。实践中,承担法律上的不利后果并不意味着承担法律责任,如无民事行为能力人所实施的民事行为被宣告无效,行为人会承担不利的法律后果,但并不因此就必然承担民事法律责任。

3. 义务论。义务论认为,法律责任是指法律主体由于实施某种行为而必须承担的某种义务。如纯粹法学派创始人凯尔森认为:"法律责任是与义务相关的概念。一个人在法律上要对一定行为负责,或者他为此承担法律责任,意思就是,他作相反行为时,他应受制裁。"[2]这一定义揭示了法律责任与法律义务之间的联系与区别。

综合上述观点,我们把法律责任定义为:由于法律主体违反法定或约定的义务而必须承担的具有强制性的特殊义务,即由于违反第一性义务而引起的第二性义务。所谓第一性义务又称一般意义上的义务,即人们通常所说的法律义务,包括法定的作为或不作为的义务以及合法约定的作为或不作为义务;第二性义务又称特殊意义上的义务,通常是指由于违反了法定义务或约定义务而引起的新的特定义务。例如,违反了不得杀人的不作为义务,可能引起接受刑罚惩罚的义务。

二、法律责任的特征

法律责任不同于政治责任、道德责任等其他社会责任,具有以下三个特点:

1. 法定性。承担法律责任的最终依据是法律,法律明确规定了法律责任的性质、范围、大小、期限等。

2. 国家强制性,法律责任的履行由国家强制力保证,国家强制力只是在必要时,即在责任人不能主动履行其法律责任时才会介入。

3. 专属性。法律责任只能由司法机关或其他国家授权的机关予以追究,其他任何机关、社会团体或公民个人都无权擅自追究。

---

[1] H. L. A. Hart & A. M. Honore, *Causation and Responsibility*, in *Philosophy of Law* (Eighth Edition), edited by Joel Feinberg & Jules Coleman, Thomson Wadsworth, 2007, p. 547.

[2] [美]汉斯·凯尔森:《法与国家的一般理论》,沈宗灵译,中国大百科全书出版社 1996 年版,第 65 页。

第二节　法律责任的构成

法律责任的构成，是指认定法律责任时所必须考虑的条件和因素。由于法律责任是对法律主体行为的否定态度，会给法律主体带来第二性的法律义务，因此，必须科学、合理地确定法律责任的构成，以保障行为人的行为自由，保护法律主体的合法权益，实现法律的功能，维持社会秩序。法律责任的构成包括责任主体、产生原因、损害结果、因果关系、主观过错五个方面。

一、责任主体

责任主体是指具有责任能力，因违反法律、违约或因法律规定的其他事由，而必须承担法律责任的人，包括自然人、法人和其他社会组织。责任主体是法律责任构成的必备条件。任何违法行为或违约行为都是由一定的行为人所实施的，但并不是所有的人都能成为法律责任主体。认知能力是法律责任主体的构成要素。行为人只有具备正常的认知能力，其思想和行为之间才有因果联系，才谈得上在违法时有故意或过失的心理状态，才能够通过自己的行为独立行使权利和履行义务。责任主体对于法律责任的有无、种类、大小有着密切的关系。

2019 年 9 月 14 日晚上，原告(傅某，22 个月)由其父母陪同在新余市体育中心足球场(封闭管理的有偿使用场所)内玩耍。被告(杨某，50 岁)及队友于球场内踢球。为避免发生意外，被告多次要求原告及其监护人离开球场，但原告监护人不听劝告。之后原告被被告所踢足球碰到，双方发生纠纷。同日晚上，原告前往新余市人民医院急诊检查、治疗，结论为未见明显异常。病历记录载明外伤致上唇疼痛，上唇黏膜挫伤、渗血，医嘱注意休息、不适随诊。双方协调无法达成一致意见，遂诉至法院。

原被告双方围绕诉讼请求向法院提交了证据。法院认为，原告提交的某药品维生素 AD 滴剂开具的时间与本次受伤时间不符，该药品系促进儿童钙吸收的维生素类药品，与原告的此次受伤无关，故不予采纳；侵权行为未造成严重后果，即未对原告傅某造成严重精神创伤，所以亦不支持关于精神损失费的诉讼请求；法院采纳了包括 CT 平扫在内的相关医疗费用。

经审理，法院最终认为，本案属身体权纠纷。公民的身体权受法律保护，他人由于过错侵害公民身体权的应该承担相应的赔偿责任。被告虽然劝告原告及其监护人离场，但其在明知原告及其监护人未离开且足球运动对旁观者具有一定人身危险性的情况下，照常踢球，未完全尽到合理注意义务，应酌情承担 20% 的侵权责任。原告监护人亦疏于履行监护职责，判其对原告受伤承担 80% 的责任。

本案中，杨某是具有行为能力和认知能力的自然人，应该承担相应的法律责任。责任主体的形式是多样的，不仅包括自然人，而且包括法人，如有限责任公司，还包括其他社会组织，如合伙。正常的认知能力是承担相应法律责任的必要前提。缺乏必要认知能力的未成年人和不能辨认自己行为的精神病人,不能承担与其认知能力不一致的责任。

二、产生原因

法律责任产生的原因有三类:违法行为、违约行为和法律的特别规定。违法行为、违约行为或法律的特别规定在法律责任的构成中居于重要地位,是法律责任的核心构成要素。违法行为或违约行为包括作为和不作为两类:作为是指人的积极的身体活动,即行为人采取积极的方式实施了法律禁止或合同不允许的行为;不作为是指人的消极的身体活动,行为人在能够履行自己应尽义务的情况下不履行该义务。区分作为与不作为,对于确定法律责任的范围、大小具有重要意义。

(一)违法行为

违法行为是指违反现行法律的规定,侵犯了法律所保护的某种社会关系的行为。从权利与义务的角度看,这种行为表现为超出法定权利界限,行使权利和故意规避或疏于履行法定义务。从行为的方式看,违法行为既可以表现为积极的作为,如作出了法律所禁止的行为;又可以表现为消极的不作为,如拒不实施法律所要求的行为。

在前述案件中,虽然杨某是在特定的场地内踢球,且其已劝说原告傅某及其监护人离场,但在原告及其监护人并未离开、"踢球行为"可能造成他人人身伤害的情形下,杨某依然以积极作为的方式实施了该行为,放任了危害结果的发生,违反了民法关于侵权责任的相关规定,应该承担相应的法律责任。原告傅某的监护人在明知足球运动对观众易造成伤害的情况下,仍无视球场管理及被告杨某的劝说,使原告处于危险环境中,疏于履行监护职责,属于以消极不作为的方式违反了民法相关规定,即父母对未成年子女抚养、教育和保护的义务,应该承担相应的法律责任。

判定一个行为是否违法,还需要注意两种情况。其一,不能在违法与合法中作非此即彼的选择。以婚外性行为为例,一方面,该行为没有法律上的依据,谈不上合法;另一方面,法律并未禁止该行为,婚外性行为也算不上违法。这表明某些不违法的行为,并不能当然地视其为合法。法律未明确禁止,不意味着法律就支持或保护。其二,要注意违法和犯罪两者的联系与区别。凡是犯罪行为都是违法行为,但并非所有违法行为都是犯罪行为。犯罪是违法的最严重状态,违法是犯罪的必然前提。

(二)违约行为

违约行为,是指当事人一方不履行合同义务或者履行合同义务不符合约定的行为。违约行为以合同的成立为前提,是产生民事法律责任的主要原因。违约主体之所以要承担法律责任,是由于履行合同约定是法律的要求,不履行合同约定是违反法律的行为。

2017 年 4 月,李某在竹山县黑虎村建造牛场期间,请张某为其运送砂石料和水泥,双方之间形成了货物运输合同关系。张某依约为李某运送了砂石料和水泥,李某支付了张某部分运费和砂石料款,但尚欠张某36,950元,出具欠条一张。后张某要求李某承担货款及相应利息的清偿责任。

在此案中,张某要求李某承担清偿责任的原因是李某的行为违反了双方之间的约定。按照合同约定,张某实施运输货物的行为后,李某应承担支付货款的义务。在张某依约运送了砂石料和水泥后,李某并未如期足额支付货款,导致其应承担货款及相应利息的清偿责任。日常生活中,合同形式多种多样,违约行为也具有多样性。

(三)法律的特别规定

法律的特别规定,是指责任主体并没有违法行为,也没有违约行为,而是因为出现了特定的法律事实,需要承担某种责任。例如,《民法典》第 979 条第 1 款规定:“管理人没有法定的或者约定的义务,为避免他人利益受损失而管理他人事务的,可以请求受益人偿还因管理事务而支出的必要费用;管理人因管理事务受到损失的,可以请求受益人给予适当补偿。”按照这一规定,在没有法定的或者约定的义务时,管理人因无因管理行为遭受损失的,可以请求受益人给予适当补偿。

黄某开办了电动车维修服务部,其相邻处有一家兽医站。2018 年 2 月 8 日,兽医站卷帘门卡住。兽医站的员工去黄某店铺借用工具,黄某即跟随前往兽医站查看情况。大家查看卷帘门后,认为无法修理就停止了维修。随后,兽医站员工都离开了。黄某自行爬上阳台,试图修理卷帘门,因铝合金门承受力不足而跌落摔伤,造成十级伤残。双方就费用承担问题产生争执,诉诸法院。法院经审理后要求,无因管理受益人兽医站给予黄某适当经济补偿。

在此案中,黄某为兽医站修理卷帘门的行为,既非法定义务,也非约定义务,而是在兽医站员工不知情的情况下自愿实施的。该行为是乐于助人的善良之举,双方之间因该行为成立无因管理的法律关系。虽然兽医站未实施任何违法或违约行为,但由于无因管理是由法律明确规定的需要承担法律责任的法律事实,因此,兽医站应承担适当的补偿责任。

法律责任主要是由违法行为或违约行为产生的,由法律的特别规定引起的法律责任较少。为了保障公民、法人、社会组织等责任主体的合法利益,在认定由法律的特别规定引起的法律责任时,必须以明确的法律规定为依据,不允许任何超越法律或无法律依据的归责。

三、损害结果

损害结果,是指违法行为、违约行为或法律的特别规定,侵犯他人的合法权益或社会利益所造成的损失和伤害,包括实际损害、丧失所得利益和预期可得利益。损害结果的表现形式多样,包括人身伤害、财产损失、精神损害等。损害结果具有两种特性。其一,损害结果必须具有侵害性,即侵害了法律所保护的社会关系和社会秩序;其二,损害结果必须具有确定性,它必须是违法行为、违约行为和法律特别规定的法律事实已经造成实际的损害结果,而不是主观臆测、尚未发生的情况。认定损害结果,一般要根据法律、社会普遍认识、公平观念并结合社会影响、环境等因素。

在前述傅某、杨某踢球侵权案件中,法院认可的由侵权行为产生的相关医疗费用即为实际损害,该损害是由人身损害直接产生的财产损害。由于原告伤情显著轻微,不会对其造成严重的精神创伤,法院不认可精神损害相关的法律责任。

四、因果关系

因果关系是违法行为、违约行为或法律的特别规定与损害结果之间的必然联系。因果关系是一种引起与被引起的关系，即一个现象的出现是由先前存在的另一个现象引起的。因果关系是客观的，不以人的意志为转移，我们只能根据事物之间的客观联系来判断因果关系。法律上的因果关系是一种特殊的因果关系，它既有一般因果关系的共性，又有其特殊性。事实上的因果关系极为复杂，一个结果可能由多个原因造成，法律只考虑其中与法律责任认定有关的因素。法律上的因果关系是归责的基础和前提，对于确定行为主体、认定责任主体、界定责任范围具有重要意义。

在前述傅某、杨某踢球侵权案件中，法院之所以不采纳原告傅某提交的关于维生素AD滴剂的药品单据，一方面是因为该单据开具的时间与案件不符，另一方面是由于该滴剂与此次受伤"无关"。这两个理由均表明该滴剂产生的费用与被告杨某的违法行为之间不具有因果关系，故被告无须对此承担法律责任。与之相反，被法院依法采纳的相关证据，如CT费用单，是必要检查所产生的必要费用。该费用与被告违法行为之间具有法律上的因果关系，被告应对此承担相应的责任。被告杨某之所以仅承担20%比例的法律责任，是因为在此案中，原告傅某的监护人违反了法律义务，其疏于保护被监护人的行为与被告杨某的侵权行为共同导致了傅某受伤的后果。

五、主观过错

主观过错，是指行为人实施违法行为或违约行为时的主观心理状态。主观过错是法律责任的构成要件之一。不同的主观心理状态对认定某一行为是否应当承担法律责任以及承担何种法律责任有直接联系。主观过错包括故意和过失两类。故意是指明知自己的行为会发生损害他人、危害社会的结果，并且希望或者放任这种结果发生的心理状态。过失是指应当预见自己的行为可能发生损害他人、危害社会的结果，因为疏忽大意而没有预见，或者已经预见而轻信能够避免，以致发生这种结果的心理状态。不以人的意志为转移的不可抗力或意外事件，由于不存在过错，法律一般不要求相关人员承担责任。

在前述傅某、杨某踢球侵权案件中，虽然原告傅某的监护人和被告杨某都不希望发生损害结果，但他们明知自己的行为可能发生一定的损害结果，依然放任损害结果的发生，具有过失的主观心理状态。所以，他们都具有承担相应法律责任的主观过错。

需要注意的是，某些法律责任的构成不要求上述全部要件。基于法律的特别规定而产生的法律责任，就不以主观过错为构成要件。

第三节　法律责任的承担

一、法律责任的种类

按照不同的标准可以对法律责任作不同的分类。例如，按照责任承担主体的不同，法律责任分为自然人责任、法人责任和国家责任;按照责任承担的内容不同,法律责任分为财产责任和非财产责任;按照责任的承担程度不同,法律责任分为有限责任和无限责任;按照法律责任的承担是否以过错为前提条件,法律责任分为过错责任、无过错责任和公平责任;按照追究责任的目的不同,法律责任分为补偿性责任和惩罚性责任。在法律实践中,最基本的分类方法是根据法律责任的类型所作的分类,即把法律责任分为民事法律责任、行政法律责任、刑事法律责任和违宪责任四种。

(一)民事法律责任

民事法律责任,是指民事主体因违法行为、违约行为或者法律的特别规定而应承担的一种法律责任。民事法律责任具有三个特点:其一,民事法律责任主要是一种救济责任。民事法律责任的主要功能是救济当事人的权利,赔偿或补偿当事人的损失。民事法律责任也执行惩罚功能,具有惩罚的内容,如违约金制度。其二,民事法律责任主要是一种财产责任。财产责任以支付财产的方式实现法律责任的承担内容。民事责任的主要承担方式是补偿。其三,民事责任主要是一方当事人对另一方当事人的责任。在法律允许的条件下,多数民事法律责任可以由当事人自行协商确定民事法律责任的承担方式或类型。

根据承担民事法律责任的原因不同,可以将民事法律责任分为三种:第一种是由民事违法行为,即侵权行为产生的一般侵权责任;第二种是由违约行为(或不履行其他义务)产生的违约责任;第三种是由法律的特别规定产生的特殊侵权责任。

(二)行政法律责任

行政法律责任,是指行政机关及其工作人员和行政相对人因违反行政法律或因行政法规定而应承担的法律责任。行政法律责任具有四个特点:其一,承担行政责任的主体是行政主体和行政相对人。其二,产生行政责任的原因是行为人的行政违法行为和法律规定的特定情况。其三,通常情况下,实行过错推定的方法。在法律规定的一些场合,实行严格责任。其四,行政责任的承担方式多样化。

2018 年 7 月 8 日严某与尹某发生矛盾。双方开始对骂,后尹某离开。严某追上尹某,用拳头殴打尹某头部。尹某转身喊大家作见证,又被严某扇了几耳光,尹某随即报警。后邵阳市公安局北塔分局在对相关情况进行调查的基础上,对严某作出行政拘留 12 日并处罚款 500 元的《公安行政处罚书》,并随即执行。

在此案中,严某殴打他人,扰乱社会秩序,实施了违反行政法律的行为,邵阳市北塔分局在调查后,对严某作出行政拘留 12 日并罚款 500 元的行政处罚,这是一种行政法律责任。邵阳市北塔分局是享有行政处罚权的行政机关,严某是行政相对人,双方在地位上形成的是行政法律关系,不是平等的民事法律关系。“行政拘留和罚款”是两种行政责任承担方式。一般情况下,我们可以将行政责任承担方式概括为精神罚、财产罚、行为罚等。常见的精神罚为警告,财产罚为罚款、没收违法所得等,行为罚为行政拘留。

(三)刑事法律责任

刑事法律责任,是指行为人因犯罪行为而应当承担的法律责任。行为人的行为必须具备刑法所规定的犯罪构成要件，才应承担刑事法律责任。刑事法律责任是犯罪人向国家所负的一种法律责任，刑事责任的大小、有无都不以被害人的意志为转移。刑事法律责任是一种惩罚性责任，是最严厉的法律责任。刑事法律责任主要是一种个人责任，某些情形下集体也可以成为责任主体，如有些国家规定的“法人犯罪”，我国规定的“单位犯罪”。

2018年9月17日，被害人董某与被告人马某因琐事发生争执，随后，董某将折断的筷子丢到马的头上，马某用身后的铁椅砸向董某的腿部。此次打斗造成董某重伤。董某入院治疗，最后截肢。法院在充分考量被害人过错以及被告人自首、坦白、积极赔偿等相关情节后，认定被告人马某犯故意伤害罪，判处有期徒刑3年。

在此案中，马某实施的伤害行为侵犯了刑法保护的法益，具有刑事违法性、严重的社会危害性和刑罚当罚性。马某明知自己的行为可能伤害他人，仍然实施了该行为，且造成了董某重伤的后果。根据刑法的规定，故意伤害他人，造成轻伤及以上损害后果的，构成故意伤害罪，应该承担刑事责任。马某的行为符合故意伤害罪的构成要件。

（四）违宪责任

违宪责任，是指行为主体因违反宪法而应当承担的法律责任。在我国，监督宪法实施的机关是全国人民代表大会及其常务委员会。我国《宪法》第5条第3~5款规定，一切法律、行政法规和地方性法规都不得同宪法相抵触。一切国家机关和武装力量、各政党和各社会团体、各企业事业组织都必须遵守宪法和法律。一切违反宪法和法律的行为，必须予以追究。任何组织或者个人都不得有超越宪法和法律的特权。任何主体违宪，都必须依法承担责任。

二、法律责任的承担方式

法律责任的承担是实现立法目的、体现法律权威、维护社会公正的重要手段。法律责任的承担方式主要有三种。

（一）惩罚

惩罚即制裁，是指由特定国家机关对责任主体实施的强制性措施。惩罚是最严厉的法律责任承担方式，是保护和恢复被违法行为所侵犯的社会关系的重要手段。惩罚主要包括剥夺或限制责任主体的人身自由、财产利益或其他利益。

法律制裁与法律责任密切相关，又有明显区别。一方面，法律责任是法律制裁的前提，法律制裁是法律责任的结果或体现。法律制裁的目的，是强制责任主体承担否定的法律后果，惩罚违法者，恢复被侵害的法律秩序。另一方面，法律责任不等于法律制裁，有法律责任不一定产生法律制裁。有些情况下，法律责任并不需要借助法律制裁便可得到实现，如责任主体的自觉履行。

与上述法律责任的种类相对应，可以将法律制裁分为四种。

1. 民事制裁。民事制裁是由人民法院确定并实施的，对民事责任主体给予的强制性惩罚措施。民事制裁通常由侵权行为或违约行为引起，是以财产关系为核心的一种制裁。

民事制裁的主要目的是补偿受害人的财产损失。

2012年12月30日，宋某与华隆房地产开发有限公司达成房屋买卖意向，宋某向其交付购房定金人民币20,000元。2013年4月29日，双方就房屋买卖行为签订了《2013年春季房交会商品房草签意向书》，意向书规定：意向房须在2013年11月30日前取得商品房预售许可证，否则双方草签的此意向书在有效期截止日2013年11月30日当日即自动失效。后华隆房地产开发有限公司直至2019年7月2日才取得商品房预售许可证。宋某将华隆房地产开发有限公司诉至法院，要求其双倍返还购房定金人民币40,000元。法院审理认为，意向书属于预约合同，而被告未如期取得商品房预售许可证直接导致双方签订的意向书失效，该行为构成根本违约，故依相关法律规定对原告宋某的诉讼请求予以支持。

在此案中，法院依据"定金罚则"，要求被告华隆房地产开发公司双倍返还原告宋某的定金。"定金罚则"是一种对受害人进行财产补偿的民事制裁。被告的行为构成根本违约，应该承担双倍返还定金的民事制裁责任。该"民事制裁"由法院作出，具有强制性和惩罚性。

2. 行政制裁。行政制裁，是指行政机关对行政违法者依其行政责任所实施的强制性惩罚措施，包括行政处罚和行政处分。行政处罚，是行政机关对违反行政法律规定的公民或法人实施的一种强制性惩罚措施，是对有轻微违法行为尚不够刑事处罚的公民或法人的一种制裁。根据我国《行政处罚法》第9条的规定，行政处罚的种类包括警告、通报批评；罚款、没收违法所得、没收非法财物；责令停产停业限制开展生产经营活动、责令关闭、限制从业；暂扣或吊销许可证、降低资质等级；行政拘留等五大类以及法律、行政法规规定的其他行政处罚。行政处分，是行政机关依照行政隶属关系，对有违法失职行为的国家工作人员或所属人员实施的一种惩戒措施。我国的行政处分包括警告、记过、记大过、降级、降职、开除等种类。行政制裁是对行政违法者所实施的惩罚。企事业单位根据其内部的规章和制度对成员所实施的处分，虽然一般也叫作行政处分，但这些处分属于单位内部的纪律制裁，不是法律制裁。

3. 刑事制裁。刑事制裁即刑罚，是司法机关根据犯罪者的刑事责任所确定并实施的强制性惩罚措施。承担刑事责任的主体既可以是公民，也可以是法人或非法人组织。我国刑法规定的刑罚分为主刑和附加刑两类。主刑包括管制、拘役、有期徒刑、无期徒刑和死刑。附加刑包括罚金、剥夺政治权利、没收财产，以及针对外国人独立或附加适用的驱逐出境。

4. 违宪制裁。违宪制裁，是根据宪法的规定对责任主体依其应承担的违宪责任所实施的强制措施。承担违宪责任、承受违宪制裁的主体主要是国家机关及其领导人员。全国人民代表大会及其常务委员会行使违宪制裁的权力。违宪制裁的形式主要有：撤销或改变同宪法相抵触的法律、决定、行政法规、地方性法规，罢免违宪的国家机关领导人员、人大代表等。

（二）补偿

补偿是通过国家强制力或当事人要求，由责任主体以作为或不作为形式弥补或赔偿所造成损失的责任方式。补偿包括防止性的补偿、恢复性的补偿、补救性的补偿等不同性能的责任方式。补偿的作用在于制止对法律关系的侵害,通过对被侵害主体的权利进行救济,恢复被侵害的社会关系。补偿的目的在于弥补受害人的损失。在我国,补偿主要包括民事补偿和国家赔偿。

民事补偿是指按照民事法律规定,民事责任主体承担的停止侵害、排除妨碍、消除危险、返还财产、恢复原状、修理、重作、更换、赔偿损失、支付违约金、消除影响、恢复名誉、赔礼道歉等责任方式。这些补偿方式既可以单独适用,也可以合并适用。国家赔偿包括行政赔偿和司法赔偿。行政赔偿是因国家行政机关及其工作人员行使行政职权,造成行政相对人人身或财产损失,而给予受害人赔偿的一种责任方式。司法赔偿是因司法机关及其工作人员行使职权,造成当事人损害,而给予受害人赔偿的一种责任方式。国家赔偿的设置,一方面可以有效救济受害主体,另一方面可以使国家权力受到制约。

2019 年最高人民法院召开国家赔偿和司法救助典型案例新闻发布会,发布了刘某案、邓某案以及丹东益阳投资公司案等五件国家赔偿案件,旨在充分体现人民法院贯彻落实尊重宪法和保障人权的要求,发挥国家赔偿制度保障人权、规范公权、维护公正的重要职能。

2009 年 8 月,刘某在北京朝阳区某村拆迁过程中,谎称被拆厂房内机械设备系其所有且不宜拆除搬走,骗取设备补偿款 132 万余元。2010 年 5 月 6 日,北京市公安局朝阳分局以刘某涉嫌诈骗罪为由依法立案侦查,并冻结刘某银行存款 39 万余元;刘某之兄代其向北京市公安局朝阳分局退赔 600 万元。后全部涉案款项随案移至检察院。之后,检察院用该款项发还了朝阳区某村所属乡人民政府款项,执行了法院罚金,并将剩余款退回朝阳公安分局,该分局又用部分剩余款项协助执行了生效民事判决。至此(2012 年 6 月 20 日),刘某应退还、应缴纳、应执行的情形全部处理完毕,但仍有 260 多万元(2,678,940.88 元)的剩余款项。北京市公安局朝阳分局却一直扣押、冻结刘某的剩余款项不予解冻返还。刘某认为北京市公安局朝阳分局对其剩余款项违法扣押、冻结,故申请国家赔偿,要求返还剩余款项,并支付银行同期存款利息。

在此案中,北京市公安局朝阳分局明知对涉案人的财产进行扣押、冻结已超出了必要限度,仍然超期扣押、冻结其相关财产,不予归还,该行为是对涉案人相关财产的不正当占有。该占有给涉案人造成了一定的财产损失,国家应当予以赔偿。由于责任主体北京市公安局朝阳分局是国家行政机关,所以该赔偿属于行政赔偿。一方面,该行政赔偿行为是对涉案人刘某丧失剩余款项占有及获利等权利的一种救济,弥补了涉案人的财产性损失;另一方面,行政赔偿制度体现了权责一致原则,有利于规范、限制国家权力,使权力在法治的轨道上运行。

在益阳某公司诉丹东轮胎厂债权转让合同纠纷一案中,丹东中级人民法院根据益阳某公司的财产保全申请,查封了丹东轮胎厂六宗土地。2007 年 6 月 29 日,丹东市中级人民法院判决丹东轮胎厂偿还益阳某公司欠款 422 万元及利息,并承担案件受理费、财产保全费。判决生效后,益阳某公司申请强制执行。执行过程中,丹东市中级人民法院于 2008 年 1 月 30 日解除了对丹东轮胎厂土地的查封,后土地被挂牌出让,但益阳某公司作为合法查封权人却未得到分文，且此时的被执行人丹东轮胎厂也没有了可用来清偿债务的有效资产，使益阳某公司的债权落空。益阳某公司认为，丹东市中级人民法院的解封行为属于错误执行，应当承担国家赔偿的责任，故提起申诉。最终，经最高人民法院赔偿委员会组织协商，双方达成协议：由丹东市中级人民法院向益阳公司支付国家赔偿款300万元。

在此案中，丹东市中级人民法院向益阳某公司支付的300万元即为司法赔偿。司法赔偿的主体为国家司法机关及其工作人员。本案中，丹东市中级人民法院是司法赔偿的责任主体；司法赔偿的原因是丹东市中级人民法院在行使职权时造成了当事人的财产损害。丹东市中级人民法院擅自解除对保全财产的查封，导致保全申请人的债权落空，损害了益阳某公司的财产权。因此，丹阳市中级人民法院应该向益阳某公司进行司法赔偿，弥补其财产损失。

（三）强制

强制，是指国家通过强制力迫使不履行义务的责任主体履行义务的责任方式。强制的功能在于保障义务的履行，从而实现权利，使法律关系正常运行。强制包括对人身的强制、对财产的强制。对人身强制包括拘传、强制传唤、强制戒毒、强制治疗、强制检疫等方式。对财产的强制包括强制划拨、冻结、拍卖、收缴等方式。强制是承担行政法律责任的主要方式。强制主要表现为直接强制，也有代执行、执行罚等间接强制。

三、法律责任的竞合

（一）法律责任竞合的特点

法律责任的竞合，是指由于某种法律事实的出现，导致两种或两种以上的法律责任产生，而这些责任之间相互冲突，只能追究其一的现象。竞合，从语义上讲，是竞相符合或同时该当之意，即行为同时符合不同法律责任的构成要件，导致不同法律责任之间的冲突。法律责任竞合既可发生在同一法律部门内部，如民法上侵权责任和违约责任的竞合；也可发生在不同的法律部门之间，如民事责任、行政责任和刑事责任之间的竞合。

由于不同的法律规范从不同角度对社会关系加以调整，同时由于法律规范的抽象性以及社会关系的复杂性，不同的法律规范在调整社会关系时可能会产生一定的重合，使得一个行为同时触犯了不同的法律规范，面临数种法律责任，从而引起法律责任的竞合问题。

法律责任的竞合具有四个特点：其一，法律责任的主体为同一法律主体。不同法律主体的不同法律责任可以分别追究，不存在相互冲突的问题。其二，责任主体只实施了一个行为。如果是数个行为分别触犯不同的法律规定，并且符合不同的法律责任构成要件，则应针对不同行为追究不同的法律责任，而不能按责任竞合处理。其三，该行为符合两个或两个以上的法律责任构成要件。行为人虽然仅实施了一个行为，但该行为同时触犯了数个法律规范，符合数个法律责任的构成要件，产生了数个法律责任。其四，数个法律责任之间相互冲突。如果数个法律责任可以为其中之一吸收，如某犯罪行为的刑事责任吸收了其行政责任,则不存在竞合问题;如果数个法律责任之间可以并存,如某犯罪行为的刑事责任与附带民事赔偿责任被同时追究,则不存在责任竞合的问题。当责任主体的数个法律责任既不能为其中之一吸收,也不能并存,如果同时追究,则有悖法律原则与法律精神时,就发生法律责任的冲突,产生竞合。

(二)法律责任竞合的处理

法律责任竞合的处理,主要有两种方式:对不同法律部门间法律责任的竞合,一般追究较重的法律责任;如果相对较轻的法律责任已经被追究,再追究较重的法律责任应适当考虑折抵。实践中,法律责任的竞合多见于民法上的侵权责任与违约责任的竞合。我国《民法典》第186条规定:“因当事人一方的违约行为,损害对方人身权益、财产权益的,受损害方有权选择请求其承担违约责任或者侵权责任。”

雪花飘飘的冬天,甲和朋友来到乙开的火锅店就餐。用餐期间,甲去卫生间,当走到卫生间转弯的台阶处时,因地面光滑突然摔倒。随即甲被送往医院,检查确诊为粉碎性骨折,需住院治疗。经司法鉴定,甲的损伤程度已构成九级伤残。甲乙双方因医药费赔偿等事项协商未果,遂诉至法院。

在此案中,甲与火锅店之间存在两种法律关系。第一,甲在火锅店就餐,甲与火锅店之间形成了服务合同关系。火锅店违反合同规定,未尽到安全保障义务,导致甲摔伤,应承当违约责任。第二,甲因火锅店地面光滑而摔伤的事实,使双方之间形成了侵权法律关系。甲摔伤这一行为导致了违约责任和侵权责任的竞合。受害人只能择一主张诉求。甲可以以乙侵害其身体健康权为由,要求乙依法承担侵权赔偿责任;也可以以乙违反双方之间的服务合同为由,要求乙依法承担违约责任。

第四节 法律责任的归结

法律责任的归结,也称法律责任的归责,是指由特定国家机关或国家授权的机关依法对行为人的法律责任进行判断、认定、归结或减缓、免除的活动。法律责任的归结是由国家法定或授权的专门机关严格依照法定程序进行的,其他任何机关、社会团体和公民个人不得进行。

一、法律责任的归责原则

法律责任的认定和归结必须遵循一定的原则。归责原则体现了立法者的价值取向,是法律责任立法的指导方针,也是指导法律适用的基本准则。法律责任的归责一般应遵循以下四个法律原则。

(一)责任法定原则

责任法定原则的含义包括三个方面:其一,违法行为发生后应当按照法律规定的性质、范围、程度、期限、方式追究违法者的责任;作为一种否定性法律后果,它应当由法律规范预先规定。其二,排除无法律依据的责任,即责任擅断和“非法责罚”。其三,一般情况下要排除对行为人有害的既往追溯。

责任法定原则萌芽于古代、确立于近代、普及于现代,是受到一切文明民族尊重的法治原则,是一个排除性、否定性原则。它要排除和否定的是责任擅断、有害追溯和非法责罚,强调“法不溯及既往”,禁止以法有溯及既往的效力为由而扩大追究法律责任。责任法定原则是最重要的法律责任的归责原则。在几种原则发生冲突的情况下,要以责任法定原则为上位阶的原则。

(二)因果联系原则

因果联系原则的含义包括三个方面:其一,在认定行为人违法责任之前,应当首先确认行为与危害或损害结果之间的因果联系,这是认定法律责任的重要事实依据;其二,在认定行为人违法责任之前,应当首先确认意志、思想等主观方面因素与外部行为之间的因果联系,有时这是区分有责任与无责任的重要因素;其三,在认定行为人违法责任之前,应当区分这种因果联系是必然的还是偶然的、直接的还是间接的。

在进行法律责任归结时,不仅必须确认引起损害结果或危害结果的行为是违法行为、违约行为或特定法律事实,而且必须确认这一违法行为、违约行为或特定法律事实与损害后果之间具有内在的、必然的因果联系。

(三)责罚相当原则

责罚相当原则的含义包括三个方面:其一,法律责任的性质与违法行为性质相适应;其二,法律责任的轻重和种类应当与违法行为的危害或者损害相适应;其三,法律责任的轻重和种类还应当与行为人主观恶性相适应,做到“罪责均衡”“罚当其罪”。在认定和归结法律责任时,都应当坚持这三个方面的内容,全面衡量,不可偏废。

2006年4月21日,在广州打工的许霆以自己余额为176.97元的银行卡到某商业银行自动取款机(ATM)上取款。ATM出现故障,指令取款1000元,出钞1000元,但账户实际扣款1元。许霆利用这一漏洞,取款170次,总计174,000元。4月24日,许霆辞职携款离开广州。2007年5月22日,许霆在陕西省宝鸡市被抓获。11月20日,广州市中级人民法院一审认定许霆犯盗窃金融机构罪,依据《刑法》第264条第1项、第57条、第59条、第64条规定的最低法定刑,判处无期徒刑,剥夺政治权利终身,没收个人全部财产。这一形式上合乎法律规定但明显不合情理的判决迅速引发了社会大众、媒体的激烈争议,他们呼吁对许霆作减轻、从轻甚至认定无罪,形成“公众判意”效应。司法系统最终妥协。2008年1月9日,广东省高级人民法院以“事实不清,证据不足”为由裁定发回重审。3月31日,广州市中级人民法院重审此案,依法认定许霆犯盗窃罪,判处有期徒刑5年,并处罚金2万元。

在此案中,一审法院依当时《刑法》第264条第1项,“盗窃金融机构,数额特别巨大的”,“处无期徒刑或者死刑,并处没收财产”,以及相关司法解释“盗窃金融机构10万元以上即构成数额特别巨大”的规定,判决许霆承担无期徒刑的刑事责任。许霆在该案中的违法行为几乎不具有可复制性,其行为对盗窃金融机构罪意图保护的财产性法益不具有概然意义上的严重的社会危险性。判决许霆无期徒刑,难与“责罚相当”原则相适应。另外,就主观恶性而言,许霆利用银行账户卡超余额取款的方法,并非其他破坏性手段,“无期徒刑”的判决同样无法与行为人的主观恶性相一致。因此,法律人和社会公众普遍认为,一审判决对许霆的量刑过重,违反了“责罚相当”原则。

二审法院综合考量了许霆案的特殊性——社会危害性、主观恶性、行为的可复制性等,认为判决无期徒刑,将严重违反“责罚相当”原则,故在适用一审援引的当时《刑法》第264条的基础上,引用《刑法》第63条第2款关于“……特殊情况,经最高人民法院核准,也可以在法定刑以下判处刑罚”的规定,最终判处许霆5年有期徒刑。

(四)责任自负原则

责任自负原则的含义包括三个方面:其一,违法行为人应当对自己的违法行为负责;其二,不能让没有违法行为的人承担法律责任,即反对株连或变相株连;其三,要保证责任人受到法律追究,也要保证无责任者不受法律追究,做到不枉不纵。现代社会每个人都是独立的个体,具有独立的法律地位,因此,在进行法律责任归结时应当遵循责任自负原则,以保障人权之实现。

二、法律责任的免除

法律责任的免除也称“免责”(区别于“无责任”)。免责是指行为人实施了违法行为,应当承担法律责任,但由于法律的特别规定,可以部分或全部免除其法律责任,即不实际承担法律责任。理解免责,需要注意以下三点。其一,免责意味着有责任,在有责任的情况下才谈得上部分或全部责任的免除。正当防卫、紧急避险本身不负法律责任,所以不存在免责的问题。其二,免责不同于“不负责任”或“没有责任”。其三,免责也不能混同为“证成”违法行为。部分或全部免除责任并不意味着特定的违法行为是合理的、是法律允许或法律不管的。在我国,主要存在以下几种免责形式。

(一)时效免责

时效免责,即法律责任经过一定的期限后而免除。违法者在违法行为发生后,在一定期限内未受到起诉或告诉的,就不再承担法律责任。如我国《刑法》第87条规定:“犯罪经过下列期限不再追诉:(一)法定最高刑为不满五年有期徒刑的,经过五年;(二)法定最高刑为五年以上不满十年有期徒刑的,经过十年;(三)法定最高刑为十年以上有期徒刑的,经过十五年;(四)法定最高刑为无期徒刑、死刑的,经过二十年。如果二十年以后认为必须追诉的,须报请最高人民检察院核准。”时效免责的意义在于督促法律关系主体及时行使权利、结清权利义务关系,使司法机关集中力量打击现行违法犯罪活动,提高司法机关的工作效率,稳定社会生活秩序。

1994年6月,百通公司以自己的名义向广东温泉宾馆申请在后者所有的土地上建一栋楼房,由其使用该楼房15年,之后该楼房产权归广东温泉宾馆所有。1995年3月,该新楼由于某投资建成,1996年由于某任法定代表人的竹馨山庄注册成立。1996年10月,于某以竹馨山庄的名义向房地产管理局申领新建楼房的房产证。时任该局房产交易所登记组组长的被告巢某发现报建材料中用地单位和申请人不一致,但由于同事催促其抓紧办,他未向领导汇报,直接出具了"可确认登记领证"的意见。后竹馨山庄以新建楼房抵押向银行借款。1997年12月31日,借款到期未还,银行申请执行该楼房。2010年8月11日,巢某玩忽职守案被立案侦查。

法院审理认为,巢某的行为已构成玩忽职守罪,应对其判处5年以下有期徒刑,追诉时效期限为10年。但依据司法解释的规定,所涉罪名的追诉期限应从危害结果发生之日起计算,本案具体危害结果发生在1998年1月1日借款逾期未还之时,故追诉期限应为1998年1月1日至2008年1月1日。本案2010年被立案侦查,已过追诉时效,应免除被告人刑事责任。

(二)不诉免责

不诉免责,是指对于那些"不告不理"的违法行为,受害人或利害关系人不提起诉讼,司法机关便不认定和追究违法者的法律责任。这意味着违法者实际上被免除了法律责任。在不诉免责的情形中,法律实际上将追究责任的决定权交给受害人和利害关系人。在我国,绝大多数民事违法行为和某些轻微的刑事违法行为都实行不告不理。例如,我国刑法领域中的一些自诉案件,包括侮辱、诽谤、暴力干涉婚姻自由、虐待等,都是告诉才处理的刑事违法行为。

(三)自首、立功免责

自首、立功免责,是指对那些违法之后有自首或立功表现的人,免除其部分和全部的法律责任。我国《刑法》第67条第1款规定:"犯罪以后自动投案,如实供述自己的罪行的,是自首。对于自首的犯罪分子,可以从轻或者减轻处罚。其中,犯罪较轻的,可以免除处罚。"《刑法》第68条规定:"犯罪分子有揭发他人犯罪行为,查证属实的,或者提供重要线索,从而得以侦破其他案件等立功表现的,可以从轻或者减轻处罚;有重大立功表现的,可以减轻或者免除处罚。"这是一种将功抵过的免责形式。它同样具有社会宽恕、教育和改造罪犯的意义。

(四)协议免责或意定免责

协议免责或意定免责,是指双方当事人在法律允许的范围内通过协商所达成的免责,即所谓"私了"。在民事交往中,双方当事人在预见到可能发生损害后果时,协议规定由受害人自愿承受损害后果的,加害人则对损害事实免除法律责任;在损害事实发生之后,受害人与加害人自愿协议免除加害人法律责任的,也可以使加害人免除法律责任。有合法的免责协议的,受害人不得再向人民法院请求对加害人归责。协议免责或意定免责通常发生在民事法律领域,但协议免责或意定免责都不得规避法定的法律责任。

（五）补救免责

补救免责，是指对于那些实施违法行为，造成一定损害，但在国家机关归责之前采取及时补救措施的人，免除其部分或全部的责任。这种免责的理由是违法者在归责之前已经提前履行了第二性义务。

（六）自助免责

自助免责，是指对自助行为所引起的法律责任的减轻或免除。所谓自助行为，是指权利人为保护自己的权利，在情势紧迫而又不能及时请求国家机关予以救助的情况下，对他人的财产或自由施加扣押、拘束或其他相应措施，而为法律或公共道德所认可的行为。自助行为可以免除部分或全部的法律责任。

（七）因履行不能而免责

因履行不能而免责，是指在财产责任中，在责任人确实没有能力履行或没有能力全部履行的情况下，有关的国家机关全部或部分免除其责任。例如，在法律责任主体死亡、财产责任主体无法偿还债务等情况下，可以免除责任人全部或部分法律责任。因履行不能而免责，是基于人道主义考虑的免责形式，因此也称为人道主义免责。

第三编　法 的 运 行

第十二章　立　　法

第一节　立法概述

一、立法的概念

立法是由特定的主体，依据一定职权和程序，运用一定技术，制定、认可和变动法这种社会规范的活动。立法的一般特点如下：

1. 立法是特定主体的专门活动。立法是由特定国家机关进行的专门活动：只有享有一定立法职权的国家机关才能立法。一国哪个或哪些机关有权立法，在不同历史时期、不同国情之下是不同的。在君主独掌立法权的专制制度下，专制君主是有权立法的主体。现代社会，立法机关是最重要的立法主体，行政机关根据宪法法律的规定，可以享有一定立法职权。

2. 立法是特定主体依照法定权限进行的活动。立法活动具有法定性，享有立法职权的主体必须在其权限范围内就特定事项采取特定形式的立法。其一，立法主体只能就自己享有的特定级别或层次的立法权立法。例如，享有地方立法权的立法主体，便不能行使国家立法权。其二，立法主体只能就自己享有的特定种类的立法权立法。例如，政府只能行使行政立法权，而不能行使立法机关的立法权限。其三，立法主体只能就自己有权采取的特定法的形式立法。例如，国务院必须依据宪法法律，制定行政法规。其四，立法主体只能就自己所行使的立法权的完整性、独立性立法。立法主体享有的立法权的完整性和独立性不一样，只能在自己所享有的立法权的完整程度和独立程度内立法。例如，只能就制定某种法行使提案权的主体，便不能就制定该种法行使审议权、表决权和公布权。其五，立法主体只能就自己能调整和应调整的事项立法。例如，《立法法》第 72 条第 2 款规定："设区的市的人民代表大会及其常务委员会根据本市的具体情况和实际需要，在不同宪法、法律、行政法规和本省、自治区的地方性法规相抵触的前提下，可以对城乡建设与管理、环境保护、历史文化保护等方面的事项制定地方性法规，法律对设区的市制定地方性法规的事项另有规定的，从其规定。……"

3. 立法是特定主体依照法律程序进行的活动。立法必须依据一定程序进行，立法程序在不同时代和国情下具有较大差别。现代立法一般可以划分为立法前准备阶段、由法案到法阶段以及立法完善阶段，其中，由法案到法阶段一般都经过法案的提出、审议、表决和公布诸程序。在实行民主政体的古代国家，立法会遵循一定的程序；即使在君主言出法随的专制国家，立法也并非没有程序。立法依据一定程序，有利于保证立法的严肃性、权威性和稳定性。

4. 立法是制定、修改、补充和废止规范性文件的活动。广义的立法活动,不仅包括立法前的立法规划、立法协商,也包括法案到法阶段的制定法律活动,还包括立法后的修改、解释等活动。此处的立法活动采用通说,主要指由法案到法以及立法完善阶段的活动。制定是立法主体进行的直接立法的活动。修改和补充是立法主体对现行法进行变动的活动。废止是立法主体终止现行法效力的活动。立法的这一特征表明立法是由一系列相关活动所组成的,具有科学性和技术性要求。

5. 立法是运用一定技术进行的活动。立法技术指立法主体在立法过程中采取的如何使所立之法臻于完善的技术性规则,或者说是制定和变动规范性文件活动中的操作技巧和方法。

二、立法的分类

依据不同的标准,可以对立法进行不同分类。

1. 根据立法产生的依据的不同,可以分为依法进行的立法和授权立法。前者是指有关国家机关依据宪法和法律规定的职权进行的制定法律规范的活动,例如,《宪法》《立法法》明确规定,全国人民代表大会制定和修改刑事、民事、国家机构的和其他的基本法律,全国人民代表大会常务委员会制定和修改除应当由全国人民代表大会制定的法律之外的其他法律。后者是指有关国家机关依据有权的国家机关授予的权力进行的制定法律规范的活动。需要注意的是,授权立法包括专门授权立法和法条授权立法两种情形。此处的授权立法专指专门授权立法,即《立法法》第 9 条的情形,而不是指法条授权立法。法条授权立法,就是享有国家立法权的立法机关通过制定法律的形式赋予行政机关相应的立法权限。

2. 依据国家机关性质的不同,可以分为国家权力机关的立法和国家行政机关的立法。国家权力机关的立法在我国指人大立法,具体指全国人民代表大会及其常务委员会、省级和设区的市的人民代表大会及其常务委员会制定法律规范的活动;国家行政机关的立法指行政立法,具体指国务院及其部门制定法律规范的活动。这两种立法在立法权性质、权限、程序上都具有差异。

3. 依据国家机关地位的不同,可以分为中央立法与地方立法。在我国,全国人民代表大会及其常务委员会和国务院及其部委制定法律规范的活动都属于中央立法;省、自治区、直辖市以及设区的市的地方人民代表大会及其常务委员会制定法律的活动则属于地方立法。中央立法以国家名义进行,其立法文件在全国范围内适用;地方立法以管辖区域的地方名义进行,其立法文件在其管辖范围内适用。

三、立法权

对于立法权,有两种不同的认识。一种观点认为国家权力机关是立法权的唯一主体,具有专属性。另一种观点认为立法权分属不同主体,由多种不同类型的主体行使,凡是能够创制法律规范的主体都具有立法权。本书认为,立法权专属于国家权力机关。但是,国家权力机关并不单独行使立法权,而是通过授权立法的方式,使其他国家机关具备一定立法权限,从而作出相应的立法活动。

立法权是国家权力机关制定、修改、补充、废止法律及其他法规的权力。立法权具有如下特征：

1. 立法权是国家立法机关享有的一种相对独立的国家权力。立法权是国家权力体系中一个独立的部分，是相对于行政权、司法权等国家权力的一种独立的权力。立法权作为一个相对独立的权力，是近代以来分权理论的产物，因为在封建专制时代，王权就是一切。所谓相对独立，表明立法权与行政权、司法权并不是绝对分立的，而是互相影响的。例如，国家权力机关通过宪法法律或授权立法的形式，使得行政机关享有部分立法权限。

2. 立法权是国家立法机关享有的最高的国家权力。从国家主权或人民主权的角度看，立法权是最高国家主权的体现，一个国家（单一制国家）的立法权只有一个，它是由主权的代表机关行使的。[1] 因此，立法权相对于行政权、司法权具有优位性，其在国家权力体系中处于核心地位。

3. 立法权是国家立法机关享有的整体性的国家权力。完整的立法权，既包括实体性的立法权力，也包括程序性的立法权力。实体性的立法权力，主要包括制定、修改、废止法律的权力。程序性的立法权力，主要包括提案权、审议权、表决权、公布权等权力。

四、立法的原则

（一）立法原则的含义

立法原则是立法主体据以进行立法活动的重要准绳，是立法指导思想在立法实践中的重要体现。需要注意到立法原则与立法指导思想的联系与区别。所谓立法指导思想，就是立法的理论依据，是指立法中具有普遍、根本指导意义的思想，是体现主权者的根本利益和整体意志，并形成比较系统的理论形态的世界观和方法论。一方面，立法指导思想与立法原则相互关联。立法指导思想是观念化和抽象化的立法原则，立法原则是规范化和具体化的立法指导思想。立法指导思想须通过立法原则来体现和具体化，立法原则须根据立法指导思想来确定，两者紧密关联。另一方面，立法指导思想与立法原则相互区别。其一，立法指导思想是为立法活动指明方向的理性认识和重要理论依据，立法原则是立法活动据以进行的基本准绳。其二，立法指导思想主要作用于立法者的思想，通过立法者的思想来影响立法活动；立法原则主要作用于立法者的立法行为，通常直接对立法活动发挥作用。其三，立法指导思想和立法原则有抽象和具体的区别。不能把两者完全等同起来，不能以立法指导思想代替立法原则，也不能以立法原则代替立法指导思想。

（二）当代中国立法的基本原则

1. 宪法原则。宪法是其他所有法律和法规直接或间接的立法基础。背离宪法原则，立法必然紊乱。因此，各国立法非常强调正确处理立法同宪法的关系，强调立法应以宪法为依据。

2. 法治原则。立法的法治原则，主要包含三个方面的内容和要求：其一，一切立法权

---

〔1〕 参见蔡定剑：《立法权与立法权限》，载《法学研究》1993 年第 5 期。

的存在和行使都应有法定依据;立法主体的立法活动须具有法定依据,在法定职权和职责范围内进行;立法活动的各个环节须依法进行。其二,规范立法制度和立法活动的法,应充分反映人民的意愿,有利于立法发展、社会进步和保障人的各种基本权利。其三,关于立法方面的法,在立法活动中具有最高地位和权威,获得普遍服从。在我国,《立法法》确立的法治原则,反映了现今各国立法的法治原则的共性,也突出地反映了中国的国情特色。“立法应依照法定权限和程序”,是共性的体现;“从国家整体利益出发,维护社会主义法制的统一和尊严”,是特色的体现。

3. 民主原则。从现代民主原则的普遍性和本国民主原则的特色相结合的角度看,中国立法所应遵循的民主原则,其含义和内容应包括三个要素:其一,立法主体的广泛性。人民是立法的主人,立法权在根本上属于人民,由人民行使。人民通过多种途径、多种形式参与立法。其二,立法内容具有人民性,以维护人民的利益为宗旨,注意确认和保障人民的权利。其三,立法过程和程序具有民主性。在立法过程中贯彻群众路线,使人民能够通过必要的途径,有效地参与立法,有效地在立法过程中表达自己的意愿。我国《立法法》第5条规定:“立法应当体现人民的意志,发扬社会主义民主,坚持立法公开,保障人民通过多种途径参与立法活动。”这是立法民主原则在中国的法律表达。

4. 科学原则。科学立法原则,即实事求是、从实际出发的立法原则。具体而言,科学立法原则要求:其一,立法必须从现实国情出发。社会实践是立法的基础,法律是实践经验的总结。立法工作必须坚持从国情出发,从实际出发,而不能从愿望出发,不能从概念出发,不能完全照搬照抄西方发达国家的既有立法成果,而应该始终以我国改革开放和社会主义现代化建设的伟大实践作为立法的基础。其二,立法必须反映客观规律。实事求是的根本问题就是如何正确地反映客观规律。这就要求立法者不能带有主观随意性,而必须把立法工作建立在对它所规定事情的本质和发展规律的深刻认识的基础之上。立法必须能正确地反映客观事物的本来面貌。我国《立法法》第6条第1款明确规定:“立法应当从实际出发,适应经济社会发展和全面深化改革的要求,科学合理地规定公民、法人和其他组织的权利与义务、国家机关的权力与责任。”这些内容正是科学立法基本要求的具体体现。

第二节 立法制度

一、立法主体

(一)立法主体概述

对于立法主体的定义,人们存在不同的认识。在国外法学著作中,立法主体具有较为广泛的意义,不仅包括国家机关,还包括组织和个人。中国法学著作中,对立法主体的界定主要有两种代表性的观点:一种观点认为,“立法主体就是各种立法活动参与者的总称”;[2]

---

〔2〕 周旺生:《立法学》,法律出版社2009年版,第164页。

另一种观点认为,“立法主体是指有权制定、认可、修改废除法律的国家机关”。[3] 考虑到现代社会立法主体主要是国家机关,结合中西立法实践和法律制度,我们认为,立法主体是根据宪法和有关法律的规定,有权制定、修改、补充、废止法的国家机关。关于立法主体的界定,应该把握以下几个特征:

1. 立法主体是特定的国家机关。立法是由国家机关进行的,其他社会组织、团体和个人都无权立法。然而,并不是所有国家机关都有权立法,只有具有立法权限的国家机关才可以立法。实行一元立法体制的国家,立法权专属于最高国家权力机关;实行立法权分权的联邦制国家,中央与地方各自享有专属立法权,互不干涉。对于一元立法体制的国家,虽然立法权专属于最高国家权力机关,但是,这不等于说行使立法权和从事立法活动的机关只能是一个。例如,梳理回顾我国立法实践,1954 年《宪法》规定国家立法权只能由全国人民代表大会行使,直到 1982 年《宪法》才规定全国人民代表大会常务委员会有权制定法律。1982 年《宪法》制定不久,经济建设成为国家工作的中心,经济体制改革和对外开放领域遇到的许多问题,都需要制定法律,但条件又不成熟。在这一背景下,彭真创造性地主导全国人民代表大会及其常务委员会对国务院进行了三次授权立法。[4] 此后,享有立法职权的国家机关不断扩大。但是,国务院、地方人民代表大会所行使的立法职权有别于最高国家权力机关所享有的立法权,国务院、地方人民代表大会所行使的立法职权是立法权的派生。综上所述,立法主体并不是一成不变的,而是随着经济社会的发展而不断变化。

2. 立法主体是依法行使立法职权的国家机关。只有根据宪法和法律或者根据相关法律的授权拥有立法职权的国家机关才是立法主体。所谓立法职权,就是国家立法权限划分后,由特定的立法主体所享有的具体的立法资格和权限。[5] 依据《立法法》,全国人民代表大会和全国人民代表大会常务委员会行使国家立法权;国务院根据宪法和法律,制定行政法规;省、自治区、直辖市、设区的市的人民代表大会及其常委会,在不同宪法、法律、行政法规相抵触的情况下,可以制定地方性法规。

(二)立法主体的种类

1. 立法机关

立法机关,指在国家机构中地位最高的,以立法为主导职能的,通过议事的形式开展活动的,制定、认可和修改法律的国家机关。通常是指议会或者权力机关、代表机关、代议机关。

立法机关在西方各国宪法中的名称各异,一般称为议会和国会。在西方资产阶级民主制度下,立法机关主要是通过选举的方式产生。在实行共和制的国家中,立法机关的成员通常由选举产生。在实行君主制的国家,立法机关的成员除由选举产生外,还有通过任命、世袭等方式产生的情形。从世界范围看,各国立法机关的具体构成复杂多样,主要以

〔3〕 张根大等:《立法学总论》,法律出版社 1991 年版,第 143 页。

〔4〕 参见刘松山:《国家立法三十年的回顾与展望》,载《中国法学》2009 年第 1 期。

〔5〕 参见曹海晶:《中外立法制度比较》,商务印书馆 2016 年版,第 75 页。

一院制和两院制为基本模式。所谓一院制，指立法机关只设一个议院并由它行使议会全部职权的结构模式。所谓两院制，指立法机关设两个议院并由两院共同行使议会职权的结构模式。西方国家立法机关的内部组成，一般包括议员、议长领导机构、议会委员会、议会党团、工作机构等。

各级人民代表大会是我国最重要的立法主体。全国人民代表大会及其常务委员会是制定国家法律的主体。(1)全国人民代表大会。全国人民代表大会是最高国家权力机关。全国人民代表大会由省、自治区、直辖市、特别行政区和军队选出的代表组成。全国人民代表大会设立民族委员会、宪法和法律委员会、监察和司法委员会、财政经济委员会、教育科学文化卫生委员会、外事委员会、华侨委员会、环境与资源保护委员会、农业与农村委员会、社会建设委员会和其他需要设立的专门委员会。在全国人民代表大会闭会期间，各专门委员会受全国人民代表大会常务委员会的领导。(2)全国人民代表大会常务委员会。全国人民代表大会常务委员会是全国人民代表大会的常设机关，是在全国人民代表大会闭会期间行使部分最高权力的机关，它的组成人员由全国人民代表大会选举产生。根据《宪法》第65条规定，全国人民代表大会常务委员会由委员长1人、副委员长若干人、秘书长1人、委员若干人组成。全国人民代表大会常务委员会设立秘书处、办公厅、法制工作委员会等办事机构，除此之外，还设有代表资格审查委员会、香港特别行政区基本法委员会和澳门特别行政区基本法委员会等专门的工作机构。

全国人民代表大会是最高国家权力机关，制定、修改刑事、民事、国家机构的以及其他的基本法律。实践中，全国人民代表大会及其常务委员会行使立法权受到各种现实条件制约。党的十八届四中全会提出："健全有立法权的人大主导立法工作的体制机制，发挥人大及其常委会在立法工作中的主导作用。"2015年修改的《立法法》将人大主导立法明确写入法律，使其从执政党的政治主张上升为国家宪法性法律，该法第51条规定："全国人民代表大会及其常务委员加强对立法工作的组织协调，发挥在立法工作中的主导作用。"人大主导立法虽然是近年来的新提法，但是，全国人民代表大会制度与立法体制的设计始终贯穿着这一要求，并在宪法法律规范中予以表达。

2. 行政机关

行政机关，是行使国家行政权力的机关，其主要通过执行立法机关制定的法律和决定，管理国家内政、外交、军事等方面的行政事务。行政机关有两个基本要素：一是独立的法律地位。行政机关属于国家机关，并代表国家对外作出意思表示，因此它需要有独立的法律地位。这个独立的法律地位包括编制、预算、组织法和印章等内容。二是法定管辖权。法定管辖权划定行政机关职权的边界，行政机关不得超越法定管辖权行使行政职权。[6]

在西方，实行总统制的国家，最高行政机关以选举产生的总统为首脑，行政机关的其他成员由总统依法律程序任命。实行内阁制的国家，最高行政机关以议会为基础产生，内阁首相通常由议会中占多数席位的政党或政党联盟的领袖担任，是最高行政机关的首脑。实行委员制的国家，最高行政机关的成员由议会选举产生，最高行政机关向议会负责。根

〔6〕 参见章剑生：《现代行政法总论》(第2版)，法律出版社2019年版，第111页。

据分权原则,西方国家的行政机关一般没有立法权。但在立法实践中,立法机关往往把某些立法职权委托给执行机关去行使,行政机关便获得部分立法权,通常称为委托立法权。

在我国,国务院即中央人民政府,是最高国家权力机关的执行机关,是最高国家行政机关。国务院总理的产生根据中华人民共和国主席提名,由全国人民代表大会决定国务院总理的人选。根据1954年《宪法》规定,国务院不能制定行政法规。改革开放后,这一规定不能适应全国人民代表大会及其常务委员会与国务院之间权限明确、分工负责、互相配合的需要,也不适应行政管理的日益复杂性与多样化的需求,1982年《宪法》便规定了国务院根据宪法和法律,制定行政法规的权限,国务院组成部门也获得了制定行政规章的权利。

在我国,宪法和法律规定全国人民代表大会及其常务委员会的立法地位优于国家行政机关,国家权力机关应当在立法中发挥主导作用,但是行政机关在立法中发挥的实际作用突出:行政法规的立法数量远远超过权力机关的立法数量;在权力机关制定的法律中,国务院提出的立法议案占总数的70%多;全国人民代表大会及其常务委员会三次授权国务院立法;行政规章进入了法律体系。

二、立法权限

(一)立法权限的概念与特征

国家立法权是统一的,专属于国家权力机关。但是,这并不等于说行使立法权、从事立法活动的机关只能是国家权力机关。相反,立法活动可以由不同的机关来实施。不同机关在行使立法权时,就涉及权限划分问题。据此,立法权限是指立法主体行使立法职权的权力限度和内容范围。

立法权限可以从如下四个方面进行理解:一是立法内容的限制,即立法主体对哪些范围的事项进行立法;二是立法形式的限制,即立法主体采取哪种规范形式对立法内容予以规定;三是立法程序的限制,即立法主体具有哪些程序上的权力和遵循怎样的程序立法;四是立法适用范围的限制,即立法主体的立法权在哪些领域或方面产生效力。

(二)立法权限划分的模式

立法权限划分包括三个维度或三种情形,即国家权力机关之间的立法权限划分、立法机关与行政机关之间的权限划分以及中央与地方立法权限划分。不同的立法权限划分模式,形成不同的立法体制。

从立法机关与行政机关之间立法权限的划分看,依据各国的立法实践,行政机关主要是通过一定的方式获得立法职权。根据授权依据的不同,便有不同的划分模式。其一,宪法对行政机关的立法职权作出规定,可以称为依职权立法。例如,我国《宪法》《立法法》都明确规定国务院根据宪法和法律,制定行政法规。其二,行政机关依据授权法而获得立法职权,其立法权限由授权法予以规定。改革开放以来,全国人民代表大会及其常务委员会多次授权国务院立法。具体如下:

1983年9月2日,第六届全国人民代表大会常务委员会第二次会议决定:授权国务院对1978年5月24日第五届全国人民代表大会常务委员会第二次会议原则批准的《国务院关于安置老弱病残干部的暂行办法》和《国务院关于工人退休、退职的暂行办法》的部分规定作一些必要的修改和补充。1984年9月18日，第六届全国人民代表大会常务委员会第七次会议根据国务院的建议作出决定：授权国务院在实施国营企业利改税和改革工商税制的过程中，拟定有关税收条例，以草案形式发布试行，再根据试行和经验加以修订，提请全国人民代表大会常务委员会审议。1985年4月10日，第六届全国人民代表大会第三次会议决定：授权国务院对于有关经济体制改革和对外开放方面的问题必要时可以根据宪法，在同有关法律和全国人民代表大会及其常务委员会的有关决议的基本原则不相抵触的前提下，制定暂行的规定或条例，颁布实施，并报全国人民代表大会常务委员会备案。[7]

在我国，国家的一切权力属于人民，人民通过人民代表大会制度行使国家立法权，全国人民代表大会及其常务委员会行使国家立法权。由于国家对经济和社会生活的干预增多和行政权力的相对扩大，单靠立法机关立法无法适应社会发展的需要。立法机关以委托立法方式，赋予行政机关以立法权；同时，行政机关制定的各种规范性文件也是一种行政立法活动。行政机关的立法权是宪法赋予的，具有从属性和派生性。

从中央与地方立法权限划分的模式看，可以分为如下几种模式：其一，中央集权模式。此种模式下，国家作为一个整体，一切立法权都归中央政权所有，中央政权所制定的法律在全国范围内生效，地方没有立法权。其二，集权分权模式。此种模式下，立法权主要由中央行使，但在一定条件和限度下，地方享有一些中央政权授予的地方立法权。其三，有限授权分权模式。此种模式下，立法权主要由地方政权行使或者由中央与地方共同行使，在有些事项上以地方立法为主，有些事项上则以中央立法为主。

我国立法权限划分在不同历史时期采取不同的模式，从中华人民共和国成立到1954年《宪法》的颁布是我国实行分散立法模式的时期，这一时期，从中央到地方的多级主体享有立法职权。从1954年《宪法》颁布到1979年第五届全国人民代表大会第二次会议前，我国实行的是中央集权的立法模式。这个时期，除民族自治地方之外，其他主体都不享有立法权，立法权由国家权力机关统一行使。从1979年第五届全国人民代表大会第二次会议至今，我国立法权限划分采取的是集权分权立法模式，中央在对立法集中统一领导的前提下，赋予地方一定的立法职权。

（三）我国立法权限的划分

1. 中央国家机关的立法权限

在中央国家机关立法权限划分体系中，主要涉及全国人民代表大会和国务院以及全国人民代表大会内部和国务院内部立法权限的划分。

（1）全国人民代表大会及其常务委员会的立法权限。依据《宪法》《立法法》规定，全国人民代表大会是最高国家权力机关，享有最高的国家立法权，具体权限包括：修改宪法，

---

〔7〕 参见万其刚：《论当代中国的授权立法》，载《当代中国史研究》1996年第5期。

制定、修改刑事和民事基本法律,制定和修改有关国家机构的法律,制定和修改其他基本法律。全国人民代表大会常务委员会和全国人民代表大会共同行使国家立法权,但其不能超越全国人民代表大会的立法权限,其立法权限大致包括:解释宪法和法律,制定和修改除应当由全国人民代表大会制定的法律之外的其他法律,补充和修改全国人民代表大会制定的法律。

(2)国务院及其组成部分的立法权限。依据《宪法》《立法法》规定,国务院根据宪法和法律,制定行政法规。国务院制定行政法规的权限包括:为执行法律的规定需要制定行政法规的事项,《宪法》第89条规定的国务院行政管理职权的事项,全国人民代表大会及其常务委员会授权的事项。国务院部门可以根据法律和国务院的行政法规、决定、命令,在本部门的权限范围内制定规章。国务院有权制定行政法规,但是,宪法授予的国务院根据宪法法律制定行政法规的权力是一种从属性的权力,即国务院的立法权限是由宪法授予的。

2. 地方国家机关的立法权限

地方国家机关立法权限划分,主要涉及省、自治区、直辖市和设区的市的人民代表大会及其常务委员会;省、自治区、直辖市和设区的市的人民政府;民族自治地方的人民代表大会、特别行政区立法机关等立法主体的立法权限问题。

(1)省、自治区、直辖市和设区的市的人民代表大会及其常务委员会的立法权限。根据《立法法》,省、自治区、直辖市的人民代表大会及其常务委员会在不同宪法、法律、行政法规相抵触的前提下,可以制定地方性法规。设区的市的人民代表大会及其常务委员会在不同宪法、法律、行政法规和本省、自治区的地方性法规相抵触的前提下,可以对城乡建设与管理、环境保护、历史文化保护等方面的事项制定地方性法规。依据《立法法》第73条第1款规定,地方性法规可以就两个方面的事项作出规定:为执行法律、行政法规的规定,需要根据本行政区域的实际情况作具体规定的事项;属于地方性事务需要制定地方性法规的事项。这实际上划定了省、自治区、直辖市和设区的市的人民代表大会及其常务委员会的立法权限。

(2)省、自治区、直辖市和设区的市的人民政府的立法权限。依据《立法法》,省、自治区、直辖市和设区的市、自治州的人民政府,可以根据法律、行政法规和本省、自治区、直辖市的地方性法规,制定规章。根据《宪法》和《立法法》,地方性法规与其上位法的关系适用"不抵触"原则,而规章与其上位法的关系适用"根据"原则。地方政府规章的事项范围包括:为执行法律、行政法规、地方性法规的规定需要制定规章的事项和属于本行政区域的具体行政管理事项。

(3)民族自治地方的立法权限。根据现行《宪法》《立法法》《民族区域自治法》,民族自治地方的立法权包括:其一,民族自治地方的一般地方立法权,包括自治区、自治州的人民代表大会及其常务委员会有权制定地方性法规,自治区和自治州的人民政府有权制定地方政府规章。其二,民族自治地方的特殊立法权,即民族自治地方的人民代表大会有权依照当地民族的政治、经济和文化的特点,制定自治条例和单行条例。

(4)特别行政区立法机关的立法权限。特别行政区的立法有别于中国一般地方性立法,其立法权限是在"一国两制"方针指导下,建立在高度自治基础上的立法权限,其立法权限不仅超过省、自治区、直辖市在制定地方性法规方面的权限，也超过了民族自治地方的自治立法权限。例如，香港特别行政区的立法机关是立法会，根据《香港特别行政区基本法》的规定，立法会的立法权限包括：其一，香港特别行政区自治范围内的事项，即除国防、外交以及《香港特别行政区基本法》规定属于中央管理的事项之外，都属于香港特别行政区自治范围内的事项。其二，为保障全国性法律在香港特别行政区实施的事项。此外，香港特别行政区还拥有《香港特别行政区基本法》的修改提案权。

三、立法程序

立法程序是立法主体在立法过程中必须遵循的特定方式、步骤、顺序和时限的总称。立法程序具有如下特点：

1. 立法程序包括法定程序和非法定程序两个方面的内容。法定立法程序就是通过立法将成熟的、行之有效的立法方式、步骤等予以确认，成为法定的步骤与方式。非法定程序就是通过制定工作规则对立法的一般方式、方法和步骤加以固化或者形成惯例，而未通过立法上升到法定程序。

2. 立法程序具有严格的方式、步骤、顺序和时限。方式、步骤、顺序和时限是立法程序的基本要素，立法的各个环节和步骤都是在特定方式和时限、顺序下作出，而且这些环节和步骤之间应当互相协调，保持一定连贯性。立法程序一般包括提出法案、审议法案、表决法案以及公布法案 4 个环节和步骤。每个环节和步骤又必须遵循特定的方式与要求，以提出法案为例，它必须由特定主体在特定权限范围内依照一定的程序、时限提出。

3. 立法程序具有多样性。立法主体的多层次性和立法效力的多层次性决定了立法程序的多样性，即立法程序除特指制定法律的程序之外，还有制定法规和其他规范性文件的程序。宪法、法律、法规和规章等，分别由不同立法主体依据相应的立法程序制定。

立法程序可以划分为不同类别，依据立法主体的不同可以划分为立法机关立法的程序和行政机关立法的程序。下文主要以制定法律为例讨论立法程序，包括法案的提出、法案的审议、法案的表决、法案的公布。

（一）法案的提出

法案的提出，指有立法提案权的机关、组织和个人，依据法定程序向有权立法的机关提出关于制定、认可、修改、废止法的议案。

提法案者应是有权提案的主体。根据我国《宪法》及《立法法》等规定，有权向全国人民代表大会提出法律案的主体包括：全国人民代表大会主席团、全国人民代表大会常务委员会、国务院、中央军事委员会、最高人民法院、最高人民检察院、全国人民代表大会各专门委员会、一个代表团或者 30 名以上的代表联名。有权向全国人民代表大会常务委员会提出法律案的主体包括：委员长会议、国务院、中央军事委员会、最高人民法院、最高人民检察院、全国人民代表大会各专门委员会、全国人民代表大会常务委员会组成人员 10 人以上联名。

提法案者须依据法律法规规定的方式、形式及相关限制性要求作出。

1. 法案的提出方式。依据《立法法》第 16 条第 1 款规定，向全国人民代表大会提出的法律案,在全国人民代表大会闭会期间,可以先向常务委员会提出,经常务委员会会议依照本法第二章第三节规定的有关程序审议后,决定提请全国人民代表大会审议,由常务委员会向大会全体会议作说明,或者由提案人向大会全体会议作说明。

2. 法案的形式。依据《立法法》第 54 条规定,提出法律案,应当同时提出法律草案文本及其说明,并提供必要的参阅资料。修改法律的,还应当提交修改前后的对照文本。法律草案的说明应当包括制定或者修改法律的必要性、可行性和主要内容,以及起草过程中对重大分歧意见的协调处理情况。

3. 提出法案的权限和程序。法案的提出除须由特定主体提出、遵循一定方式和形式要求之外,相关提案主体还受到权限、程序上的限制,即特定主体提案只能在其权限范围内依据有关程序提出。

(二)法案的审议

审议法案,指由法案到法阶段,有权主体对法案运用审议权,对法律草案进行正式的审查和讨论。

法律案的审议,各国立法机关的全体会议、领导机关、专门委员会,都可以通过分工合作参与行使法律案审议权。但这几个方面的主体所掌握的法律案审议权有一定区别,从而形成多种类别的法律案审议程序。第一类是由议会大会直接审议法律案的程序,议会不必将法案交付专门委员会审议。实践中,这种情况极少。第二类是由议会大会到专门委员会再到议会大会的审议程序。这种类别的法律案审议程序中,审议权主要由议会大会掌握,典型的国家如英国、澳大利亚等。第三类是由专门委员会再到议会大会的审议程序,审议权主要由委员会掌握,实行这类审议程序的典型国家有法国、意大利、西班牙等。第四类是对不同的法律案采取不同的审议程序,日本采用的就是这种混合类型的法案审议程序。我国全国人民代表大会审议法律案的过程,主要包括全体大会听取提案人对法律案的说明、代表团审议、专门委员会审议、法律委员会审议和主席团召开团长会议等内容。

(三)法案的表决

表决法案,指有权机关和人员通过一定方式对法案是否赞同的表态过程。法案表决的时间比法案审议的时间短很多,大多数国家为了防止在表决过程中出现错误或舞弊现象,通常会规定具体的表决方式和程序。表决可以分为公开表决和秘密表决,公开表决是为了使公众知道表决者对法案的态度,主要包括口头表决、站立表决、举手表决、唱名表决、投票表决等形式。秘密表决是不向公众表明表决者对法案的态度,通常采取无记名投票表决方式。

(四)法律的公布

公布法律,指有权机关或人员,在特定时间内,采用特定方式,将法公之于众。公布法的权力在多数国家由国家元首行使,在有些国家由立法机关的领导机构行使。

法律的公布须遵循一定的要求,包括规定公布法律的主体、公布法律的日期、具体公布办法。关于法律公布的主体,依据我国《立法法》第 25、44 条规定,全国人民代表大会及其常务委员会通过的法律,都由国家主席签署主席令予以公布。主席令载明法律的制定机关、通过和施行日期。关于法律公布的日期,我国法律没有明确规定。实践中,全国人民代表大会或全国人民代表大会常务委员会通过的法律,一般是在通过的当天就由国家主席以主席令的形式予以公布。关于法律公布的办法,《立法法》第58条第2~3款规定,法律签署公布后,及时在全国人民代表大会常务委员会公报和中国人大网以及在全国范围内发行的报纸上刊载。在常务委员会公报上刊登的法律文本为标准文本。

第三节 立法活动

立法是动态有序的,是具有阶段性、关联性、完整性的活动过程。这一过程分为三个阶段:其一,立法准备阶段。立法准备,一般是指在提出法案前进行的活动,是为正式立法提供条件或奠定基础的活动。其二,由法案到法的阶段。由法案到法的阶段是指法案提出直到法的公布这一系列正式的立法活动所构成的立法阶段。其三,立法完善阶段。立法完善,指法案变为法后,为使该法进一步臻于科学化,更宜于体现立法目的和适应客观情况的变化,而进行的法律修改、解释和立法辅助工作构成的立法阶段。

每一立法阶段都由一系列具体的立法活动构成,在此,仅就立法规划、立法协商、制定法律、立法解释、法的修改等展开论述。

一、立法规划

立法规划,指享有立法权的机关依据国家的方针政策、国民经济和社会发展计划,在科学的立法预测基础上,作出的立法目标、措施、步骤等设想和安排。立法规划的实践源于第七届全国人民代表大会常务委员会,从第八届全国人民代表大会常务委员会开始,制定五年立法规划已成为一种立法惯例,截至第十三届时共制订了七个立法规划。从1993年开始,全国人民代表大会常务委员会开始制订年度立法计划,此后一直坚持这一制度。年度立法计划是为了贯彻五年立法规划的原则要求,落实立法规划确定的立法项目审议安排,也是对立法规划的必要补充与调整。目前,除了全国人民代表大会常务委员会之外,国务院及其部门,省、自治区、直辖市等人民代表大会常务委员会也会制定年度立法计划,部分地方还制定立法规划。2015年修改的《立法法》肯定了立法规划和立法计划的经验,并正式确立这一制度。

编制立法规划的步骤可以分为四个阶段:一是提出立法项目,二是汇总立法项目,三是审查立法项目并编制立法规划,四是审议、批准立法规划。依据《十三届全国人大常委会立法规划》,立法规划的内容一般由三类项目组成:第一类是条件比较成熟、任期内拟提请审议的法律草案;第二类是需要抓紧工作、条件成熟时提请审议的法律草案;第三类是立法条件尚不完全具备、需要继续研究论证的立法项目。

二、立法协商

立法协商,指立法过程中立法主体、各类利益相关者对立法中的重要争议问题进行沟通、商谈、协调，以寻求各方最大共识的活动过程。立法协商是协商民主制度的重要内容，在中国社会主义制度下，有事好商量，众人的事情由众人商量，找到全社会意愿和要求的最大公约数，是人民民主的真谛。《立法法》中不少条款都与立法协商有关，相关规定主要涉及制定法律和行政法规过程中的协商。

依据立法协商过程中主导力量的差异，立法协商可以分为：执政党主导型、有权立法机关主导型、人民政协主导型。[8] 执政党主导型，即中国共产党组织的立法协商，主要是指中国共产党在人民政协同各民主党派和各界代表人士进行的立法协商。有权立法机关主导型，即具有立法权的机关组织的立法协商，在我国制度实践早期，立法协商一般表现为人大、政府等有权立法的机关就立法案草案，征求人民政协意见。有权立法机关组织的立法协商，从其性质上讲，属于“立法征求意见”的范畴，其独特之处在于征求意见的对象并非不特定的社会公众，而是特定的政协组织、政协委员。人民政协主导型，即人民政协组织的立法协商，与有权机关组织的立法协商不同，在新型立法协商的模式中，人民政协扮演主动者的角色。本书的立法协商主要是指有权立法机关主导型的立法协商，但是，又不限于人民政协参与立法协商，而是包含其他国家机关、党派团体、基层组织、社会组织、公民等其他主体参与立法协商。立法协商的主要方式和渠道包括：提案、会议、座谈会、论证会、公示、公开征求意见、民意调查等。不同主体参与立法协商过程中，立法协商的方式和渠道具有差异性。例如，人民政协参与立法协商主要通过座谈会等形式，而公众、社会组织参与协商主要通过公开征求意见、论证会等形式。

立法的本质就是利益协调和整合的过程，立法协商作为利益整合机制，其在调节多元利益主体之间的关系中发挥重要作用。立法协商贯穿立法全过程，既应当在立法前展开，也应在立法过程中展开。当前，法律层面并未就立法协商的主体、参与者、相关主体的权利义务、协商程序等进行具体规定，各地对如何进行立法协商处于摸索阶段，有些地方比较注重立法协商的制度建设。例如，杭州市政协主动与市人民代表大会法工委等部门沟通，制定了《关于建立立法协商机制充分发挥人民政协在立法中作用的实施意见》，明确了立法协商的六个重要环节，即立法计划的意见反馈机制、立法项目的协商通报机制、立法前协商的流程规范、市政协立法协商力量的组建、立法项目的后评估机制、开展委托第三方起草立法项目的探索。

立法过程中的“关门立法”“选择性立法”也是政府立法中的常见行为逻辑，“关门立法”“选择性立法”容易导致公共利益被忽视。立法协商有利于克服当前我国立法实践中一些弊端，比如，“部门利益法制化”“地方利益法制化”，政府部门利益、地方利益通过立法的形式予以制度化、法律化。此外，立法协商不仅能使法律的制定、修订契合法律发展的客观规律和发展逻辑，而且能彰显社会成员的共同意志，使人民的利益得以表达，从而提高立法的科学性与民主性，提高立法质量与品质。实践中，立法协商的作用受到一定制约。目前，我国的立法协商制度并不完善，对立法协商的法律定位、立法协商的法律内涵、立法协商的主体、立法协商参与主体的权利与义务、立法协商的程序等都缺乏统一规定。参与立法协商的主体具有多元性，其他国家机关、社会组织、人民团体、公民等主体在立法

---

〔8〕 参见朱志昊：《论立法协商的概念、理论与类型》，载《法制与社会发展》2015 年第 4 期。

协商中的能力具有差异性,从而制约了立法协商实际效果。

三、制定法律

制定法律在中国法学著述和立法实践中的含义和用法主要有两种。其一,与立法的含义和用法相同,制定法律就是立法的另一种表达形式。法理学教科书中“法的制定”,一般就是立法的意思,包括制定、认可和变动法的活动。其二,指特定的主体制定新法的活动,与认可、修改、补充和废止等立法活动相对应,是多种类别或形式的立法活动的一种。本节使用的制定法律主要是指第二种含义和用法,即特定主体制定新法的活动。

制定法律的首要目的在于解决无法可依的问题。党的十一届三中全会确立“有法可依、有法必依、执法必严、违法必究”社会主义法制建设十六字方针,其中,“有法可依”是“有法必依、执法必严、违法必究”的前提与基础。首先,制定法律为立法机关、行政机关、监察机关、审判机关、检察机关等国家机关的行为提供法律依据。其次,制定法律为公民、法人、社会组织等参与经济社会生活提供法律依据。建设社会主义法治国家,不仅要依法建成法治政府,也要建成法治社会,这就要求各类社会主体守法,而守法的前提是有法可依。

四、立法解释

狭义的立法解释,指国家立法机关对法律所作的解释。广义的立法解释,指所有依据立法权限制定法律、法规的国家机关对其制定的法律、法规进行的解释。本书使用的立法解释主要是指广义的立法解释,这与上文对立法的概念界定相对应。立法解释具有如下特点:立法解释的主体是特定的和法定的,通常指有权制定法的国家机关;立法解释按照法定权限和法定程序进行;立法解释的目的是进一步明确法律条文的具体含义,明确法律适用的立法依据;立法解释具有明确的法律效力。

广义的立法解释包括:(1)全国人民代表大会常务委员会的法律解释。依据《立法法》第45条第2款,主要包括两种情形:法律的规定需要进一步明确具体含义的;法律制定后出现新的情况,需要明确适用法律依据的。(2)国务院的行政法规解释。依据《行政法规制定程序条例》第31条第1款,主要包括两种情形,行政法规条文本身需要进一步明确具体含义,或者出现新情况需要明确适用行政法规依据的。(3)省、自治区、直辖市、设区的市和其他有权制定地方性法规的地方人民代表大会常务委员会的地方性法规解释。依据1981年全国人民代表大会常务委员会通过的《关于加强法律解释工作的决议》规定,“凡属于地方性法规条文本身需要进一步明确界限或作出补充规定的,由制定法规的省、自治区、直辖市人民代表大会常务委员会进行解释或作出规定”。据此,我国立法解释的主体主要包括:全国人民代表大会常务委员会、国务院、省、自治区、直辖市、设区的市人民代表大会常务委员会。

五、法的修改

法的修改,就是通过改变法的某些规定,使立法达到预期目的,适应新的社会需要。法的修改是立法活动的重要组成部分,具有立法活动的一般性特征,即由特定主体在其权限范围内,依照法定程序进行相关立法活动。同时,法的修改作为一种特定的立法活动,相对于法的制定,又有其独特性,其目的在于使法趋于完善,以适应社会生活的变化。

法的修改方式多种多样。法律修订、法律修正和法律修正案是我国法律修改的三种方式。[9] 这三种法律修改方式呈现出不同的特点,也各有其优势。

1. 法律修订。法律修订是立法机关全面修改法律所采用的方式。所谓全面修改:一方面从形式上来看,法律修订所涉及的法律条文数量通常较多,修改的范围和幅度较大;另一方面,从内容上来看,法律修订往往还涉及法律的主要目的、基本原则、主要制度等重要实体内容的修改。例如,1979 年《刑法》制定后,社会制度与经济体制的转型,导致亟须对刑法典进行大规模修改,但在 1997 年全面修订之前,仅仅是采用单行刑法的形式就对刑法的部分内容作了 23 次的修改,另外非刑事法律中也增加规定了许多罪刑规范。因此,1997 年《刑法》的修改既是一种对旧刑法的全面修改,也是对既存刑法规范的一次编纂。[10]

2. 法律修正。法律修正是立法机关部分修改法律所采用的方式,其最为直观的表现形态是出台关于某部法律的修改决定。实践中,立法机关修正法律,既可能一次只修正一部法律,也可能一次性"打包"修正多部法律。不管是一次修正一部法律,还是一次修正多部法律,在操作规则和操作技术上都遵循共同的模式。法律修正一般由相关主体提出修正案草案,修正案草案在审议过程中再被立法机关转换为修改决定草案,最后由国家主席以主席令的方式公布。

3. 法律修正案。法律修正案的独特之处是可以在保持法律原来的文字表述不变的前提下实现修改法律的效果。我国现行《宪法》已形成以修正案的方式进行部分修改的宪法惯例,与此同时,我国刑法也逐渐采用修正案方式进行部分修改。通过法律修正案的方式修改法律,其流程一般为提案主体提出修正案草案,经立法机关审议后通过修正案,国家主席以主席令的方式公布立法机关通过的法律修正案。

---

〔9〕 参见全国人大常委会法制工作委员会:《中华人民共和国立法法释义》,法律出版社 2015 年版,第 184 页。
〔10〕 参见黄明儒:《论刑法的修改形式》,载《法学论坛》2011 年第 3 期。

第十三章 司 法

第一节 司法与司法权概述

探讨司法活动的原则，分析司法体制的构成和改革，首先需要了解司法的概念和司法权的性质。

一、司法的释义

在日常生产生活过程中，公民及法人之间发生纠纷，无法和解，可以向司法行政机关申请调解，也可以选择向法院起诉。法院依照法律规定的起诉条件决定是否受理案件。如果决定受理，则向原告送达受理通知书，向被告送达起诉状副本，并要求被告在收到之日起 15 日内提交答辩状。然后确定由若干名审判员组成合议庭，由审判员审核诉讼材料，调查收集必要的证据，并确定开庭日期。在庭审过程中，首先进行庭前准备，书记员查明当事人及相关诉讼参与人是否到庭，宣布法庭纪律；审判长核对当事人，宣布案由，以及审判人员、书记员名单，告知当事人有关的诉讼权利义务，并询问当事人是否申请回避。然后进行法庭调查，双方当事人陈述，并出示书证、物证、视听资料和电子数据。法庭调查结束之后进入法庭辩论环节，依次由原告及其诉讼代理人发言、被告及其诉讼代理人答辩、第三人及其诉讼代理人发言或者答辩，以及互相辩论。法庭辩论结束之后，法官可以进行调解，调解不成则作出判决。在现实当中，除了发生纠纷可以向法院起诉之外，行政相对人认为行政机关侵犯其合法权益，也可向法院起诉；公安机关侦查结束之后，将案件移交给检察机关，由检察机关向法院提起公诉，以追究犯罪嫌疑人的刑事责任。

上述现象涉及审判机关、检察机关、公安机关和司法行政机关，这些机关都是国家司法机关。同时，上述现象是国家司法机关按照法律规定的职权和程序来处理案件的一种活动。根据上述现象，可以概括出司法的基本含义，即国家司法机关依据法定职权和法定程序，具体应用法律处理案件的专门活动。

对司法这一概念进行剖析，可以发现审判机关、检察机关、公安机关和司法行政机关是从事司法活动的主体，相应地，司法权也包括侦查权、检察权、审判权和执行权。司法活动是一种依照法定职权和程序来处理案件的法律活动。司法机关需要在法律规定的职权范围内行使权力，不能超出法定职权范围。司法活动还需要严格依照法律规定的相关程序。根据诉讼活动的差异，所需要遵循的程序也相应不同，具体包括民事诉讼程序、刑事诉讼程序和行政诉讼程序。

司法的概念有广义与狭义之分，上文提到的是广义的司法，狭义的司法特指国家审判机关依照法定职权和程序适用法律,处理诉讼案件的活动。狭义的司法权特指审判权。对司法的一般认知主要是狭义的,法官、法槌、法庭、判决等是很多人对司法的主要印象。从法律运作的层面讲,案件经过公安机关的侦查和检察机关的公诉,最终都由审判机关作出裁决。司法作为社会公平正义的最后一道防线,实际也是指向审判,即由国家审判机关依照职权和程序,作出裁判来维护社会的公平正义。下文讲述司法权的性质和基本特征、司法活动的原则以及司法体制时,都是针对狭义的司法。

二、司法权的性质

首先来看下面一段材料:

建立符合职业特点的司法人员管理制度,在深化司法体制改革中居于基础性地位,是必须牵住的"牛鼻子"。司法活动具有特殊的性质和规律,司法权是对案件事实和法律的判断权和裁决权,要求司法人员具有相应的实践经历和社会阅历,具有良好的法律专业素养和司法职业操守。[1]

任何一种权力都具有自身独特的属性,这是其与其他权力相区别的主要标志。司法权也具有独特的性质,它是一种对案件事实和法律的判断权。这反映出对案件事实和法律的判断构成了司法活动的主要内容。法官不仅需要有专业的法律知识,还需要有丰富的实践经历和社会阅历,才能作出准确的判断。这还反映出裁决构成司法的核心。裁决是在查明事实真相的基础之上,依据法律作出。裁决是司法救济当事人权利的主要方式,也是司法回应社会治理的主要手段。对案件事实和法律的判断是裁决的前提和基础,裁决是对案件事实和法律进行判断的目标和落脚点,两者不可分割。

三、司法的基本特征

根据司法权的性质,可以推导出司法的基本特征。司法权是一种对案件事实和法律的判断权,这意味着司法权必须由特定主体来行使,不能随意交付他人;同时,为限制司法人员的恣意,需要建立完备的司法程序;为了保障裁决的权威性,需要适当限制当事人上诉的次数。因而,围绕司法权的性质,可以推导出司法的基本特征。

司法的基本特征主要有以下几个方面:

1. 权力的专属性。司法权只能由国家司法机关及其司法人员依法行使。其他任何国家机关、社会组织和个人都不得行使司法权。司法机关也不能将司法权整体或者某部分委托、授权给相关国家机关、社会组织和个人。司法权是一种对案件事实和法律的判断权和裁决权,对行使权力的人员的法律专业素养、职业操守、实践经历和社会阅历都具有较高的要求,因而司法权只能由特定的主体来行使。同时,将司法权委托或是授权其他国家机关和社会组织,也不利于司法公正目标的实现。

2. 严格的程序性。司法的运行需要依照严格的程序。司法机关需要严格按照法定程

[1] 习近平:《在中央政法工作会议上的讲话》(2014 年 1 月 7 日),载《习近平关于全面依法治国论述摘编》,中央文献出版社 2015 年版,第 102 页。

序来适用法律,作出裁判。

在一起上诉到最高人民法院的案件庭审过程中,原审的被告张某和李某提出,他们本人未参加本案原审程序。原审卷宗中送达给李某和张某的应诉通知书、传票等诉讼材料的送达回证上,受送达人一栏均为朱某签字;送达给李某和张某的原审判决书的送达回证上,代收人一栏签字亦均为朱某。李某和张某均表示,他们并不认识朱某,也未委托朱某,授权委托书上的签字不是本人签字。两人均当庭签署《保证书》,保证其所陈述情况属实。最高人民法院认为,从现有证据看,原审存在违反法定程序的情形,从而裁定撤销原审判决,案件发回原审人民法院重审。

当事人也必须按照法律规定的程序参与诉讼活动。例如,在民事诉讼过程中,当事人要按照《民事诉讼法》的规定,提交答辩状,提交诉讼材料,提出异议,申请回避,进行陈述,举证质证,以及进行法庭辩论。严格的程序既可以防止司法人员的恣意,减少司法不规范现象,提高司法公信力;也可以有效约束当事人,减少无效活动,提高司法效率。

3. 启动的被动性。司法机关并不主动介入当事人之间的纠纷,在当事人起诉之后,司法机关根据法律规定的起诉条件决定受理之后才选择介入。司法机关所提供的救济主要是事后救济。启动的被动性又被称为"不告不理"原则。司法程序的启动有严格的条件限制。例如,《民事诉讼法》第119条规定起诉必须符合下列条件:(1)原告是与本案有直接利害关系的公民、法人和其他组织;(2)有明确的被告;(3)有具体的诉讼请求和事实、理由;(4)属于人民法院受理民事诉讼的范围和受诉人民法院管辖。对于不符合条件的起诉,人民法院不予受理。

司法的被动性与多个原因相关:其一,司法机关所拥有的资源和能力相对有限,无法在事前和事中主动介入。其二,司法作为维护社会公平正义的最后一道防线,是在自行和解、行政调解、仲裁等其他纠纷解决方式难以发挥作用的情况下才最终介入。

4. 运行的中立性。在诉讼活动中,司法机关及司法人员与双方当事人的关系类似于一种三角结构(见图2)。

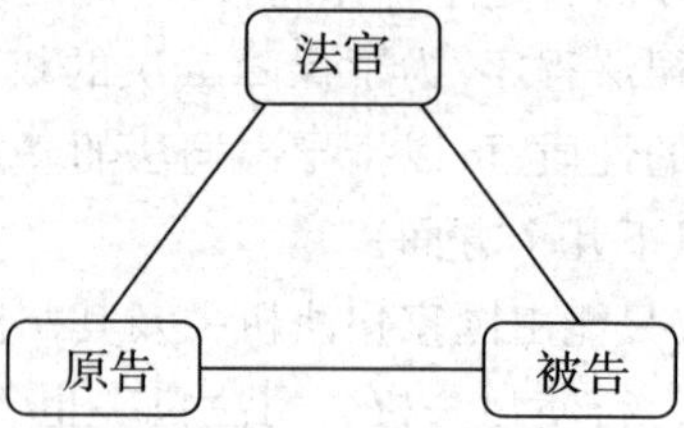

图2 诉讼中的关系结构

在这种结构中,作为第三方的司法机关及司法人员需要保持中立,不偏向于任何一方当事人,以中立的立场平等对待双方当事人的诉求和主张,并由此依据法律对案件事实作出判断和裁决。司法机关及司法人员不保持中立,会削弱司法公信力,降低公众对司法的信任。尤其在行政诉讼活动中,争诉双方分别为行政机关和行政相对人,行政相对人处于弱势地位,司法机关及司法人员的中立更显重要。

需要注意的是,司法运行的中立性是指司法机关在诉讼当事人之间保持中立,并不是指面对政治的中立。司法与政治具有紧密的关系，司法需要符合政治结构的总体设计和主导政治力量实现社会统治和社会治理的基本要求。

5. 裁判的终局性。裁判的终局性是指法院对应由其管辖的所有司法性质的争议享有最终裁判权。法院对案件作出生效裁判后，案件就终结性地解决了，除法定情形之外，任何力量，包括当事人、国家机关都不得动摇、推翻司法裁判。裁判的终局性具体体现为：当事人不得重复起诉，不得就二审判决提起上诉；当事人重复起诉，法院依法驳回，受理当事人重复起诉作出的判决，上级法院可以依法撤销；其他国家机关、社会组织和公民受到终局裁判的约束，不得随意更改裁判内容。

2013 年 7 月 27 日，陆某、张某与武城农商银行签订《个人借款合同》，陆某、张某向武城农商行借款 10 万元，由杜某、何某为该笔借款提供连带责任保证。借款到期后，陆某、张某未能按约还款，武城农商银行向法院提起诉讼，武城人民法院作出(2018)鲁 1428 民初 1298 号民事判决书。该判决书生效后，陆某、张某未能履行，武城农商银行向法院申请强制执行，杜某、何某于 2019 年 9 月 23 日向武城农商银行代偿 51,933.66 元。杜某、何某代偿后向武城人民法院起诉，就代偿的款项向陆某、张某追偿。法院审查认为，(2018)鲁 1428 民初 1298 号民事判决书已判决，杜某、何某承担保证责任后有权向陆某、张某追偿。何某、杜某在履行保证责任后，可直接申请执行。何某、杜某的起诉违反一事不再理原则，故驳回起诉。

裁判的终局性有助于提升司法效率，防止有限的司法资源被浪费。同时，司法是维护社会公平正义的最后一道防线，这也必然要求裁判具有终局性。不过，裁判的终局性并不意味着它绝对不能被更改。为了实现对司法活动的监督，当事人、法院可以依法申请和提起再审，检察院的抗诉也可以启动再审，不过，启动再审有严格的法定条件限制。

第二节　司法的基本原则

为了更好地实现救济权利，维护公平正义的目标，司法活动需要遵循一系列的原则。这些原则贯穿于司法活动的全过程，既是司法机关和司法人员所必须遵守的行为准则，也是改革和完善司法体制的主要方向和目标指引。

一、司法公正原则

司法公正原则，是指司法机关和司法人员在司法活动的过程和结果中应坚持和体现公平正义原则。司法是维护和实现公平正义的最后一道防线，公民的权利最终需要通过司法活动得到救济。因而，坚持公平正义是司法活动的首要原则，公正是司法的本质要求和终极价值准则。“公正是司法的生命和灵魂”“公生明、廉生威”都是对司法公正原则的生动描述。培根对司法公正的重要性作出了形象的比喻：

一个不公正的判决比多个不合法的行为危害更大。不合法的行为只是弄脏了水流，而不公正的判决污染了水源。因此所罗门说：“如果让正义一方输给非正义一方，就如同污染了泉眼，搅浑了井水”。[2]

司法公正具体包括实体公正和程序公正。实体公正是指司法裁判的结果公正，即当事人的权益得到充分保障，违法犯罪者得到应有的惩罚和制裁。程序公正是指司法过程的公正，即司法程序具有正当性，当事人在司法过程中得到公平对待。程序公正是实现和保障实体公正的过程和手段，是否能够更好地实现和保障实体公正是评价程序公正的最终标准。

二、依法独立行使职权原则

司法机关依法独立行使职权，不受行政机关、社会团体和个人的干涉。《宪法》第131、136条规定，人民法院、人民检察院分别依照法律规定独立行使审判权、检察权，不受行政机关、社会团体和个人的干涉。外部力量干预司法是导致司法不公、引发司法腐败的重要因素。为保障司法机关依法独立行使职权，需要不断完善法律制度，对各类干预行为进行依法治理。

2014年10月召开的中国共产党第十八届中央委员会第四次全体会议通过的《中共中央关于全面推进依法治国若干重大问题的决定》提出，“各级党政机关和领导干部要支持法院、检察院依法独立公正行使职权。建立领导干部干预司法活动、插手具体案件处理的记录、通报和责任追究制度。任何党政机关和领导干部都不得让司法机关做违反法定职责、有碍司法公正的事情，任何司法机关都不得执行党政机关和领导干部违法干预司法活动的要求。对干预司法机关办案的，给予党纪政纪处分；造成冤假错案或者其他严重后果的，依法追究刑事责任。”2015年3月30日，中共中央办公厅、国务院办公厅印发了《领导干部干预司法活动、插手具体案件处理的记录、通报和责任追究规定》，对领导干部干预司法活动的几种情形，司法人员如实记录领导干部干预司法活动、插手具体案件处理情况，以及领导干部干预司法活动造成严重后果、对司法人员进行打击报复行为的责任追究等问题作出明确规定。

不过，依法独立行使职权并不意味着司法机关及司法人员不受任何的监督和约束。司法机关及司法人员要接受权力机关、监察机关、检察机关、社会组织和公民等的监督。在司法机关内部，司法人员受到部门的监督和管理。有效的监督和管理可以防止司法不公、司法腐败现象的发生，也可以提高司法效率。

三、司法平等原则

司法平等原则是公民在法律面前人人平等在司法领域的体现。司法平等原则主要有两方面含义：

1. 适用法律上的平等。司法机关及其司法人员在处理案件、行使司法权时，对于任何公民，无论民族、种族、性别、职业、宗教信仰、教育程度、财产状况、居住期限等有何差别，也无论其出身、历史、社会地位和政治地位有何不同，在适用法律上一律平等，不允许有任

[2] [英]弗朗西斯·培根：《培根论司法》，蒋惠岭译，载《人民法院报》2019年8月30日，第6版。

何的特殊和差别对待。对于任何公民的违法犯罪行为,都必须同样地追究法律责任;对于所有诉讼参与人,都应当平等、公平地对待,切实保障诉讼参与人充分行使权利和履行义务。

2. 当事人享有平等的诉讼权利。在诉讼过程中,双方当事人平等享有提出异议、申请回避、举证质证等诉讼权利。司法平等原则不仅适用于自然人,也适用于法人及其他社会组织。

美国法社会学家唐纳德·布莱克总结出一条法律实施活动中的规律:法律的变化与等级成正比,这意味着当其他因素不变时,经济社会地位低的人们比经济社会地位高的人们拥有的法律更少。布莱克发现,在美国,高收入的人更可能去请律师,自己拥有房产的人也是如此。请律师的人中大约有一半是为了不动产、遗嘱或继承,即与比较富有的生活特别相关的事情。擅长解决这些人的这类麻烦的律师也更多一些。他还发现,经济社会地位高的一方在诉讼中占有优势,更可能胜诉。在墨西哥农村,社会精英几乎不受社会底层的人们的影响,经济社会地位低的人们很少因希望赢而提出诉讼,除非对手与自己在财产和权力上相差无几。在纽黑文殖民地,富有的违法者不大可能被处死刑,也不大可能被置于围栏中接受公众的嘲笑、鞭打或其他形式的侮辱。[3]

可以看出,社会阶层、收入水平、文化程度等一些现实因素会影响司法平等的实现。因此,在赋予诉讼当事人同等的法律地位和诉讼权利的同时,还需要确保当事人能够充分行使权利。需要采取多种方式,减少或者弥补各类现实因素对当事人法律地位和行使诉讼权利的影响,实现实质意义上的司法平等。

第三节　当代中国的司法体制

公正司法目标的实现有赖于复杂且精细的制度设计。正如法国著名社会学家克罗齐耶指出:"越想使用简单的方法获得更为有效的结果,我们就越是需要确立一种复杂的制度框架。"[4]因而,在学习了司法权的性质、特征和司法活动的基本原则之后,还需要深入了解当代中国的司法体制。司法体制是指国家司法机关组成的体系,具体包括司法机关之间的权限划分、组织间的关系,以及组织内部的机构设置等。司法体制是一系列司法制度的总和。本节主要以审判机关为对象描述和分析当代中国的司法体制,重点分析法院的组织体制、审判运行机制、法官管理和审判管理制度。

一、法院组织体制

法院组织体制主要涉及上下级法院之间和法院内设机构之间的权力关系。

(一)上下级法院之间的权力关系

当前我国法院共有四级,分别是最高人民法院、高级人民法院、中级人民法院和基层

[3]　[美]布莱克:《法律的运作行为》,唐越、苏力译,中国政法大学出版社 1994 年版,第 19 ~ 30 页。

[4]　[法]克罗齐耶:《法令不能改变社会》,张月译,格致出版社 2007 年版,第 16 页。

人民法院。上下级法院之间的权力关系可以分为审级关系和审判业务关系。

1. 审级关系。审级关系是指因上诉、再审、死刑核准、减轻处罚核准等与审级结构相关的权力关系,是根据诉讼程序所设置的一种常态化、规范化和制度化的上下级法院的审判监督关系。

2. 审判业务关系。审判业务关系是指上下级法院之间围绕审判业务活动而形成的各种关系。审判业务关系包括召开审判工作会议、发布司法政策,指导下级法院的司法活动,对下级法院的审判工作进行常规性或专项检查等。

(二)法院内设机构之间的权力关系

法院内设机构主要包括审判机构和司法行政事务管理机构。

1. 审判机构。这包括具体负责审判工作的审判业务机构和负责审判辅助工作的立案庭、执行局、审判管理办公室,主要承担案件受理、审判、执行和审判管理等工作。

2. 司法行政事务管理机构。这包括法院办公室、政治处、法警大队,主要承担经费管理、人事管理、保卫等工作。可以看出,法院的内设机构设置区分了审判业务和司法行政事务;在审判业务方面实现了立案、审判和执行的权力划分,这有助于实现审判权内部的相互制衡,同时,立案、审判和执行的“流水线作业”也可以提高司法效率。

二、审判运行机制

审判权的配置和运行制度是司法体制的核心组成部分。如何配置审判权既需要考虑司法权的性质,也需要兼顾本国的实际情况。司法权是一种对案件事实和法律的判断权和裁决权,这意味着审判权的配置需要突出法官的角色和地位。西方部分国家主要采取由法官独享审判权的模式。我国的审判权的配置和运行采取“法院本位”之下“法官主导”模式,在突出法官角色和地位的同时,也突出法院对法官的指导、管理和监督。

1. 由法官组成的合议庭享有充分的审判权。《人民法院组织法》第 29 条规定,人民法院审理案件,由合议庭或者法官一人独任审理。合议庭和法官独任审理的案件范围由法律规定。

2. 由院长、庭长对审判工作进行监督和指导。人民法院院长负责本院全面工作,监督本院审判工作,管理本院行政事务。审判庭庭长监督和管理本审判庭的审判工作。院长、庭长大多为优秀的法官,院长、庭长的监督和指导既可以减少司法不规范现象,也有助于提升法院的案件审判质量。

3. 发挥审判委员会的指导作用。各级人民法院设立审判委员会,审判委员会由院长、副院长和若干资深法官组成。根据《人民法院组织法》第37 条第1 款规定,审判委员会的职能包括:(1)总结审判工作经验;(2)讨论决定重大、疑难、复杂案件的法律适用;(3)讨论决定本院已经发生法律效力的判决、裁定、调解书是否应当再审;(4)讨论决定其他有关审判工作的重大问题。

三、法官管理制度

实现公正司法目标,既需要建立科学合理的司法体制机制,也需要有一支高素质的法

官队伍。要组建和维持高素质的法官队伍,则需要完善的法官管理制度。法官管理制度具体包括以下六个方面:

1. 法官选任制度。根据《法官法》规定,当前初任法官的选任采取考试和考核的办法,按照德才兼备的标准,从通过国家统一法律职业资格考试取得法律职业资格并且具备法官条件的人员中择优提出人选。

2. 法官考核制度。考核制度是对法官重要的激励方式,旨在调动法官的工作积极性,提高法官工作效率。目前,法官考核主要采取业绩量化考核方式,在法院内部设立法官考评委员会负责考评工作,考核结果作为法官职位晋升、荣誉授予的重要标准。

3. 法官职业保障制度。法官职业保障制度具体包括法官身份保障、履职保障和生活待遇保障三个方面。

4. 法官等级制度。我国法官等级分为十二级,依次为首席大法官、一级大法官、二级大法官、一级高级法官、二级高级法官、三级高级法官、四级高级法官、一级法官、二级法官、三级法官、四级法官、五级法官。法官等级的确定,以法官德才表现、业务水平、审判工作实绩和工作年限等为依据。

5. 法官荣誉制度。人民法院实施奖励,坚持精神奖励与物质奖励相结合,以精神奖励为主。奖励的种类包括嘉奖、三等功、二等功、一等功、授予荣誉称号。实施奖励的目标主要是调动法官的积极性和创造性,引导他们忠于职守、努力工作、公正司法,在全社会树立人民法院和人民法官的良好形象。

6. 法官惩戒制度。对法官在审判工作中违反法律法规,实施违反审判职责的行为,司法机关进行惩戒,具体由人民法院进行调查核实,根据法官惩戒委员会的意见作出处理决定。惩戒方式包括停职、延期晋升、免职、责令辞职、辞退等。当事法官有权进行陈述、举证和辩解,不服惩戒决定的可以向上一级人民法院申诉。

法官在司法工作中具有十分重要的角色和地位,因而对于法官的管理尤为必要。建立法官管理制度,既需要考虑司法活动的特点,也需要注重本国的实际情况。

四、审判管理制度

审判管理制度,是指围绕案件审判工作展开的,以审判决策、程序控制、质量督查、行为激励为主要内容的管理制度体系。20 世纪 90 年代以来,为解决诉讼拖延、费用高昂、诉讼结果不确定等司法弊病,部分西方国家开始加强审判管理。20 世纪 90 年代末以来,我国也开始逐渐建立审判管理制度,以解决案件超审限、审判质量不高等问题。审判管理制度具体包括以下三个方面:

1. 审判流程跟踪管理。审判流程跟踪管理旨在解决审判超审限、案件积压等问题。人民法院对立案、分案、送达、排期、开庭、结案、归档等环节内各个司法活动的期限作出规定,要求法官在固定期限内完成。审判流程跟踪管理对法官施加审限压力,可以防止超审限行为的发生。

2. 案件质量评查。人民法院制定有关案件质量评查的司法政策,对评查的主体、标准和方式作出明确规定。案件质量评查以卷宗为对象,通过查阅文本,审查审判活动是否符合法律以及司法政策的要求。

3. 审判绩效综合考评。审判绩效综合考评旨在提高法院的审判质效，具体围绕司法公正和司法效率的总体目标，采取量化指标考核的方式，检查法官审判工作的情况，根据检查结果进行评比和排名。

审判管理制度在保障司法公正、提高司法效率方面发挥着十分重要的作用。当前法院受理的案件数量不断增加，法院在社会治理体系中的地位日趋突出，建立完善的审判管理制度更加重要。

延伸讨论

一、能动司法

能动司法是一项重要的司法理念和司法方式。能动司法最早出现于西方国家，在西方语境下，能动司法主要是从合宪审查和实用主义意义来讲的，前者指司法对于立法、行政等政治行为具有合宪性审查权力；后者指将实现社会目标作为司法的根本追求，强调案件审判需要在不同的价值、规则和利益中寻求平衡和妥协。中国语境下的能动司法主要借鉴了后者，并结合中国的现实情况进行调整，主要是将追求社会目标作为司法活动的基本导向，以多元社会规则、多重社会价值作为司法的考量依据，将调解作为化解纠纷的常规性方式，并增强司法便民利民措施。

能动司法与司法权的性质和特征并不矛盾，司法需要积极适应外部形势，回应外界的需求。当前我国处于法治建设的初期，部分法律规则与社会规范还存在冲突，很多法律规则还不完善，同时，法院受理了很多疑难复杂案件，案件背后涉及转型期社会的深层次治理难题。这都要求法院采取能动司法的方式，妥善解决当前社会出现的各类矛盾，积极回应外界需求。

二、司法体制改革

为了与经济社会发展的形势相适应，司法体制需要不断根据司法体制运作的实际情况，通过改革来破解影响司法公正、制约司法能力的体制机制。从1997年至今，我国法院经多轮改革，逐步建立起适合中国实际、遵循司法规律的司法体制。

1997年，中国共产党第十五次全国代表大会提出：“推进司法改革，从制度上保证司法机关依法独立公正地行使审判权和检察权，建立冤案、错案责任追究制度。”1999年，最高人民法院印发《人民法院五年改革纲要》，就司法改革作出具体部署。本轮改革的主要背景是转型期社会关系变化，利益格局调整，社会矛盾交织，法院的管理体制和审判工作面临严峻考验。改革的主要措施包括审判运行机制改革、审判管理制度改革、举证制度改革、审判组织改革、审判委员会制度改革、人民陪审员制度改革等。改革初步确立了立审分立、审执分立、审监分立的审判运行机制，并初步建立起完善的审判管理制度。

改革之后司法权运行的规范水平切实提高，司法不规范现象大幅度减少；但与此同时，出现案件裁判的社会效果不理想、司法效率下降、司法回应社会治理的能力弱化等问题。为化解改革后出现的问题，在2005年和2009年印发的《人民法院第二个五年改革纲要(2004—2008)》《人民法院第三个五年改革纲要(2009—2013)》中,强调建立健全多元纠纷解决机制、完善涉诉信访工作机制、建立健全司法为民长效机制等。与此同时,人民法院确立“为大局服务、为人民司法”的司法理念。相关改革举措解决了案件裁判社会效果不足,司法效率不高的问题,但是,一些深层次的体制机制问题仍未得到解决,立案难、执行难等问题仍十分突出。

2012年以来的新一轮司法体制改革旨在着力破解影响司法公正、制约司法能力的深层次问题,改革的主要内容包括改革案件受理制度,完善以审判权为核心、以审判监督权和审判管理权为保障的审判权力运行机制,建立法官员额制度,推动省级以下法院人员统一管理改革,建立防止干预司法活动的工作机制,推动人民法院财物管理体制改革,等等。相比于之前的改革,本轮改革更为系统和全面,解决了长期困扰法院的“立案难”“执行难”“司法行政化”“司法地方化”等问题,司法体制更切合中国实际,同时也更突出地体现了司法权的性质和特点。

对司法体制改革的梳理可以发现,建立和完善司法体制是一项长期的系统工程。推动改革,既需要吸收相关司法理论和学说,深入总结以往的司法经验,做到理论与实际相结合。同时,司法机关要避免固持传统的司法模式,根据外部形势不断调整司法制度,适应经济发展和社会变迁的需要。

第十四章　执　　法

第一节　执法的概念

一、执法的含义

执法，是指国家行政机关、法律法规授权或委托的组织，依照法定职权和程序贯彻执行法律，并对公民、法人或其他组织的权利义务产生影响的活动。广义的执法，是相对于立法而言的，指国家机关实施法律的活动，不仅包括行政执法，还包括司法。狭义的执法不包括司法，仅指行政执法。

2016 年 12 月 7 日，武汉市卫生计生执法督察总队执法人员在卫生监督检查中发现，某医院产生放射性职业病危害的建设项目未按照《职业病防治法》规定提交放射性职业病危害预评价报告就开工建设。建设项目竣工投入生产和使用前，职业病防护设施未按照规定验收合格。经卫生计生行政部门责令整改无果后，执法人员依法作出警告、罚款人民币 30 万元的行政处罚，并责令医院补齐相关手续，重新对项目开展验收工作。〔1〕

依据《职业病防治法》第 17 ~ 18 条的规定，医疗机构的建设项目可能产生放射性职业病危害的，建设单位应向执法部门提交放射性职业病危害预评价报告，未提交预评价报告或者预评价报告未经执法部门审核同意的，不得开工建设；项目的职业病防护设施验收合格后，方可投入生产和使用。上述案例中，负有法定义务的医院没有遵守法律。为实现立法目的，武汉市卫生计生执法督察总队开展执法，经调查取证等程序后，在认定违法事实的基础上，对医院进行了处罚，使《职业病防治法》的相关规定由此得到贯彻。

二、执法的目的

执法的目的是将法律由抽象的规则转变为具体的现实。西汉的桓宽有句名言："世不患无法，而患无必行之法也。"对法律而言执行很重要。我们在日常生活中对"法律"最直观的认识，莫过于载满法律规则的印刷品。法律规则要想从纸面"跃入"生活，变成人们的行为习惯，变成可以被人们感受到的社会秩序，离不开执法。正如案例所呈现的那样，如果没有执法，那么预防放射性职业病危害的法律规则，就只能"躺"在纸面上，不能成为现实。行政机关的处罚不是目的，目的是让公民、法人或其他组织自觉地履行法定义务，否则行政机关将通过国家强制力，督促他们履行法定义务。

---

〔1〕 武汉市法学会：《武汉法治建设年度报告》，武汉出版社 2018 年版，第 134 页。

第二节　执法的特征

法律是国家意志的规范性表达，执法是国家贯彻其意志的主要手段。从运行过程来看，执法明显的特征是：主体具有法定性，内容具有广泛性，行为具有单方性，启动具有主动性，效力具有优先性，后果具有可归责性。

一、主体具有法定性

主体具有法定性，是指行政执法主体的设置、职能和权限由法律规定，任何组织、个人无权自定。主体是否适格，是执法行为能否具备法律效力的关键因素。没有法定权限的组织或个人从事执法活动，无论该行为是否能够带来有利的结果，都是违法的。

2003 年 10 月，江苏泗阳县穿城镇进行社会治安市场化运作试点，通过公开招投标方式，实行社会治安有偿承包。穿城镇政府将该镇下辖 10 个村、居委会的社会治安任务以每年 3950 元至 9100 元不等的价格分别承包给 30 人，其费用由各村、居委会可收取的联防费支付。

此举在短期内改善了农村治安状况，缓解了警力不足。但根据当时适用的《治安管理处罚条例》规定，个人没有处罚违反治安管理行为的权力，“治安承包”的举措违背了法律的规定，尽管可能创造经济效益，却让公权力成为可以通过市场手段获得的“商品”，容易滋生“滥权”“寻租”等现象。“谁来执法”的问题，只能由法律回答。随着社会发展，越来越多的治理事务要依靠执法来完成，国家要有成套的组织体系来进行执法。我国的执法体系由行政机关，法律、法规授权的组织，行政委托的组织构成。

（一）行政机关

行政机关，是指依据宪法和法律的规定，行使执法权的各级人民政府及其组成部门。

各级人民政府包括国务院和地方政府。国务院的执法权，由《宪法》和《国务院组织法》规定，《宪法》第 89 条确定了国务院能够根据宪法和法律，规定行政措施，制定行政法规，发布决定和命令；规定各部和各委员会的任务和职责，统一领导各部和各委员会的工作，并且领导不属于各部和各委员会的全国性行政工作；统一领导全国地方各级国家行政机关的工作，规定中央和省、自治区、直辖市的国家行政机关的职权的具体划分；改变或者撤销各部、各委员会发布的不适当的命令、指示和规章；改变或者撤销地方各级国家行政机关的不适当的决定和命令；审定行政机构的编制，依照法律规定任免、培训、考核和奖惩行政人员；等等。地方政府一般分为四级：省、自治区、直辖市的政府；设区、县的市级政府，民族自治地区的自治州政府；区、县、自治县的政府；镇、乡、民族乡的政府。地方政府执法的内容，不仅包括宪法、法律和行政法规，还包括地方性法规，民族自治地方的政府还要执行自治条例和单行条例。

政府组成部门在其部门权限范围内享有执法权。部委是国务院的组成机构，拥有执法权,《国务院组织法》第10条规定了各部、各委员会能够根据法律和国务院的决定,在本部门的权限内发布命令、指示和规章。地方政府的部门数量众多,各部门在其权限范围内开展执法。政府部门的执法具有较强的专门性。例如,税务领域的执法,由税务行政机关专门负责;市场监管的执法,由市场监管部门负责;农、牧、渔等领域的执法,由农业农村部门负责;等等。

（二）法律、法规授权的组织

法律、法规授权的组织,是指依照法律、法规授权,以自己的名义开展执法,并承担法律责任的非行政机关。这类组织包括事业单位、企业单位、群众自治组织和行业协会。

事业单位可分为两类:一类是执行国家行政管理职能的事业单位。例如,中国银行保险监督管理委员会,它是国务院直属的正部级事业单位,负责对银行业和保险业机构实行现场检查与非现场监管,开展风险与合规评估,保护金融消费者合法权益,依法查处违法违规行为。另一类是履行公共服务职能的事业单位,该类机构由国家机关设立,或利用国资兴办,主要涉及科、教、文、卫事业。例如,《学位条例》规定,国务院授权的高等学校和科学研究机构,可以对国务院批准公布的学科名单授予学位。

企业单位是以营利为目的、从事生产经营活动的经济组织。国有公用企业、金融企业和全国性总公司,往往是法律法规授权的对象。包括电力公司、铁路运输公司、煤气公司等,会被法律授权实施部分执法职能。

群众自治组织可基于法律、法规的授权而成为执法主体。例如,《消防法》第32条规定,村民委员会、居民委员会应当确定消防安全管理人,组织制定防火安全公约,进行防火安全检查。

行业协会可基于法律、法规的授权而成为执法主体。比如,依据《注册会计师法》的规定,注册会计师协会应当对注册会计师的任职资格和执业情况进行年度检查。

社会团体可基于法律授权成为执法主体。以工会为例,《工会法》第26条规定:"职工因工伤亡事故和其他严重危害职工健康问题的调查处理,必须有工会参加。工会应当向有关部门提出处理意见,并有权要求追究直接负责的主管人员和有关责任人员的责任。对工会提出的意见,应当及时研究,给予答复。"调查、提出处理意见和追究责任是工会执法的主要措施。其一,工会是具有政治性的社会团体,是党和政府联系广大职工群众的纽带,法律授予工会执法权,能更好地维护职工的合法权益;其二,工会行使权力以劳动行政法律关系为基础,属于公共行政的范畴;其三,工会是职工自愿结合的工人阶级的群众组织,对其成员事务享有执法权。妇联、消费者协会等社会团体也具备类似的执法主体地位。

（三）行政委托的组织

行政委托的组织,是指以委托机关的名义,在委托事项范围内从事执法活动的组织。委托机关必须是行政机关,不能是法律、法规授权的组织;受委托的组织,可以是其他政府机关,也可以是其他组织。

在"委托—受委托"的法律关系中,双方的权利义务不同。委托机关的权利义务有:

其一,委托要有明确的法律、法规或规章依据;其二,委托的内容必须在委托机关的权限范围之内;其三,委托机关有权监督指导受委托的组织;其四,对受委托组织的行为后果承担法律责任。受委托组织的权利义务有:其一,在委托范围内开展执法,超越委托范围的执法属于"越权"。其二,以委托机关的名义进行执法,接受委托机关的监督指导。其三,不得再委托其他组织代为行使执法权。

受委托组织的性质和条件依据执法内容的不同而有所区别。有的法律对受委托组织的资格进行了限制。例如,《行政处罚法》第21条明确了受委托组织必须符合以下条件:(1)依法成立并具有管理公共事务职能;(2)有熟悉有关法律、法规、规章和业务并取得行政执法资格的工作人员;(3)需要进行技术检查或者技术鉴定的,应当有条件组织进行相应的技术检查或者技术鉴定。有的法律则对受委托组织的性质进行了相对宽泛的规定。比如,《行政许可法》第24条第1款规定,行政机关可以委托其他行政机关实施行政许可。这意味着在行政许可的实施中,接受委托的组织必须是行政机关。还有的法律规范基于高效执法的需要,将执法权委托给专业机构和个人来行使。《税收征收管理法实施细则》第44条规定,税务机关根据有利于税收控管和方便纳税的原则,可以按照国家有关规定委托有关单位和人员代征零星分散和异地缴纳的税收。而《委托代征管理办法》第6~7条则规定了作为代征人的行政、事业、企业单位、其他社会组织及其成员应具备的资格条件。

二、内容具有广泛性

内容具有广泛性,指执法能够对社会生活领域进行大范围、多领域的覆盖。执法是国家治理社会的主要手段,随着社会经济的不断发展,需要由法律来调整的社会关系越来越多,执法对社会生活的介入也越来越广。政治、经济、财政、文化、教育、卫生、科学、工业、农业、商业、交通、治安、社会保障、公用事业等领域,都需要通过执法来规范秩序、促进发展。

网络空间也需要执法。网监部门的执法能规范互联网利用行为、净化网络环境、保障用网安全;市场监督管理部门对电商平台经营者和平台内经营者的监管,有助于维护消费者权益、促进互联网经济的规范运行。随着社会的进一步发展,需要执法的领域将会越来越多,执法对社会生活的影响也将越发深刻。

三、行为具有单方性

执法行为具有单方性,指执法部门在法律范围内,可自行作出执法决定,无须征得相对人同意。在行政法律关系中,执法者处于支配地位,其意思表示和处分行为对该法律关系具有决定意义。出于行政管理、维护秩序的需要,国家通过法律将权力授予执法部门,由其代表国家来履行职能。因而,执法是国家行政权力运行的表现。执法部门执行贯彻法律,既是在行使行政职权,又是在履行行政职责。从内容上看,执法行为设定、产生、变更和消灭一定的行政法律关系,塑造了执法部门和相对人之间的权利义务。比如,执法部门行使职权让相对人履行义务,或者执法部门履行职责让相对人行使权利。

执法行为产生的法律效果就是影响和制约个人、法人或者其他组织的权利义务。由于行政权由国家强制力予以保障,因而执法行为以国家强制力为基础。一旦执法部门依据职权作出执法行为,行政相对人就不得不受到行政权的约束,从而使自己的权利义务受到制约。换言之,执法行为的单方性体现了国家的强制力。

在中国,民生领域的执法协商化趋势明显。当法律同社会长期的行为习惯相抵触、触及不同群体的利益或涉及行政相对人的基本生存时,执法者常常需要与相对人协商,达成基本一致意见后,才采取执法行为。执法者的支配地位与协商的方式并不矛盾。支配意味着权力的行使,国家通常依靠掌握话语来掌握权力,但是"国家不可能垄断话语体系,不同的话语会在公共领域展开争夺,不同群体在其中以话语形式宣扬其利益方案"。执法的背后存在不同话语之间的冲突,面对执法部门,基层群众会采取话语策略来争取利益。简单强调执法的单方意志性不利于化解执法阻力,甚至使执法陷入困境。协商是执法者行使权力的一种方式,目的在于淡化冲突、降低阻力。协商的运用范围有限,民生领域较为多见,其他领域的执法依旧具备显著的单方性,如打击走私、打击制假售假等,这类执法活动所处理的违法行为具有较强的社会危害性,不允许执法协商化。

四、启动具有主动性

启动具有主动性,是指执法工作的开展,通常是执法部门积极主动为之。

"地条钢"是以废钢铁为原料,经过感应炉熔化、不能有效地进行成分和质量控制生产的钢材。《经济日报》2017 年 3 月 30 日曾报道过"地条钢"的治理情况。据报道,对于严打"地条钢"这项硬任务,各地整治力度空前,进展成效显著。取缔"地条钢"重在彻底、难在彻底,相关工作需要做深、做细、做实。一方面,深挖源头,对"地条钢"生产企业实施全面排查、坚决清理,尤其是要拿出挖地三尺的劲头打掉那些隐藏深、善伪装的企业,做到整治无死角、淘汰要彻底;另一方面,斩断销售链,切实加强市场监管,依法查处流通环节中的"地条钢",顺藤摸瓜揪出黑链条,对制假贩假者绝不姑息,让利益链上的不法分子都付出相应的代价。而在层层抓落实的过程中,更要确保力度不减、动作不变,加强督查核查,对监管不严、执行不力、弄虚作假者要严肃处理、严厉问责。

这是 2017 年声势浩大的"地条钢"整治专项行动。质量缺乏保障只是"地条钢"被取缔的原因之一,更深层的原因在于"地条钢"所代表的落后产能需要被淘汰。"地条钢"整治是国家产业政策调整在执法领域的反映。国家大力推进供给侧结构性改革,有助于产业结构调整和经济结构优化,是惠及经济民生的重大举措,行政机关需要主动开展执法来落实国家的重要政策。

执法部门需要主动开展执法,因为执法部门肩负落实、贯彻法律的职责。如果不积极主动出击,而是依赖于行政相对人的意思表示来开展执法,那么法律的贯彻实施就难以获得保证。法律规则是统一的、抽象的,将法律落实到社会生活中,需要执法部门积极主动履行职责,实现法律的目的。执法专项行动是最能体现执法主动性的实践之一。执法专项行动能够对突出、典型、冒头的违法现象进行集中打击,不仅能够灵活调配执法资源,还能够对具体问题作出针对性的治理。虽然执法专项行动有一定局限,但是日益规范的执法专项行动,成为执法部门主动回应社会需求的常用手段。

当然,并不是所有的执法都是执法部门主动为之,行政许可、行政给付等执法行为,要由行政相对人提出,执法部门受理后才能依法行使职权。总的来看,执法的启动以主动为原则,以被动为例外。

五、效力具有优先性

效力具有优先性,是指执法权具有优先行使和实现的效力。主要表现在三个方面。

第一,先行处置权,执法权的运行受到法律的约束,必须遵循法定的程序,但是,当执法任务急迫、不及时处理会给公共利益或他人合法权利造成较大损害时,行政机关可以优先行使权力。比如,《行政强制法》第 18 条第 1 项规定,行政机关在实施行政强制措施前须向行政机关负责人报告并经批准。该法第 19 条则规定,情况紧急,需要当场实施行政强制措施的,行政执法人员应当在 24 小时内向行政机关负责人报告,并补办批准手续。

第二,获得社会协助权,在重大、紧急的执法任务中,相关个人和组织有义务协助行政机关开展执法,此时执法权优先于社会主体的权利。例如,《国家安全法》第 77 条第 1 款规定,公民和组织应当及时报告危害国家安全活动的线索;应当如实提供所知悉的涉及危害国家安全活动的证据;应当为国家安全工作提供便利条件或者其他协助;应当向国家安全机关、公安机关和有关军事机关提供必要的支持和协助。

第三,推定有效,执法决定一旦作出,就推定产生效力。无论是行政机关还是行政相对人,在未经法定程序撤销之前,都需要受到执法决定的约束。行政诉讼和行政复议是撤销执法决定的法定程序,在撤销结果作出前,行政机关和行政相对人仍要履行执法决定。依据《行政诉讼法》第 56 条第 1 款的规定,在诉讼期间,行政行为不停止执行,法律规定的情形除外;《行政复议法》第 21 条规定,在复议期间,具体行政行为不停止执行,法律规定的情形除外。“起诉不停止执行”的目的在于维护行政秩序的稳定性和连续性,确保执法权高效运行。此外,为了保障执法行为的效力得以优先实现,国家必须向执法部门提供物质保障,保障的范围包括工作经费、办公场所、执法设备等。

执法权优先行使和实现,其理论依据是公共利益的优先性。执法部门代表国家行使行政权力,目的在于实现公共利益。公共利益优先于其他利益,因而以公共利益为目标的执法权,必须得到优先行使和实现。

六、后果具有可归责性

后果具有可归责性,是指执法部门应对其违法行使职权、不当行使职权所造成的后果承担法律责任。权力和责任是对等统一的,当法律赋予执法者权力时,也为行使权力设定了约束。行政诉讼、行政复议和执法评议考核,为确保执法责任的落实,提供了制度路径。

行政诉讼是法院应公民、法人或其他组织的请求,通过审查执法行为合法性的方式,解决特定范围内行政争议的活动。行政诉讼以合法性审查为核心,目的在于保障行政权力能够得到规范运用。如果执法者的执行行为违反法律规定,不履行法定职责,或是侵犯了相对人的合法权益,那么行政相对人便可向法院提起诉讼,要求法院追究执法者的法律责任。

行政复议是行政机关根据上级行政机关对下级行政机关的监督权,在当事人的申请和参加下,按法定程序对执法行为进行合法性和适当性审查,并作出裁决解决行政争议的活动。行政复议不仅是救济权利的方式,还是追究行政机关法律责任的手段。行政复议具有显著的监督功能,体现了上级行政机关对下级行政机关的监督和约束。

行政执法评议考核是评价执法工作、检验执法者履职情况的重要机制。执法评议考核贯穿执法过程,强调责任意识。实践中,对执法的评议考核,通过目标管理责任制来实现。目标管理责任制不仅为执法者划定清晰明确的责任,还同执法者的奖惩挂钩,具备一定的激励功能。然而,该制度产生了一定的负面影响,容易导致“绩效替代责任”的问题。执法者依据目标要求调整执法行为,以达到目标管理所要求的绩效。出于对绩效的追求,执法者会优先选择处理执法难度低、成本小、收效高的违法行为,从而导致选择性执法、执法不严、违法不究等现象。

第三节 执法的原则

执法的原则是执法部门从事执法活动时应遵循的基本准则,执法部门在贯彻执行法律的时候,应遵循合法原则、合理原则、程序正当原则和高效便民原则。

一、合法原则

合法原则,指执法部门的执法活动必须依据法律、符合法律,不能与法律相抵触。该原则可具体细分为三项内容:职权法定、法律优先和法律保留。

(一)职权法定

职权法定,是指执法部门的职权,必须由法律来规定、授予。行政权力从国家权力中分离出来之后,要进一步地细化。不同层级政府的权限,行政专业部门、综合部门的权限,上级部门与下级部门的权限,必须依法确定。行政机关不得逾越法定职权执法,也不得在法外设定职权并据此执法,否则相应的执法行为无效。例如,市场监管部门不能对违反《道路交通安全法》的行为人作出行政处罚,规划建设部门也不能对违反《食品安全法》的企业作出行政处罚。

我国现行的法律制度通常以两种方式来确定行政机关的职权。其一,通过组织法设定。例如,通过《国务院组织法》和《地方各级人民代表大会和地方各级人民政府组织法》来设定人民政府的职权。其二,通过单行法律设定。例如,环保行政部门的职权由《环境保护法》来设定,农业农村部门监管农产品质量的权力,由《农产品质量安全法》设定。

(二)法律优先

法律优先,是指执法活动不得与法律相抵触,也就是常说的“法律优先于行政”。法律反映了人民的意志和公共利益,体现了“主权在民”的理念。在我国,全国人民代表大会是最高权力机关,全国人大及其常委会所制定的法律,代表了人民的意志和利益,国务院及其领导的各级人民政府、职能部门在执法的过程中,不能作出有悖于法律的行为。

执法行为有多种表现形式,依据行为的效力和适用范围,可以区分为抽象行政行为和具体行政行为。典型的抽象行政行为包括:国务院制定行政法规,国务院部委制定规章,有权限的地方人民政府制定政府规章,以及普遍见于生活中的抽象的行政命令。这些抽象的行政行为体现了行政机关制定规则的权限与能力,但是行政机关所制定的规则不能同法律相抵触。具体行政行为对特定的公民、法人或其他组织产生拘束力,尽管这只是行政机关在个别、微观上运用行政权力,但是仍不能同法律相抵触。

(三)法律保留

法律保留,是指执法部门的执法行为要有明确的法律授权,否则无效。相比于法律优先,法律保留更为严格,"优先原则只是(消极地)禁止违反现行法律,而保留原则是(积极地)要求行政活动具有法律依据。在法律出现缺位时,优先原则并不禁止行政活动,而保留原则排除任何行政活动。"现代国家具备多方面的职能,除了传统的治安、司法之外,需要国家介入的领域越来越多,行政从"消极行政"转向"积极行政"。"消极行政"是指国家的行政应当较少介入社会,让社会自发地进行管理,为社会的自主发展保留必要的空间。"积极行政"是指国家行政应积极介入对社会的管理,为社会的发展创造必要的条件。"积极行政"意味着国家将承担更多职能,法律保留所要应对的问题,便是在"积极行政"的背景下,如何控制行政权力、保障公民权利。

法律保留原则集中在干涉行政领域。干涉行政是指行政机关为了达到执法目的,依法采取强制措施,给相对人的权利义务造成影响的行为方式。比如,公安机关对治安管理违法人员处以拘留的行政处罚。干涉行政对于维护社会秩序、实现公共利益来说极为必要,但会给行政相对人带来不利,需要法律来控制干预的限度。从我国的立法来看,法律保留分为绝对保留和相对保留。绝对保留,是指某些事项只能由国家的最高权力机关通过立法的方式决定,不能授权行政机关决定,比如,限制人身自由的强制措施和处罚,对非国有财产的征收、征用。相对保留,是指某些事项属于最高权力机关的立法范围,但尚未制定法律,可授权行政机关决定,比如,国务院可以依据授权对尚未制定法律的事项先行制定行政法规。

二、合理原则

合理原则,指执法部门应当在合法的基础上,合理使用自由裁量权。执法部门通常拥有一定的自由裁量权,"在没有裁量调和的情况下,规则本身无法应对现代政府和现代正义的复杂问题",然而自由裁量权有被滥用的可能,需要统一的规则来指导执法部门行使自由裁量权。合理原则具体包括比例原则和平等对待原则。

(一)比例原则

比例原则,指执法部门要重视目的与手段关系的调和,确保执法手段与执法效果之间保持合理比例。该原则要求执法手段须具备妥当性、必要性和法益相称性。

1. 妥当性

妥当性要求执法部门所采取的手段要适合于实现执法目标。

《半月谈》2012年1月31日曾报道了一次执法行动。在广州市濂泉路,每天7点,数百家占道经营的服装早市摊档就占据了整条马路,拉货的面包车四处停放,手推车及采购人流夹在其中挤成一团,行人几乎无法出门,道路交通接近瘫痪。广州交警联合多部门对濂泉路的交通秩序进行整治。此次整治除了严查货车超载、小"面包车"违反载货规定以及车辆乱停乱放等违法行为之外,还推出一项用"大喇叭"执法的"新举措",对占道经营阻碍交通的商家,用高音喇叭进行劝导,不听劝导的,就用喇叭对着商铺门口滚动播放劝导信息,让其自行消除占道经营违法行为。这种被人们称为"吵死你"的执法方式引起广泛热议。

案例中,执法部门通过"吵死你"的方式来执法,有个关键问题值得注意:"吵死你"对于纠正违法、维护秩序来说,是否妥当?"吵死你"或许能够在一定程度上让违法者自发纠正违法行为,但是执法部门制造噪声的行为也影响群众的正常生活,涉嫌违法,因此,这种手段并不适当。

执法部门应权衡执法手段和目的之间的关系,两者需同时兼顾,不能顾此失彼。随着全面依法治国的推进,国家和社会对执法提出了更高的要求,"文明""柔性"成为执法的一种趋势,各地也通过创新来提升执法的合理性,如"围观执法""微笑执法"。执法部门将精力集中于手段创新的同时,不应忽视执法本身的目的,合理的执法应重视手段与目的的关系,应防止"手段"异化为执法目标。进一步看,妥当性要求执法者对"执法过程中可能出现的各种困难可以有所预计并能制定对策,对各种突发情况可以准确判断,从容应对,正确决断",以便在法治要求、行政目的、执法后果等约束条件下采取最合适的手段。

2. 必要性

必要性要求执法部门对执法手段的选择以必要为限,执法手段如果会损害行政相对人的基本权利,且有多种能够实现相同执法目标的手段时,执法部门应采用损害最小、最温和的手段。

《最高人民法院公报》2013年第10期发布了《苏州鼎盛食品公司不服苏州市工商局商标侵权行政处罚案》。该案中,鼎盛公司注册取得"艾维尔 I Will"文字及图商标、"爱维尔"文字商标、"爱维尔 I Will"文字及图商标,核定使用商品为蛋糕、面包、月饼等。东华公司于2009年7月获得"乐活 LOHAS"注册商标,但未实际使用。

2009年9月初,鼎盛公司推出的月饼使用了印有"I Will 爱维尔"与"乐活 LOHAS"连用标识的外包装。2009年9月苏州工商局接到举报,称鼎盛公司生产销售的"乐活 LOHAS"等月饼有商标侵权嫌疑,随后,调查认定鼎盛公司侵犯注册商标专用权,依法对鼎盛公司作出了责令停止侵权行为并罚款人民币50万元的行政处罚决定。鼎盛公司不服,将苏州市工商局诉至苏州市中级人民法院。一审认为,爱维尔品牌在特定区域范围内具有较强知名度,鼎盛公司在该区域大量使用涉案标识会使相关公众在"乐活 LOHAS"与"I Will 爱维尔"之间建立起某种关联,从而客观导致东华公司与其注册的"乐活 LOHAS"商标的联系被割裂。故鼎盛公司使用"乐活 LOHAS"的行为构成对东华公司注册商标专用权的侵害。鼎盛公司一审败诉后,上诉至江苏省高级人民法院。

江苏省高级人民法院经审理认为,苏州工商局责令鼎盛公司停止侵权行为的行政处罚正确,但罚款50万元显失公正。原因在于鼎盛公司主观上无过错,侵权性质、行为和情节显著轻微,尚未造成实际危害后果。苏州工商局责令其停止侵权行为已能达到执法目的,并处50万元罚款,使行政处罚的结果与违法行为的社会危害程度之间明显不适当。最终,二审作出判决,将行政处罚由原来的"责令停止侵权行为,罚款人民币50万元"变更为"责令停止侵权行为"。

案例中,"罚款人民币50万元"比"责令停止侵权行为"严厉得多,对鼎盛公司的损害也更大。工商部门用过于严厉的手段来制裁轻微的违法行为,显然不能满足法律对"公正"的追求。当温和的手段能够达到执法目的时,就没有必要再使用严格的手段。执法手段以必要为限,这要求执法者要结合执法目标,来比较、甄别不同的执法手段及其可能带来的后果。

3. 法益相称性

法益相称性要求执法部门在选择执法手段时,要对不同的利益进行充分地权衡。执法是执法部门与不同的利益主体进行博弈的过程,执法的结果能否被社会广泛接受,一定程度上取决于利益冲突能否被调和。仅仅关注手段是否适当、必要是不够的,因为执法不可避免地要涉及多方的利益。

《人民警察使用警械和武器条例》第十条　人民警察遇有下列情形之一的,不得使用武器:(一)发现实施犯罪的人为怀孕妇女、儿童的,但是使用枪支、爆炸、剧毒等危险物品实施暴力犯罪的除外;(二)犯罪分子处于群众聚集的场所或者存放大量易燃、易爆、剧毒、放射性等危险物品的场所的,但是不使用武器予以制止,将发生更为严重危害后果的除外。

上述规则体现了警察执法时对不同利益的衡量。当犯罪分子是怀孕妇女、儿童时,警察不能使用武器,此时怀孕妇女和儿童的利益优先,制服犯罪分子是次要选择;但当怀孕妇女、儿童的犯罪行为暴力程度较高,可能产生更严重的后果时,情况就发生了变化,警察使用武器虽然可能伤及怀孕妇女、儿童,却可以实现更大的公共利益。该规则第2项的内容也涉及不同利益衡量,警察能否使用武器,取决于使用武器所带来的损害,同犯罪分子可能造成的严重后果之间的比较。当前,我国社会处于转型时期,利益格局日益复杂化、利益诉求日趋多元化,执法稍有不慎便会引发激烈的利益冲突。因此,如何理顺利益关系、协调利益分配,对执法者来说无疑是巨大的挑战。

(二)平等对待原则

平等对待原则又称非歧视原则,是指执法者应平等对待相对人,不偏私、不歧视,在没有正当理由的情况下,不能对行政相对人区别对待。平等是法治的核心要义之一,法学家施瓦茨认为:"如果说当代公法有一个反复出现的主题,那么这一主题就是平等,包括种族之间的平等、公民之间的平等、公民和侨民之间的平等、富翁和穷人之间的平等、原告和被告之间的平等。"执法中的平等对待原则表现在两个方面:同等情况同等对待、不同情况区别对待。

1. 同等情况同等对待

同等情况同等对待，是指在条件相同的情况下，执法者应该一视同仁地对待行政相对人。执法是保护平等权的重要手段。执法中，执法人员不能因为民族、种族、性别、职业、社会出身等因素，偏袒或歧视行政相对人。任何权利受到侵犯的公民，一律平等地受到执法者的保护。任何公民作出违法行为，执法人员都应当追究其法律责任。

2. 不同情况区别对待

不同情况区别对待，是指执法者在面对多个行政相对人时，应依据违法行为性质和情节的不同，施以合理的差别对待。就行政违法行为而言，对事实、动机和后果进行比较，能够为执法者施行差别对待提供正当依据。

《种子法》第 75 条第 1 款对生产经营假种子的行为设定了相对宽泛的罚没标准：……违法生产经营的货值金额不足 1 万元的，并处 1 万元以上 10 万元以下罚款；货值金额 1 万元以上的，并处货值金额 10 倍以上 20 倍以下罚款。为了规范农业执法，多地出台了自由裁量基准。在《福建省农业行政处罚自由裁量基准》中，《种子法》第 75 条的罚没标准被细化为三个档次：第一，违法程度轻微，初次违法且未造成危害后果的，责令停止生产经营，没收违法所得和种子，吊销种子生产经营许可证；违法生产经营的货值金额不足 1 万元的，并处 1 万元以上 3 万元以下罚款；货值金额 1 万元以上的，并处货值金额 10 倍以上 13 倍以下罚款。第二，违法程度一般，再次违法或者造成一般危害后果的，责令停止生产经营，没收违法所得和种子，吊销种子生产经营许可证；违法生产经营的货值金额不足 1 万元的，并处 3 万元以上 6 万元以下罚款；货值金额 1 万元以上的，并处货值金额 13 倍以上 16 倍以下罚款。第三，违法程度严重，责令停止生产经营，没收违法所得和种子，吊销种子生产经营许可证；违法生产经营的货值金额不足 1 万元的，并处 6 万元以上 10 万元以下罚款；货值金额 1 万元以上的，并处货值金额 16 倍以上 20 倍以下罚款。

《福建省农业行政处罚自由裁量基准》区分出不同的罚没标准，缩小了执法人员的裁量空间。值得注意的是，其区分依据是违法行为的程度，即轻微、一般和严重。同样是生产经营假种子的行为，但违法者的动机、行为的严重性，以及社会危害性是不同的，这些差异为执法者区别对待违法者提供了正当依据。

三、程序正当原则

程序正当原则，是指执法要严格遵守法定程序，程序的正当性有助于实质正义的实现。因此，执法部门要保障行政相对人、利害关系人的知情、参与、表达、监督等权利。历史上，我国的执法实践存在重实体、轻程序的现象。这种现象忽视程序正义对实质正义的促进作用，难以满足社会成员对"正义"的价值期待。著名的法谚"正义不仅要实现，而且要以人们看得见的方式实现"表明，满足社会成员对法治的期待，不仅要从实体着手，还要从程序着手。近年来，随着法治政府建设的深入，执法程序不断受到重视，健全程序规范已经成为提升执法能力的重要条件。

一方面，程序具有工具作用。程序在执法中表现为一系列的方式、步骤、顺序和时限，对执法的有序运行来说，必要的方式、步骤、顺序和时限是不可缺少的。另一方面，程序具有价值意义。首先,执法者处于优势地位,程序能够约束执法者,使其不能依据优势地位给相对人、利害关系人造成不法侵害。其次,程序能提高效率,确保执法部门正常运行、稳定运转。最后,程序为执法者、行政相对人、利害关系人的沟通交流提供了平台,能提升执法决定的可接受性。

在我国,执法的程序正当原则主要体现在公开、告知、听证和回避制度中。公开,是指行政机关依职权或依申请,向相对人或者社会公开行政过程、政府信息,以确保相对人、利害关系人和社会大众的知情权、监督权。公开能够消除行政机关同相对人、利害关系人、社会大众之间的信息不对称,避免"暗箱操作"。

告知,是指行政机关将执法行为通过法定程序向相对人进行展示,让相对人知悉该次执法行为。告知能让相对人了解行政机关的行为依据,为相对人参与执法过程创造机会。告知的内容包括执法的时间、地点、法律依据、事实依据,相对人的陈述、申辩等权利,以及相对人不服执法决定时应有的救济权利和救济渠道。

听证,是指行政机关与行政相对人、利害关系人,就行政规范、重大决策、执法决定的拟定内容、法律依据、事实证据等情况进行说明、申明、辩论的活动。行政程序的中心问题是参与,听证制度能够为相对人、利害关系人行使参与权、表达权、监督权搭建平台。

回避,是指执法人员同案件有利害关系,可能妨碍执法公正时,需要自行回避,或依申请、依规定回避。我国基层社会具有"人情社会"的性质,虽然多年来的法治建设提升了人们的法治意识,但遇事找人、办事求人的"潜规则"仍旧存在。回避能杜绝"关系""利益"等因素介入执法,确保执法公正、保护执法人员。

四、高效便民原则

高效便民原则,是指行政机关在从事执法活动的时候,不仅要体现效率,而且还要为行政相对人的生产生活提供便利。该原则包括执法高效和执法便民两个方面。

执法高效要求行政机关重视成本与效益的比较,在降低执法成本的同时,提高执法效益。行政机关掌握的资源有限,无论是财政资源,还是人力资源,都需要得到高效利用。行政机关应该做到:其一,严格遵守法定程序和法定时限,在不损害相对人合法利益的前提下,提高办事效率;其二,整合行政执法资源,有针对性地配置执法资源,提高执法资源的利用效率;其三,合理设置行政机关的内部分工,合理衔接行政机关的内部流程,提高行政机关的运行效率。

执法便民要求行政机关转变思维,变"管理"为"服务",克服"官本位"思维,强调"执法为民"理念。"全心全意为人民服务"是党的根本宗旨,从我国国家治理的历史经验和当代实践来看,执法者和行政相对人的关系,属于干群关系的范畴。执法者没有把执法仅仅当作一种法治工作,还将其当作综合性的治理工作和政治性的群众工作。这要求行政机关要关心行政相对人的生产生活,为他们提供便利,尽量不加重他们的负担。

第四节 执法的方式

执法的方式,指执法机关实施执法活动的具体形式,包括行政监督检查、行政处罚、行政强制、行政征收、行政许可、行政合同、行政给付等。下面重点介绍其中的四种。

一、行政监督检查

行政监督检查,是行政机关为履行执法职能,对公民、法人或者其他组织的守法情况进行检查和监督的活动。

行政监督检查有多种分类方式。以检查手段是否具有技术专业性,可区分为普通检查和专业检查。普通检查,是指执法者依据自身经验、知识,对事实、行政相对人行为进行分析判断的检查方式。专业检查,是指执法者通过专业机构、利用技术装备、依靠技术手段来发现违法事实的检查方式。以检查对象是否特定,可分为例行检查和特定检查。例行检查,是指执法者依法随机选取相对人的检查方式。特定检查,是指执法者对特定行政相对人进行检查的方式,特定检查可以依职权进行,也可以依举报开展。以监督检查行为发生的时间为依据,可分为事前检查、事中检查和事后检查。事前检查,是指行政机关对相对人从事某种行为、开展某种活动的资格和条件进行检查。事中检查,是指行政机关在行政相对人从事某种行为、开展某种活动的过程中作出的检查。事后检查,是指行政机关在行政相对人完成某种行为、活动之后开展的检查。

二、行政处罚

行政处罚,是指行政机关依法对违反行政管理秩序的公民、法人或者其他组织,以减损权益或者增加义务的方式予以惩戒的行为。依据《行政处罚法》第9条的规定,行政处罚的种类主要有:(1)警告、通报批评;(2)罚款、没收违法所得、没收非法财物;(3)暂扣许可证件、降低资质等级、吊销许可证件;(4)限制开展生产经营活动、责令停产停业,责令关闭、限制从业;(5)行政拘留;(6)法律、行政法规规定的其他行政处罚。

警告、通报批评,是指执法人员告诫、谴责、批评和教育相对人,并将违法行为在一定范围内进行公开的处罚方式。警告与通报批评通常适用于轻微的违法行为,目的是让行政相对人知晓其行为已经构成违法,要求行政相对人以后不要再犯。罚款,是指行政机关强制行政相对人在一定期限内向国家缴纳一定数量货币的处罚方式。没收违法所得、非法财物,是指行政机关将行政相对人通过违法手段取得的财产、占有的财物收归国有的处罚方式。没收的对象包括行政相对人的违法所得、违法占有的利益和财物,从事违法行为所使用的工具、物品和违禁品,不包括合法收入和财产。暂扣许可证件、降低资质等级,是指行政机关暂时性地撤销、限制行政相对人拥有的国家准许其享有某些权利或从事某些活动资格的行政许可;吊销许可证件,则是永久性地撤销行政相对人所拥有的行政许可。限制开展生产经营活动、责令停产停业、责令关闭,是指行政机关强制要求行政相对人停止生产或经营,让行政相对人有时间和空间进行整改,以期纠正违法行为。限制从业,是行政机关对行政相对人从事某项行业的资格进行限制。行政拘留，是指公安机关限制行政相对人人身自由的处罚方式，是最严厉的行政处罚，见于治安管理领域。公安机关可以依法对行政相对人处以15日以下的拘留。

三、行政强制

行政强制包括行政强制措施、行政强制执行。行政强制措施，是指行政机关在行政管理过程中，为制止违法行为、防止证据损毁、避免危害发生、控制危险扩大等情形，依法暂时限制人身自由或者暂时控制财物的行为，具体包括：限制公民人身自由，查封场所、设施或者财物，扣押财物，冻结存款、汇款。

限制公民人身自由，是指出于制止违法行为、避免危害发生、控制危险扩大的需要，行政机关依法对公民的人身自由进行暂时性限制。具体有人身检查、拘留、禁闭约束、隔离、强制带离、强制戒毒等。查封场所、设施或者财物，是指行政机关对行政相对人的场所或物品进行封存、不准转移和处理的措施。查封的范围只限于涉案部分，公民个人及其所抚养家属的生活必需品除外。扣押财物，是指行政机关将行政相对人的财产转移到另外场所并扣留，不准行政相对人占有、使用和处分的措施，该措施主要适用于动产，不能扣押公民个人及其所抚养家属的生活必需品。冻结存款、汇款，是指行政机关限制行政相对人金融资产流动的措施，该措施是针对财产的强制。

行政强制执行，是指行政机关或者行政机关申请人民法院，对不履行行政决定的公民、法人或其他组织，依法强制其履行义务的行为，具体包括：代履行、执行罚和直接强制。

代履行又称代执行，是指行政相对人拒不履行的义务可以由他人代为履行，产生的费用由相对人承担的执行方式。执行罚又称强制金，是指行政相对人逾期不履行行政决定候，行政机关、人民法院要求其承担一定的金钱给付义务，以促使行政相对人履行行政决定的执行方式。加处罚款或者滞纳金是典型的执行罚。直接强制，是指行政机关、人民法院直接对行政相对人的人身或财产实施强制，迫使其履行义务，或实现与履行义务相同状态的执行方式。直接强制的方式有划拨存款、汇款，拍卖或者依法处理被查封、扣押的场所、设施或者财物，排除妨碍、恢复原状等。

四、行政征收

行政征收，是指行政机关依法向行政相对人强制收取费用或私有财产的行政行为。日常生活中常见的征收行为是税收征收和行政收费。

税务行政机关通过税务检查、税务稽查来保障税收。税务检查是税务行政机关对纳税人依法纳税情况进行监督检查的活动，是行政监督检查在税收领域的运用。具体的检查内容是纳税人是否履行纳税义务，是否存在不规范的行为。税务稽查，是指税务行政机关对高风险案源进行的定向检查。两者的区别在于，税务检查的主体相对广泛，包括税务管理、税款征收的具体业务机构，检查内容不具有导向性，围绕税收及其相关的行政管理工作开展。税务稽查由专门的稽查部门负责，一般称为税务稽查大队、中队或是稽查队，稽查工作有明确的导向性，针对潜在的偷税、漏税、骗税、逃税等违法行为开展。

行政收费，是指行政机关、法律法规授权的组织，在履行行政管理、公共服务职能的过程中,按照核定标准向行政相对人收取非营利性质费用的行为。依照收费目的可以分为八个类型:其一,以筹措建设资金为目的的收费,如公路建设基金、电力建设基金;其二,以保护自然资源为目的的收费,如渔业资源增殖保护费、林业保护管理费;其三,以保护环境为目的的收费,如环境保护费、海洋废弃物倾倒费;其四,以发展教育为目的的收费,如教育费附加、高等教育费附加;其五,以发展社会保障事业为目的的收费,如待业保险基金、养老保险基金;其六,以价格干预为目的的收费,如原油价格调节基金、棉花价格调节基金;其七,以提供特定公共服务为目的的收费,如证照费、工本费;其八,以管理为目的的收费,如出租车管理费、公(水)路运输管理费。

第十五章 守　法

第一节 守法的含义

守法，即遵守法律，是指公民、社会组织、国家机关服从法律，依照法律规定行使权利和履行义务的活动。守法是法律实施的基本形式之一。法律制定出来后，除了通过司法和执法的方式予以执行之外，主要依靠各类主体的遵守。通过守法主体主动遵循法律的要求、践行法律的意志，法律便能获得实施。因此，守法是一种较为理想的法律运行方式。

从法治的角度而言，一个国家和社会中的所有主体都应当遵守法律。我国不仅要求公民个人必须守法，《宪法》第5条第4款还规定："一切国家机关和武装力量、各政党和各社会团体、各企业事业组织都必须遵守宪法和法律……"总体上看，守法的主体主要有三类：个人、社会组织和国家。

守法个人主要包括中华人民共和国公民、在我国领域内的外国人和无国籍人，以及虽然不在我国领域内，但从事涉及我国和我国公民相关利益的活动的个人。公民是现代国家的基本构成要素，公民必须遵守本国法律，这是任何法治国家的基本要求。在任何国家境内，基本都存在他国公民或无国籍人，这些个人虽然不属于所在国家的公民，但也必须遵守所在国家的法律制度，这既出于维护国家主权和利益的要求，也是国际法和国际惯例的普遍性规定。随着科学技术的发展，人类活动的影响方式和影响范围发生了很大变化。通过一些新型技术，如无线电、互联网等，行动者不需要身处其地，也能对特定地域内的秩序和对象施加影响。因此，任何个人运用这些技术从事活动，对我国和我国公民利益产生影响时，即使并非我国公民，身处我国境外，也必须遵守我国法律。这是社会发展给守法个人所带来的重要变化。

除了个人化的行动，人们还会集合成各种各样的组织开展社会活动。现代社会中，社会组织的类型十分多样，[1]对人类和社会的影响不断加深。而社会组织作为守法主体，则是社会和法律制度发展到一定程度的产物。当我们将社会组织视为守法主体时，主要将其视为一个相对特定的行动主体，认为其具有一定的独立性和自主性。例如，当我们将公司作为守法主体时，往往会强调其具有独立财产、能够独立参与经济活动、能够承担民事法律责任等方面的特征。在此意义上，社会组织和个人一样，既有相对独立的意志，也

---

[1] 社会组织有广义与狭义之区。广义的社会组织，是指人们为了实现特定目标而建立的社会活动集体。在这个意义上，任何类型的集体都可视为社会组织，包括国家和政府。而狭义的社会组织，主要指国家和政府之外，以平等主体身份参与社会活动的集体。此处所讲的第二类守法主体，特指狭义上的社会组织。国家、政府及其组织机构，将作为第三类守法主体进行详细说明。

有参与社会活动的能力,理应遵守法律。

国家作为守法主体,是现代法治的重要发展。国家的意志一般通过政府及其机构人员的活动得以实现,在现实中,国家往往具体化为政府、政府部门、公务员等主体。上述主体在履行职能和行使权力时,同样需要遵守法律。政府、政府机关及其人员的守法,是国家守法的具体表现。

守法的内容,是指守法主体应当遵守的法律的种类和范围。具体而言,守法的内容由一国的法律体系所决定,守法主体处于不同时期、不同国家,守法的内容往往不尽相同。例如,在一些伊斯兰法系国家,伊斯兰法对穆斯林的行为依然具有约束力,宗教规范属于守法的内容。再如,在英美法系国家,判例是正式的法律渊源,同样是重要的守法内容。从历史上看,守法的内容从单一向多元不断发展变化,制定法、习惯法、判例法、教会法、国际条约、法律原则等都可以作为守法的内容。在我国,守法内容主要为各种制定法,即具有立法权限的国家机关所制定的规范性法律文件。此外,执法和司法机关所制定的非规范性法律文件,如司法判决书、法律裁定书、法律调解书等,对有关个人和组织也具有约束力,遵守这类法律文件同样属于守法的范畴。

第二节 守法的缘由

人们为什么会遵守法律？守法主体遵守法律的原因,便是守法的缘由。在现实中,由于守法主体所处的环境、自身的情况存在差异,其遵守法律的动力、原因往往千差万别。而且,在大多数情况下,人们守法的缘由往往是多样的、复杂的。具体而言,日常的守法缘由主要有以下几个方面。

一、惧怕惩罚

法是由国家强制力保障实施的规范。当某个个人和组织违反法律后,国家机器会通过强制手段制裁违法主体,对违法主体施加适当的惩罚。在法律比较普及的情况下,人们一般会认识到法律的这种强制性特征,进而惧怕其所带来的制裁和惩罚。这种惧怕惩罚的心理,会促使人们尽可能地遵守法律。

2011 年通过的《刑法修正案(八)》规定:“……在道路上醉酒驾驶机动车的,处拘役,并处罚金。”这是我国首次将醉酒驾驶写入刑法。“醉驾入刑”之后,酒后驾驶和醉酒驾驶的发案数量呈明显下降趋势。公安部 2012 年 5 月的统计数据显示,2011 年 5 月 1 日(《刑法修正案(八)》生效实施)至 2012 年 4 月 20 日,全国公安机关共查处酒后驾驶 35.4 万起,同比下降 41.7%;其中,醉酒驾驶 5.4 万起,同比下降 44.1%。另据公安部 2013 年 5 月公布的数据,《刑法修正案(八)》生效实施 2 年内,全国公安机关共查处酒后驾驶 87.1 万起,同比下降 39.3%;其中,醉酒驾驶机动车 12.2 万起,同比下降 42.7%,酒后驾驶和醉酒驾驶行为总量大幅下降。2014 年 5 月,公安部对有关数据再次进行了统计,统计数据显示,醉驾入刑 3 年内(2011 年 5 月 1 日至 2014 年 4 月 30 日),累计查处酒驾 127.4 万起,醉驾 22.2 万起,同比分别下降 18.7%和 42.7%。

《刑法修正案(八)》实施后,酒后驾驶和醉酒驾驶的发案数量呈明显下降趋势。究其原因在于,人们认识到"醉驾入刑"后,法律对此类违法行为的定性有了根本改变,醉酒驾驶已经由一般违法行为转变为犯罪行为,相应的法律责任更加严厉。许多人由于惧怕刑罚,再也不敢酒后驾驶。也就是说,人们之所以遵守相关法律,缘于惧怕刑法所带来的严厉处罚。

二、社会压力

人与人之间是具有关联的,一个人身处于社会之中,总会受到他人和社会环境的影响。当人们做某件事情的时候,可能不自觉地顾及他人的感受,甚至会考虑社会对自己言行的评价。因此,人们往往倾向于采取社会普遍认可的行为方式。作为一种社会普遍认可的行为方式,守法一直以来是人们的选择。在一般情况下,人们为了避免遭到非议和鄙夷,往往会选择主动守法。这种因顾及他人和社会影响而产生的守法缘由,可以概括为社会压力。

英国法社会学家菲斯特(Feest)曾做过一项守法研究。美国的道路上竖立着许多"Stop"标志,法律要求所有车辆路过这一标志前必须完全停下,驾驶人应当在确认路口的状况后,才能依次通过。但事实上,大多数驾驶人都不会严格遵守这一规定,大量的车辆在遇到"Stop"标志时往往只会"滑停"(rolling stop),即缓慢通过。针对上述事实,菲斯特关注的问题是:在没有执法人员在场的情况下,什么因素影响了驾驶人行为选择?为了寻得答案,他蹲守在加州大学伯克利分校附近的三个路口旁进行了细致观察。在研究中,他对司机的人种、年龄、性别进行了区分。最后他惊奇地发现,影响驾驶人是否遵守法律的最主要因素是,驾驶人是否一个人在车内,即单独驾车要比有同乘人时更容易违法。菲斯特认为,车内其他乘客的在场会对驾驶人形成心理压力,从而迫使驾驶人遵守法律。对此,他的进一步解释是,私家车的乘客基本上不是陌生人,驾驶人一般会在意这些人对自身言行的评价,因此,只能尽力维持自己遵纪守法的形象。

通过上述材料,我们可以发现,社会环境所带来的压力会直接影响人们的守法行为。当司机独自驾车通过路口时,司机认为自己的违法行为无法被他人知晓,因此不会遭受他人非议。而当车上有其他乘客时,司机的行为暴露在同行乘客面前,他担心自身的违法行为带来不良的评价,由此背负着一定的压力。在这种社会压力的影响下,司机更容易遵守法律。

三、道德驱使

社会中的规范是多元的,除了法律规范之外,其他类型的社会规范也会对人们的行为产生约束力。

我国法律对子女养老有明确规定。例如,《宪法》第49条第3款规定,"父母有抚养教育未成年子女的义务,成年子女有赡养扶助父母的义务"。《民法典》第1067条第2款规定:"成年子女不履行赡养义务的,缺乏劳动能力或者生活困难的父母,有要求成年子女给付赡养费的权利。"此外,《老年人权益保障法》还规定了"赡养人应当履行对老年人经济上供养、生活上照料和精神上慰藉的义务，照顾老年人的特殊需要”“赡养人应当使患病的老年人及时得到治疗和护理”“赡养人应当妥善安排老年人的住房”等内容。尽管法律将子女养老作为一种具体的义务，但现实中，人们之所以会赡养老人，并不完全出于法律的要求。所谓“百善孝为先”，“孝”文化是中国社会文化的核心内容之一，也是中国社会道德体系的重要组成部分。在“孝”文化的影响下，中国民众普遍具有尊老养老的自觉。人们尊敬老人、赡养老人，首先是作为一种道德的选择。只有在少数情况下，人们才会从法律的视角来认识和调整家庭关系。

上述材料表明，道德的感召和驱使也是人们遵守法律的重要缘由。在众多社会规范中，道德具有最为广泛的影响。虽然道德没有国家强制力保障实施，但它内化于意识形态之中，与社会观念相契合，因此，全面地影响人们的日常行为。道德与法律有着十分紧密的联系，二者相互渗透、相互制约、相互保障，法律是最低限度的道德。当人们遵守特定的道德义务时，他们的行为往往也符合相关法律的要求。

四、自身利益

一般而言，守法的要求来自义务性的要求，人们遵守法律时的心理状态是“被动消极”的。但在某些情况下，遵守法律会给守法主体带来利益。当人们认识到守法的好处时，其“被动消极”的心态会有所转变。一项研究显示，人们会为了维护和追求自身利益而主动守法。

受访的183名建筑工人中，有152人被观察到的行为是守法的。与这152名守法者的交谈显示：86.2%的受访者把自己天天坚持佩戴安全帽/安全绳或是坚持安全用电操作解释为：为了自我保护或者说为了自身安全。他们通常的说法是：“（安全帽）可以保护头，即便只是一颗石头从高处掉下来，那也会被伤到。即便不是高空落物，我们的工作环境也很容易伤到头”“在高处作业，大风来了或者不小心掉下来（如果系着安全绳），就会有个保护”“（用电安全操作）是为了自己安全，被电到了怎么办”，等等。[2]

通过上述研究，我们可以发现，守法主体对自身利益的考量，可以成为重要的守法缘由。建筑工地上的生产活动充满各种危险因素，它们时刻威胁着建筑工人的人身安全。因此国家制定了一系列的安全生产规范，强制要求建筑工人在生产过程中采取必要的安全措施。在实践中，建筑工地上的安全生产事故屡屡发生，大多数建筑工人对自身工作的危险性具有比较充分的认识。他们能够理解，佩戴安全帽和安全绳、坚持安全用电等行为对其人身安全是有利的，遵守法律符合自身利益。当然，社会生产生活中的利益是多样化的，除了上述人身安全利益，还有经济利益、信誉利益等，对这些利益的追求都可能成为守法的缘由。例如，我国食品安全法规对餐饮经营场所有“明厨亮灶”的要求，尽管“明厨亮灶”会增加经营成本，但餐饮经营主体仍然纷纷采用。究其原因，“明厨亮灶”能够显著提升餐饮经营场所在消费者心目中的形象，给餐饮经营主体带来信誉利益。出于追求信誉

〔2〕 李娜：《守法作为一种个体性的选择——基于对建筑工人安全守法行为的实证研究》，载《思想战线》2015年第6期。

利益以及提升营业额(经济利益)的目的,“明厨亮灶”的相关规定得到越来越多餐饮经营主体的主动遵守。

第三节 守法的条件与实现

人们的守法活动会受到多方面因素的影响,这些影响、制约、塑造人们守法过程和守法状态的因素可以统称为守法的条件。可以从主观和客观两个方面来认识守法的条件,守法的主观条件指人们的心理状态、意识状态、知识水平等,守法的客观条件指人们所处的社会环境。守法并非法律规则自动生成的结果,而是社会各方面因素共同塑造形成的行为实践。因此,一个社会要实现全民守法,不能仅仅依赖法律制定、法律实施和法律普及等工作。推动全民守法应当是一项系统工程,改善守法的各方面条件,是实现全民守法的必由之路。

一、守法的条件

(一)守法的主观条件

1994年,由范元执导、李仁堂主演的电影《被告山杠爷》上映。该片根据李一清小说《山杠爷》改编,讲述了堆堆坪村委书记山杠爷一心一意为群众办事,却在治理村庄和执行政策的过程中违反了法律,最终受到法律制裁的故事。

堆堆坪是一个模范村,村里的当家人山杠爷为人正派、行事果敢,在群众中威望极高。为了惩治村中的歪风邪气,山杠爷公开处罚了虐待自家婆婆的妇女;为了顺利完成国家的粮食税收,他私派民兵关押拒交公粮的村民;为了修建水库造福村民,他还当众打了反对者的耳光。然而,那些被山杠爷处理过的村民不但没有记恨他,反而对他感激不尽,最终都明白到山杠爷是为了自己好,为了堆堆坪好。后来,一封匿名的群众举报信寄到了检察院,反映山杠爷的上述种种行为。在调查取证后,检察院的办案人员陷入纠结:虽然山杠爷是一个大公无私的好干部、好党员,但他确确实实触犯了国家法律。在听到办案人员的一番解释后,山杠爷的一句“我……真的犯法啦?”让观影者无不百感交集。

在上述影片中,山杠爷无疑是一名优秀的基层干部,也是一名优秀的共产党员。他拥有优秀的个人品德,主观上不存在故意违法的意图。但是,由于对国家法律缺乏准确的理解,或者说是缺乏法律意识,他在治村过程中违反了法律。应该说,山杠爷的故事具有浓厚的悲剧色彩,它反映出人们对法律的认识和理解,有时会直接影响其守法行为。即守法作为一种行为状态,始终受到守法主体自身条件的制约。

守法的主观条件,主要指守法主体的状态、素质和意识水平。在某些情况下,守法的主观条件甚至会直接决定人们守法的状态。具体而言,守法的主观条件主要包括人们的法律意识、政治意识、道德水准、文化程度等。

法律意识,是指人们关于法的观念、思想和心理的总和,亦是人们对法所持的态度和信念。法律意识是人们关于法的意识形态,对守法行为具有最直接的影响。法律意识的形成,既依靠人们的法律知识积累,也需要守法主体发自内心地认同法律。虽然法律意识主要反映人们对法律这类社会现象的主观认识,具有主观性;但法律意识的具体内涵和外在表现形式,仍然主要由客观的社会环境所塑造,因此也具有显著的客观性。具体而言,在不同的历史阶段下,人们的法律意识大不相同;在不同的国家和地区,人们的法律意识也会有较大差异。例如,在我国封建社会时期,人们普遍认同"夫为妻纲",自然会遵守当时一系列关于男女不平等的法律制度;而中华人民共和国成立后,"三纲五常"作为封建糟粕被彻底摒弃,人们的相关法律意识也随之革新,旧有的婚姻法制度不再被遵守。

政治意识,是指人们关于政治的观念和观点,以及对政治现象的态度和评价的总和。在众多社会意识形式中,政治意识居于核心地位。作为一种具有统领性的社会意识,政治意识往往对其他意识具有直接影响。法律与政治之间的关系密不可分,法律意识往往继承了政治意识的取向和内涵,是政治意识在法律领域的具体化。在现实中,政治意识不仅对人们的法律意识具有重要塑造作用,它甚至能够直接影响整个社会的守法状态。例如,当政府官员具有较好的民主政治意识时,其依法用权的可能性也会更高。

道德观念,人们关于善与恶、美与丑、正义与邪恶、光荣与耻辱、公正与偏私的感觉、观点和社会意识形态。在现实中,道德观念对人们的守法行为也有重大的影响。道德内含一系列关于人与社会相互关系的准则,它往往涉及人们对善与恶、好与坏、是与非等标准的评价。一个正常社会的道德标准会对守法行为给予正面评价,同时也会批评违法行为。通常情况下,拥有良好道德观念的人们,会恪守自己的道德义务,不允许自己作出违反法律的行为。换言之,当人们拥有良好的道德观念时,会在道德标准的指引下自觉遵守法律,积极维护法律的尊严和权威。

文化程度也是影响人们守法状态的重要条件。文化知识,是人们认识世界、理解社会的重要工具。一个人若不具有一定的文化水平,不掌握一定的知识,便可能无法正确地认识社会,也可能无法妥善安排自己的言行。法律是高度复杂的知识系统,它虽然主要源自生产生活实践,但经过长期发展,已经形成一套相对独立且高度专业化的体系。人们学习法律知识,往往需要以一定的文化水平和受教育经历为前提。文化水平和受教育程度的高低,不仅会直接影响人们对法律的理解,还会影响人们对法律的态度,最终影响到人们对法律义务的履行和对法律权利的行使。

(二)守法的客观条件

守法的客观条件,是指守法主体所处的客观社会环境。人们身处特定的社会环境下,其观念和行为总会受到社会各方面状况的制约。

20世纪70年代以前,香港公职人员的贪污问题非常严重,其中,香港警察的贪腐之风尤甚。大量警队高层人员与黑社会合谋,通过经营"黄赌毒"等非法活动,共同攫取社会财富,使普通民众苦不堪言,给社会带来了巨大伤害。在相当长的一段时间内,这种恶劣风气愈演愈烈,许多警员一开始尚能坚持秉公行事,但禁不住违法势力的拉拢打压,逐渐被社会环境同化,纷纷加入了腐败的行列。据相关数据显示,仅仅在1963年至1973年这10年中,香港警察贪污受贿的数额达到100亿港元,按照购买力进行换算,相当于现在的5000多亿港元。一位名叫韩德的警司,1954年从警,1973年因腐败被惩处而入狱,在从警的19年期间,共攫取非法财产500万港元。他在入狱时面对记者表示:“贪污在香港警察队伍中已成为一种生活方式,就像晚上睡觉,白天起床、刷牙一样自然。”在当时的社会环境下,香港警员普遍存在贪污腐败的行为,几乎没有警员不收取贿赂,受贿者甚至不觉得这是在犯罪。[3] 1973年,涉嫌贪污420万港币的香港九龙总警司葛柏在被调查期间成功脱逃出境,香港民众群情激愤,当时的港英政府迫于社会压力终于开始肃贪,香港的反腐斗争自此拉开帷幕。1974年,廉政公署(ICAC)成立。经过多年的不懈努力,香港的法治环境逐步得到改善,之后更跻身全球最清廉地区行列。

上述材料说明,社会环境不仅会影响个人的守法行为,还会塑造社会的整体守法状况。当守法的客观条件不好或者不充分时,遵守法律的成本就会居高不下,人们守法的动力可能会因此下降,甚至直接丧失守法的意愿。相反,如果社会能够为守法创造良好的客观条件,守法就会成为人们在生产生活过程中的最优行为方式。在现实中,社会的各个方面都会对人们的守法行为和守法意愿产生不同程度的影响。

社会的法治状况对守法的影响最为直接。法治状况主要指立法、执法、司法等关于法律运行的状况。良好的立法有助于形成良好的法律,而法律自身的合理性和完善性,是其能够得到普遍遵守的一个重要前提。制定得良好的法律,往往反映了广大人民的意志和利益,也比较符合社会的价值取向,法律规定的行为方式因此更容易得到人们的认同。执法和司法活动也会影响人们对守法的态度。行政执法机关及其执法人员若能坚持依法行政、秉公执法,司法机关及其工作人员如能坚持依法判案、公正司法,法律便可以在社会中树立权威,也能对违法者形成威慑作用。总之,在良好的法治状况的保障和带动下,守法主体一般倾向于遵守法律,因为这不仅符合人们的观念和习惯,也有利于保护和实现其利益。

社会的经济状况和政治状况也对守法具有重要影响。经济状况主要包括一个国家和社会的经济体制、经济制度和经济发展水平等。人们能否依法行使权力和履行义务,除了取决于守法主体的主观意愿之外,还取决于社会能否为守法活动提供必要的物质条件,而物质条件与社会的经济发展水平高度相关。政治状况主要包括一个国家和社会的政治体制、政治制度和政治生态等。不同的政治状况会造就不同性质的法律,这会对人们的守法行为产生具体的影响。例如,在专制制度下,法律无法反映普通民众的意志和利益,容易激起人们的反抗;而在民主政治下,国家的权力来自人民,公民具有平等的法律地位,自然更容易自觉守法。

当然,客观社会环境对守法的影响远远不止上述的几个方面,除了社会的法治状况、经济状况、政治状况之外,地方风俗、民族传统、科技水平、国际形势等也是社会客观环境的重要组成部分,它们都在具体的情境下制约和影响人们的守法行为。

二、守法的实现

人们的守法活动往往是主客观因素相结合的产物。在主观上,守法活动是人们法律

〔3〕 参见黄晓阳:《廉政公署全传》,江苏人民出版社2009年版,第3页。

意识的反映和体现;在客观上,人们的守法活动受到社会现实条件和环境的制约。因此,要想在全社会推动守法的实现,不仅需要提升人们的法律意识和法律观念,还需要注重各种条件的供给和外部环境的塑造。只有做到主观和客观因素相结合,人们的守法能力才能获得提高。

首先,在培养守法意识方面着力。坚持普法教育宣传工作,使人们更好地理解法律、掌握法律。这一个过程的主要目标,是要建立守法的道德义务感,使人们的法律义务观与道德价值观相契合。如此,人们的守法选择不仅来自法律的强制,道德的自觉也会推动社会走向守法的状态。

其次,在改善守法条件和环境方面用力。其一,保证立法的民主性和科学性,这有助于法律保持其可见性和可行性。法律的可见性和可行性,是法律能够被遵守的重要前提。法律只有是清晰、可被理解、没有歧义或矛盾的,才能为人们所理解和掌握,并得到人们的认同。法律只有是可被接受的、可被具体执行的、可具体适用的,才能真正地进入人们的生产生活实践中,被人们主动用于调整各种各样的社会关系。其二,保证执法和司法的有效性,以形成有利于守法的制度性环境。良好的执法和司法状态,不仅有助于保持法律的威慑力,使人们不敢随意违反法律,还能进一步塑造法律的权威,提升人们对法律及其相关安排的信心,让他们从内心服从法律的要求。其三,持续推动经济发展和政治建设,不断革新社会的风气和文化,也有助于从深层次改善建设守法社会的客观要件。

最后,在提升人们的守法能力方面用力。其一,立法或法律实施要警惕因不切实际或过高的要求而制造出不必要的能力鸿沟,甚至是制造出意外的“守法不能”。除了惩罚手段之外,加强教育、有区分地支持和扶持守法主体,也是塑造社会整体守法能力的重要策略。其二,加强守法主体对法律的认知水平和接受能力。在现实中,人们可以通过许多渠道来获取法律知识,但这些渠道也容易造成知识获取的不均衡或不充分。“知法”本身是一种能力性的要素,具有多个层面的要求,也受制于诸种因素的影响。所以,那种仅仅满足于让人们“知道法律”的教育显然是不够充分的。对法律知识的传播,还需要考虑到人们在受教育程度、信息获取渠道、文化知识背景等方面可能存在的差异。例如,城乡地区的信息传播水平存在明显差异,城市地区的人们可以比较便利地通过多种方式获取法律知识,而农村地区的人们获取相关信息的难度无疑更高,这可能会限制其守法能力。其三,为守法主体提供必要和有效的资源。许多守法活动依赖于一定的资源,如资金、人力、技术等。守法能力往往由守法主体所拥有的资源来决定,这在群体和组织守法中尤为突出。例如,环保法律严控生产企业的乱排放问题,但企业解决排放问题往往需要购入价格不菲的处理设备,而缺乏资金的企业更有可能出现违法行为。因此,在法律允许的条件下,通过适当的方式为守法主体提供必要的资源,这也是建设守法社会的重要策略。

第十六章 法律监督

第一节 法律监督的概念

一、法律监督的含义

监督是日常生活中常见的活动,如公民对国家机关及其工作人员的监督,公司对员工的监督,委托人对代理人的监督等。法律监督是法律运行的重要组成部分,具有特定的内涵和构成要素。

法律监督有广义、中义和狭义之分。广义的法律监督是指政党组织、国家机关、社会组织和公民依法对各种法律活动的合法性进行的监督。中义的法律监督是特定的国家机关依照法定权限和程序,对立法、执法和司法活动的合法性进行的监督。中义的法律监督是国家机关行使职权、履行职责的一种方式,具有权威性和专业性。狭义的法律监督特指检察机关依照法定职权和程序对法律实施活动的合法性所进行的监督。《宪法》第134条规定,人民检察院是国家的法律监督机关。检察机关主要针对国家机关的执法和司法活动的合法性,以及国家机关工作人员的职务犯罪和其他犯罪行为进行监督。本章所指的法律监督是广义上的。

法律监督容易与一些概念发生混淆,如组织管理、权力制衡等。管理主要存在于组织内部,是指组织的管理者在特定的环境下,通过计划、组织、领导和控制等环节来协调组织所拥有的资源,以期更好地达成组织目标的过程。[1] 法律监督与组织管理存在差别。法律监督既存在于组织之内,是一种重要的管理方式,也存在于组织之外;两者的目标不同,法律监督主要为了确保法律活动的合法性,组织管理则主要为了提高组织效率。

权力制衡,是指公共权力内部或者外部存在与其相抗衡的力量,不同权力在运行中保持总体平衡。有关权力制衡的经典论述是孟德斯鸠所提出的的三权分立、互相制衡:将整体国家权力划分为立法权、行政权和司法权三种不同类型的权力,并确保不同权力之间保持“均势”,以防止权力滥用,保护公民的权利。因而,权力制衡主要是一种权力配置和运行模式,虽然在客观上发挥了监督的功能,但是与法律监督存在差别。

二、法律监督的构成要素

法律监督的构成要素有法律监督的主体、客体和内容。我国法律对于法律监督的构成要素作了明确的规定。

---

〔1〕 张正河、杨为民主编:《管理学原理》,中国农业大学出版社2017年版,第2页。

（一）法律监督的主体

法律监督的主体，是指法律监督活动的参加者，是法律监督职权和权利的享有者，以及接受监督的被监督者。法律监督的主体包括以下几种：

1. 政党。政党要在法律范围内活动，积极遵守法律并接受监督。同时，中国共产党纪律委员会依法对行使公权力的党员干部、公职人员进行监督。

2. 国家机关。国家机关具有监督法律活动的职权，我国法律对国家机关进行监督的权限、程序和方式都作了规定。国家机关的监督具有直接的法律效力，在法律监督体系中居于关键地位。另外，国家机关及其工作人员接受公民和社会组织的监督。《宪法》第 3 条第 2 款规定，全国人民代表大会和地方各级人民代表大会都由民主选举产生，对人民负责，受人民监督。《宪法》第 27 条第 2 款规定，一切国家机关和国家工作人员必须依靠人民的支持，经常保持同人民的密切联系，倾听人民的意见和建议，接受人民的监督，努力为人民服务。

3. 社会组织。社会组织包括各类社会团体、群众组织和企事业单位。社会组织的法律监督虽然不具有直接的法律效力，但是具有广泛性，是法律监督体系的重要一环。

4. 公民。《宪法》第 41 条第 1 款规定，公民对国家机关及其工作人员具有提出批评、建议、申诉、控告或检举的权利。法律监督权是公民民主权利的重要组成部分，赋予并保障公民的监督权也是民主政治的重要体现。

（二）法律监督的客体

法律监督的客体，是指法律监督的权利和义务所指向的对象。法律活动是法律监督的客体，具体包括立法、执法、司法和守法。其中，国家机关所从事的立法、执法和司法活动是法律监督的重点。国家机关所实施的法律活动会对公民合法权益产生直接影响，如果缺乏监督，很容易出现权力滥用，损害公民合法权益，危害社会秩序。孟德斯鸠指出："一切有权力的人都容易滥用权力，这是万古不易的一条经验。有权力的人们使用权力一直到遇有界限的地方才休止。"[2]因而，需要加强对权力的制约和监督。另外，法律监督主要针对法律活动的合法性，包括从事法律活动的主体是否具有法律授权，法律活动是否遵循法定程序，以及是否遵守相关法律规定。

（三）法律监督的内容

法律监督的内容是法律监督主体所享受的监督权，以及承担的接受监督的职责和义务。法律监督主体的权利和义务由法律作出明确规定。法律监督权具体包括公民所享有的批评、建议、申诉、控告、检举权，立法机关拥有的备案审查权、执法检查权，监察机关拥有的监察权，司法机关拥有的抗诉权、提请再审的权力，行政机关拥有的执法监督权、审计监督权等。法律监督的主体应当按照法律规定的权限范围和法定程序来行使监督权，不得滥用监督权。接受监督的职责和义务具体包括依法公开相关信息，接受检查，对公民的

---

〔2〕［法］孟德斯鸠：《论法的精神（上册）》，张雁深译，商务印书馆 1961 年版，第 154 页。

申诉、控告或者检举进行处理等。国家机关及其工作人员未能充分履行上述职责，则会面临相应的法律责任。以《政府信息公开条例》的相关规定为例：

第十九条　对涉及公众利益调整、需要公众广泛知晓或者需要公众参与决策的政府信息，行政机关应当主动公开。

第二十条　行政机关应当依照本条例第十九条的规定，主动公开本行政机关的下列政府信息：

（一）行政法规、规章和规范性文件；

（二）机关职能、机构设置、办公地址、办公时间、联系方式、负责人姓名；

（三）国民经济和社会发展规划、专项规划、区域规划及相关政策；

（四）国民经济和社会发展统计信息；

（五）办理行政许可和其他对外管理服务事项的依据、条件、程序以及办理结果；

（六）实施行政处罚、行政强制的依据、条件、程序以及本行政机关认为具有一定社会影响的行政处罚决定；

（七）财政预算、决算信息；

（八）行政事业性收费项目及其依据、标准；

（九）政府集中采购项目的目录、标准及实施情况；

（十）重大建设项目的批准和实施情况；

（十一）扶贫、教育、医疗、社会保障、促进就业等方面的政策、措施及其实施情况；

（十二）突发公共事件的应急预案、预警信息及应对情况；

（十三）环境保护、公共卫生、安全生产、食品药品、产品质量的监督检查情况；

（十四）公务员招考的职位、名额、报考条件等事项以及录用结果；

（十五）法律、法规、规章和国家有关规定应当主动公开的其他政府信息。

第二十三条　行政机关应当建立健全政府信息发布机制，将主动公开的政府信息通过政府公报、政府网站或者其他互联网政务媒体、新闻发布会以及报刊、广播、电视等途径予以公开。

第五十三条　行政机关违反本条例的规定，有下列情形之一的，由上一级行政机关责令改正；情节严重的，对负有责任的领导人员和直接责任人员依法给予处分；构成犯罪的，依法追究刑事责任：

（一）不依法履行政府信息公开职能；

（二）不及时更新公开的政府信息内容、政府信息公开指南和政府信息公开目录；

（三）违反本条例规定的其他情形。

上述条文分别规定了政府信息公开的内容、范围和制度保障，这些都构成了法律监督的内容。行政机关不依法履行政府信息公开职能，不及时更新公开的政府信息内容、政府信息公开指南和政府信息公开目录，都需要承担相应的法律责任。

第二节 法律监督的功能

法的运行离不开监督，如果没有强有力的监督，法的运行会陷入无序的状态。那么，法律监督具体发挥哪些功能？

一、防止权力滥用

权力具有被滥用的风险，这是因为权力活动可能给行使者带来特定的物质利益，同时权力行使活动的隐秘性又会激发行使者的侥幸心理。权力滥用现象会损害公民合法权益，危害社会秩序，权力滥用现象的不断累积最终还会削弱国家的合法性。完备且有效地法律监督可以减少权力滥用现象。“阳光是最好的防腐剂”，法律监督会使权力活动呈现在公开透明的“阳光”之下，从而降低权力被滥用的风险。完备、有效的法律监督体系会对权力行使者产生较高的威慑力，打破他们的侥幸心理，削弱乃至消除他们违法的动机。不过，对于权力的监督需要避免产生权力懈怠的后果。不合理的监督制度和措施会增加行使权力的风险，导致国家机关工作人员怠于行使权力。部分当事人滥用监督权，反复申诉、控告、检举、信访，这会对社会氛围产生不利影响，也会干扰国家机关的正常履职活动，损害社会秩序。

二、救济公民权利

“无救济则无权利”，当权利受到侵害后，必须得到救济，否则权利形同虚设。法律监督制度具有权利救济的功能，能够确保当事人的权利得到充分实现。

2009 年 12 月 29 日，赵某与万鑫公司签订《商品房买卖合同》，约定购买该公司开发建设的万鑫大厦商品房。合同签订后，赵某向万鑫公司交付购房款。2011 年 2 月 3 日 0 时 15 分许，万鑫大厦发生火灾，将赵某房屋及屋内物品烧毁。火灾发生后，赵某向一审法院起诉，认为万鑫公司未按照法律规定的要求使用合格的外墙保温建筑材料，中一公司作为万鑫大厦的物业管理公司，未尽到物业安全保障责任，请求两个公司对火灾造成赵某的损失承担连带赔偿责任。一审法院审理认为不能认定万鑫公司违规建设，赵某未能证明中一公司未尽到哪些管理义务，其要求中一公司承担连带赔偿责任的请求缺乏依据，故判决驳回赵某的诉讼请求。赵某提起上诉，二审法院认为一审判决认定事实清楚，适用法律正确，依法驳回上诉，维持原判。赵某向最高人民法院申请再审，最高人民法院认为万鑫公司对赵某的损失承担40%的赔偿责任，中一公司在赵某全部损失不超过30%的范围内承担补充责任。

上述案件经一审和二审，原告的诉讼请求未得到支持。在再审中，最高人民法院认定一审和二审判决存在错误，依法改判，支持原告的部分诉讼请求，维护了原告的合法权益。可以看出，法律监督发挥出救济公民权利的功能。

三、促进法律实施

法律的生命在于实施。法律实施是将纸面上的法律转化为现实的法律，如果法律未能实施，则会成为一纸空文。很多因素可能影响法律实施过程，从而使法律实效偏离法律意图。法律监督有助于促进法律实施。

2011年9月，湖北省某县村民肖某未经许可，擅自在某水库库区（河道）管理范围内316国道某大桥下建房（房基）5间，占地面积289.8平方米。2011年11月3日，该县水利局根据《水法》第65条作出《行政处罚决定书》，要求肖某立即停止在桥下建房的违法行为，限7日内拆除所建房屋，恢复原貌；罚款5万元；并告知肖某不服处罚决定申请复议和提起诉讼的期限，注明期满不申请复议、不起诉又不履行处罚决定，将依法申请人民法院强制执行。肖某在规定的期限内未履行该处罚决定，亦未申请复议或提起行政诉讼。2012年3月29日，县水利局向法院申请强制执行。2012年4月23日，县人民法院作出行政裁定书，裁定准予执行行政处罚决定，责令肖某履行处罚决定书确定的义务。但肖某未停止违法建设，截至2017年4月，肖某已在河道区域违法建成四层房屋，建筑面积约520平方米。县人民检察院于2017年4月通过某日报《“踢皮球”执法现象何时休?》的报道发现案件线索，依职权启动监督程序，经调查后认为：水利局对于河道违法建筑物拥有强行拆除的权力，不应当向法院申请强制执行；法院受理并裁定准予执行，这违反了法律规定。县人民检察院于2017年5月向县水利局提出检察建议，建议其依法强制拆除违法建筑物；2017年8月向县人民法院提出检察建议，建议其依法履职、规范行政非诉执行案件受理等工作。县水利局收到检察建议后，立即向当地党委政府报告。在县委、县政府的大力支持下，河道违法建筑物被依法拆除。县人民法院收到检察建议后，回复表示今后要加强案件审查，对行政机关拥有强制执行权而向法院申请强制执行的案件裁定不予受理。

本案中，执法机关怠于行使权力，导致违法现象长期存在，检察机关启动监督程序，保障法律执行到位。

另外，权力机关有权监督法律的实施情况，包括听取和审议法律实施机关的工作报告，对法律实施情况组织执法检查、向有关机关提出询问和质询等。行政机关通过执法检查、审计监督等方式监督执法活动，并对执法中出现的违法行为进行查处，对相关责任人作出处罚。这都有助于促进法律实施。社会监督会对执法人员产生压力，促使执法人员严格执法。

四、维护法制统一

对于一个国家来说，法制统一十分重要。法制统一是指国家通过严密的法律体系来安排国家的重要制度体系，依法实施治国理政行为，达到立法、司法、执法以及法律监督行为基本一致的状态。法制统一包括制定和实施两个方面的统一。法律监督有助于维护法制统一。

2020年4月16日，全国人大常委会法制工作委员会主任沈春耀向全国人民代表大会常务委员会作关于2019年备案审查工作情况的报告。报告指出过去一年来，全国人大常委会法制工作委员会对公民、组织提出的138件审查建议进行了审查研究，提出了处理意见并向建议人作了反馈，督促了制定机关纠正与宪法法律规定有抵触、不符合的规范性文件。例如,有的地方性法规规定,公安机关交通管理部门调查交通事故时可以查阅、复制当事人通讯记录。经审查认为,该规定不符合保护公民通信自由和通信秘密的原则和精神;对公民通信自由和通信秘密保护的例外只能是在特定情形下由法律作出规定,有关地方性法规所作的规定已超越立法权限。经向制定机关指出后,有关规定已经修改。有的地方性法规规定,人大常委会闭会期间可以由主任会议许可对人大代表进行逮捕。经审查认为,该规定与《全国人民代表大会和地方各级人民代表大会代表法》关于县级以上人大代表在本级人大闭会期间非经本级人大常委会许可不受逮捕的规定,存在抵触情形。经向制定机关指出后,有关规定已经修改或者停止执行。还有地方性法规规定,对有违法记录的机动车实行累积记分办法。经审查认为,该规定与道路交通安全法关于对机动车驾驶人违法行为实行累积记分的规定不符合,扩大了现行规定的适用范围。经沟通,制定机关已将修改相关法规列入立法工作计划。

可以看出,全国人大通过审查地方人大制定的地方性法规,依法督促制定机关纠正与宪法法律有抵触的规范性文件,确保了法律制定方面的统一。此外,行政监督、司法监督、社会监督有助于实现法律实施方面的统一,包括案例指导制度、审判委员会案件讨论制度、再审制度、行政执法决定法制审核制度等都有保障法律统一适用的功能。

第三节 当代中国法律监督的体系

要充分发挥出法律监督的功能,需要建立完备且严密的法律监督体系。法律监督体系是指由一系列法律监督制度和方式所构成的体系。在长期的法治建设过程中,我国已初步建立起要素完备、相互协调、规范运行的法律监督体系,具体包括人大监督、监委监督、司法监督、行政监督和社会监督(见图3)。法律监督体系构成我国社会主义法治的重要组成部分。

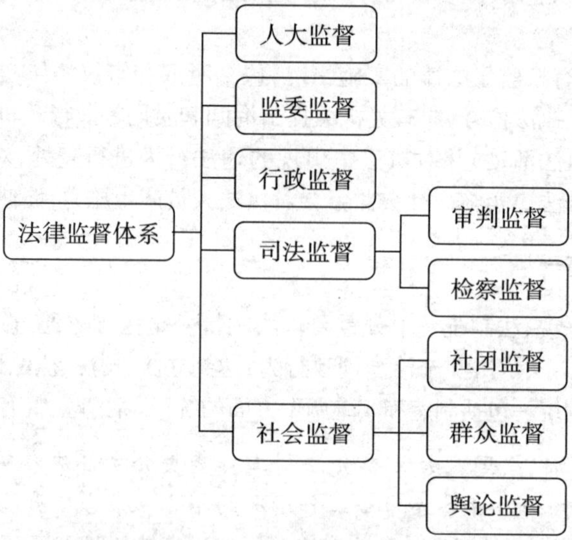

图3 我国法律监督体系

一、人大监督

人大监督,是指以各级人民代表大会及其常务委员会为权力主体的法律监督。依照我国《宪法》规定,人民代表大会是我国权力机关,代表人民行使国家权力,对人民负责、受人民监督。国家行政机关、监察机关、审判机关、检察机关都由人民代表大会产生,对它负责,受它监督。人大监督在法律监督体系中居于主导地位,具有最高的权威性。人大监督的客体包括立法活动和法律实施活动。

(一)对立法活动的监督

具有较高立法权的人民代表大会及其常务委员会对较低一级的人民代表大会及其常务委员会制定的规范性法律文件是否违反宪法法律和法规,是否相互矛盾,进行审查,并作出处理,从而保证国家法制的统一。行政法规、地方性法规、自治条例和单行条例、规章应当在公布后的30日内依照规定报立法机关备案。备案机关基于维护法制统一的原则,对报送备案的地方性法规、自治条例和单行条例、规章进行审查。其他法律监督主体认为行政法规、地方性法规、部门规章等与宪法和法律相抵触,也可以依法向全国人大常委会提出书面审查的要求和建议。

立法机关认为行政法规、地方性法规等与宪法和法律相冲突,可以撤销。在中央层面,全国人民代表大会有权改变或者撤销全国人民代表大会常务委员会不适当的决定;全国人民代表大会常务委员会有权撤销国务院制定的同宪法、法律相抵触的行政法规、决定和命令,撤销省、自治区、直辖市国家权力机关制定的同宪法、法律和行政法规相抵触的地方性法规和决议。在地方层面,县级以上的地方各级人民代表大会常务委员会有权撤销本级人民政府的不适当的决定和命令,撤销下一级人民代表大会的不适当的决议。

(二)对法律实施活动的监督

根据《宪法》规定,全国人民代表大会及其常务委员会监督宪法和法律的实施,监督国务院、中央军事委员会、国家监察委员会、最高人民法院和最高人民检察院的工作。地方各级人民代表大会在本行政区域内,保证宪法、法律、行政法规的遵守和执行,监督本级人民政府、监察委员会、人民法院和人民检察院的工作。

根据《各级人民代表大会常务委员会监督法》相关规定,权力机关对法律实施活动进行监督的方式有以下几种:(1)听取和审议人民政府、人民法院和人民检察院的专项工作报告;(2)审查和批准决算,听取和审议国民经济和社会发展计划、预算的执行情况报告,听取和审议审计工作报告;(3)对有关法律、法规实施情况组织执法检查;(4)向有关机关提出询问和质询案;(5)针对特定问题进行调查;(6)审议和决定本级行政机关、法院、检察院相关人员的撤职案。各级人民代表大会常务委员会行使监督职权的情况,应当向本级人民代表大会报告,接受监督;同时要向社会公开。

二、监委监督

监委监督,是指以各级监察委员会为权力主体的法律监督。根据《宪法》和《监察法》

相关规定，监察委员会依照法律规定对公职人员开展廉政教育，对其依法履职、秉公用权、廉洁从政从业以及道德操守情况进行监督检查。

受监委监督的主体十分广泛，主要有：(1)国家公职人员；(2)法律、法规授权或者受国家机关依法委托管理公共事务的组织中从事公务的人员；(3)国有企业管理人员；(4)公办的教育、科研、文化、医疗卫生、体育等单位中从事管理的人员；(5)基层群众性自治组织中从事管理的人员；(6)其他依法履行公职的人员。监察委员会的定位是党领导下的国家反腐败工作机构，对公职人员进行监督，防止腐败现象的发生是监委监督的主要目标之一。对公职人员的执法合法性、执法廉洁性和道德操守进行监督是监委监督的重点。监委监督在法律监督体系中具有十分重要的地位。

2019年1月15日，国家监察委员会发布消息，第十二届全国人大内务司法委员会原副主任委员、陕西省委原书记赵正永涉嫌严重违纪违法，接受中央纪委国家监委纪律审查和监察调查。2020年1月4日，国家监察委员会发布消息，赵正永严重违反党的政治纪律、组织纪律、廉洁纪律和生活纪律，构成严重职务违法并涉嫌受贿犯罪。国家监察委员会调查终结后，经最高人民检察院指定，交由天津市人民检察院第一分院审查起诉。2020年5月11日，天津市第一中级人民法院一审公开审理赵正永受贿一案。庭审中，检察机关出示了相关证据，被告人赵正永及其辩护人进行了质证，控辩双方在法庭的主持下充分发表了意见，赵正永进行了最后陈述并当庭表示认罪悔罪。人大代表、政协委员、新闻记者及各界群众数十人旁听了庭审。庭审最后，法庭宣布休庭，择期宣判。

对于公职人员的监督以监察委员会为先导，由监察委员会立案审查调查，监察委员会调查终结后，就其所涉违法犯罪问题移交司法机关。这与监察委员会在我国法律监督体系中的重要地位和监督优势有关。首先，监委监督整合了部门力量，提高了监督效能。监察委员会实行监察委与纪委合署办公，通过机构高度整合的方式，打破纪检与监察的分工格局，实现党内监督与监察相统一。其次，监委监督范围更广，效力更高。监委监督以预防腐败为目标，不仅对党员领导干部进行监督，同时对所有实施公权力的人员实施监察，监督的范围更广，超出了行政监督、司法监督的范围。

三、行政监督

行政监督，是指行政机关内部上下级之间，以及行政机关内部设立的专门机关的法律监督。根据监督主体和方式的不同，行政监督具体可以分为一般行政监督和专门行政监督。

(一)一般行政监督

一般行政监督，是指人民政府对所属工作部门和下级政府的行政活动进行的监督。行使监督权的主体是县级以上人民政府，人民政府内部负责政府法制工作的部门具体实施行政监督工作并接受上级人民政府法制工作部门的业务指导。

一般行政监督的客体主要有：(1)行政规范性文件的合法性；(2)具体行政行为的合法性；(3)行政执法主体和行政执法人员资格的合法性；(4)行政执法责任制度、行政执法投诉制度等执行情况;(5)行政复议、行政赔偿情况;(6)行政执法改革的实施情况,如行政执法裁量基准制度、相对集中行政处罚权、行政许可权等综合执法的实施情况等。行政监督的具体方式有日常监督、专项监督和综合检查等。

在建设法治政府背景下,各级政府建立起行政监督制度,主要有:(1)针对具体行政行为的监督制度,包括行政执法决定法制审核制度、行政执法决定备案制度、行政执法卷宗评查制度、行政执法评议考核制度、行政执法投诉制度等;(2)针对抽象行政行为的监督制度,如规章、规范性文件的备案审查制度。

相比其他法律监督,一般行政监督具有覆盖面广、监督有力、专业性强等优势。但是,一般行政监督容易受到部门利益的不利影响,因而还需要发挥其他法律监督的作用。

(二)专门行政监督

专门行政监督,是指行政系统内部设立专门的监督机关所实施的法律监督。在我国,比较重要的专门行政监督是审计监督。审计监督是指由审计机关根据《审计法》《审计法实施条例》,以及其他有关法律、法规规定的职责、权限和程序,检查被审计单位的会计凭证、会计账簿、财务会计报告以及其他与财政收支、财务收支有关的资料和资产,对被审计机关的财政收支、财务收支真实合法和效益进行的监督活动。审计机关依照法律规定独立行使审计监督权,不受其他行政机关、社会团体和个人的干涉。

四、司法监督

司法监督,是指以检察机关和审判机关为权力主体的法律监督。根据主体的差别,司法监督具体可以分为检察监督和审判监督。

(一)检察监督

检察监督,是指检察机关依法对国家机关的执法活动和司法机关的审判活动的合法性进行的监督。检察机关是专门的法律监督机关,宪法和法律赋予检察机关进行法律监督的权力包括:对有关刑事案件的侦查权力;对诉讼活动实行法律监督的权力;批准逮捕的权力;提起公诉的权力;提起公益诉讼的权力;对生效法律文书的执行进行监督的权力;对监狱、看守所的执法活动实行监督的权力;对执法机关的违法行为通知纠正的权力;提出检察建议的权力。

2016年3月,辽宁省营口市人民检察院在对全市两级法院决定暂予监外执行案件进行检察中发现,营口市站前区人民法院对罪犯王某某决定暂予监外执行所依据的病历资料、司法鉴定书等证据材料有诸多疑点。经过调查核实,检察机关基本查明了罪犯王某某违法暂予监外执行的事实,认为相关工作人员涉嫌职务犯罪。2016年4月10日,营口市人民检察院以营口市中级人民法院技术科科长张某、营口市中医院司法鉴定所负责人赵某涉嫌徇私舞弊暂予监外执行犯罪,依法对其立案侦查。案件侦查终结后,检察机关以张某构成受贿罪、徇私舞弊暂予监外执行罪,赵某构成徇私舞弊暂予监外执行罪,依法向人民法院提起公诉。2017年5月27日,人民法院以张某犯受贿罪、徇私舞弊暂予监外执行罪,赵某犯徇私舞弊暂予监外执行罪,对二人定罪处罚。判决生效后,检察机关依法向营口市站前区人民法院发出《纠正不当暂予监外执行决定意见书》,建议法院依法纠正2011年5月17日和2014年7月29日对罪犯王某某作出的两次不当暂予监外执行决定。

此案中,检察院主要通过提起公诉和行使检察建议权来对司法人员的职务行为和司法裁定进行监督。

检察监督的客体十分广泛,主要包括:(1)公安机关、国家安全机关等机关的侦查活动的合法性;(2)人民法院的判决、裁定是否正确,审判活动是否合法;(3)判决、裁定等生效法律文书的执行活动;(4)监狱、看守所的执法活动;(5)在对前面几种法律活动的监督过程中发现的国家机关工作人员的犯罪行为。检察机关有权对司法工作人员利用职权实施的非法拘禁、刑讯逼供、非法搜查等侵犯公民权利、损害司法公正的犯罪行为进行立案侦查;以及经省级以上人民检察院决定,可以由人民检察院立案侦查的国家机关工作人员利用职权实施的重大犯罪行为进行立案侦查。为保障监督的效力,检察机关进行法律监督时不受行政机关、社会团体和个人的干涉。

(二)审判监督

审判监督,是指审判机关对法院司法活动的监督。审判监督的权力主体是审判机关,监督客体是法院的立案、审判、执行等活动的合法性。审判监督可以分为层级监督和内部监督。

层级监督,主要是指最高人民法院对各级人民法院的监督,以及上级人民法院对下级人民法院的监督。法院的层级监督主要依靠死刑复核制度、上诉制度、再审制度等。以再审制度为例,根据《民事诉讼法》第198条第2款规定,最高人民法院对地方各级人民法院已经发生法律效力的判决、裁定、调解书,上级人民法院对下级人民法院已经发生法律效力的判决、裁定、调解书,发现确有错误的,有权提审或者指令下级人民法院再审。再审机关应当另行组成合议庭,审理再审案件。

内部监督,主要是指法院院长、庭长对本院审判工作的监督。法院的内部监督主要依靠再审制度、审判管理制度等。根据《人民法院组织法》相关规定,各级人民法院院长对本院已经发生法律效力的判决、裁定、调解书,发现确有错误,认为需要再审的,应当提交审判委员会讨论决定。另外,法院院长、庭长承担了配置审判资源、审批程序性事项、监督审判绩效等职责,这也有助于实现对审判工作的监督。

五、社会监督

社会监督,是指国家机关以外的社会组织和公民依照法律规定,通过各种途径和方式对各类法律活动的合法性所进行的监督。相比人大监督、监委监督、行政监督和司法监督,社会监督并不具有直接的法律效力。不过,社会监督具有广泛性和自发性,在我国法律监督体系中也具有十分重要的地位。社会监督具体分为社团监督、公民监督和舆论监督。

(一)社团监督

社团监督,是指各种政治团体、社会团体、群众组织及企事业单位对法律活动的监督。拥有社团监督权的主体主要有各民主党派组织、工会、妇联、城市居民委员会及农村村民委员会等。各民主党派主要通过中国人民政治协商会议来监督法律活动。人民政协具有政治协商、民主监督和参政议政的多重作用。其中,民主监督表现为政协委员参与重大决策、重要法律的协商讨论,提出修改建议;以视察、考察、调查研究的方式监督法律的实施等。近年来,社会团体在法律监督体系中的地位日渐凸显。其中,部分社会团体提起或参与公益诉讼,这也有助于实现对相关国家机关的法律活动的监督。

(二)公民监督

公民拥有对国家机关及其工作人员进行监督的权利。公民的监督权具体包括《宪法》第41条第1~2款规定的权利:公民对于任何国家机关和国家工作人员,有提出批评和建议的权利;对于任何国家机关和国家工作人员的违法失职行为,有向有关国家机关提出申诉、控告或者检举的权利。对于公民的申诉、控告或者检举,有关国家机关必须查清事实,负责处理,任何人不得压制和打击报复。同时,还需要采取多种方式畅通监督渠道,确保公民充分行使监督权。另外,公民要依法行使监督权,包括按照法律规定的渠道和程序行使权利,不得捏造或者歪曲事实进行诬告陷害。

(三)舆论监督

公民和社会团体也可以利用报纸、电视、广播,以及微博等传播媒介发表言论,从而对法律活动进行监督。伴随传媒行业的快速发展,舆论监督发挥出日益重要的作用。

2009年1月30日,云南省玉溪市红塔区北城镇24岁男子李某因盗伐林木被拘留在云南省晋宁县看守所。2月8日,李某受伤住院并于4天后在医院死亡,死因是“重度颅脑损伤”。2月12日,晋宁县警方宣称:李某受伤是由于其与同监室狱友在看守所天井里玩“躲猫猫”游戏时遭到狱友踢打并不小心撞到墙壁所致。2月13日,《云南信息报》以《看守所里的致命游戏》为题报道了李某之死。云南网以《男子莫名死在看守所民警称其因玩“躲猫猫”撞墙》为题进行报道,众多网站转载,迅速引发网络热议,舆论焦点是质疑晋宁县警方对李某死亡的解释。2月19日,中共云南省委宣传部征集网民参与调查“躲猫猫”事件真相,并从中随机选择,组成调查委员会,赴晋宁县公安局进行调查。2月27日,云南省政府新闻办召开新闻发布会,就李某意外死亡一事进行通报,称李某系牢头狱霸以玩游戏为名殴打致死,并对相关责任人进行了处理,向死者家属表达了积极善后的态度。至此,“躲猫猫”事件平息。

舆论监督的法律效力是间接的,舆情并不构成执法人员行使职权以及法官作出裁判的法定事由。但是,舆论监督会对国家机关及其工作人员产生外在压力,从而减少执法、司法不规范现象的发生。在上述案件中,舆论监督对相关国家机关产生了巨大压力,促使其关注和回应公众关切的热点问题,对该案件予以重新调查。

舆论监督需要遵守法律规定的渠道和程序,传媒不能发表和传播不实言论,不能干预国家机关及其工作人员行使职权的活动。传媒为舆论监督提供了平台,但是其具有自身独立的意志和商业利益,部分媒体会通过设置议题、网络炒作等方式干预国家机关的职权活动,对法律运行产生不利影响。因而,需要充分增强法律和行业伦理对传媒机构的规制,确保舆论监督在法治的轨道上运行。

第十七章　法律方法

“法是善良与衡平的技艺”，这句法谚一方面阐释了法律对善良、公平、正义等价值亘古不变的追寻，另一方面强调了法律的方法论属性。方法是为了达致目的而所需采用的手段、方式或途径，法律方法被法律人冠以“法律技艺”之名。

法律方法，一般是指法律适用的方法，它是法律共同体所共同认可、遵循并维护的职业性思维或技术。法律方法不是一种“大众化”方法，而是一门需要专业化训练才能掌握的法律职业方法，是从司法实践中发展起来的一套精致的法律技艺。法学能够成为一门科学，原因之一就在于法律传统中形成的严谨、科学的法律方法。根据传统法律方法论，可以把法律适用分解为法律解释和法律漏洞填补两大主题。近年来，法律论证方法不断兴起。

第一节　法律解释

一、法律解释释义

法律解释，是指解释者对法律文本含义的理解和说明。解释的结果往往取决于解释者对法律文本含义的认识和把握。对法律文本含义的理解并不是单一的，而是多样化的，但最终只能选择其中最具解释力或最具权威性的一种理解。

法律非经解释无以适用。构成法律的自然语言外延并非完全明确，它与数理逻辑及科学性语言不同，表达具有弹性，其可能意义在一定的波段宽度之间摇摆不定，从而可能有不同的意涵。而且，即使是较为明确的概念，仍然经常包含一些本身欠缺明确界限的要素。[1] 例如，“公园禁止停车”，这一规定看似明确，但其意义并非完全确定。“车”的概念是包含一切车辆吗？儿童骑的脚踏车属于“车”吗？如果这里的“车”特指一切机动车辆的话，那么救护车赶到公园抢救病人是否也禁止停放？这些问题都需要提供进一步的解释。因此，法律适用在很大程度上就是一个解释的过程。例如，曾经轰动一时的“邓玉娇案”“昆山龙哥案”等案件中，社会各界都对当事人行为是否构成正当防卫进行了热议，这些案件在法律适用过程中，首先涉及的正是对“正当防卫”“防卫过当”等法律规定的解释。

法律解释的功能主要体现于以下两个方面：

---

〔1〕 参见［德］卡尔·拉伦茨：《法学方法论》，陈爱娥译，商务印书馆2004年版，第193页。

第一,法律解释能够消解法律中的歧义。歧义,是指在自然语言运用中出现的一种语言形式能传递多种语义、作多种解释的语言现象。[2] 例如,“以上”、“以下”及“以内”等表界限的概念在适用于数量的具体场景时,可以被理解为“包含本数”和“不包含本数”这两种情况。若不对此加以解释,则会出现法律理解歧义的困境。

第二,法律解释能够阐明法律文本的模糊含义。当一个语词的应用范围没有截然明显的界限时,那么该语词就是含混的。包含这些含混语词的法律文本可能在语义上是模糊的。例如,日常语言中的“夜间”通常指的是“天黑之后”,但什么时间才算是“天黑”,没有一个固定的标准。又如“轻微”“严重”“重大”等表程度概念的判定标准也没有统一的标准,因而需要加以解释,否则就会影响法律文本的理解和适用。

法律解释具有不同的类型。一般按照法律解释主体和解释效力的不同,将法律解释分为正式解释和非正式解释。正式解释,又称法定解释、有权解释,是指由特定的国家机关、官员和其他有解释权的人对法律所作出的具有法律上约束力的解释。根据法律解释机关的不同,正式解释又被分为立法解释、司法解释和行政解释。有权进行法律解释的国家机关和个人,在不同国家或不同的历史时期存在差异,至于哪些国家机关和个人有权对法律进行解释,一般由国家法律确定。例如,我国《立法法》第45条第1款规定,法律解释权属于全国人民代表大会常务委员会。非正式解释,又称学理解释或无权解释,是指由学者或其他个人和组织对法律规定所作的不具有法律约束力的解释。这种解释不能作为执行法律或适用法律的依据,它仅具有学术意义。这种解释虽然不是具有约束力的解释,但对法律适用、法学教育、法律发展有着重要的影响。

二、法律解释方法

无论正式解释还是非正式解释,都将面临如何对法律进行解释的方法问题。自萨维尼以来重要的解释方法主要有文义解释、体系解释、历史解释和目的解释。[3]

(一)文义解释方法

文义解释,又称语法解释或文理解释,即根据文法规则分析法律的语法结构、文字排列和标点符号等,依照法律语词所表达的字面含义进行解释。一般而言,文义是解释的起点,也是解释的界限。法律的语词既有一般语言,也有特定的法律术语,但这些术语归根结底也以一般语言为基础,因此,必须依靠语言的用法来理解法律。“尊重文义,为法律解释正当性的基础,旨在维持法律尊严及其适用的安定性。”[4]法律语词通常具有多重用法,如果已被赋予特定含义,那么就应以该特定含义进行解释,即法律语言的特殊用法优先于语言的一般用法。运用文义解释方法的一个基本前提是字面含义不清楚,如果字面含义是清楚的,则不需要解释。而确定字面含义是否清楚最主要的方法就是语法规则。在确定法律文本存在可以选择和判断的字面含义后,如果法律仍然需要解释,则要适用通

[2] 参见周明强:《现代汉语歧义识别与消解的认知研究》,浙江大学出版社2010年版,第11页。

[3] 参见[奥]恩斯特·A.克莱默:《法律方法论》,周万里译,法律出版社2019年版,第25~26页。

[4] 王泽鉴:《民法总则》(增订新版),台北,新学林出版股份有限公司2014年版,第67页。

常含义规则,在一些例外情况下还需要寻找次要含义加以弥补。[5] 例如,《工伤保险条例》第17条第2款规定的"事故伤害发生之日",理解就产生了歧义。最终,最高人民法院认为,应当按照通常理解,是指伤害结果发生之日,而不是指事故发生之日。[6]

(二)体系解释方法

体系解释方法,是指将某个法律概念或条文置于整个法律体系中并根据其在该体系中的地位确定含义,即在法律的上下文语境中进行解释。"由上下文脉络可以确定某段文字应作何解,同样地,法律的意义脉络也有助于个别字句的理解。"[7] 由于任何需要理解和解释的文字、句段都是整体的一个部分,其完整的意义只有在整体中才能得到精确的理解,因此,运用体系解释方法首先要求考虑法律上下文之间的关系,也要考虑整个法律体系中的条文之间在事理上的一致性、对法律的外部安排以及内在的概念体系,当存在疑义时,应该选择最能维持法律体系一致性的解释。例如,对《消费者权益保护法》第7条第1款如何理解?一种观点认为:该条规定仅限于购买、使用的商品和接受的服务本身不能给消费者造成损害。对立观点则认为:不仅包括上述情形,还包括在购买、使用商品和接受服务时不受其他损害(如接受服务过程中不能有第三者殴打消费者)。根据《消费者权益保护法》第7、11、18条进行体系解释,可以认定经营者对消费者人身、财产安全的保障仅限于其提供的商品或者服务本身。

(三)历史解释方法

历史解释方法,是指通过对法律产生的历史背景、发展过程的分析发现法律的真实含义,即探求最能符合立法者之规定意向或规范想法的解释,又称为法意解释。"法律文本明示可见,历史背景却是无形、隐含的。但是,法律文本的真实含义(的一部分)是从这种背景、情境中提取出来的。所以,重新考虑法律通过时的环境与背景十分重要。"[8] 历史解释方法强调依据立法史料,探求立法者在制定法律时所依据的事实、情势、目的等来获知立法者意思,通常可以从法律起草资料、法律草案的理由说明等历史性因素中获取相关信息。例如,《民法典》第585条第3款规定:"当事人就迟延履行约定违约金的,违约方支付违约金后,还应当履行债务。"对此条款存有争议的是,违约金责任与违约损害赔偿可否并存。根据历史解释方法可解决此争议。通过对1993年4月8日草拟的《中华人民共和国合同法〈征求意见稿〉》,以及1995年10月16日的《中华人民共和国合同法〈试拟稿〉》、1996年6月7日的《中华人民共和国合同法〈试拟稿〉》、1997年5月14日的《中华人民共和国合同法〈征求意见稿〉》、1998年8月20日的《中华人民共和国合同法(草案)》、1998年12月21日《中华人民共和国合同法(草案)》(三次审议稿)等立法资料可以得出违约金责任与违约损害赔偿责任不能并存。[9]

---

〔5〕 参见致远:《文义解释法的具体应用规则》,载《法律适用》2001年第9期。

〔6〕 参见《杨庆峰诉无锡市劳动和社会保障局工商认定行政纠纷案》,载《最高人民法院公报》2008年第1期。

〔7〕 [德]卡尔·拉伦茨:《法学方法论》,陈爱娥译,商务印书馆2004年版,第204页。

〔8〕 蒋惠岭:《历史解释法在司法裁判中的应用》,载《法律适用》2002年第11期。

〔9〕 参见崔建远:《论合同解释的历史方法》,载《甘肃社会科学》2019年第2期。

（四）目的解释方法

目的解释方法，是指以法律规范的目的为依据来确定法律的含义。法律制度作为一种规范制度，是建立在目的论和价值—导向的基础上的，[10]任何法律在设立时都有一定的目的，因此，解释法律应当对法律的目的予以充分考虑和贯彻。目的解释可以分为主观目的解释和客观目的解释。主观目的解释是指依据立法者在制定法律时的主观意图来确定法律条文的含义。客观目的解释则是依据法律的客观目的进行解释，即根据当前的客观社会价值来确定法律条文的含义。主观目的解释强调对立法者初衷的忠实，但如果过分拘泥于立法者当初之目的，又难以应对不断变化的实际。而且，目的既包括整体意义上的法律目的，也包括具体法律规范的目的。因此，在司法实践中，究竟如何发现目的，究竟采取主观目的解释还是客观目的解释，必须根据实际案情具体分析，尽量使二者达至统一。例如，我国《刑法》第 385 条关于受贿罪的规定中，受贿行为的成立是以“为他人谋取利益”为条件，但对“为他人谋取利益”的界定，司法实践中解释认为，只要满足“为他人谋取利益”的承诺、实施和实现这三个环节中的任何一个，都构成受贿罪。这里体现了司法者从严解释的倾向，因为无论是受贿的哪一个环节，都没有改变这些行为是“权钱交易”的本质，至于有无实际为其谋取利益或是否谋取到利益，不影响受贿的性质。这是从《刑法》第 385 条所追求的立法目的出发作出的解释。

以上四种是较为常见的解释方法，但是不同的解释、分类标准可以构造出不同的解释方法。比如，当然解释，它是指法律虽然没有明示，但根据事物自身属性和内在逻辑自然而然推导得出的解释。例如，《刑法》第 262 条规定：“拐骗不满十四周岁的未成年人，脱离家庭或者监护人的，处五年以下有期徒刑或者拘役。”从一般的习惯和字面含义而言，“拐骗”一般解释为“欺骗”。刑法中没有明文规定抢夺儿童予以收养的行为是否构成犯罪，但是抢夺的性质比欺骗更为恶劣，理所当然应当构成犯罪。

而且，即便是前述四种解释方法，它们各自也都可以衍生细化出更加具体的解释方法。例如，文义解释包括字面解释、狭义解释和扩大解释，目的解释可包括主观目的解释和客观目的解释，等等。[11]然而，多样的法律解释方法无非是向法律的原意更加靠近，即法律解释不能颠覆法律，而只能修补完善法律。[12]

第二节 法律漏洞填补

一、法律漏洞填补释义

法律漏洞，是指现行制定法对某些争议案件本应当加以规定，但由于种种原因而没有

---

〔10〕 参见［英］尼尔·麦考密克、［澳大利亚］奥塔·魏因贝格尔：《制度法论》，周叶谦译，中国政法大学出版社 2004 年版，第 137 页。

〔11〕 此分类可参见［德］罗尔夫·旺克：《法律解释》，蒋毅、季红明译，北京大学出版社 2020 年版，第 68～127 页。

〔12〕 参见谢晖：《解释法律与法律解释》，载《法学研究》2000 年第 5 期。

具体规定，从而无法找到处理相关争议案件的适当法律规则之情形。早在古希腊时期，思想家们就意识到了法律漏洞的存在。亚里士多德亦认为："法律所未及的问题或法律虽有所涉及而并不周详的问题确实是有的。"[13] 然而随着法律的演进和发展，人们逐渐对法律产生了"完美无缺"的理想化追求，尤其是在 17 世纪和 18 世纪盛行于欧陆的理性主义影响之下，当时的法学家们认为能够凭借理性为社会建构出一套体系完备、逻辑严密的法律制度。及至 19 世纪，人们对法律确定性的期待又转移到"通过一个完整的原则体系以及对这些原则的适用和逻辑阐释的完整体系来获得"，[14] 概念法学正是这种观念的积极拥护者。在概念法学看来，法律是一个内含多样而又具有意义整体的有机体系，该体系是按照形式逻辑规则建构的"概念金字塔"，法官们只要运用形式逻辑的三段论推理来适用法律规则、法律概念，就可以得出解决一切法律问题的答案。但是概念法学的这一构想实为"神话"，因为"人类立法者根本不可能有关于未来可能产生的各种情况的所有结合方式的知识"。[15] 到了 19 世纪下半叶，理论界开始对概念法学进行抨击，法律漏洞以及法律续造的观念又重新回到了人们的视野。时至今日，法律存在漏洞已是共识。当法律漏洞出现时，就会导致相应法律活动处于"无法可依"的状态。例如以下案例：

杨某(女)和游某(男)于 1998 年依法办理结婚登记。婚后，游某生理上的女性特征日渐明显，无法过正常的夫妻生活。2001 年，经医院确诊游某是易性癖，并为其实施了性别矫正手术。术后，游某向其原籍公安局户政管理机关重新办理了女性合法身份证明。同为女性的她们向婚姻登记机关申请撤销婚姻关系，但当地婚姻登记机关从未遇到此类情况，又无法从现行法规中找到相关规定。对此类问题，法律存在漏洞。

在现代法治国家，法官的首要职责就是依照法律进行裁判，尊重立法者的立法权力。然而，社会生活是复杂多变的，无论如何审慎地制定或者解释法律，仍然会不可避免地出现法律缺失的情况，即法律存有漏洞。法律漏洞是立法者对本应规制的事项因未能预见到而形成的立法盲点，而根据"不得(禁止)拒绝裁判"的司法原则，法官负有对漏洞予以填补的义务。例如，在原《侵权责任法》第 87 条(现《民法典》第 1254 条)制定之前，法官面对高空抛物致人伤亡案就需要对法律进行填补，如 2000 年的"重庆烟灰缸案"、2001 年"济南菜墩案"，法官均认为法律出现漏洞，并创设了高空抛物由可能加害的建筑物使用人承担补偿责任的裁判规则。

法律漏洞填补与法律续造的概念近似。拉伦茨认为，对法律漏洞的填补只是法律续造的主要方式之一，亦称为法律计划内的法律续造。法律续造，有时不仅在填补法律漏洞，毋宁在采纳乃至发展一些——在法律中至多只是隐约提及的——新的法律思想，于此，司法裁判已超越法律原本的计划，而对之作或多或少的修正。[16] 此种法的续造即超越法律计划的法律续造。

---

〔13〕 [古希腊]亚里士多德：《政治学》，吴寿彭译，商务印书馆 2017 年版，第 166 页。
〔14〕 [美]庞德：《普通法的精神》，唐前宏等译，法律出版社 2001 年版，第 126 页。
〔15〕 [英]哈特：《法律的概念》，张文显等译，中国大百科全书出版社 1996 年版，第 128 页。
〔16〕 参见[德]卡尔·拉伦茨：《法学方法论》，陈爱娥译，商务印书馆 2004 年版，第 246 页。

二、法律漏洞填补方法

法律漏洞一般可分为开放型漏洞和隐藏型漏洞:前者是指法律就特定事件欠缺适用的规则;后者是指法律对某类事件虽有可以适用的规则,但是依其目的及意义而言,对此类事件并不真能适用,因而法律也处于缺失状态。据此,法律漏洞填补方法可分为以下两种。

(一)类推适用

对于开放型法律漏洞,通常以类推适用的方法予以填补。所谓类推适用,是指将法律针对某构成要件(A)或多数彼此相类似的构成要件而赋予之规则,转用于法律所未规定而与前述构成要件相类似的构成要件(B)。转用的基础在于二者的构成要件彼此类似,应作相同的评价,即根据形式正义要求,同类事物应作相同的处理。例如,某市居民为自己的孩子取名为“李@”,认为“@”读音为“爱他”;但派出所认为该名过于怪异,且符号不是汉字,因而不符合法律规定。当时我国的有效法律还没有专门的关于姓名中汉字使用的规定,因此,就有学者认为可以类推适用《居民身份证法》第4条第1款的规定:“居民身份证使用规范汉字和符合国家标准的数字符号填写。”因为公民在公安机关办理身份证,其姓名是身份证上的重要信息,因此也必须使用规范汉字。[17]

(二)目的论限缩

隐藏型法律漏洞一般通过目的论限缩的方法予以填补。[18] 该漏洞是因法律规范的字义过宽所致,故该规范的适用范围应被限缩。目的论限缩即是对法律规范附加合乎法律目的的限制性条件,使其无法适用至原本依照字义而可以涵盖的事实之上。与类推适用的正当理由不同,目的论限缩的正当理由在于不同类的事件应作不同的处理,这也是形式正义原则的要求。由于目的论限缩将原本由法律规范文义所涵盖的案件类型排除在适用范围之外,因而是一种违反法律文义的裁判,这便同仍处于法律文义范围之内所进行的法律解释(限缩解释)区别开来。例如,擅自处分夫妻共同财产,为子女购买房屋的行为,是否应根据《民法典》第1092条的规定,少分或不分夫妻共同财产?《民法典》第1092条规定:“夫妻一方隐藏、转移、变卖、毁损、挥霍夫妻共同财产,或者伪造夫妻共同债务企图侵占另一方财产的,在离婚分割夫妻共同财产时,对该方可以少分或者不分。离婚后,另一方发现有上述行为的,可以向人民法院提起诉讼,请求再次分割夫妻共同财产。”该条并未规定例外情形,但现实生活中案件类型多样,法律不可能涵盖所有案型,涵盖的案型也并非都可恰当地适用该规定。《民法典》第1092条规定的立法目的在于,防止夫妻一

〔17〕 参见王利明:《法律解释学》,中国人民大学出版社2011年版,第219页。

〔18〕 目的论限缩是否可称为法律漏洞填补方法,理论上存在争议。例如,有学者认为:“所谓目的性限缩,指依法律条文之文义应涵盖某一案型,但依立法目的本不应该包含此案型,系由于立法者的疏忽而未将其排除在外,于是为贯彻规范意旨,乃将该案型排除在该法律条文适用范围之外。”参见梁慧星:《民法解释学》,法律出版社2015年版,第276页。但是,如果按此认识,该方法只是排除了法律规则的适用,却未提供新的规则对由此造成的漏洞进行填补,故称其为法律漏洞填补方法有所不妥。

方恶意侵占另一方的财产,损害对方利益。将夫妻共同财产赠与其子女的行为,目的并不在于据为己有,侵占共同财产,损害对方利益,而是出于亲情的考虑。因此,《民法典》第1092条未对该情形作出例外规定,出现法律漏洞,需要作出漏洞填补,其方法就是进行目的论限缩,基于立法目的,对原有的法律条文作出缩小其文义的解释,将从文义出发本应适用该法律条文的行为类型排除出去,即为子女购买房屋的行为不属于应当适用《民法典》第1092条的情形。

无论是哪种填补方法,它们的本质都在于通过确立新的规则来填补法律漏洞。当然,法律漏洞填补还可能涉及其他多种方法,且争议颇多。例如,目的论扩张,它似乎是一种与目的论限缩相对的漏洞填补方法,但实际上它与类推适用的作用极为相近,二者均是将某条法律规范的适用范围扩大,即适用于依其字义并未涵盖的案件之上。有学者将两者等同,但也有学者,如德国学者卡纳里斯明确将"目的论扩张"与"类推适用"相区别,用"目的论扩张"指称不具备相似性的"类推"。此外,根据法律漏洞的不同分类也会形成不同的填补方法,但以上两种方法是基础。

第三节 法律论证

一、法律论证释义

法律论证作为一种法律方法的出现,不只是因为论证理论的兴起,也源自传统方法论自身所存在的一些难以克服的问题,如不同解释方法之间、不同法律漏洞填补方法之间如何确定适用位阶等问题。

通俗地说,论证就是讲道理。日常生活中有很多讲道理的方式。例如,为命令提供理由,为受到指责的行为进行辩解,解释一个自然现象,通过推理找出凶手,权衡轻重作出决定,等等。[19] 论证和推理有着密切的联系。"论证要使用推理,甚至可以说论证就是推理:一个简单的论证就一个推理,它的论据相当于推理的前提,论点相当于推理的结论,从论据导出论点的过程(论证方式)相当于推理形式。一个复杂的论证则是由一连串相同或者不同的推理所构成的,只不过其中的推理过程和形式可能错综复杂。正是在这一意义上,常常把论证和推理同等看待。"[20] 论证广泛地出现于各种理性思维活动中,具有非常重要的意义。通过论证,可以在不同的观点中发现居于优势地位的观点,因为并不是所有的观点都具有同等的说服力,有些观点拥有充足的理由给予支持,而有的观点则不具备好的理由。因此,只有根据各种理由经过充分证实得出结论时,即通过论证对结论予以解释和辩护,才能使其他人接受这个结论。

由此可见,法律论证其实就是指通过提出一定的根据和理由来证明、支持某种法律主张。广义上,法律论证包括了诸如立法论证、执法论证、司法论证等。在阿列克西看来,有完全不同种类的法律论辩,可以区分为法学的(教义学的)争论,法官的商谈,法庭的争

---

〔19〕 参见陈嘉映:《事物,事实,论证》,载赵汀阳主编:《论证》,辽海出版社1999年版。

〔20〕 陈波:《逻辑学是什么》,北京大学出版社2002年版,第51~52页。

议,立法机关(委员会和常委会)对法律问题的讨论,学生之间、律师之间,政府或企业的法律顾问之间的辩论以及媒体有关法律问题所进行的带有法律论辩性质的争辩。[21] 这些不同种类的法律论证之间既存在多种多样的区别,也有着多种多样的类似性和联系性,其中最重要的共同特征在于:在所有的这些形式的论证中,都(至少部分地)围绕法律及其适用进行论证。而从狭义上而言,法律论证一般就是指司法裁判过程中法官、律师或当事人等就案件事实的法律适用进行论证,从而作出合理裁判结论的思维过程。

二、法律论证方法

法律论证的论证方法主要包括逻辑方法和修辞方法两种。逻辑方法注重论证的形式有效性,修辞方法注重论证内容的可接受性。

(一)逻辑方法

论证与逻辑有着密切的关联。违反逻辑规则的法律论证,不仅缺乏合理性,同时在法律上也是错误的。法律论证,其核心步骤是从法律前提和事实前提推导得出裁判结论,这一步骤可被构造为逻辑演绎。因此,在法律论证中,论证的基本要求就是逻辑的形式有效性。逻辑有效的论述能够使结论得自论证的前提,在这种论述形式中,前提的真保证了结论的真。易言之,法律论证在形式维度上必须是正确的,结论必须是从前提中得出的。那么,如何构造或者检验法律论证是否是形式有效的?对此,不同的逻辑系统就会形成不同的方法。例如,亚里士多德提出的三段论逻辑,它就被用于分析那些可被构造为三段论的论证。三段论包括两个前提(大前提和小前提)和一个结论,例如:

大前提:任何人都会死
小前提:苏格拉底是人
结　论:所以,苏格拉底会死

这是典型的三段论论证,是我们在日常论辩中经常使用的一种逻辑方法,任何人都不会怀疑它的有效性。在法律论证中,这种逻辑方法是法官、律师经常使用的,也被称为司法三段论。例如,《民法典》第1202条规定:因产品存在缺陷造成他人损害的,生产者应当承担侵权责任。案件事实是:生产者甲生产的手机因电池存在缺陷,充电过程中爆炸致使乙受伤。对此,就可以通过构造一个有效的三段论得出法律主张。如下:

大前提:因产品存在缺陷造成他人损害的,生产者应当承担侵权责任。
小前提:生产者甲生产的手机因电池存在缺陷,在充电过程中爆炸致使乙受伤。
结　论:甲应当承担侵权责任。

亚里士多德的三段论被称为古典逻辑,现代逻辑发展出了不同的逻辑系统。逻辑方法虽是法律论证的基本方法,但是这种方法所侧重的是法律论证的形式有效性,而非实质有效性。实质有效性要求前提的正确性,通过有效的逻辑推理,得出正确的结论。但是,

---

〔21〕 参见[德]罗伯特·阿列克西:《法律论证理论——作为法律证立理论的理性论辩理论》,舒国滢译,中国法制出版社2002年版,第262页。

如果前提不具有正确性，即使运用有效的逻辑推理方式，所得出的结论也必定不具有正确性。例如：

前提：如果一个人是律师，那么他就是法官（如果p，那么q）
前提：乙是律师（p）
结论：乙是法官（因此，q）

尽管这一论证是有效的，而结论却不为真，因为它的大前提不为真。以三段论、命题逻辑、谓词逻辑构造法律论证，只能保证由前提到结论的推理有效性，却无法保证法律论证中前提、结论的正确性、合理性以及正当性。因此，逻辑方法是分析法律论证的重要方法，也是重构法律论证的形式结构及其隐含的要素的工具，但它并不提供评价法律论证的实质和程序内容的标准。

（二）修辞方法

修辞方法作为一种独立的、特定的推理论证方式，用以弥补逻辑有效性的缺陷与不足。法律论证在形式上以逻辑为中心，在内容上则以价值判断为中心。不同于法律论证的逻辑方法对形式方面的强调，修辞方法注重的是法律论证的内容及其可接受性。在法律论证中，修辞的方法就是以正确适用法律、有效解决纠纷为目的，使用各种语言技巧说明法律主张在内容上的正当性，说服听众接受自己的法律主张。对于司法裁判而言，法官不仅要通过判决书阐明自己的裁判结论，还需要说明这种结论从何而来，尤其是对于争议较大的疑难案件，法官必须进行详细而缜密的论证。这一过程对法律论证提出最大挑战的，可能并不在于推理中的逻辑验证，而是在于针对某些或然性的问题如何证明裁判的正确性。作为具体的论证方法，修辞至少可以在法律适用，以及事理、情理说服三个方面实现论证目的。当下，部分判决文书展现出了修辞说理的倾向，例如，江苏省泰兴市黄某甲和王某离婚纠纷一案［（2016）苏1283民初3912号］，法官就采用了修辞方法进行说理论证：

本院认为，婚姻关系的存续是以夫妻感情为基础的。原、被告从同学至夫妻，是一段美的历程：众里寻他千百度，蓦然回首，那人却在灯火阑珊处。令人欣赏和感动。若没有各自性格的差异，怎能擦出如此美妙的火花？然而生活平淡，相辅相成，享受婚姻的快乐与承受生活的苦痛是人人必修的功课。人生如梦！当婚姻出现裂痕，陷于危机的时刻，男女双方均应该努力挽救，而不是轻言放弃，本院极不情愿目睹劳燕分飞之哀景，遂给出一段时间，以冀望恶化的夫妻关系随时间流逝得以缓和，双方静下心来，考虑对方的付出与艰辛，互相理解与支持，用积极的态度交流和沟通，用智慧和真爱去化解矛盾，用理智和情感去解决问题，不能以自我为中心，更不能轻言放弃婚姻和家庭，珍惜身边人，彼此尊重与信任，重归于好。综上所述，依照《中华人民共和国婚姻法》第三十二条之规定，判决如下：……

虽然修辞方法可以增强说理，但也需要警惕。法律论证的修辞方法存在一定的局限性，并不必然具有可靠性。麦考密克就曾指出："在法律实践中，训练有素的律师向法庭尽可能有说服力地提出各种案例，法官则在权衡他们就法律问题所提出的竞争性论证之后作出裁决。但是从实践理性的观点看，一项论证的即刻而具体的说服性并不必然等同于它的可靠性。”[22]法律论证的修辞方法在强化说理的同时，也可能成为一种导向非理性裁判的手段。因此，修辞方法的论证适用需要受到一定的限制。若不然，不当的修辞不仅会规避逻辑缺陷与常识，也会扭曲论证负担的分配，从而损害司法正义，甚至导致司法腐败。

三、法律论证标准

法律论证的展开至少需要遵循以下几个标准：

1. 合法性标准。法律论证的合法性标准，是指法律论证应当受现行有效的法体系约束，以宪法和法律为基础而展开，不能违背宪法和法律的基本规定。合法性原则是对法律论证在法规范层面的要求。如果在提出法律主张时，超出了现行有效法体系的框架，那么所得出之法律主张的前提和基础也就会随之消失。法律论证的深层次目的不仅仅在于为某个具体的法律主张提供正确性、正当性的证成，更在于通过这样一种沟通交流的形式来提升法治的水平，进而促进社会的和谐、团结与稳定。如果法律论证最终走向了宪法和法律的反面，那么这种公共活动也就背离了其原本的宗旨。

2. 融贯性标准。法律论证的融贯性标准原则，是指支持主张成立的前提之间没有矛盾且互相支持。该原则涉及内部逻辑一致和外部逻辑一致两个层面。内部逻辑一致性，即法律论证的结论（司法裁判）是从大前提和小前提中合乎逻辑地推导出来。在简单案件中，内部一致性证立基本可以完成对结论的有效说明，但是在疑难案件中，当人们对论证的前提存在疑问时，就应当对前提进行外部一致性的证立。外部逻辑一致性，即一个有效的法律推理的大前提不能与有效的法律规则相冲突。融贯性原则与合法性原则的组合，使其在对某一法律主张进行证立时，要求该主张与现行有效法秩序形成融贯的满足关系。

3. 可接受性标准。法律论证的可接受性标准，是指法律论证指向的结论主张应当获得人们的认同与接受。法律论证对可接受性原则的考虑主要涉及两种因素：听众与共识。听众就是说话者或论辩者需要说服的对象。为了使听众接受自己的观点，说话者或论辩者必须正确地建构听众概念，明确自己是在说服什么人接受自己的观点，进而针对不同的听众采用不同的论证手段，用听众能够接受的方式去论证自己的观点。说服听众蕴涵着一个前提，即假定说话者与听众之间拥有某种共识，基于该共识，听众能够接受说话者的主张。只有双方具有共同的出发点，对话才有可能开展并有效进行。

---

〔22〕［英］尼尔·麦考密克：《修辞与法治：一种法律推理理论》，程朝阳、孙光宁译，北京大学出版社2014年版，第25页。

第四编　法 与 国 家

第十八章　法的起源与发展

第一节　法的起源

法的起源是指法律的产生和发源。不同思想家提出了关于法的起源的不同学说，如神创说、强者意志说、契约说等。

神创说主张，神创造了人类社会的法律。中世纪神学政治家奥古斯丁认为，上帝制定和安排了正义和法律，形成了神法，而人法是从神法中派生出来的。

强者意志说主张，法律是强者意志的体现。柏拉图《理想国》中最早提出这一观点，认为城邦都是由强者统治的，统治者只会制定对自己有利的法律，法律体现了强者的利益。[1] 龚普洛维奇秉持这一观点，认为弱者必须服从强者，只有强者才能统治国家，所谓正义就是强者统治形成的政治秩序。[2]

契约说主张，人们通过缔结契约的方式组成政府，建立国家，而最初的契约就是法律。古典自然法学者霍布斯认为，在人类早期社会，人与人之间的关系是一种战争状态。为了摆脱战争状态，人们在理性的指导下，放弃、让与部分权利，缔结契约，组成国家。[3]

上述学说虽然分析了法起源的某个侧面或者过程，但未能揭示法起源的关键规律。马克思主义法学理论通过分析原始社会的相关经验材料和考古资料，发现了法起源的过程和一般规律。马克思主义法学主张，法和国家都是人类历史发展到一定阶段的产物，法律以现实物质生活关系为基础，法律的发展变化不能脱离社会物质生活关系的发展变化。以马克思主义法学理论为指导，本节将从原始社会规范到法的发展、法产生的标志、法产生的一般规律三个方面阐释法的起源问题。

一、从原始社会规范到法

（一）原始社会规范和社会组织

法并不是从来就有的，法的产生是一个历史现象。在法产生以前，人类社会就已经存在。任何社会的形成和发展都需要有调整社会关系的社会规范和组织系统，原始社会虽

---

〔1〕 色拉叙马霍斯在和苏格拉底讨论什么是正义时，提出正义是强者的利益。[古希腊]柏拉图：《理想国》，郭斌和、张竹明译，商务印书馆 1986 年版，第 19 页。

〔2〕 See Ludwig Gumplowicz, *The Outlines of Sociology*, Translated by Frederick W. Moore, Batoche Books, 1999, p. 170. 路德维希·龚普洛维奇（Ludwig Gumplowicz, 1838 – 1909 年）是波兰社会学家，重视对社会群体冲突的社会学研究，1875 年起任奥地利格拉茨大学法学教授直至去世。

〔3〕 参见[英]霍布斯：《利维坦》，黎思复、黎廷弼译，商务印书馆 2017 年版，第 94、131 ~ 132 页。

然没有法律,但是同样存在与原始社会关系相适应的社会调控机制和组织体系。

在原始社会,神意为人民之公的行为之基准,此种信念,深存于普通社会;盖原始人民崇敬神灵之念极强,且绝对服从之。国家初期,法规未立,神意有为人民公的行为之基准之潜势力,故於争讼事件有疑难时,多依神签卜筮而窥神意,以决曲直,或直接请神之裁判;如用祷神法,使争讼者握铁棍,探热汤,蹈火焰,呛毒物,神则直接启示救护直者,明其曲直。[4]

热油审:以一定深大之铁釜或土釜,入胡麻油或牛油于中,煮沸之,投以货币,祈祷后,使被判者探取之,再以软棕榈之叶包其手,三日后,验其指,若肿烂为有罪,否则为无罪。[5]

禁忌殆包含原始社会之社会的规范全部,教律依此而行,法律由此而生。故设定禁忌之权力,等于高等文化社会之立法权……例如国王宣言此森林为禁忌时,其地域即为禁林,不许常人入内;倘有人入内或伐其竹木,捕其鸟兽者,必蒙神罚。[6]

原始社会主要通过祖先"神灵的旨意"和原始禁忌来调整社会关系。热油审、蹈火焰、呛毒物等解决矛盾和冲突的方式,都是以神灵的旨意为依据。虽然没有专门的规范文本,没有独立的裁判机关和执行机关,但是所有人都会严格遵守"神灵的旨意"。在长期的共同生产和生活过程中,"神灵的旨意"和禁忌逐渐内化为一种应该遵守或禁止的行为准则,依靠传统的力量,被世代践行。一旦出现违反禁忌和"神灵的旨意"的行为,则会受到"神罚",或者承受禁忌行为的不利后果。实质而言,原始社会规范是原始社会的所有成员在长期的共同生活中,逐步自发形成并为所有人共同遵守、具有相当权威的各种行为规则的总和。

原始社会除了具有一定的社会调整规范外,同样具有一定的社会组织形态。

家族形态一开始是血婚制家族,这种形态的基础是兄弟与姊妹之间相互集体通婚;从这个形态过渡到第二种形态,即伙婚制家族……按性别组织成婚级,以及随后较高级地按亲属关系组织成氏族,这都是一些伟大的社会运动顺应人类天性所趋的原理于不知不觉之中创造出来的。[7]

氏族组织给我们显示了人类的一种时代最古、流行最广的制度。无论亚洲、欧洲、非洲、美洲、澳洲,其古代社会几乎一律采取这种政治方式。氏族制度是社会赖以组织和维系的手段。它开始于蒙昧阶段,经过野蛮阶段的三个时期,一直

[4] [日]穗积陈重:《法律进化论》,黄尊三、萨孟武、陶汇曾、易家钺译,中国政法大学出版社 1997 年版,第 16~17 页。

[5] [日]穗积陈重:《法律进化论》,黄尊三、萨孟武、陶汇曾、易家钺译,中国政法大学出版社 1997 年版,第 20 页。

[6] [日]穗积陈重:《法律进化论》,黄尊三、萨孟武、陶汇曾、易家钺译,中国政法大学出版社 1997 年版,第 409~410 页。

[7] [美]路易斯·亨利·摩尔根:《古代社会》,商务印书馆 2011 年版,第 49~50 页。

保留到政治社会建立时为止。而政治社会的建立则是文明伊始以后才有的事。希腊人的氏族、胞族、部落和罗马人的氏族、库利亚(胞族)、部落,在美洲土著的氏族、胞族、部落中找到了与它们相似的组织。[8]

这种十分单纯质朴的氏族制度是一种多么美妙的制度呵!没有大兵、宪兵和警察,没有贵族、国王、总督、地方官和法官,没有监狱,没有诉讼,而一切都是有条有理的。一切争端和纠纷,都由当事人的全体即氏族或部落来解决,或者由各个氏族相互解决……一切问题,都由当事人自己解决,在大多数情况下,历史的习俗就把一切调整好了。[9]

经过漫长的历史发展,原始社会从血婚制家族发展到伙婚制家族,逐渐形成了以血缘关系为纽带、内部禁止通婚的社会组织形式——氏族。氏族是原始社会最小和最基本的单位,原始社会的组织系统包括氏族、胞族(两个或两个以上氏族的联合)、部落(若干胞族的联合)。不同的组织解决不同层面的纠纷和争端,一切重大问题由所有成员共同决定。任何人都必须服从集体的决定,氏族和部落首领并不享有任何特权。

原始社会落后的生产力水平和简单的社会生产关系决定了其独特的社会组织形态和社会规范。随着生产力的不断发展和社会关系复杂程度的不断提高,原始社会规范和社会组织形态难以适应新的社会关系,经济社会的发展要求新的调整规范。

(二)法产生的根源

原始社会末期,伴随生产力的逐步发展,出现了社会分工,产生了剩余产品,私有制开始萌芽,氏族内部产生了阶级分化和对立。原始社会的社会关系发生了彻底的改变,从所有人共享利益、平等合作的共同体关系转变为利益对抗的阶级之间的斗争。当原始社会分裂为统治阶级与被统治阶级,原有的社会规范难以有效调整新的社会矛盾,原有的氏族、胞族、部落组织形式也面临解体的风险。

从原始社会规范到法的产生,经历了漫长的历史演变。这个过程孕育了法产生的经济根源、政治根源和组织根源。大汶口原始文化遗址大体呈现了这一过程:

墓葬随葬器物:二期,随葬品一般比较贫乏,少见生产工具;三、四期,随葬器物略有增加,数量略有差别,少者四五件,多者一二十件;五—七期,出现了大、中、小型墓,大、中型墓随葬品一般都比较丰富,小型墓则比较贫乏;八、九期,大、中型和小型墓随葬器物数量的差别更加明显,有的大墓随葬品达百件左右,而有的小墓则寥寥无几。

大汶口文化中期,陶塑兽形器及大镂孔编织纹的出现,象牙雕筒、透雕象牙梳及模拟花朵雕刻成单环、双连环、四连环的花形玉串饰的存在,反映了这时的镂雕工艺已具有相当高的水平……生产工具制作技术的发展变化,制陶技术和

---

〔8〕［美］路易斯·亨利·摩尔根:《古代社会》,商务印书馆2011年版,第60~61页。

〔9〕［德］恩格斯:《家庭、私有制和国家的起源》,人民出版社1972年版,第94页。

镂雕工艺的进步，都充分地说明了氏族内部已出现了一批专业技术力量。[10]

第一，生产力发展所带来的私有制的产生、商品交换的频繁，是法产生的经济根源。大汶口文化中晚期，随着生产力的发展，私有制开始出现，氏族内部出现了富有者和贫穷者，贫富分化明显。根据墓葬考古的记载，大、中、小型墓随葬品数量差别大。大、中型墓主人陪葬的物品不仅种类繁多，数量可观，而且还有昂贵难觅的玉器和象牙等物件。这不仅表明墓主人私有财产丰厚，还表明其高于普通人的社会地位。私有财产增加，商品交换频繁，"产权"意识出现，这些要求有强制执行力的新的社会调整规范。

第二，阶级分化导致统治阶级与被统治阶级的分野，带来阶级压迫与反抗，从而要求具有强制执行力的新的社会调整规范，这是法产生的政治根源。大汶口墓葬出土的奢侈品和剩余财富表明，原始社会末期已经出现了特别富有和不事生产的阶级，他们占有大量私有财产。私有财产的增加不仅源于生产力的发展，还源于战争获得的财富和俘虏。一旦出现对私有财产的追求，氏族之间的敌意和战争就难以避免，这在氏族内部强调服从，并要求一致对外。以氏族首领为核心的一部分人从生产活动中分离出来，实施管理职能，并需要其他劳动者供养，由此出现严格的阶级划分。这群不事生产而"劳心"的人就是统治阶级，而依然从事生产活动，拥有较少财产或者没有任何财产的人，包括俘虏，成为被统治阶级。统治阶级与被统治阶级的分野，引起了氏族制度的解体，原始社会规范的有效运行遇到挑战。

第三，社会分工之下，公共权力机构形成，产生了执行法的专职机构，这是法产生的组织根源。氏族制度解体的过程中，社会内部形成了各种专职机构，公共权力部门形成，国家顺势产生。至此，原始社会规范所赖以存在和执行的组织基础瓦解。伴随原始社会的解体和部落国家的产生，原始社会规范逐渐被法取代。

二、法产生的标志

法的产生经历了长期的渐进过程。原始社会末期孕育了法产生的经济根源、政治根源和组织根源，这些因素为法的产生创造了条件。作为不同于原始社会规范的调整手段，法的产生有两个重要的标志：国家的产生和专门司法活动的出现。

（一）国家的产生

原始社会的解体，孕育了部落国家。在原始社会解体的过程中，社会逐渐形成了享有特权的阶级和受歧视的阶级，出现了统治阶级和被统治阶级的分野。"同一氏族的各个公社自然形成的集团最初只是为了维护共同利益（例如在东方是灌溉）、为了抵御外敌而发展成的国家，从此就同样具有了这样的职能：用暴力对付被统治阶级，维持统治阶级的生活条件和统治条件。"[11]国家是社会发展到一定阶段的产物，统治阶级既需要采取暴力手段对付被统治阶级，也需要采取其他温和举措实现社会公共职能，维持稳定的社会秩序。

---

〔10〕 山东省博物馆：《谈谈大汶口文化》，载《文物》1978年第4期。

〔11〕 ［德］恩格斯：《反杜林论》，人民出版社2015年版，第157页。

毋宁说,国家是社会在一定发展阶段上的产物;国家是表示:这个社会陷入了不可解决的自我矛盾,分裂为不可调和的对立面而又无力摆脱这些对立面。而为了使这些对立面,这些经济利益相互冲突的阶级,不致在无谓的斗争中把自己和社会消灭,就需要有一种表面上凌驾于社会之上的力量,这种力量应当缓和冲突,把冲突保持在"秩序"的范围以内;这种从社会中产生但又自居于社会之上并且日益同社会脱离的力量,就是国家。[12]

原始社会解体的过程中,贫富分化严重,阶级对立,社会矛盾尖锐,原始社会规范难以有效维持社会秩序。社会陷入不可解决的矛盾中,必须要有凌驾于社会之上的力量,实现稳定的社会秩序。这种力量就是国家。国家的产生让有利于统治阶级的社会规范具有了强制执行力,获得了法的性质。

(二)专门司法活动的出现

调整复杂社会关系的规范要得到有效运行,发挥维持社会秩序的作用,除了依靠国家强制力保障实施外,还必须有人承担明晰规则、解决纠纷、审案断狱等工作。他们是国家强制力落到实处的核心力量,不仅是具体制裁措施的解释者,还是援引规则进行断案的司法官员。关于希腊女祭司的描述和罗马"法"的产生说明了这一点。

德尔斐阿波罗神庙位于伯那色斯山的南麓山坡上,其遗址现在已经完全发掘了出来。那里的地上有一裂缝,火山的蒸气向外喷出,坐在三脚架上的皮提安女祭司,吸着蒸气,沉迷于陶醉的状态,喃喃发言以回答问题,其旁另一祭司,写出她的言词,转告占卜的人。德尔斐的神谕影响整个希腊很大,甚至认为它是希腊宗教和道德法律的说明者,其实德尔斐的皮提安女祭司才是神谕的真正作者。[13]

法(ius)的传统材料一直保存在祭司的深宅之中。祭司的起源,他们特有的学识可以解释他们以怎样的方式将自己的意见强加于私人和王,解释他们后来作为僧侣团体而取得了怎样的地位。正如我们说过的,祭司对法的干预同宗教成分的渗透有关……由于司法权的设立,一方面当事人通过体现着法的内在逻辑的程式和行为开展活动;另一方面执法官的司法权属于他的治权(imperium)范围……司法权同法(ius)的实现进程交织在一起,所有这一切构成"法"和城邦相互结合的衔接点,并且促进了向统一局面发展的进程。[14]

部落国家的形成过程中,祭司或者说能通晓神谕的阶层,承担了规范的适用和解释工作。他们是传统的解释者,揭示规范的具体内涵,并将规范纳入适当的结构中,达到维持秩序和保护特定利益的目的。他们掌握着与神交流的能力,知晓交流的各项禁忌和要求。

---

〔12〕［德］恩格斯:《家庭、私有制和国家的起源》,人民出版社 1972 年版,第 167～168 页。

〔13〕李天佑:《古代希腊史》,兰州大学出版社 1991 年版,第 363 页。

〔14〕［意］朱塞佩·格罗素:《罗马法史》,黄风译,中国政法大学出版社 1994 年版,第 99～100 页。

解释规范的活动让他们成为最初的法律人，独享法律知识，对法律的疑问进行解释，从事专门的司法活动。区别于原始社会利用“神灵的旨意”和各种习惯规范来维持社会秩序，部落国家形成过程中，出现了诉讼和审判工作，产生了专门的司法活动。专门的司法活动意味着有专门的机构制定或认可权威性的规范，有专职人员执行这些规范；违反规范者将受到有组织暴力的制裁。专门的司法活动让有利于统治阶级的社会规范调控社会关系和社会行为，法律成为调整社会关系的主要手段。

三、法产生的一般规律

虽然世界不同国家和区域的法律处于不同的社会文化环境中，经历了不同的发展模式，形成了不同的法律传统和发展道路，但是人类历史经历了从原始社会到部落国家，进入阶级社会的发展阶段。人类历史进程的规律性，使法的产生也具有一定的规律性。

第一，法的产生经历了从习惯到习惯法的发展过程。从原始社会发展到国家的过程中，部分原始习惯被保留下来，继续调整社会成员之间的生产、分配和交换关系，并逐渐形成了具有约束力的共同规则。随着国家机构的分工合作以及专门司法活动的出现，统治阶级将有利于维护阶级利益和有助于实现社会公共秩序的习惯转变为受国家强制力保障实施的法律，完成了习惯到习惯法的转变。正如恩格斯所说：“在社会发展某个很早的阶段，产生了这样一种需要：把每天重复着的产品生产、分配和交换用一个共同规则约束起来，借以使个人服从生产和交换的共同条件。这个规则首先表现为习惯，不久便成了法律。”〔15〕在社会生活日益复杂化、社会矛盾层出不穷的态势下，仅仅依靠习惯法，难以满足社会发展对规范的需求。统治阶级需要依据经济社会发展状况，及时对已有的法律进行删减，同时也需要制定新的调整规范，习惯法逐渐成为法律规范中很小的一部分。

第二，法的产生经历了从个别调整到普遍适用的发展过程。简单社会关系阶段，社会规范都是具体化的，是针对特定时空的具体事件、具体人物作出的；同时，由于早期的调整规范是不成文的，难以按照统一标准重复使用。因此，最初的调整规范具有个别调整的性质。随着社会关系的复杂化，个别调整增多，逐渐形成相对明确的社会规范，同时具有了普遍适用性。正如亚里士多德在《雅典政制》里介绍的那样：“法律写在牌子上，牌子立在巴西勒斯柱廊里，所有的人都发誓遵守法律；九执政官通常是对着那块石头宣誓，说他们如果违反任何一条法律，就得奉献一个黄金人像。”〔16〕包括执政官在内的所有人都必须遵守已经公布在柱廊牌子上的法律。违反法律的人，必须接受相应的处罚。此时，法律不仅对个体具有约束力，而且对所有人具有普遍约束力。

第三，法的产生经历了从与宗教道德规范相互融合到相对独立的发展过程。原始社会规范具有明显的宗教色彩和道德内涵，很难判断原始社会血婚制、伙婚制的两性关系，是属于宗教规范、道德规范，还是日常生活习性。实际上，包括禁忌、习惯等在内的原始社会规范，主要依靠个体对神的旨意的服从、内心的确信以及共同体的道德压力来实施。“这些东方的和西方的法典的遗迹，也都明显地证明不管它们的主要性质是如何不同，它

---

〔15〕《马克思恩格斯选集》(第3卷)，人民出版社1995年版，第211页。

〔16〕［古希腊］亚里士多德：《雅典政制》，日知、力野译，商务印书馆1959年版，第9～10页。

们中间都混杂着宗教的、民事的以及仅仅是道德的各种命令;而这是和我们从其他来源所知道的古代思想完全一致的,至于把法律从道德中分离出来,把宗教从法律中分离出来,则非常明显是属于智力发展的较后阶段的事。"〔17〕东西方法典的遗迹显示,宗教的、道德的、民事的规定都混杂在法典中。法典内容的多重属性,确保了在缺乏国家强制力的情况下,个人内心的自觉、传统的力量、群体内部的压力等能有效约束群体的行为,维持稳定的社会秩序。伴随国家机构的产生,以及专职司法活动的出现,法律开始从道德规范、宗教规范中分离出来,具有了独立性,形成了有别于其他社会规范的特征。

第二节　法的历史类型

一、法的历史类型概述

法的历史类型是与社会发展阶段和法律发展阶段相联系的概念。不同的社会形态和社会发展阶段,具有不同的法的历史类型。人类从原始社会走来,经氏族部落发展到部落国家,进入文明社会,经历了惊心动魄的社会发展历程。社会科学家们从不同的角度和划分标准,对社会发展阶段和法律发展阶段作出了不同的划分和阐释。

法国社会学家孔德继承并发展了圣西门关于理性是推动社会历史发展和社会进步的思想,提出了社会发展三阶段说。他认为人类社会经历了最初的神学阶段,过渡到形而上学阶段,最后进入实证阶段。不同社会发展阶段,法律掌握在不同的群体手中。在神学阶段,祭司占据统治地位。形而上学阶段是一个过渡阶段,大致从1300年至1800年,这一阶段牧师和法官是统治者,社会组织以法律为主要联系手段。实证阶段,是科学和工业的时代,工业管理者统治社会,依靠新兴的工业秩序形成团结。〔18〕

德国法学家萨维尼认为法律是社会存在整体中的一部分,是分阶段发展的。法律随着民族的成长而成长,随着民族的壮大而壮大,随着民族对于其民族个性的消亡而消亡。〔19〕具体而言,他认为法律产生、发展和演变的过程分为三个阶段:第一个阶段为自然法或习惯法阶段,这个阶段的法是在民族历史中自然发生的,法存在于民族信仰中;第二个阶段为学术法阶段,这个阶段的法不仅是民族生活不可分割的一部分,而且是法学家们掌握的一门科学,体现在法学家的意识中;第三个阶段是法典编纂阶段,这个阶段的法是习惯法和学术法的同义。〔20〕

德国哲学家黑格尔将法律发展划分为三个阶段:抽象法阶段、道德阶段和伦理阶段。这种划分是与其关于客观精神发展三阶段相适应的。在黑格尔看来,这三个环节中每一个都是特种的法或权利,都在不同形式上或阶段上是自由的体现,较高的阶段比前一阶段

---

〔17〕［英］梅因:《古代法》,沈景一译,商务印书馆1959年版,第9~10页。

〔18〕奥古斯特·孔德(Auguste Comte,1798－1857年)是实证主义哲学的创始人,也是西方社会学的创始人。他最先提出和使用"社会学"一词,并试图将其建设成一门类似于自然科学的研究人类社会的实证科学。黎民、张小山主编:《西方社会学理论》,华中科技大学出版社2005年版,第30~31页。

〔19〕参见［德］萨维尼:《论立法与法学的当代使命》,许章润译,中国法制出版社2001年版,中译本序言第8页。

〔20〕参见严存生主编:《西方法律思想史》,法律出版社2004年版,第233页。

更具体、更真实、更丰富。黑格尔从意志自由来谈法,认为:在抽象法的阶段,只有抽象的形式的自由;在道德阶段就有了主观的自由,在伦理阶段是前两个环节的真理和统一,意志自由得到充分具体的实现。[21]

不可否认,上述划分和阐释对于理解社会发展和法律发展具有一定价值,但是都是片面的、非本质的,他们没有从社会发展和法律发展的主要动力出发理解历史发展过程。如果不理解社会变革的真实原因和动力,就难以理解每一个社会发展阶段的本质特征和未来发展趋势,同样难以理解反映不同社会发展阶段和不同阶级利益的法的历史类型。

社会基本矛盾即经济基础和上层建筑之间的矛盾、生产关系和生产力之间的矛盾,是法的历史类型更替的根本原因。生产力的发展以及由此带来的生产关系的转变,引发社会形态的变化,进而影响法的历史类型的更替。新的社会形态取代旧的社会形态,新的历史类型的法取代旧的历史类型的法,都是经过激烈的社会革命或者社会变革才实现的。

马克思主义以历史唯物史观为指导,从历史发展的宏观角度出发,按经济基础和阶级本质的不同,划分了原始社会、奴隶社会、封建社会、资本主义社会和社会主义社会五种社会形态。原始社会不存在国家和阶级,不存在法律,这与原始社会的经济发展和社会关系相适应。与其他四种社会形态和国家历史发展相适应,存在四种不同类型的法律:奴隶制法、封建制法、资本主义法和社会主义法。概言之,法的历史类型是从社会历史发展的角度,对人类历史上存在过的以及现实生活中存在的法律,根据其经济基础和阶级本质作出的分类。

二、奴隶制法

随着生产力的发展,私有制、阶级和国家产生,奴隶制社会在原始社会解体的基础上形成。奴隶制社会的经济结构中,奴隶主阶级占有全部的生产资料,奴隶在法律上没有人格地位,仅仅只是奴隶主阶级的财产。奴隶主阶级不仅支配社会生产过程,同时占有生产产品。奴隶制法建立在奴隶制生产关系的基础之上,是由奴隶制社会的物质生活条件所决定的奴隶主阶级意志的体现。

《汉谟拉比法典》是古巴比伦汉谟拉比王,于公元前1754年左右颁布的一部法律,共计282条,被认为是世界上最早的一部比较系统的法典。《汉谟拉比法典》有如下规定:

> 第七条　自由民从自由民之子或自由民之奴隶买得或为之保管银或金,或奴隶,或女奴,或牛,或羊,或驴,或不论何物,而无证人及契约者,是为窃贼,应处死。
>
> 第一九六条　倘自由民损毁任何自由民之子之眼,则应毁其眼。
>
> 第二四九条　倘自由民租牛,而牛为神所击而死,则租牛之人应对神宣誓,免其责任。

梭伦立法是古雅典执政官梭伦于公元前594年进行的立法改革:

---

〔21〕 参见贺麟:《黑格尔著〈法哲学原理〉一书评述》,载[德]黑格尔:《法哲学原理》,范扬、张企泰译,商务印书馆出版1961年版,第7页。

> 他(作者注:梭伦)依照以前人民的分等,按财产估价把人民分作四个等级,五百斗者、骑士、双牛者和日佣,各种官职,如九执政官、司库官、公卖官、警吏和国库监,他分配给五百斗者、骑士和双牛者三级,按各级的财产估价比率,指定以相应的官职;至于列在日佣等级的人,他只允许他们充当民众会和法庭的成员。[22]

通过分析奴隶制时代有代表性的法典和立法改革,发现奴隶制法具有以下三个特征:

第一,确认奴隶制生产关系,保护奴隶主阶级的财产。奴隶主不仅占有基本生产资料,同时占有奴隶本身,这是奴隶制生产方式最突出的特征。奴隶只是一种权利客体,属于和牛羊驴类似的财产,由奴隶主任意处置,包括买卖和处死。《汉谟拉比法典》共282条,其中关于奴隶主财产保护的条文约为120条,同时规定侵犯奴隶主财产将受到严厉的处罚。

第二,具有明显的原始社会规范痕迹,肯定同态复仇和土地公社占有制。自由民之间发生纠纷后,通过"以眼还眼以牙还牙"的方式追究责任、进行制裁,这是典型的原始社会"同态复仇"习俗。《汉谟拉比法典》序言宣称,汉谟拉比王是"众王之神",国王的权力来自神的授予,"神罚"是重要的裁决手段,这体现了"神灵的旨意"。同时,奴隶制社会肯定土地公社占有制,土地归国家所有或村社所有的习惯在法律中保留了很长时间。

第三,维护等级特权,维持自由民之间的不平等关系。奴隶社会的自由民是除奴隶以外的人,包括奴隶主、商人、农民和手工业者。梭伦依据财产的多寡,将自由民区分为不同的等级,不同的等级享有不同的权利、位居不同的官职、承担不同的义务。等级越高者权利越多义务越少,等级越低者权利越少义务越多。我国西周时代,人被分为六个等级,分别是天子、诸侯、大夫、士、庶人和奴隶。不同等级的人,身份地位、权利义务、服饰用具都有严格区分。

三、封建制法

随着工商业经济的持续发展,奴隶制生产关系成为阻碍生产力发展的桎梏。先进生产关系的代表者通过社会革命的手段,推翻落后的生产关系的代表者,确保新的先进的生产关系获得国家和法律的认可。地主阶级取代奴隶主阶级成为新的统治阶级,奴隶社会被封建社会取代,封建制法成为新的法的历史类型。在封建社会,地主阶级占有生产资料,作为生产劳动者的农民与地主阶级保持封建的人身依附关系。封建制法建立在封建生产关系的基础上,体现了地主阶级的意志,极力维护封建的社会关系和社会秩序。《唐律疏议》是中国现存第一部内容完整的法典,也被认为是中国古代法典的楷模和中华法系的代表作,可以从中理解封建制法的基本特征。

> 《疏》议曰:五刑之中,十恶尤切,亏损名教,毁裂冠冕。特标篇首,以为明诫。其数甚恶者,事类有十,故称"十恶"。(《唐律疏议　名例六》)

---

〔22〕［古希腊］亚里士多德:《雅典政制》,日知、力野译,商务印书馆1959年版,第10页。

《疏》议曰：《周礼》云："八辟丽邦法"。今之"八议"，周之"八辟"也。《礼》云："刑不上大夫"，犯法则在八议，轻重不在刑书也。其应议之人，或分液天潢……此谓重亲贤，敦故旧，尊宾贵，尚功能也。以此"八议"之人犯死罪，皆先奏请，议其所犯，故曰"八议"。（《唐律疏议 名例七》）

《唐律疏议》规定包括谋反、谋大逆、谋叛、恶逆、不道、大不敬、不孝、不睦、不义、内乱等在内的十种行为被认为是最严重的罪行，所以在首篇中介绍。"十恶"行为破坏了社会上的名分和礼教，直接侵犯了封建统治秩序，因此规定在首篇，以儆效尤。犯"十恶"罪行的人，不享有减、免等特权，此所谓"十恶不赦"。

唐朝"八议"制度的起源是西周的八辟之法。八辟之法公开赋予特定身份者享有减免刑罚的特权，体现了宗法等级制度和"刑不上大夫"的原则。"八议"是指以封建统治秩序为出发点，形成的包括皇帝的亲戚故旧、官僚贵族等在内的八种人，即亲（皇帝国戚）、故（皇帝故旧）、贤（大德行的人）、能（大才能的人）、功（大功勋的人）、贵（贵族官僚）、勤（勤劳服务的人）、宾（前朝皇室宗亲），只要没有犯"十恶"罪行，就可以享受减、免特权。理解"十恶"和"八议"的相关条款，可以窥见封建制法的以下三个基本特征：

第一，确认地主阶级的统治地位，保护地主阶级利益。《唐律疏议》以"一准乎礼、以为出入"为基本原则，反映了以家庭为基础的封建自然经济关系，伦理纲常、礼节仪式要求社会各阶级遵守法定的权利义务关系。"三纲五常"，忠君、孝悌、尊卑等级等成为规范人们行为的基本准则，从而确保地主阶级利益的实现。

第二，维护封建等级制度，保护官吏集团的特权。"八议"的规定，赋予亲、故、贤、能等八种人特权。"八议"之人犯罪，依法享有减免刑罚的特权。司法官员不能适用普通诉讼程序审理"八议"之人的案件，必须奏请皇帝裁决。不同身份的人享有不同的权利和义务，特权阶级不仅享有较高的身份地位，同时还可以获得相应的土地收益和政治权力。

第三，肯定君主权力，维护封建皇权。官吏虽然享有一定的特权，但是官吏集团必须服从皇权的支配，不得作出损害皇权的行为。"十恶"之首，一曰谋反，二曰谋大逆，三曰谋叛。一旦可能出现动摇帝王宗庙社稷和统治秩序的行为，任何人都必须受到严惩，甚至会株连九族、满门抄斩。概言之，皇权统治得到严格维护。

四、资本主义法

社会形态的转变是一个不停顿但又很缓慢的过程。封建社会后期，随着手工业和商业的持续发展，以及世界市场的开拓，以自然经济（地租经济）为基础的封建制生产关系，限制了生产资料、劳动力和资本的自由流动，阻碍了生产力的发展。而生产关系一定要适应生产力的发展，封建社会的经济结构逐渐解体，形成了以社会化的机器大生产为物质条件、商品经济高度发展的资本主义社会形态。资产阶级通过革命，废除封建特权，实行资本主义所有制关系，为资本主义经济发展开辟了道路。

资本主义生产关系的基本特征是生产资料的资本主义私有制，劳动力成为一种商品，资本家获得劳动创造的剩余价值。与封建制法相比，建立在资本主义生产关系基础上的资本主义法虽然废除了人身依附关系，建立和发展了契约制度，确立了法律面前人人平等的原则，但是从经济基础和阶级本质来看，资本主义法以资本主义生产关系为经济基础，反映和维系的依然是资产阶级的经济和政治秩序，体现了资产阶级的利益。法国大革命是一场广泛而深刻的政治革命和社会革命，以自由、平等、博爱为口号，结束了法国封建专制统治，被称为资产阶级革命，对世界历史的发展具有重大影响。托克维尔的相关分析，有助于我们理解资本主义法的基本特征。

> 连那些与大革命格格不入甚至完全敌对的人们也表赞同，他们都在各自领域努力摧毁豁免权，废除特权。他们融合不同等级，使不同社会地位趋于平等，用官吏取代贵族，用统一的规章制度取代地方特权。[23]
>
> 自17世纪以来，封建制度已基本废除，各个阶级互相渗透，贵族阶级已经消失，贵族政治已经开放，财富成为一种势力，法律面前人人平等。[24]
>
> 资产阶级参加政府的权利是无可争辩的；资产阶级在政治议会中的作用始终是重要的，常常举足轻重。其他阶级每天都感到需要重视资产阶级。[25]
>
> 在资产者眼中，甚至和他们一同生活在城市里的人民也变得陌生起来，几乎成了敌人。他们确定的本地开支大部分均转嫁给下层阶级单独承担……但是这个资产阶级的一切所作所为中，最突出的是，他们生怕将他们与人民混同，并迫不及待地以一切手段摆脱人民的控制。[26]
>
> 财产自由与不可侵犯。陈情书要求财产不可侵犯，除了必不可少的公益原因外，财产不受任何损害。[27]

法国大革命震撼了整个欧洲的君主专制制度和封建秩序，传播了自由民主思想，是一场轰轰烈烈的资产阶级革命。资本主义法具有以下基本特征：

第一，私有财产神圣不可侵犯。资产阶级提出了财产自由与不可侵犯的要求，主张除了必不可少的公益原因外，财产不受任何损害。伴随资本主义经济的发展，资产阶级在政治议会中的作用越来越大，他们不仅要求政治上的相应权力，也提出经济上的诉求。私有财产神圣不可侵犯，是资产阶级在反对封建特权过程中提出的最核心的主张。财产受保护自古有之，但从法律的高度确认私有财产神圣不可侵犯，确保了工商业交易安全，对资本主义市场经济的发展具有重要意义。

第二，契约自由。资产阶级废除了封建的人身依附关系，将契约自由上升为调整社会经济关系的基本原则。自由交换的工商业经济，要求一切人都具有独立的法律人格和地位，可以成为法律关系的主体。封建特权被废除的同时，不同群体的社会地位趋于平等，封建人身依附关系逐渐被取缔。契约自由似乎给所有人提供了自由选择的机会，但是，对于不占有生产资料的劳动者而言，他们并没有不出卖劳动力的自由，劳动者受到了经济

---

〔23〕［法］托尔维尔：《旧制度与大革命》，冯棠译，商务印书馆1992年版，第48页。
〔24〕［法］托尔维尔：《旧制度与大革命》，冯棠译，商务印书馆1992年版，第58页。
〔25〕［法］托尔维尔：《旧制度与大革命》，冯棠译，商务印书馆1992年版，第124页。
〔26〕［法］托尔维尔：《旧制度与大革命》，冯棠译，商务印书馆1992年版，第132页。
〔27〕［法］托尔维尔：《旧制度与大革命》，冯棠译，商务印书馆1992年版，第254页。

强制。

第三,法律面前人人平等。资产阶级废除了等级特权,确立了不同阶级具有平等的人格和同等的法律地位。这一原则不仅从法律上确立了个体享有平等的人格,而且包含了法律必须平等对待同样的行为,而不应关注个体的身份和地位,成为私有财产神圣不可侵犯和契约自由的基石。虽然确立了法律面前人人平等原则,但是在生产资料私有制条件下,资产阶级和无产阶级在经济生活和政治生活中形成了事实上的不平等。资产阶级在政治上享有无可争辩的权利,他们采取各种举措转嫁负担,通过制度设计逃避人民的监督。

五、社会主义法

资本主义发展的内在矛盾决定了社会主义必然取代资本主义。20世纪初,世界上诞生了第一个社会主义国家苏俄后,在"十月革命"的影响下,亚洲、拉丁美洲、欧洲的许多国家纷纷经由社会主义革命,走上了社会主义道路,制定了社会主义法。政治经济发展的不平衡使资本主义发展比较薄弱的国家形成了社会主义革命的条件,经济相对落后的国家建立了社会主义制度。在这样的社会历史条件下,社会主义法治建设面临艰巨的挑战。

与前面三种类型的法律制度截然不同,社会主义法是人类历史上唯一的以公有制为基础,以消灭剥削、消除两极分化、实现共同富裕为历史使命的法律制度。社会主义法建立在社会主义生产关系的基础上,通过解放和发展生产力推动社会物质财富和精神财富的增长,反映和体现了全体人民的利益。我国《宪法》体现了社会主义法的基本特征。《宪法》序言和部分条文,可以反映当代中国社会主义法的基本特征:

> 我国将长期处于社会主义初级阶段。国家的根本任务是,沿着中国特色社会主义道路,集中力量进行社会主义现代化建设。中国各族人民将继续在中国共产党领导下,在马克思列宁主义、毛泽东思想、邓小平理论、"三个代表"重要思想、科学发展观、习近平新时代中国特色社会主义思想指引下……把我国建设成为富强民主文明和谐美丽的社会主义现代化强国,实现中华民族伟大复兴。
>
> 第一条 中华人民共和国是工人阶级领导的、以工农联盟为基础的人民民主专政的社会主义国家。
>
> 社会主义制度是中华人民共和国的根本制度。中国共产党领导是中国特色社会主义最本质的特征。禁止任何组织或者个人破坏社会主义制度。
>
> 第二条 中华人民共和国的一切权力属于人民。
>
> 人民行使国家权力的机关是全国人民代表大会和地方各级人民代表大会。
>
> 人民依照法律规定,通过各种途径和形式,管理国家事务,管理经济和文化事业,管理社会事务。
>
> 第三十三条 凡具有中华人民共和国国籍的人都是中华人民共和国公民。
>
> 中华人民共和国公民在法律面前一律平等。
>
> 国家尊重和保障人权。
>
> 任何公民享有宪法和法律规定的权利,同时必须履行宪法和法律规定的义务。

社会主义道路是近代中国历史发展的必然选择。中国确立和发展了社会主义制度，制定了社会主义性质的法律。中国社会主义法具有三个基本特征：

第一，阶级性和人民性的统一。社会主义生产资料公有制消灭了私有制引发的阶级对立和利益对立。尽管当代中国还存在阶级差别，但阶级斗争不是社会的主要矛盾。与其他历史类型的法不同，社会主义法的阶级性和人民性是统一的，社会主义法的阶级性通过确认全体人民的共同意志和利益来表现。社会主义法既是作为领导的工人阶级利益和意志的体现，也是最广大人民利益和意志的体现。工人阶级是国家的领导阶级，全体人民是国家的主人。

第二，党的领导、人民当家作主和依法治国的统一。中华人民共和国成立以来，正是因为始终在党的领导下集中力量办大事，国家有效组织各项事业、开展各项工作，才成功应对了一系列重大风险和挑战。《宪法》以根本法的形式确立了党的领导地位。党的领导是中国特色社会主义最本质的特征，是社会主义法治最根本的保证。同时，法律规定一切权力属于人民，国家制度深深根植于人民之中，确保人民享有更加广泛、更加充分、更加真实的民主权利。党的领导不能脱离人民，人民发挥积极性和自主性，监督政府，政府才不敢松懈。一方面，依法治国为坚持党的领导提供了坚强的法治保障，是党领导人民治理国家的基本方式；另一方面，任何公民都享有宪法和法律规定的权利，履行宪法和法律规定的义务，依法治国为实现人民当家作主提供了坚强的法治保障。

第三，权利和义务的统一。中华人民共和国公民在法律上享有的权利义务是相互对等的。公民在法律上一律平等，人人都享有法律赋予的权利，也应当履行法律要求的义务。权利和义务相分离，是一切私有制社会所共有的特征，特权是私有制社会的普遍现象。以私有制为基础的资本主义法，虽然形式上确立了权利义务统一的规范体系，但实质上仍然存在特权制度，确立了统治阶级的特权地位。资本主义法律虽然确立了法律面前人人平等的原则，规定了具体的权利义务关系，但是由于生产资料私有制形成了事实上不平等的经济关系和政治关系，导致权利和义务之间出现分离。当然，这种权利和义务之间的分离并不是绝对的，为了有效实现社会治理和社会统治秩序，在不触及资产阶级统治基础的前提下，资产阶级法赋予人民相当的权利。社会主义公有制的建立，为权利义务的高度统一奠定了经济基础。虽然社会主义经济政治制度和法律制度为权利义务的统一提供了基本条件，但不能保证所有人都按照法律规定行使权利和履行义务。如何杜绝特权，需要坚持不懈的努力。

第三节 法 系

一、法系释义

法系是对古今中外各国法律制度的历史传统和形式特征进行比较研究的一种视角，具有相同或类似的历史传统、法律形式特征的国家和地区的法律，属于同一法系。法的历史传统既包括法律渊源上的传统，又包括各国在长期的发展过程中形成的法律观念、法律思维和法律制度等传统;法的形式特征主要是指法律规范的结构形式。法的历史类型的划分,注重分析法的经济基础和阶级本质;法系的划分,注重分析法的历史传统和形式特征。理解法的发展过程,既需要了解法的历史类型,也需要理解法系。

法系的概念有助于发现世界各国不同样态的法律的相同和差异,理解不同法律制度的内涵和实践样态,提高相互借鉴的可能性。由于学者们的理论立场、知识背景、研究目的等差异,学术界形成了关于法系划分的不同标准和具体分类。日本学者穗积陈重曾将世界各国法律划分为印度法系、中华法系、伊斯兰法系、英国法系和罗马法系五大法系。〔28〕 法国学者达维德认为世界上主要法系有三个:罗马日耳曼法系、普通法系和社会主义法系。〔29〕 德国学者茨威格特将世界法律划分为罗马法系、德意志法系、北欧法系、普通法系、社会主义法系、远东法系、伊斯兰法系和印度教法系。〔30〕 西方法治中大陆法系和英美法系的区别,有着重要的世界影响力。

二、大陆法系

(一)大陆法系释义

大陆法系又称罗马法系、法典法系、民法法系、罗马—德意志法系,是以古罗马法为基础,以成文法为主要法律渊源,受1804年《法国民法典》编纂思想支配、1900年《德国民法典》编撰体例影响发展起来的不同国家和地区法律规范的总称。罗马法对当时社会的各种权利义务关系作了详尽的规定,公元6世纪查士丁尼时期编纂的罗马法是大陆法系的主要来源之一。

罗马天主教会的教会法对大陆法系的形成也产生了一定的影响。宗教改革以前,教会法主导了关于家庭、财产继承、特定类型的犯罪等方面的法律。虽然宗教改革后,欧洲教会法院失去了民事审判权,但关于家庭、财产继承、刑法以及程序法方面的规定都被市民法吸收。“大陆法系国家的一些大学至今仍然承认民法博士和教会法博士学位。”〔31〕

大陆法系还受到以意大利商事活动规则为主要来源的西欧商法的影响,大陆法系各国后期以此为基础制定了商法典。中世纪的意大利是商业中心,大量从事商业活动的商人行为促进了商事法的发展。另外,1776年开始的西方资产阶级革命也对大陆法系的形成产生了重要影响。大陆法系是由数个有着不同历史起源以及在不同历史阶段发展起来的支法系组成的,这些支法系包括罗马私法、教会法、商法,革命对大陆法系的发展也有影响。〔32〕 德国比较法学者茨威格特在阐释“法国民法典的继受”问题时,谈到了军事扩张带来的法典继受的影响:

> 在各个革命政府和后来拿破仑统治下,法国向东方展开的军事扩张导致了

---

〔28〕 参见何勤华:《穗积陈重和他的著作》,载[日]穗积陈重:《法律进化论》,黄尊三、萨孟武、淘汇曾、易家钺译,中国政法大学出版社1997年版,第3页。

〔29〕 参见[法]勒内·达维德:《当代主要法律体系》,漆竹生译,上海译文出版社1984年版,目录第2页。

〔30〕 参见[德]K.茨威格特、[德]H.克茨:《比较法总论》,潘汉典等译,法律出版社2003年版,第116页。

〔31〕 [美]约翰·亨利·梅利曼:《大陆法系》,顾培东、禄正平译,李浩校,法律出版社2004年版,第11页。

〔32〕 参见[美]约翰·亨利·梅利曼:《大陆法系》,顾培东、禄正平译,李浩校,法律出版社2004年版,第6页。

> 1804—1812 年在许多地区实施《法国民法典》，这些地区后来又恢复或重新获得了他们的主权，但它们的民法典却仍然受着法国法典编纂思想的支配。这些国家中首先是比利时、卢森堡和尼德兰。[33]

大陆法系国家主要分布在以法国和德国为代表的欧洲大陆，还包括法国、西班牙、荷兰、葡萄牙等国在亚洲、非洲、拉丁美洲的殖民地。拿破仑统治时期，法国政府的军事扩张行为，直接导致被军事征服的殖民地地区实施《法国民法典》。这些殖民地重新获得主权后，它们的民法典依然受法典编纂思想的支配。

（二）大陆法系的特征

作为世界主要法系之一，大陆法系具有鲜明的特征：

第一，大陆法系具有独特的法典编纂观念和传统。如果仅从制定法典的形式要件来看，并不仅仅只有大陆法系国家制定法典，其他法律传统的国家，如英美法系国家，同样会制定成文法典，但他们"无须对法典作完美无缺的矫饰，也不强求法官在法典内寻找判案的根据"。[34] 大陆法系的法学家们孜孜不倦追求制定概念明确、条例清晰、逻辑严密的成文法典，成文法典被认为是法制的保障，除此以外别无其他。从最初的《国法大全》，到 19 世纪初期的《法国民法典》，再到 20 世纪初期的《德国民法典》，大陆法系国家的法典编纂传统受理性主义思想影响，希冀通过法典建构的法律体系和制度规范，引导民众行为，形塑社会生活。

第二，法学家在法律发展中发挥了重要作用。古罗马形成了法科大学的教育传统，这一传统被意大利注释法学派发扬光大。波伦那建立了世界上第一所法科大学。大陆法系的法学家基本上都是大学教授，这就形成了大陆法系发展中的另外一个重要特点，即法学家的学说、观点在法律体系的形成和法学进步中发挥了巨大贡献。以德国为例，理想的法学家是受过良好教育、学识渊博的法学博士，他们善于构造法律概念，熟悉晦涩难懂的专业法律语言，并具有把握法律生活多样性的能力。

第三，大陆法系强调公法与私法的划分。公元前 2 世纪，罗马法学家乌尔比安提出了公法、私法的区别。他认为公法是关于罗马国家的法律，私法是关于个人利益的法律。公私法的划分被《法国民法典》接受，并被传播到其他国家和地区。罗马法虽然区分了公法、私法，但罗马法主要调整商品经济发展过程中产生的法律关系，所以罗马私法更发达。受资产阶级革命的影响，大陆法系的公法后来获得了很大发展，不仅出现了成文宪法和立法合宪审查制度，而且产生了行政行为合法性审查程序。

此外，大陆法系的法学教育、法律推理方法也有独特之处。大陆法系的法学教育属于学术教育，教学目的是提供理论基础；法律推理方法上，从法律条文出发，以演绎推理为主。进入 20 世纪后半叶后，大陆法系发生了巨大变化。比如，欧洲法律发展受到美国现实主义运动的影响，从立法至上走向了立法与司法双峰并立，直接导致法律渊源、法官地

---

〔33〕［德］K. 茨威格特、［德］H. 克茨：《比较法总论》，潘汉典等译，法律出版社 2003 年版，第 154 页。

〔34〕［美］约翰·亨利·梅利曼：《大陆法系》，顾培东、禄正平译，李浩校，法律出版社 2003 年版，第 32 页。

位、法律解释的作用、法学家的角色等都发生了改变。

三、英美法系

(一)英美法系释义

英美法系又称英国法系、普通法法系、判例法系,是以判例形式出现的中世纪英国普通法以及后期发展形成的衡平法、制定法为基础发展起来的,以判例法为主要法律渊源的不同国家和地区法律规范的总称。英美法系主要以英国法和美国法为代表,并随着英国和美国的殖民扩张,进一步传播到美洲、亚洲(印度、巴基斯坦、孟加拉、缅甸、马来西亚、新加坡等)、大洋洲(澳大利亚、新西兰)和非洲(肯尼亚、乌干达、坦桑尼亚等)的广大地区。

英国法历史发展中出现过三种法律形态:普通法、衡平法和制定法。11 世纪以前的英国主要适用盎格鲁—萨克逊的习惯法。1066 年诺曼征服之后,威廉一世加冕为王,建立了中央集权的统一国家,为英国法的统一和发展奠定了政治基础。王室法院派遣法官到各地展开巡回审判。王室法院的法官依据国王颁布的令状和习惯法审理案件,逐渐形成了有普遍意义的原则和规则体系。他们都通过判决的形式,在全国各地适用。12 世纪后,最终形成了通行于全国的普通法(common law)。由于普通法是以判决形式通行全国,故普通法系也被称为判例法系。根据普通法程序,要想权利获得救济,申请相应的令状是前置程序。随着商品经济的快速发展,普通法繁琐的程序和要求难以有效保护当事人利益。14 世纪后,逐渐出现大法官以"衡平"为原则进行裁判的法律活动,最终形成了区别于普通法的衡平法(equity law)。同时,13 世纪后,随着英国国会的诞生,英国也开启了制定法的历史。普通法、衡平法、制定法都是英美法系的法律形态。

(二)英美法系的特征

区别于以罗马法为基础发展起来的大陆法系,英美法系具有独特的法律特征。

第一,英美法系以判例法为主要法律渊源。在法庭审理过程中,法官针对具体法律问题作出的判决,可能会成为先例。先例可以对以后相似的案件产生约束力,成为后面案例得出判决的证明材料之一,这就是遵循先例原则。判例不仅是法律实施的结果,也是法律原则的总结。上一级法院或者同级法院作出的判决,如果确立了明确的原则,且可以适用于当前案例,就会产生拘束力。案件代理律师在进行辩护时,主要通过有利于己方的先前案例判决及其依据作为陈述的正当理由。丹宁勋爵在哈德威克诉约翰逊案的判决中,就适用了遵循先例原则:

> 在哈德威克诉约翰逊案中,有个婆婆花 12,000 英镑为儿子和媳妇买了一所房子,如果儿子和媳妇能够拥有这所房子的话,他们每周应付给婆婆 7 英镑。后来儿子出走了,婆婆企图把媳妇赶出家门……"在著名的巴尔弗诉巴尔弗案中……高等法院法官阿特金勋爵说,在丈夫和妻子间进行家庭调解,'不能按照合同办……因为双方当初没考虑到随之而来的法律后果。'同样,在父母和子女之间进行家庭调解,常常也不能按照处理对他们有约束力的合同那样进行……

法院必须考虑所有的情况，并仔细地研究出其中的法律关系……在我看来，不管怎么说，只要媳妇每周付7英镑，婆婆就不能把她和孙子赶出家门。”[35]

第二，法官在法律制度创新和社会变革中发挥重要作用。以判例法为主要法律渊源，专注于法律的经验性运用，直接后果是法官和律师对英美法系的发展起主要推动作用。英美法系的法官主要从优秀的资深律师中选任，法官不仅有丰富的司法经验，也有扎实的理论功底。法官在审理案件过程中，创设新的法律原则和诉讼程序，成为丹宁勋爵所说的法律改革的先锋。法官通过司法判例创设法律规则的行为，有助于实现法官在法律体系中的重要地位。英美法系的法官被认为具有“造法”能力，英美法也被称为“法官法”。英国早期的法学家，无一例外都是法官，如格兰威尔、布雷克顿、科克、培根和布莱克斯通等。

第三，英美法系更注重程序，实行对抗制诉讼。以司法救济为出发点运行的法律实践造就了英美法系重程序的传统。从司法救济出发意味着只有在权利被侵害时，法律才会介入，并通过诉讼程序维护当事人的权利。程序的重要性还体现对抗制诉讼模式的运用中。对抗制诉讼源于英国救济先于权利（remedies precede rights）的传统诉讼形式。传统诉讼形式要求任何权利救济都必须首先获得相应的令状（writ），无令状则无救济，无救济则无权利。英国近现代司法改革中，令状制度被废除，但对抗制诉讼方式被保留下来。案件审理过程中，当事人双方及其律师享有平等的法律地位，他们通过“交叉询问”，采取对抗模式，在陪审团面前澄清案件事实。陪审团负责确定“事实真相”，法官负责法律适用。陪审制度和诉讼对抗制度对英美法系产生了深刻影响。

除了以上三个主要特征外，英美法系的特征还体现在法律职业教育、法律方法、法律结构等方面。职业教育上，英美法系采取判例教学法，注重培养学生处理案件的实践能力；法律方法上，英美法系从判例出发，主要采取归纳法作出判决；法律结构上，区别于大陆法系公法和私法的划分，英美法系的基本结构建立在普通法和衡平法的分类基础上。

四、两大法系的演变及发展趋势

进入20世纪后，随着经济进一步发展，社会关系越来越复杂，新型法律关系不断涌现。在全球各国必须共同面对区域经济一体化的发展态势以及随之而来的法治合作时，两大法系有相互借鉴、不断靠拢的发展趋势。

法律渊源方面，大陆法系国家判例的作用日渐突出，英美法系国家制定法日益增多。一些大陆法系国家和地区开始引入判例制度解决当事人之间的纠纷。比如，日本在各个部门法领域出现了研究判例的合集。与此同时，英美法系虽然主要采用判例法形式，但制定法日益增多。在美国，制定法在经济社会生活中的作用越来越大，与判例法互为补充、相辅相成。

法典编纂方面，大陆法系国家出现非法典化趋势，而英美法系借鉴了法典编纂模式。一些主要的大陆法系国家改变了传统的法典化法律体系，在新的立法中增加了未被法典化的规范，如法国采用判例法调整合同的成立问题。英国制定法的比重和作用明显提高，

---

〔35〕［英］丹宁勋爵：《法律的训诫》，杨百揆、刘庸安、丁健译，法律出版社1999年版，第63～70页。

包括刑法、契约法在内的法律部门有了制定法，部分领域还出现了法典化的趋势。美国于1952年公布了《统一商法典》(Uniform Commercial Code)，美国的每个州和哥伦比亚特区都适用这部法典的部分条款。

法律分类方面，英美法系国家具有公私法性质的法律日益增多。大陆法系产生之初，就有公法和私法的划分，英美法系则存在普通法与衡平法之分。随着国家加强对社会和经济生活的干预，英美法系国家也制定了兼具公私法性质的法律，如《公平劳工标准法案》(Fair Labor Standards Act)。该法案是美国联邦法律，规定了最低工资标准、加班条件等内容，体现了政府对劳动关系的强制干预，兼有公法和私法的属性。

欧盟法的诞生表明了两大法系之间的相互融合。欧盟法以制定法为主，以判例法为辅，客观上为两大法系的融合提供了平台。随着英国和爱尔兰加入欧盟，判例法在欧盟法中的作用逐渐明显，对抗制的诉讼模式影响了欧盟法的发展。2020年1月31日，虽然英国正式脱离欧盟，但它对欧盟法的影响并未消解。欧盟各国许多国内法来自欧盟法，或者需要参阅欧盟法。这样，融合了两大法系特征的欧盟法也会影响成员国的法律。

五、其他法系

社会主义法系以马克思主义法学理论为指导，认为法律本质上是统治阶级维护阶级统治的工具。社会主义法系起源于“十月革命”，在苏联和马克思主义的影响下，那些在社会主义国家之前属于大陆法系的东欧各国(以及其他一些国家，如古巴)进行了法制改革，形成了社会主义法系。随着苏联、东欧社会主义国家的解体、转型，属于社会主义法系的国家随之减少。

曾经或仍然有重大影响的法系还有伊斯兰法系和中华法系。

伊斯兰法系是指信奉伊斯兰教和受伊斯兰教影响的国家制定的法律规范的总称。伊斯兰法以《古兰经》为基本和最高渊源，《古兰经》内容庞杂，包括伊斯兰教的基本信仰、穆斯林的基本义务、伦理规范、社会习惯、传说、谚语等。伊斯兰法系具有法律与宗教合一的特征，伊斯兰法中的大部分内容是对伊斯兰教义的制度化，法律只是宗教的一个方面，法律附属于或依赖于宗教。16世纪后，随着欧洲列强入侵阿拉伯国家，伊斯兰教开始衰落，伊斯兰法系的影响逐渐减弱。近现代法律改革过程中，虽然部分国家用世俗法律取代了伊斯兰法，但由于伊斯兰教在一些国家处于统治地位，伊斯兰法依然对穆斯林的行为具有不同程度的约束力。

中华法系，是指以传统中国法律为基础发展起来的东亚法律体系的总称，包括传统中国法律、朝鲜法、日本法、琉球法、安南法和缅甸地区法等。从时间和空间两方面来界定，中国的秦汉至隋唐这段时间是中华法系的成型期，其范围包括东亚大陆、朝鲜半岛、日本列岛、琉球群岛和中南半岛部分地区。《唐律》是中华法系的代表作品，在历史上对东亚各国产生过重要影响。中华法系是中华法文化优越性及其世界影响的集中体现，显示了中华民族的伟大创造力和中华法制文明的深厚底蕴。20世纪初，清王朝变法修律，以传统中国法律为基础的中华法系瓦解，但是法律文化传统依然对今天的法律发展产生着潜移默化的影响。

第四节　法的发展

一、法的发展的一般规律

法的发展是指法律产生以后,从低级阶段向高级阶段有规律的进步过程,法的发展过程宏观上就是法的历史类型的演进过程,法律继承和法律移植是法律发展的两种主要方式。如果说宏观意义上法的发展表现为法的历史类型的更替,那么法律继承和法律移植就是微观意义上法发展的两种具体方式。法的发展不是一个孤立的过程,不仅需要以法治文明和法律进步为导向,还需要与本民族既有的历史文化传统、社会经济基础、政治生态发展相适应。

由于历史文化传统、社会经济基础及政治生态等因素的影响,不同国家的法律发展有所不同,但总体而言,法的发展呈现以下规律:

第一,法的发展经历了从奴隶制法向社会主义法的演进过程。根据法赖以存在的经济基础和所体现的阶级意志的不同,对人类全部法律制度所作的总体分类,反映了法律发展的阶段性和规律性。法的历史类型经历了从奴隶制法向封建制法再到资本主义法,从资本主义法向社会主义法发展的过程。这是对人类法律历史发展的一般规律的总结,并不意味着每一个国家或民族都无一例外地经历每一个阶段。由于不同国家或民族历史发展的差异性与偶然性,在具体的历史环节中这一演进过程是多样的。

第二,法的发展经历了从身份法到契约法的演进过程。人类的法律发展最初是从身份关系出发的,形成了从身份关系的法到契约法的发展规律。奴隶制法和封建制法不仅划分了社会成员的身份,而且根据身份划分人的等级,分配不同的权利义务关系,不同身份的人具有不同的法律地位。伴随资本主义契约自由的发展,身份关系逐渐被以平等为基础的契约关系取代,人们之间具有了法律上平等的地位。社会主义法不仅规定了人们在法律上的平等关系,而且致力于实现人们事实上平等地位。当代社会,契约成为分配权利义务的基础。

第三,法发展经历了从不成文法到成文法的演进过程。法产生之初表现为习惯,进一步发展到习惯法,随着人类抽象思维能力发展和法律实践复杂化,后来产生了成文法。从不成文的习惯到制定法的出现,经历了漫长的历史时期。在两大法系的融合趋势中,成文的制定法也越来越重要。大陆法系虽然日益重视判例的作用,但这一变化并未取代制定法的核心地位。英美法系国家制定法的数量增加,地位越来越重要。20世纪以后的英国,制定法已经成为法律改革的主导力量。

二、法的发展的基本形式

法的发展主要有两种基本形式,法律继承和法律移植。新的法律制度是在吸收和继承旧的法律制度的基础上发展起来的,因此法律继承是法发展的基本形式和途径。随着世界市场形成、国际交往加深,不同国家之间相互引进和吸收法律日渐常见,这就是法律移植。

（一）法律继承

法律继承是指在法的发展过程中，新法对旧法的承接和继受，一般表现为新法在否定旧法阶级本质的前提下，有选择有批判地吸收承接旧法中科学合理的成分，使之成为新法的有机组成部分。法律继承是法的发展的基本方式之一，体现了法的发展的规律性。以罗马法的发展为例：

> 罗马法从《十二表法》到《国法大全》……它的一些法学名词和术语，如公法、私法、民法、人格、住所、条件、善意、恶意、役权、不当得利、无因管理、代位利益、顺序利益等以及许多原则和制度，如对公共财产和胎儿利益的特别保护、新法优于旧法、一事不再理、行使权利不得以损害他人为目的、过失责任原则、无过失责任的规定，甚至对有意毁损抛弃他人财物而不需负责的“共同海损”以及成年、失踪宣告、信托等制度，仍为当代各国民法所沿袭。[36]

新法要批判地继承旧法中的科学合理成分，原因有三个方面：

第一，社会生活条件的历史延续性决定了法律继承的客观性。无论人类社会经历怎样的发展过程和社会形态，都不能改变历史发展的延续性。法律继承的依据在于社会生活条件的延续性和继承性。人类只能在既定的社会生活条件范围内书写新的历史，只要社会生活条件在现实中继续存在，反映这些生活条件的既有规则就会或多或少被继承到新的法律体系中。

第二，法律的相对独立性决定了法律继承的延续性。虽然法律本质上源于社会物质生活条件，但作为社会意识的组成部分，具有相对独立性，因此法的发展具有一定的独立性。罗马法的一些概念、名词和术语沿袭至今说明，法的概念、术语、表达形式等一旦形成，就会具有延续性，新法对旧法的超越，不会轻易抛弃这些概念、术语、表达形式，而会有所继承。

第三，法律作为人类文明成果的共同性决定了法律继承的必要性。在法的发展的过程中，虽然反映法的阶级性的具体内容会随着经济关系的变革而发生根本改变，但有关社会公共事务管理、政治权力运行规律的法律规范是人类对社会关系的科学认知和人类文明成果的标志，具有超越时空的实践价值。这些人类文明成果经过批判地继承，依然会成为新法体系的有机组成部分。

（二）法律移植

法律移植是指一个国家或地区为了弥补法律的不足，有选择地学习和借鉴其他国家或地区的法律，使之成为本国法律体系的有机组成部分。由于不同国家存在社会经济、政治、文化、传统等方面的诸多差异，法律是否具有可移植性，历来有肯定论和否定论两种不

〔36〕 周枏：《罗马法原论》（上册），商务印书馆1994年版，第2页。

同观点。世界范围内法律发展的不平衡以及国际交往的增多,是促成法律移植现象的根本原因。近代以来,各国之间的法律移植成为一种普遍现象。从历史经验来看,法律移植要想取得良好效果,需要充分考量以下三个因素:

第一,政治生态因素。法律界定政治权力的配置方式、国家结构的根本形式及权力实施方式,任何法律移植都必须以本国的基本政治生态为前提。政治生态因素是影响法律移植成败的潜在原因,法律移植需要相应的政治条件。只有经过本土化改造后,法律移植引进的具体制度才能有效发挥作用。20 世纪 60 年代,以美国为主的西方国家开展的"法律与发展"项目,未能结合发展中国家的政治文化生态进行相应改造,法律移植计划以失败告终。[37]

第二,经济基础制约。经济发展水平的不平衡、不同所有制模式的差异以及经济运行机制的不同,都会对法律移植的效果产生影响。此时,需要在鉴别差异的基础上,寻找背后共同的因素,比如关于市场经济的基本价值规律、资源配置的原则、经济社会交往的诚信原则等,并将它们吸纳进本国法律。亚洲、非洲、拉丁美洲的许多发展中国家,并不具备发达国家的法律制度赖以产生和有效运行的经济基础,盲目的法律移植工作难以成功。

第三,社会实践需求。各国的法律发展道路上,只有适合或者不适合的法律,并不存在绝对先进或者落后的法律。社会实践是法产生的"土壤",同样,移植的法律必须与既有的"土壤"契合,才能收到效果。在法律移植过程中,只有立足社会的真正需求和法律发展的方向,才能找到与本国相适应并有机协调的法律。"任何两个国家的法律制度都不可能完全一样。法律是一种文化的表现形式,如果不经过某种本土化的过程,它便不可能轻易地从一种文化移植到另一种文化。"[38]

三、全球化时代法的发展

(一)全球化简述

随着科学技术的发展和经济领域合作的加强,世界不同国家和民族之间的相互联系和彼此依赖不断增长,全球各国在经济文化等领域的合作和交流不断推进,客观上形成了一种全球化的发展过程。全球化意味着市场经济迅速扩展,个人、团体及政治实体的行为超越了地理位置的局限,不同国家和地区向更加开放的趋势发展,世界范围内的联系被不断拓宽、加深、加速和增长。交通、信息和通讯技术的爆炸式发展,加速了这一进程。全球化是一个历史进程,20 世纪 90 年代以来呈现出加速趋势。关于全球化利弊的争论从未停止:

> 随着过去 10 年迅速的全球化,有关它的利弊争论日甚一日。全球化提供了一些新的知识内容,同时也扭曲了一些"自明性的"传统真理,制造了一些关于它自己的神话和错误理解……在过去 30 年中,某些工业化国家和发展中国家在消除绝对贫困、走向和平与发展的方向上已经取得了巨大进步。可以说,我们正

〔37〕　参见高鸿钧:《法律移植:隐喻、范式与全球化时代的新趋向》,载《中国社会科学》2007 年第 4 期。

〔38〕　[美]格伦顿、戈登、奥萨魁:《比较法律传统》,米健等译,中国政法大学出版社 1993 年版,第 6 ~7 页。

> 在从一个彼此分离隔绝的旧世界走向一个美好的、彼此处于网络联系的新世界……然而从另一方面来看……贫富差距的扩大,商业化和交易意识在家庭、学校和宗教等社会生活领域的繁衍,都在瓦解着发展中国家的公民的凝聚力,并威胁着发达国家中的社会道德基础。文化认同的丧失和共同体纽带的削弱导致了普遍的焦虑,民族观念以及其他狭隘的忠诚观念成为解决这类焦虑的简易手段。全球化究竟会把我们带入一个更加美好的应许之地,还是会在这个已经充斥着极度紧张的世界上造成更多的冲突和对立?人们是否有更好的方式把握全球化进程,使它可以在更大程度上福泽广布?〔39〕

全球化主要表现在经济领域,商品、技术、信息、服务、资本、劳动力在世界范围内的增长和自由流动,把世界连接为一个大市场,各国的经济活动深嵌在统一的市场体系中,世界经济日益成为一个有机联系的整体。跨国商品与服务贸易及资本流动规模和形式的增加,以及技术的广泛迅速传播使世界各国经济的相互依赖性增强,世界性国际组织,如世界贸易组织、世界银行等,作用和调控范围越来越大。

除了经济领域的全球化表现之外,全球化在思维、文化和行为的方式等领域也有所体现。不同的思想、多样性的文化、着装的不同方式,从世界的一个角落传播到另外一个角落。思维的碰撞、文化的交流与融合以及不同的生活方式为我们认识世界和反思自我提供了新的素材和新的思路,有助于形成对世界更丰富的看法。另外,不同文化的对话,可能会带来自身文化的认同危机和对文化源头的忘却,公民凝聚力、共同体纽带的基础、社会道德基础等都可能在日益商业化和交易化的氛围中被破坏。

经济全球化虽然整体上提高了资源配置的效率,但由于不同国家的发展阶段和经济发展水平差异甚大,全球化过程中经济落后国家承受了资源掠夺、环境破坏、不公平竞争等问题。同时,由于全球经济相互依赖程度加深,局部地区的经济震荡可能会引发全球范围内的金融危机。在"这个全球的时代"里,不确定的新政治经济、金融市场、有关食品及其他产品的跨文化冲突,使得个人生活经历及世界政治都变为"有风险的";风险的全球性并不意味着风险的平均分布,反而带来了不断加剧的贫富差距和资源掠夺。〔40〕

(二)法律全球化辨析

法律全球化被认为是经济全球化和科学技术的直接后果。不同学者对这一概念有不同的界定,综合来看主要表现为两种代表性观点。第一种观点认为,法律全球化是一种法律的非国家化。在全球化发展过程中,市民社会将不断产生由跨国公司、工会、新闻媒介联合体等实体所创设的、介于国内法与国际法之间的"无国家的全球法"。第二种观点认为,法律全球化是一种法律的趋同化。从法的作用的角度将法律全球化解释为法律解决

---

〔39〕[美]杜维明:《全球化与多样性》,载哈佛燕京学社主编:《全球化与文明对话》,江苏教育出版社2004年版,第76~77页。

〔40〕参见[德]乌尔里希·贝克:《世界风险社会》,吴英姿、孙淑敏译,南京大学出版社2004年版,第6~7页。

全球性问题的作用的增强,或者从法律在国际社会中的地位的角度将法律全球化解释为法治进程的加快。肯定法律全球化的中国学者基本秉持第二种观点。[41]

法律全球化理论是在“二战”结束后,经济全球化发展态势下产生的。经济全球化对国际法和各国国内法带来了诸多影响,与经济全球化同时并存的,还有政治多极化的趋势。主权国家需要通过合作和共同努力采取法律手段,解决包括生态环境恶化、疾病流行、国际犯罪活动猖獗等全球性问题,但超国家的全球化的法律依然不存在。[42] 在经济全球化和公共事务全球化以及各国经济社会发展不平衡的背景下,主张超国家的全球化的法律可能带来法律霸权。比如,美国学者夏皮罗认为,由于美国在世界经济中的地位,通过私营公司创制法律的这种全球化法律就应该采取全球商法美国化的形式。[43] 西方发展模式、价值理念、行为方式等通过“无国家的全球法”的制定和实施,可能对其他国家和地区的既有法律造成大的破坏。

法律全球化只是法律全球趋同的一个简称,表征了全球法律发展的趋势和规律,具体指法律要素在全球范围内的趋同,是一种全球化规则的实施,即按统一或类似规则治理国际经济政治事务。

(三)法律全球化的特征

全球性问题不能仅仅依靠单一国家来治理,也不可能在单一国家领域内完成。正是因为在其他领域出现了全球化的发展状况,才要求统一的规则之治。法律全球化具有以下几个主要特征:

第一,法律的趋同化。法律趋同化指调整相同类型社会关系的法律规范和法律制度趋同,既包括不同国家国内法的趋同,也包括国内法与国际法的趋同。法律趋同化本身包含着承认各国法律制度差异性和多样性的逻辑前提,没有差异性或多样性,就无所谓趋同化。世界范围内的法律趋同首先表现在民商事领域,在商务、金融、知识产权等事务,法律的趋同化发展迅速。

第二,超国家法律(super - national law)秩序形成。政府间国际组织、超国家组织和非政府间国际组织创造了不同于国家法的新的规则和秩序,这些法律的实施并不依赖国家主权权威,而对参加者或者成员国具有直接的法律效力。例如,国际奥委会不仅制定了大量关于奥林匹克运动的竞赛规则,而且对奥林匹克运动中的争议问题有最高裁判权,形成了体育领域的超国家法律秩序。

第三,全球性争端解决机制的出现。随着跨国争端增多,出现了越来越多的全球性争端解决机构。国际法院、国际刑事法院、世界贸易组织等机构参与跨国纠纷解决,维护了国际社会秩序。海牙国际法院是联合国的主要司法机关,对联合国成员国所提交的案件作出有法律约束力的判决。世界贸易组织争端解决机制是多边贸易机制的支柱,它不仅有专门的争端解决机构,还确立了完备的原则、机构和解决程序,具有统一性、效率性和强

---

〔41〕 参见车丕照:《法律全球化与国家法治》,载《清华法治论衡》第3辑,清华大学出版社2002年版。

〔42〕 参见沈宗灵:《评“法律全球化”的理论》,载《国际经济法论丛》第4卷,法律出版社2001年版。

〔43〕 See M. Shapiro, *The Globalization of Law*, Indiana Journal of Global Legal Studies, Vol. 1, 1993, p. 39.

制性等特点。

虽然出现了法律全球化的发展趋势,但并不是所有领域都发生了全球化。以经济领域为例,相当大部分的经济活动是在一国国内完成的,不需要援引超国家的法律规则或者跨国争端解决机制。文化领域也存在同样的情况,区域性的产品和服务依然有很大的发展空间,文化多样性和某种文化在全球引领的状态同时并存。

第十九章　国家与法的本质

第一节　国家与法的关系

一、国家概论

(一)国家的概念

法的起源与发展过程表明,国家并不是从来就有的,原始社会没有阶级,也没有国家。恩格斯这样论述国家的产生:

> 国家是社会在一定发展阶段上的产物;国家是表示:这个社会陷入了不可解决的自我矛盾,分裂为不可调和的对立面而又无力摆脱这些对立面。而为了使这些对立面,这些经济利益相互冲突的阶级,不致在无谓的斗争中把自己和社会消灭,就需要有一种表面上凌驾于社会之上的力量,这种力量应当缓和冲突,把冲突保持在"秩序"的范围以内;这种从社会中产生但又自居于社会之上并且日益同社会脱离的力量,就是国家……国家和旧的氏族组织不同的地方,第一点就是它被按地区来划分它的国民……第二个不同点,是公共权力的设立……构成这种权力的,不仅有武装的人,而且还有物质的附属物,如监狱和各种强制机关。[1]

恩格斯的阐释表明,国家是阶级矛盾不可调和的产物和表现,它产生于社会之中又居于社会之上。国家由两个基本要素组成:按地区划分的国民和公共权力机关。随着民族国家的逐步发展和各国之间竞争的加强,还需要在国际体系中来理解主权国家。"民族—国家只存在于与其他民族—国家的体系性关系之中。"[2]因此,可以从主权、人民、领土三个要素来理解国家。国家是阶级矛盾不可调和的产物,是拥有对内治权和对外主权的政治实体,包含主权、人民、领土三个要素。

在国家与法的关系中理解国家,需要正视国家产生于阶级矛盾这一历史事实。阶级对立中,经济上处于统治地位的阶级,借助国家机器成为政治上占统治地位的阶级,并进一步通过建构公共权力进行社会管理工作。经济上和政治上处于统治地位的阶级,通过国家机构体系行使公共权力,借助物质性的附属物,包括军队、警察、法庭、监狱等进行统

---

〔1〕 恩格斯:《家庭、私有制和国家的起源》,人民出版社1972年版,第167~168页。

〔2〕 [英]吉登斯:《民族、国家与暴力》,胡宗泽、赵力涛译,生活·读书·新知三联书店1998年版,第5页。

治，制定并践行反映本阶级利益的法律和公共政策，管理社会，维持社会秩序。

此外，作为拥有主权、领土和居民的政治实体，国家是法律关系中非常重要的一类主体。在国际法领域的外交、战争、外层空间等问题上，国家是重要的法律关系主体。在国内法领域，国家是国家所有权法律关系、刑事法律关系、国家赔偿法律关系等法律关系的主体。此时，国家作为一个组织实体参与到法律关系中，特定国家机关代表国家履行职责，从事包括工商业及外事活动等在内的法律行为。

（二）马克思主义国家观

马克思主义国家观认为，国家是阶级斗争不可调和的产物。统治阶级将阶级意志转变为国家意志，并将其上升为法律，赋予其阶级意志唯一的国家权威性。此时，国家表现为一种支配人的意识形态的力量，且国家与法之间相互依存相互作用。可以从以下三个方面来理解马克思主义国家观：

第一，国家是阶级斗争不可调和的产物。原始社会末期，随着私有制的产生和发展，财富迅速积聚和集中到人数很少的统治阶级手中，普通民众日益贫困，社会分裂为不可调和的两个对立阶级。经济上占统治地位的阶级，为了保护和延续在经济上的统治地位，通过建立国家，行使国家权力，获得镇压和剥削被统治阶级的新手段。奴隶制国家实质上就是奴隶主阶级用来镇压和剥削奴隶阶级的新手段。恩格斯指出："原来意义上的政治权力，是一个阶级用以压迫另一个阶级的有组织的暴力。由于国家是从控制阶级对立的需要中产生的，同时又是在这些阶级的冲突中产生的，所以，它照例是最强大的、在经济上占统治地位的阶级的国家，这个阶级借助于国家而在政治上也成为占统治地位的阶级，因而获得了镇压和剥削被压迫阶级的新手段。"〔3〕

国家虽然是阶级斗争不可调和的产物，是一个阶级镇压另一个阶级的机器，但日常状态下的阶级压迫和阶级斗争，并不都表现为血雨腥风和哀鸿遍野。"只要是取缔了被压迫阶级手中反抗压迫的斗争手段和斗争方式，使阶级斗争得到缓和，是可以有长期和平的。"〔4〕统治阶级在维护阶级统治地位时，既将有利于阶级利益的社会关系法律化，同时也会执行社会公共管理事务，保障最低程度的社会秩序。而且，依靠民族国家内部的历史文化凝聚力，不同历史类型的社会形态都会呈现平和有序的景象。一旦社会出现严重危机，面临革命风暴之时，民族国家内部才可能发生惨烈的阶级斗争。

第二，国家是支配人的一种意识形态的力量。统治阶级为了实现经济上和政治上的统治地位，通过将阶级意志转变为国家意志统治一切。唯有如此，才能保护统治阶级的整体利益免遭来自内部和外部的侵犯。国家一经出现，就意味着统治阶级的意志统治一切。国家产生之后，作为一种独立于社会且高于社会的力量，它将统治阶级的意志转变为国家意志，并将其表述为是唯一合理的、具有普遍意义的意志，强制要求所有社会成员遵守和执行。此时，国家实际上成为支配人的一种意识形态的力量。"国家作为第一个支配人的意识形态力量出现在我们面前。社会创立一个机关来保护自己的共同利益，免遭内部

〔3〕 恩格斯：《家庭、私有制和国家的起源》，人民出版社1972年版，第169页。

〔4〕 张光博：《坚持马克思主义国家观》，吉林人民出版社2007年版，第9～10页。

和外部的侵犯。这种机关就是国家政权。”[5]

作为支配人的一种意识形态力量,国家主要通过国家机关的活动,把统治阶级的意志上升为法,成为社会上一切成员都必须遵守的国家意志。具有普遍约束力的法律,界定了社会成员之间的权利义务关系,并通过国家强制力保障实施。借助法律的实施过程,国家将阶级冲突控制在一定的秩序范围之内,确保社会生产和生活稳定,营造更有利于实现统治阶级根本利益的局面。

第三,国家与法相互依存、相互作用。法产生的标志之一是国家的产生,法与国家同时产生,具有相同的阶级本质。社会发展到一定阶段,陷入了不可解决的自我矛盾中。国家的出现是为了缓和阶级冲突,将冲突控制在一定秩序范围之内。国家产生之初,面临的重要问题是通过何种方式、采取何种形式来实现统治阶级利益和基本社会秩序。统治阶级通过国家将阶级意志转变为国家意志,并以法律的形式固定下来,实现稳定的社会秩序。这一结果也宣告国家是法律存在和发展的政治基础。

社会存续和发展的经验告诉人们,用直接的暴力手段维护社会秩序,不如把统治阶级的意志集中起来,转化为具体的权利和义务,并告知社会,指挥多数人自动遵守,只对少数违反这种意志达到一定程度的人,个别使用暴力。法律表现为国家意志的统治阶级的利益,通过权利义务的方式落实到具体的个人身上,依靠国家暴力保证实施。法律成为国家实现社会秩序的有力工具。“社会上占统治地位的那部分人的利益,总是要把现状作为法律加以神圣化,并且要把习惯和传统对现状造成的各种限制,用法律固定下来。”[6]这表明,法律是实现国家意志和进行国家治理的必要条件。

二、国家是法律存在和发展的政治基础

国家与法的关系中,国家是法律存在和发展的政治基础。具体体现在两个方面:

第一,法律体现国家意志,依靠国家强制力保障实施。掌握国家政权的统治阶级,从自己的经济利益和政治要求出发,通过国家制定或认可法律的方式,将本阶级的意志转变为国家意志。“市民社会的一切要求(不管当时是哪一个阶级统治着),也一定要通过国家的意志,才能以法律形式取得普遍效力。”[7]统治阶级通过确立每个人都应该遵守的权利和义务,发展有利于实现其统治的社会关系和社会秩序,即规定何种条件下,民众可以做什么、必须做什么、不得做什么的规则。这些调整民众行为规则的总和构成了法的主要内容。法作为国家意志的体现,因此具有普遍约束力。

法律依靠国家强制力保障实施,国家是法律实施的主要力量。在法律体现国家意志的同时,国家还对法律所确认的社会关系进行保护。国家既通过立法分配具体的权利义务,又通过司法和执法活动保障其落到实处。国家强制力是保障法律有效实施的最后一道防线。作为合法暴力的唯一主体,国家依靠军队、警察、法庭、监狱等有组织的暴力,确保国家权力管辖范围内的所有社会成员普遍遵守法律。缺乏国家强制力的保障,法律难

[5] 恩格斯:《路德维希·费尔巴哈和德国古典哲学的终结》,人民出版社2014年版,第49页。
[6] 马克思:《资本论》(第3卷),人民出版社1975年版,第894页。
[7] 恩格斯:《路德维希·费尔巴哈和德国古典哲学的终结》,人民出版社2014年版,第48页。

以有效发挥作用,法律的强制属性和普遍约束力源于国家。

第二,不同的国家性质决定不同的法律性质,不同的国家结构形式决定不同的法律形式。法的历史类型的更替表明,不同性质的国家,产生不同性质的法律。法律的性质只是国家性质的反映。奴隶制国家的法律反映在经济上和政治上占统治地位的奴隶主阶级的意志。奴隶制法律制度下,奴隶只是会说话的工具,奴隶主可以以任何方式处置奴隶,包括打死奴隶;封建制法律制度确认和保护地主阶级的利益;资本主义法反映资产阶级的意志,保护资本家获得劳动者所创造的剩余价值,法律允许劳动者陷入失业和贫困,陷于破产和饥饿;在社会主义国家,人民在工人阶级的领导下取得国家政权,人民当家作主,人民的意志上升为国家意志。

不同的国家结构形式决定不同的法律形式。国家结构形式是指国家的整体与部分之间、中央与地方之间的关系。目前,世界上主要存在两种不同的国家结构形式:单一制和联邦制。单一制国家由最高国家权力机关行使立法权,形成以宪法为核心的统一立法体制。联邦制国家不仅有联邦最高权力机关制定的宪法和基本法律,各联邦组成部分还有自己的最高权力机关,可以制定在本区域范围内实施的宪法和法律。

三、法律是实现国家意志和进行国家治理的必要条件

国家与法的关系中,法律是实现国家意志和进行国家治理的必要条件,这主要表现在三个方面:

第一,国家通过法律建立国家机构和国家制度。国家只有通过法律的形式确立国家机构、国家制度以及公职人员的职责,才能为国家有序运转提供前提条件,并为实现国家职能,开展有效治理提供制度支撑。比如,我国《宪法》作为国家的根本大法,规定国家的阶级本质、基本结构形式、政治制度、公民基本权利以及国家机构的产生、权力范围、具体职能等,指导其他基本法律的制定和实施。宪法和基本法律共同建构的框架,明确了不同国家机构的地位、产生程序、组织形式、职权范围,以及各机构之间的相互关系,保证国家机器能够正常运转,实现国家职能和国家所追求的价值。

第二,国家通过法律确立统治权威。统治阶级取得政权之后,通过法律的形式确认和维护符合自己阶级的经济关系和政治安排。奴隶制国家通过奴隶制法维护了奴隶主阶级的利益,确认奴隶作为被统治阶级的地位,将对奴隶剥削和压迫固化为具有普遍约束力的社会规范。封建制国家通过封建制法确认地主阶级的统治地位,将封建等级特权合法化。资本主义国家通过资本主义法树立资产阶级的统治权威,在强调财产私有制的过程中,将资本主义生产关系神圣化、去阶级化,将劳动者的破产、饥饿、失业、贫困表述为个人行为的不利后果,遮蔽了资本的本性。统治阶级通过法律将阶级意志变为国家意志后,进一步通过警察、法庭、监狱等国家机构的力量,保障法律的实施,树立统治权威。

第三,国家通过法律实现社会治理功能。国家除了通过法律实现阶级统治的职能外,同时还通过法律执行一定的社会公共职能。社会分工的发展,产生了管理的需要,要求法具有一定的社会公共职能。社会公共职能是指在共同劳动过程中产生的职能,如公共交通的建设、社会基础设施的维护等。类似的公共事务,不仅有利于统治阶级利益,还符合被统治阶级利益,是关乎所有人生存和发展的最基本的问题,是一切社会都存在的事务。

通常情况下,依靠独立的个人难以完成如此工程浩大的工作,必须由国家依据法律的规定统一安排共同部署。

国家和法是一种历史现象,两者都是社会上层建筑的重要组成部分,并随着经济基础的变化而变化。当人类社会进入阶级社会,产生不可调和的阶级矛盾后,有了国家和法。有什么样性质的国家,就有什么样性质的法。概言之,国家和法具有同一性,两者相互依存、相互作用。

第二节 国家与法的本质

一、法的本质释义

本质和现象是一对范畴。本质是事物的特有属性,是事物成为自身的原因,现象是事物的外部表现,本质总要通过一定的现象表现出来,只有透过现象才能理解事物的本质。客观事物总是以纷繁复杂的现象呈现在人们面前。想要全面理解事物的属性,不仅需要了解事物的表面特征,还需要揭示其本质和规律,科学研究的意义也正在于此。正如马克思所说:"如果事物的表现形式和事物的本质会直接合而为一,一切科学就都成为多余的了。"[8]虽然本质与现象不会直接合而为一,但两者是统一的,互为事物的表里,具有相互依存的关系。

法的本质与法的现象同样是一对范畴。法的本质是内在于法的根本属性,深藏于法律现象之中,难以通过感官直接理解,必须借助抽象思维能力才能把握。古往今来,人类历史上存在过不同的法律关系、不同的法律特征、不同的法律形式、不同的法律体系等外在的、偶然的、非本质的法律现象。只有在深入分析社会现实和法律实践的基础上,运用抽象思维能力,以唯物史观和辩证法为方法论,从具体到抽象展开研究,再从抽象回到具体的阐释过程,才可能揭示出法律的本质属性和法律发展的内在规律。

既然法的本质隐藏在法律现象之后,需要依靠抽象思维能力才能把握,那么,一旦研究者深陷在法律现象之中,迷失在具体的法律表象之下,就法谈法,不能完成从具体到抽象的思维转变,则不仅很难发现法的本质,而且容易用法的现象替代法的本质,从而误解了法的本质。当然,同样存在代表统治阶级利益的学者,在研究中有意曲解法的本质,用法律所具有的规范特征、普遍价值等掩盖法的内在属性。

二、法的本质的不同学说

关于法的本质的追问,实际上是在追问"法律是什么"。西方法学发展史上,对这一问题的回答主要包括以下几种有代表性的学说:

第一,正义论。自然法思想将法律与正义紧密联系,认为正义是法律的最高价值目标。古希腊思想家认为法律代表了一种正当性,正义是法的内在精神蕴涵,法律是正义的

---

〔8〕 马克思:《资本论》(第3卷),人民出版社1975年版,第923页。

体现。亚里士多德指出,"法律的实际意义是促成全邦人民都能进于正义和善德的[永久]制度"。[9] 罗马法继承了希腊法哲学的主要部分,主张法以公正正义为概念,公正和正义源于自然法。西塞罗认为理性是衡量正义与非正义的标准,法是最高的理性。正义论着眼于法律的道德性,强调法律的合法性在于维护社会正义和社会公平。

第二,神意论。神学家认为法律是神的意志的表现,神的意志创造了调整人的生活和行为的规范。奥古斯丁认为,上帝设置世俗政府及其权力,目的是统治人间以实现和平和秩序,一切法律都是上帝的意志,上帝依正义制定各民族的法律。阿奎那认为,上帝主宰一切,一切归结为上帝,上帝是人和人性的创造者,上帝便是国家。他区分了永恒法、自然法、人法、神法,这四种法律体系构成一个整体,形成了以永恒法为首的完整体系,体现上帝意志的永恒法高高在上,统领一切。神意论诉诸超人间的力量理解法律的本质,突出法律的宗教性。

第三,主权者命令说。英国法理学者奥斯丁通过对英国法进行全方位的逻辑分析,建构了分析法学体系,其观点主要体现在《法理学的范围》这部作品里。[10] 奥斯丁认为,法律是主权者的命令,具体内容表现为主权者或者拥有主权的统治集团要求社会成员为或者不为某种行为。法的本质与命令、义务、制裁等强制性要求联系在一起。在奥斯丁那里,法律与道德被严格区分,法理学的研究对象只能是实在法,即国家制定或认可的法律。他通过分析法的概念、法的共同原则、法的体系等揭示法的本质。主权者的命令说否定古典自然法学思想,将法学研究的对象从自然法解放出来,确立了法理学研究实在法的传统。奥斯丁对主权者权力的论证,反映了资产阶级初期夺取政权、巩固政权的要求。

第四,人民公意说。法国思想家卢梭在其代表性作品《社会契约论》中提出"公意只着眼于公共的利益,而众意则着眼于私人的利益,众意只是个别意志的总和",[11] 他区分了个别意志、众意和公意。卢梭认为,个别意志的本性总是倾向于偏私,而公意偏向于平等;众意只是个别意志的总和,同样着眼于私人的利益。公意是人民共同体的意志,永远以公共利益为依归,所以永远是公正的。这种意志一经宣示就成为一种主权行为,并且构成法律。既然法律是公意的行为,而人民共同体的意志构成了公意,因此,人民既是法律的创作者,也是法律的服从者。卢梭提出的人民公意说,奠定人民主权理论的基石,论证主权的不可转让性、不可分割性、不受限制性和不可代表性,解决了从封建主义政治权威向资本主义政治权威过渡的合法性问题,有利于巩固资产阶级的政治权力。

第五,民族精神说。18 世纪末 19 世纪初,德国形成了以胡果和萨维尼为代表的历史法学派。历史法学派注重用历史的方法考察和研究法的起源、本质和渊源等问题,认为法律制度具有显著的民族特性,法是民族精神的体现。萨维尼断言,法是各民族历史发展所决定的民族共同信念的反映,即法律是一种民族精神,"法律随着民族的成长而成长,随着民族的壮大而壮大"。[12] 民族精神说主张每个民族有其特有的法律制度,不可能有游

---

〔9〕[古希腊]亚里士多德:《政治学》,吴寿彭译,商务印书馆 1965 年版,第 138 页。

〔10〕参见[英]约翰·奥斯丁:《法理学的范围》,刘星译,中国法制出版社 2002 年版。

〔11〕[法]卢梭:《社会契约论》,何兆武译,商务印书馆 2003 年版,第 35 页。

〔12〕[德]萨维尼:《论立法和法学的当代使命》,许章润译,中国法制出版社 2001 年版,第 9 页。

离于特定民族的、带有一定普遍意义的法律制度。民族精神说强调法律有着逐渐发展演化的连续不断的过程,指出各民族的法律有其独特性,对于法典编纂以及如何适用外国法律制度具有指导作用。

第六,社会控制论。美国法学家庞德在考察文明和社会控制的关系时,发现正是因为人们对内在本性加以控制,使文明得以发展。最初,社会控制的主要手段是道德、宗教和法律。16 世纪以后,"所有其他社会控制的手段被认为只能行使从属于法律并在法律确定范围内的纪律性权力"。[13] 法律成为国家进行社会控制的主要手段。在回答"什么是法律"时,庞德用社会控制这个概念,统一了法律秩序、权威性法令以及司法过程等三个曾经分别代表"法律"的观点,认为法律是"依照一批在司法和行政过程中使用的权威性法令来实施的高度专门形式的社会控制"[14]。

以上学说从不同角度、不同侧面提出了对"法律是什么"的理解,揭示了法律具有的不同面向,有助于全面理解法律的内涵,丰富对法律现象的认知。正义论认为正义的起源就在法中,法律是正义的化身;神意论主张上帝的意志就是法律;主权者命令说从法律规范的内部结构和法律权威的来源出发理解法律,强调主权者的权力和权威对于法律的重要性;人民公意说从人民共同体的意志出发,认为法律只是公意的表现,进而奠定了人民主权理论的基石;民族精神说强调不同民族有其特有的法律,重视法的历史必然性;社会控制论从法律产生的社会基础和法律产生的社会效果出发,强调法律与社会的关系。

法律作为一种客观的历史现象,对人们具有多方面的意义,且与其他事物存在多维联系,因此表现出多方面不同的属性。在历史发展的不同阶段,对法律不同属性的强调,既是社会发展阶段在法律上的反映,也体现法律对社会发展的反作用。然而,正义论从自然法出发理解法律、正义与理性的关系,难以准确把握正义的具体内涵;神意论突出了法律的宗教性,却否定了法律的世俗性;主权者命令说和人民公意说,符合资产阶级发展初期,巩固资产阶级政权的需要;民族精神说主张法律是民族精神的体现,肯定法律发展的历史必然性,却忽视了法律发展的经济基础;社会控制论注意到法律与社会之间的紧密联系,却未能发现法律作为上层建筑,其产生和发展都要受到经济基础的制约。归根结底,这些学说只是揭示法的某一个方面的特征,依然还是对法律现象的阐释,并未透过法律现象看到法的本质。或者说,它们都以对法的某一现象的理解代替了对法的本质的认识。

三、国家与法的本质

与历史上其他思想家和法学家不同,马克思从社会实践出发,以历史唯物主义和辩证法为方法论,通过考察资产阶级经济制度中的关键要素资本、土地所有制、雇佣劳动的运作过程及其后果,理解社会变革的原因,在对黑格尔法哲学批判分析的基础上,得出了以下研究结论:

> 法的关系正像国家的形式一样,既不能从它们本身来理解,也不能从所谓人类精神的一般发展来理解,相反,它们根源于物质的生活关系……人们在自己生

---

〔13〕［美］庞德:《通过法律的社会控制　法律的任务》,沈宗灵、董世忠译,商务印书馆 1984 年版,第 12 页。

〔14〕［美］庞德:《通过法律的社会控制　法律的任务》,沈宗灵、董世忠译,商务印书馆 1984 年版,第 22 页。

> 活的社会生产中发生一定的、必然的、不以它们的意志为转移的关系,即同他们的物质生产力的一定发展阶段相适应的生产关系。这些生产关系的总和构成社会的经济结构,即有法律的和政治的上层建筑竖立其上并有一定的社会意识形式与之相适应的现实基础。物质生活的生产方式制约着整个社会生活、政治生活和精神生活的过程。[15]

马克思揭示了法的本质是由特定社会的物质生活条件决定的。在法的意志性与社会物质生活条件制约性的关系上,马克思主义法学认为,法律是统治阶级意志的体现,而统治阶级的意志归根结底又是由其所处的社会物质生活条件所决定的。具体可以从三个方面理解:

1. 法是阶级统治的工具。法反映了统治阶级的意志,是阶级统治的工具,这揭示了法的阶级本质。"统治阶级的思想在每一个时代都是占统治地位的思想。这就是说,一个阶级是社会上占统治地位的物质力量,同时也是社会上占统治地位的精神力量……这就意味着他们的思想是一个时代的占统治地位的思想。"[16]统治阶级为了达到自己的目的,不得不把阶级的利益说成是社会全体成员的共同利益。

统治阶级是掌握政权的阶级,他们不仅在经济上处于统治地位,而且在政治上和精神上处于统治地位。统治阶级的思想成为占统治地位的思想。占统治地位的思想因其具有统治地位,而获得合法性、正当性和普遍性,被社会所有成员遵守。我国作为社会主义国家,广大人民群众在工人阶级的领导下,成为国家的统治阶级。因此,法所体现的统治阶级的意志,也就是全体人民的共同意志。统治阶级的意志与人民的意志具有同一性。与之比较,在阶级对立的社会,统治阶级的意志仅反映统治阶级的利益,被统治阶级作为一个自在的阶级,往往难以认清国家与法的本质,从而隶属于统治阶级。另外,由于社会分工所带来的管理职责和维持基本社会秩序的需要,统治阶级同样需要执行某些公共事务和社会职能,所以统治阶级在制定法律的过程中,也会考虑被统治阶级的承受能力、阶级力量对比关系以及阶级斗争的形势,进行适当的调整和改变。

2. 法是国家意志的表现形式。法是由国家制定或认可的具有普遍约束力的行为规范的总和,这决定了法具有国家意志性,是国家意志的一种表现形式。"那些绝不依个人'意志'为转移的个人的物质生活,即他们的相互制约的生产方式和交往形式,是国家的现实基础,而且在一切还必需有分工和私有制的阶段上,都是完全不依个人的意志为转移的。"[17]占统治地位的阶级,不仅以国家的形式组织力量,还赋予由这些特定关系所决定的意志以国家意志,即通过法律的一般表现形式将阶级意志转变为国家意志。

马克思主义之前早就有思想家指出法律表现为意志,或者是神的意志,或者是民族的意志,或者是公意,但他们并没有揭示出法的本质属性是一种阶级意志和国家意志。法律的阶级意志表现在它体现统治阶级的意志和利益。统治阶级通过建构国家,并通过国家

---

〔15〕 马克思:《〈政治经济学批判〉序言、导言》,人民出版社 1971 年版,第 2 页。

〔16〕 马克思、恩格斯:《马克思恩格斯全集》(第 3 卷),人民出版社 1960 年版,第 52 页。

〔17〕 马克思、恩格斯:《马克思恩格斯全集》(第 3 卷),人民出版社 1960 年版,第 377 页。

立法的方式将阶级意志转变为国家意志，通过公共权力进行统治，完成从统治阶级意志发展到国家意志、从国家意志发展到法的转变。法作为国家意志的表现形式，反映统治阶级作为一个整体所体现出来的共同意志和根本利益，不是统治阶级中某个个人意志的反映，也不是统治阶级中个别意志的简单相加，而是在结合社会发展阶段、经济发展水平和物质生活条件以及被统治阶级可接受程度的基础上，抽象出符合统治阶级共同意志和根本利益的行为规范，将其制定为法律。为了有效实现统治地位、维护统治利益，统治阶级不仅通过国家的力量发挥法律的政治统治作用，确立各阶级在法律上的地位，确认和巩固阶级利益，而且通过发挥社会公共事务的管理职能，在一定程度上保障社会公共利益，维护一般的社会安全和社会秩序。

3. 法由社会物质生活条件所决定。社会物质生活条件使人们产生了法律需要，同时又决定着法的本质和发展。恩格斯指出："以往的全部历史，都是阶级斗争的历史；这些相互斗争的社会阶级在任何时候都是生产关系和交换关系的产物，一句话，都是自己时代的经济关系的产物；因而每一时代的社会经济结构形成现实基础，每一个历史时期的由法的设施和政治设施以及宗教的、哲学的和其他的观念形式所构成的全部上层建筑，归根到底都应由这个基础来说明。"[18]社会物质生活关系是理解法律关系的根源。法律反映统治阶级的意志，而统治阶级的意志归根结底是由生产力和生产关系的发展所决定，即最终由社会物质生活条件所决定。

社会物质生活条件是人类社会赖以生存和发展的物质条件的总和，包括自然条件、社会条件、物质资料的生产方式等。其中，物质资料的生产方式决定社会物质生活条件的内容。生产方式是生产力与生产关系的对立统一，社会革命总是由生产力与生产关系之间的矛盾引起的，最终由适应生产力发展的新的生产关系取代旧的生产关系。生产力和生产关系的发展决定不同阶级的地位，进一步决定法的阶级性质和法所代表的阶级利益。法律关系只不过是社会物质生活关系的体现。权利永远不能超出社会的经济结构以及由经济结构所制约的社会的文化发展，法律的具体内容不能超越客观物质条件和时代限制。

---

〔18〕 恩格斯：《反杜林论》，人民出版社 2015 年版，第 25～26 页。

第二十章　执政党与法治

第一节　政党与法治的关系概述

在现代政治和法治中，绝大多数国家的主要政治力量都以政党作为基本组织形式，"政党并不是现代政府的附属物；它们处于现代政府的中心，并扮演着决定性和创造性的角色"。[1] 正因如此，只有在政党政治的理论背景下，才能准确把握执政党与法治的关系。从政治建构和运行模式来看，可以将现代政党划分为竞争型政党和领导型政党。所谓竞争型政党，是以参与多个党派之间的竞争性选举为主要方式获取政治权力（尤其是执政权力）的政党，其对人民的代表性基于选举而产生，这种代表性以及相应的执政地位会因竞争性选举结果而发生变化。所谓领导型政党，既包括一党制国家中唯一合法的政党，也包括多党制国家中因具有远超出其他政党的政治优势或权威、能够长期执掌国家政权的政党。在不同类型的政党政治下，政党与法治的关系存在明显差异。

一、竞争型政党与法治的关系

竞争型政党的主要作用在于组织和参与选举、形成和表达政治意志，不直接承担其他社会治理功能。虽然某一政党或者党政联盟获得执政地位后，会将执政理念和政策主张带入具体施政过程，但这些政党的政治权威不会在社会治理中发挥直接作用。在这种体制下，议会政治和选举政治成为政党与法治发生关系的主要领域，政党内部建设对法治的影响间接且有限，法治变革主要由社会压力通过利益集团影响政治议程，进而影响立法过程以及行政和司法活动。利益集团对法治产生重要影响，金权政治在许多国家甚至是决定性的现实，以至于严重侵蚀法治。这段材料可以为证：

> 美国有的参议院人士指出："一个参议院在作决定之前通常要考虑，自己会得罪多少重要的利益团体，如果我得罪太多利益团体，他们也会把很多资金给我的竞争对手。"美国民主党堪萨斯州委员会主席琼·瓦格农认为："在当今美国政治中，制定什么样的政策已经无关紧要，真正重要的是你有多少钱，能够调动多少选民真正走出家门，到投票站去投票支持你。"[2]

竞争型政党与法治的关系主要体现为如下几个方面：

---

[1] ［美］谢茨施耐德：《政党政府》，姚尚建、沈洁莹译，天津人民出版社 2016 年版，第 44 页。
[2] 赵忆宁：《探访美国政党政治：美国两党精英访谈》，中国人民大学出版社 2014 年版，第 47、174 页。

第一,执政党走向“后台”,国家机构处于法治运行的“前台”。在竞争型政党体制中,执政党与法治的关系主要通过掌握国家权力的国家机构来体现,行使国家权力的是拥有特定职能的国家机构,法治权威通过国家机构来体现。例如,美国联邦最高法院在宪法解释问题上拥有最高权威,而英国法治背后的制度性权威主要依靠议会,法国法治背后的最高权威在很大程度上依赖于总统。

第二,国家机构的权力行使,通过政党实施的政治议程推动。即便是独立的司法权,在运行时也蕴含着极为复杂的政治考量和政治博弈,尤其是涉及国家政治或者重要政治人物的案件。譬如,2000 年的戈尔诉布什案,布什最终胜诉成为美国总统,与当时联邦最高法院 9 位大法官中有共和党倾向的法官占多数密不可分,也与大法官的政治权衡不无关联。

第三,立法、行政、司法的政治权威性虽由宪法文本设定,但也受制于现实的政治博弈。以美国为例,国会、总统和联邦最高法院的权威并非固定不变,而是经历了变迁过程。建国初期的国会享有最高政治权威,西奥多·罗斯福时期、富兰克林·罗斯福时期总统权威显著上升,理查德·尼克松时期甚至出现“帝王总统”现象,20 世纪 80 年代以后联邦最高法院的政治权威不断提升。在一些总统制国家,由于总统拥有显赫的政治地位和权威,执政党与法治的关系主要体现为总统与法治的关系。

二、领导型政党与法治的关系

在实行领导型政党体制的国家,政党与宪法的关系较为复杂。领导型政党的政治伦理及广泛的人民代表性,赋予其主导制定和修改宪法的实质权力。领导型政党与法治的关系,与竞争型政党与法治关系大为不同。亨廷顿曾深刻、准确描述领导型政党的特殊地位:

> 政党不仅仅是个辅助性组织,而且是合法性和权威性的源泉。在缺乏合法性的传统根基的情况下,人们就只好在意识形态、领袖魅力和主权在民论中去寻求合法性。为了能够长期存在下去,意识形态、领袖魅力或主权在民论等各种合法原则又都必须体现在一个政党的身上。不是政党反映国家意志,而是政党缔造国家,国家是党的工具。政府的行动只有反映了政党的意志才是合法的。政党是合法性的根基,因为它是国家主权、人民意志或无产阶级专政的制度化身……在那些传统政治制度被革命所粉碎的地方,革命后的秩序实有赖于单一强大政党的出现,中国、墨西哥、俄国和土耳其革命证实了这一观点,否则,这些国家的历史就会大不相同。在那些摆脱殖民主义之后很少有或根本没有继承到政治制度的新生国家里,政体的稳定直接依靠政党的力量。[3]

在民族解放的潮流中,领导型政党大量出现。例如,苏俄革命中出现的苏联共产党、

---

〔3〕［美］塞缪尔·P. 亨廷顿:《变化社会中的政治秩序》,王冠华、刘为等译,沈宗美校,上海人民出版社 2008 年版,第 69 页。

中国革命中出现的中国国民党和中国共产党、新加坡的人民行动党、“二战”之后“五五体制”[4]时期的日本自民党等，以马克思列宁主义为指导的无产阶级先锋队政党是其中的典型代表。这些政党中有的有着竞争型政党的外表，参与竞争性选举和议会政治，但实质是领导型政党。例如，新加坡人民行动党虽然参与竞争性选举，但基于历史地位和强大的组织能力、政治领导能力，一直在新加坡执掌政权，明显超越于其他政治派别之上。[5] 在这样的体制下，相应国家的法治进程、法律制度运行，离不开领导型政党的推动、遵守和维护。可以从以下几点理解领导型政党在法治中的特殊地位：

第一，领导型政党的执政地位由其广泛人民代表性所决定。领导型政党的人民代表性往往产生于民族解放运动中，并在执政之后因卓有成效的治理业绩而得以强化。正因此，领导型政党的领导地位不是一劳永逸的，不是依靠强制力来长期维系的，而需要始终保持广泛的人民代表性、保障人民生活福祉。因此，领导型政党对法治的领导必须以党的建设为政治前提。如果不能克服或化解存在的问题，就可能失去执政基础，从而失去领导和执政地位，如苏联共产党。

第二，领导型政党在法治实践中有着显著的示范作用。领导型政党处于政权体系的核心位置，拥有非常高的政治权威。如果其各级组织，尤其是党内的权力执掌者不能带头尊法守法，就会引发“上行下效”的连锁反应，政党内部甚至整个国家的政治生态都会出现严重问题，法律不能成为国家公务人员以及社会公众恪守的基本行为准则，违法就会成为普遍现象，从而使法治形同虚设。

第三，法治约束公权力的关键在于规范领导型政党的权力。一方面，由于长期居于领导和执政地位，领导型政党的各级组织在政治和社会生活中拥有资源分配的实质权力，如果不能以法治对领导型政党的权力进行规范和约束，权力行使者会蜕变并通过权力寻租获利，从而影响公权力的廉洁性和领导型政党的政治信誉。另一方面，正因为领导型政党执掌较大权力，对其权力进行规范和约束也是法治建设的重要、难点。

第四，在领导型政党执政的国家，治党、治国、治理社会往往紧密联系乃至集于一体。领导型政党的党风对国家的政风、社会的民风均会产生直接影响，党风的好坏很大程度上决定政风和民风；同时，政风和民风中的不健康因素也容易渗入党员的日常生活和党的组织体系运行之中。正因如此，党风、政风以及社会风气的治理，就不是孤立的，需要统筹部署，其中关键在于形成优良的党风。

第二节　中国共产党与法治的关系

习近平总书记强调：“党和法治的关系是法治建设的核心问题。全面推进依法治国

[4] 1955 年之后，日本自民党在政治体系中居于主导地位，长期执掌政权，这样的政治格局被称为“五五体制”，直到 1993 年自民党长期独占政权结束。参见林尚立：《日本政党政治》，上海人民出版社 2016 年版，第 98 ~ 115 页。

[5] 参见王绍光、欧树军：《小邦大治》，中国社会科学文献出版社 2017 年版，第 86 ~ 108 页。

这件大事能不能办好,最关键的是方向是不是正确、政治保证是不是坚强有力。”[6]党中央成立中央全面依法治国委员会,通过《中央全面依法治国委员会工作规则》,“目的是加强党对全面依法治国集中统一领导,统筹推进全面依法治国工作”。[7] 全面依法治国委员会的定位是决策议事协调机构,负责全面依法治国的顶层设计、总体布局、统筹协调、整体推进、督促落实,研究全面依法治国重大事项、重大问题。就总体而言,党对法治的领导体现在政治领导、思想领导和组织领导三个方面。党的领导是运用意识形态、组织、纪律、工作管理等多种方式,通过一系列具体制度和机制安排来实现。其中,组织领导有着基础性地位,执政党各种工具的运用多以组织手段为载体和保障。[8] 具体到法治建设的不同领域,党的领导作用的发挥有不同的侧重点。对此,《中共中央关于全面推进依法治国若干重大问题的决定》指出:“必须坚持党领导立法、保证执法、支持司法、带头守法……”

一、党领导立法

在对党领导立法展开阐述之前,先看第九届全国人民代表大会常务委员会委员长李鹏的三则日记:

> (1998年)11月13日,星期五,晴。下午,召开中央修宪会议。我主持,田纪云、姜春云、温家宝、何椿霖、王维澄、郑必坚等参加。大家意见比较一致,即以党的十五大精神指导修宪,宪法的内容必须修改的才修改,可改可不改的不改,有争议的问题不改。由王维澄和乔晓阳负责修宪办公室工作,在12月2日的中央会议上提出修宪建议稿,经同意后下发征求意见。[9]
>
> (1999年)11月8日,星期一,晴。10时,泽民同志和我谈话。我向他报告,12月17日将召开人大常委会会议,有4项议程要向中央报告,包括立法法、预算监督决定等,并讲了主要内容。[10]
>
> (2002年)8月26日,星期一,晴。刚才,有的同志讲人民群众希望人大成为“青天”,在全国有更高的声望。我倒希望我们的党能够成为“青天”,我们的政府能够成为“青天”,我们的审判机关、检察机关也能够成为“青天”,而不光是人大成为“青天”。刚才有的同志提出,全国人大是最高国家权力机关,因此也是最高监督机关。这不符合实际,人大虽是最高国家权力机关,但要在中国共产党的领导下工作,这是我们中国政治的特点。离开了这个原则,就处理不好党和人大的关系,位置摆不正,各方面的工作就都做不好了。如果人大的工作不是加强党的领导而是削弱党的领导,那么人大的工作就违背了我们国家的体制。所以我不大同意只有人大是“青天”,在人民群众心目中的声望比党还要高的说法。而且我认为人大也不应该是最高的监督机构。在中国,人大是在党领导下的国

---

[6] 中共中央文献研究室编:《习近平关于全面依法治国论述摘编》,中央文献出版社2015年版,第22~23页。

[7] 习近平:《论坚持全面依法治国》,中央文献出版社2020年版,第222页。

[8] 参见周尚君:《党管政法:党与政法关系的演进》,载《法学研究》2017年第1期;侯猛:《当代中国政法体制的形成及意义》,载《法学研究》2016年第6期。

[9] 李鹏:《立法与监督:李鹏人大日记》(上册),新华出版社2006年版,第225页。

[10] 李鹏:《立法与监督:李鹏人大日记》(上册),新华出版社2006年版,第318页。

家权力机关,党的领导并不直接对人大发号施令,而是通过人大党组对人大工作进行领导,通过法定的程序把党的主张变为国家意志。[11]

上述三则日记从不同侧面直观地体现出党对立法的领导作用。党领导立法工作是党领导人民制定宪法和法律的必然要求。加强党对立法工作的领导,是立法工作的政治原则,也是做好立法工作的根本保证。党发挥总揽全局、协调各方的领导核心作用,通过人民代表大会制度,保证党的路线方针政策和决策部署在国家工作中得到全面贯彻和有效执行,使党的主张通过法定程序转化为国家意志、形成法律,为党的长期执政提供制度化、规范化、常规化的法治保障。党对立法的领导,不是党的组织大包大揽,也不是党组织直接命令,而是宏观指导;它绝不是空泛的,而是通过一系列政治的、思想的和组织的方法和机制来实现。具体可以从如下三个方面理解党对立法的领导:

第一,把握立法方向。人民代表大会是人民意志的代表机构,是行使立法权的权力机关。党将路线、方针、政策转化为国家法律,需要经过人民代表大会的立法工作来完成。在立法实践中,各级有立法权的人民代表大会均会在启动立法之前制定立法规划,设定一定时期内立法的总体布局和基本方向,立法规划以党的路线、方针、政策为指导。立法规划只有经人大常委会党组报送同级党委或上一级党组批准后才能执行。对立法中涉及的重大体制变动、重大政策调整、重大问题等,由全国人大常委会党组提交中共中央审议和批准后才能进入全国人大常委会的正式议程。党中央以及地方各级党委可以把握正确的立法方向,即使立法过程存在不同观点或分歧,社会利益群体有着不同的意见,都能有效表达并被综合吸收进入立法过程。在全面依法治国背景下,党中央进一步加强和改进对立法方向的把握。立法工作计划和重要立法项目,需要提交中央全面依法治国委员会审议。

第二,领导立法过程。立法过程存在一系列具体制度和机制确保立法机关将党的主张吸收并转化为国家法律。其一,党委研究和解决重要立法事项。《中共中央关于加强党领导立法工作的意见》规定,有立法权的地方的党委主要负责人是“领导立法工作第一责任人”,“重点立法工作亲自过问、重要立法项目亲自推进、重大立法问题亲自协调”。其二,通过人大常委会党组确保立法过程顺利吸纳党的主张。党委在人大常委会设立党组作为领导机构,通过党组保持党委对立法工作的领导。在人大闭会期间,由人大常委会党组贯彻党的意志和主张,党委的决定通过党组转变为人大常委会的决定和行动。其三,通过具有党员身份的人大代表、人大常委会组成人员推动法案的审议和通过。在人大代表及人大常委会组成人员的产生过程中,党委推荐具有党员身份的人选经选举成为人大代表、人大常委会组成人员,尤其是人大常委会主要领导人员。在法案审议过程中,党通过党的组织纪律推动具有党员身份的人大代表落实党的主张,确保审议通过体现党的主张的法案。

第三,维护立法权威和自主性。如果离开了对立法权威和自主性的维护,对立法的“领导”就会成为对立法工作的替代,这会干扰立法机关行使法定职能,影响立法的民主

[11] 李鹏:《立法与监督:李鹏人大日记》(下册),新华出版社2006年版,第562页。

性和科学性。具体而言,维护立法权威和自主性主要体现为:其一,倡导和尊重立法的权威性。党不断强调人民代表大会及其常务委员会在我国实际政治运行中的重要性,通过一些举措提升人民代表大会在政治生活中的地位。其二,强调立法工作中的协商民主。与行政和司法相比,党在立法工作中更加强调协商民主,通过多种渠道广泛了解、吸收、综合意见,形成决策共识。2015年中共中央印发的《关于加强社会主义协商民主建设的意见》指出:“深入开展立法工作中的协商。”党的意志不能直接成为国家指令和法律,必须有协商民主过程,党的领导作用必须在尊重立法权威和自主性的基础上发挥。其三,重视立法机关自身的制度和机制在立法过程中的作用。党主要从方向、原则的层面把握立法进程,立法中的具体问题主要由立法机关自主解决。在立法工作中,立法机关的专门委员会、工作委员会,立法机关的立法论证、听证、评估机制,立法机关自主开展的立法调研、协商等发挥着重要作用。

二、党保障执法

中国共产党的各级组织与同级政府之间的联系非常紧密,形成“党政体制”,政府及其部门承担执行党委决策的职能,其执法活动深受“党政体制”影响和塑造。[12] 在这种体制结构中,党委对政府及其部门保持统合,促进行政执法权的有效整合,同时保持行政执法的专业职能及权力运行的规范化。在执法领域,中国共产党与法治的关系集中地体现为党保障执法,习近平总书记下面这段讲话十分生动形象地说明了其重要意义:

> 对执法机关严格执法,只要符合法律和程序的,各级党委和政府都要给予支持和保护,不要认为执法机关给自己找了麻烦,也不要担心会给自己的形象和政绩带来什么不利影响。我们说要敢于担当,严格执法就是很重要的担当。党委和政府不给撑腰,干警怎么做啊?如果都抱着多一事不如少一事的心态,谁还会去严格执法?该严格执法的没有严格执法,该支持和保护严格执法的没有支持和保护,就是失职,那也是要追究责任的。[13]

可以从如下两点理解党对执法的保障作用:

第一,党保障执法活动按照法治方式展开。我国的国家和社会治理中存在行政事务和政治任务这两种主要类型,大量行政执法活动兼具这两种类型的特点。行政事务是政府及其部门行政职权范围内的事务,不同行政部门承担不同行政事务,要求相应的专业知识和专业能力。行政事务具有法定性、专业性、非个人性、常规性等特点。行政事务的运行依赖于法定规则、科层体制的职权分工。行政事务不仅依靠政府行政体系,而且被纳入党委领导,归口管理,每一个行政部门都被归于特定的“口”管理。党组织需要发挥保障行政事务法治化运行的作用:其一,保障政府及其部门依照法定职权、法定程序和专业能力行使执法权力。这是行政执法权内在属性使然,各级党组织不能干预行政执法机关履行法定职责。其二,通过党内监督方式,监督政府及其部门行使执法权。监察部门与纪律

---

〔12〕 参见陈柏峰:《党政体制如何塑造基层执法》,载《法学研究》2017年第4期。

〔13〕 中共中央文献研究室编:《习近平关于全面依法治国论述摘编》,中央文献出版社2015年版,第59页。

检查委员会合署办公,增强了对行政执法的监督力度。其三,促进政府部门之间的功能协调。行政事务的专业化分工有助于强化政府及其部门的行政执法权,以专业方式推动具体领域工作,但是容易造成部门壁垒,党委归口领导机制可以促进政府部门之间协调。

第二,增强执法活动的动员性和整合性。在行政执法领域中,诸多问题处于多个执法部门管理职权的交叉地带或者管理归属不明确,有些问题长期得不到解决。这些问题反映到党政系统后,党政系统对此作出回应的典型方式是将之转化为"政治任务",通过动员、整合力量来实现综合治理。综合治理具有回应性、动员性、整合性等特点,不是政府部门按部就班的运行。各级党委根据问题的重要性和紧迫程度,将执法资源优先投放在亟须解决的问题上,将特定的执法任务上升为"中心工作",运用党的政治权威广泛组织动员、推动执法。党委推动的综合治理,可以督促行政执法,在较短的时间内有效解决问题,增强政府权力运行的回应性。

三、党支持司法

中国共产党与司法的关系集中地体现为:"把党总揽全局、协调各方,同审判机关和检察机关依法履行职能、开展工作统一起来。"〔14〕换言之,即党支持司法机关依法独立行使司法职权。在实践中,有关党对司法的领导仍存在一些偏差,"一些领导干部对怎么坚持党对政法工作的领导认识不清、把握不准,有的该管的不敢管、不会管,怕人家说以权压法、以言代法;有的对政法部门职责范围内的事情管得过多过细,管了一些不该管、管不好的具体业务工作;有的甚至为了一己私利,插手和干预司法个案。各级党组织和领导干部要适应科学执政、民主执政、依法执政的要求,支持政法系统各单位依照宪法法律独立负责、协调一致开展工作"。〔15〕从政治原理看,"国家的每一个部分不仅是一个独立的权力中心,而且也是国家的有机组成部分,使国家作为一个整体在实现目的方面具有更高的权能",〔16〕司法机关"作为政权主体中的一部分来运行而不是作为一个独立的实体存在的"。〔17〕对于中国的执政党与司法之间关系的理解和把握,也需要从政权整体的建构和运行的角度展开。与竞争性政党政治中政党与司法的关系相比,我国执政党与司法之间关系有自身特点。具体言之,可以从三个方面认识党支持司法:

第一,党支持司法源自政治权威与司法权威关系的一般原理。一方面,在任何国家,离开政治力量的尊重和支持,司法裁判不仅无助于解决问题,还会扩大社会分歧、激化矛盾,从而损害司法权威。在我国,这一点体现得尤为明显。例如,早在20世纪90年代,中共中央就曾专门发文推动判决执行工作,化解"执行难"问题。1999年《中共中央关于转发〈中共最高人民法院党组关于解决人民法院"执行难"问题的报告〉的通知》提出:"要强化执行机构的职能作用,加强执行工作的统一管理和协调。"近年来,从中央到地方更加重视化解"执行难"问题,各级党委政府出台政策举措,构建执行联动机制,保障法院顺

〔14〕《习近平谈治国理政》(第2卷),外文出版社2017年版,第131页。
〔15〕中共中央文献研究室编:《习近平关于全面依法治国论述摘编》,中央文献出版社2015年版,第70页。
〔16〕[美]贾恩弗朗哥·波齐:《国家:本质、发展与前景》,陈尧译,上海世纪出版集团2007年版,第24页。
〔17〕[美]马丁·夏皮罗:《法院:比较法上和政治学上的分析》,张生、李彤译,中国政法大学出版社2005年版,第29页。

利开展执行工作。另一方面，司法权威的实现有助于保障和维护政治权威。司法作为一种重要的治理方式，可以发挥政治隔离带和缓冲器作用。司法职权依法独立行使，由司法面对社会纠纷，可以避免执政党直接介入社会纠纷而造成政治形象受损。反之，如果司法职权不能依法公正行使，政治权威将受到损害，正如习近平总书记阐述：

> 对于执法司法状况，人民群众意见还比较多，社会各界反映还比较大，主要是不作为、乱作为特别是执法不严、司法不公、司法腐败问题比较突出。有的政法机关和干警执法随意性大，粗放执法、变通执法、越权执法比较突出，要么有案不立、有罪不究，要么违规立案、越权管辖；有的滥用强制措施，侵犯公民合法权益；有的办关系案、人情案、金钱案，甚至徇私舞弊、贪赃枉法；等等。这些问题，不仅严重败坏政法机关形象，而且严重损害党和政府形象……政法机关是老百姓平常打交道比较多的部门，是群众看党风政风的一面镜子。如果不努力让人民群众在每一个司法案件中都感受到公平正义，人民群众就不会相信政法机关，从而也不会相信党和政府。[18]

第二，党支持司法体现于为司法职权依法独立行使提供保障。党与司法关系的主要方面在于提升司法权威、保障司法职权依法独立行使，这是司法职权内在属性和运行规律的必然要求。具体而言，可以从如下三个方面理解：其一，各级党委保证司法机关在司法事务上依法独立行使职权，而不应由党组织对问题的实体处理提出意见。中共中央2015年出台《领导干部干预司法活动、插手具体案件处理的记录、通报和责任追究规定》，就是为了防止各级党政领导干部干预司法活动。其二，通过司法机关执行党的路线、方针、政策来实现党对司法活动的领导。这一点主要体现为党中央对最高司法机关的领导，即通过最高司法机关将党中央的决策经由司法系统内部特有的渠道和方式，准确而规范地传导至各级司法机关之中。其三，明确和规范人民代表大会对司法机关的监督方式。各级人民代表大会及其常务委员会应集体行使监督职权，而非代表个人行使；人民代表大会一般不开展个案监督，除非是社会影响大、群众反映强烈的典型案件；个案监督时，人民代表大会可依法定程序向司法机关提出询问和质询、提出意见，但不应干预正常司法程序，不能代替司法机关作出裁判；应当在司法行为发生后进行监督，而不应在司法过程中监督。

第三，党支持司法需要正确发挥党委政法委员会的作用。习近平总书记指出："党委政法委是党委领导和管理政法工作的职能部门，是实现党对政法工作领导的重要组织形式。一些人把矛头对准党委政法委，要求取消党委政法委，就是想取消党对政法工作领导的制度。"[19]正确坚持党委政法委员会制度，有两点十分重要：一是不能弱化党委政法委的作用，二是要保证司法机关依法独立行使职权。我国司法体制在多个司法主体间实施细致分工，这有助于制约权力，但也带来权力运行碎片化、衔接不畅等问题。与西方国家强调权力制约相比，我国司法体制不仅强调权力制约，还更加强调权力运行的协调性。党委政法委员会的重要作用就是协调不同司法主体之间的权力运行，从而提高司法运行效

---

〔18〕 中共中央文献研究室编：《习近平关于全面依法治国论述摘编》，中央文献出版社2015年版，第71页。

〔19〕 习近平：《论坚持全面依法治国》，中央文献出版社2020年版，第44页。

率。党的十八届四中全会通过的《中共中央关于全面推进依法治国若干重大问题的决定》,将党委政法委员会定位于"把握政治方向、协调各方职能、统筹政法工作、建设政法队伍、督促依法履职、创造公正司法环境"。2019 年颁布实施的《中国共产党政法工作条例》着眼于政法工作的体制机制,重视组织领导的优化,为新时代党领导政法工作进行制度设计、提供基本遵循,它规范了党领导政法工作体制机制、主要内容、方式方法,将党委、党委政法委员会、政法单位党组(党委)等组织机构的职权职责明确化,工作运行机制明晰化,对政法工作中的重大事项的请示报告、重要工作的决策和执行、政法工作的监督和责任等进行了制度规定,为党领导新时代政法工作提供体制机制保障。

四、党带头守法

我们先来看下面一则新闻资料:

公安部交通管理局官方微博"公安部交通安全微发布"宣称:针对酒驾、醉驾、无证驾驶等 10 类交通违法行为,2019 年 7 月 1 日起公安交管部门将在行政处罚决定书上增加政治面貌和职业信息的采集项,此举旨在为部门信息共享、抄告联动及征信挂钩创造条件,以进一步提升我国交通安全综合治理能力。目前,内蒙古、江苏、浙江等一些地方已与纪检监察、信用管理等部门建立了针对严重交通违法行为的抄告、征信机制,社会效果良好,下一步将在全国范围内逐步推广实施。

相关新闻之所以会引起热议,重要原因在于行政处罚决定书增加"政治面貌"的采集项,并将纪律检查委员会纳入交通安全综合治理体系。

党的十八届四中全会提出:"坚持法治国家、法治政府、法治社会一体建设,实现科学立法、严格执法、公正司法、全民守法……"实现全民守法是法治社会建设的重要目标,是"依法治国的长期基础性工作"之一。在实现全民守法过程中,执政党应当带头守法。

由于党的领导地位,党带头守法会产生十分显著的示范效应。党的十八届四中全会强调:"把能不能遵守法律、依法办事作为考察干部重要内容,在相同条件下,优先提拔使用法治素养好、依法办事能力强的干部。"习近平总书记强调,要"抓住领导干部这个'关键少数'","领导干部必须带头尊崇法治、敬畏法律,了解法律、掌握法律,遵纪守法、捍卫法治,厉行法治、依法办事,不断提高运用法治思维和法治方式深化改革、推动发展、化解矛盾、维护稳定的能力,做尊法学法守法用法的模范,以实际行动带动全社会尊法学法守法用法"。[20]

可以从如下三个方面把握党带头守法的现实意义:其一,党员干部是全面推进依法治国的重要组织者、推动者、实践者,各级国家机关的绝大多数领导干部和许多工作人员具有党员身份,党员尤其是党员领导干部尊法守法情况,影响甚至决定着国家权力行使者能否带头依法行事,从而对其他社会成员起到引领作用。其二,带头守法是对党的执政能力和领导水平提出的要求。随着社会转型深入以及人民群众法治意识普遍提高,法治在国家治理中的地位越来越重要,成为党治国理政的基本方式。各级党组织尤其是党员领导

---

〔20〕 习近平:《论坚持全面依法治国》,中央文献出版社 2020 年版,第 231 页。

干部,应当适应新形势要求,善于运用法治思维和法治方式调节经济社会关系、统筹协调各种利益。其三,从共产党的先锋队性质看,当前法治已成为社会普遍共识,党带头守法是党保持与时俱进的先进性的体现。正如学者所言:"党的先进性有其质的规定性,但是这种质的规定性的具体要求不能脱离时代的要求,否则,党的先进性不论在理论上体现得多么先进,都无法对现实社会发挥其主导作用。"[21]

第三节　党内法规与国家法律的关系

在执政党与法治关系上,党内法规与国家法律的关系十分关键。《中共中央关于全面推进依法治国若干重大问题的决定》提出:"形成完备的法律规范体系、高效的法治实施体系、严密的法治监督体系、有力的法治保障体系,形成完善的党内法规体系……"如何在法治体系中定位党内法规、处理党内法规与国家法律的关系,成为执政党与法治关系的重要方面。

一、党内法规概述

1990 年之前,"党内法规"只是约定俗成的表达。1990 年颁布的《中国共产党党内法规制定程序暂行条例》(已失效)界定了"党内法规"的内涵,它是指党的中央组织、中央各部门、中央军委总政治部和各省、自治区、直辖市党委制定的用以规范党组织的工作、活动和党员的行为的党内各类规章制度的总称。随着对党内法规的认识不断深入,2013 年颁布、2019 年修订的《中国共产党党内法规制定条例》第 3 条对党内法规进一步界定:党内法规是党的中央组织、中央纪律检查委员会以及党中央工作机关和省、自治区、直辖市党委制定的体现党的统一意志,规范党的领导和党的建设活动,依靠党的纪律保证实施的专门规章制度。

中国共产党对党内法规特征及规律的认识是逐渐深化的,因此有必要回溯"党内法规"这一概念的历史渊源。早在 1929 年,毛泽东在《关于纠正党内的错误思想》一文中就有党内法规思想的萌芽:"编制红军法规,明白地规定红军的任务,军事工作系统和政治工作系统的关系,红军和人民群众的关系,士兵会的权能及其和军事政治机关的关系。"[22] 1938 年,针对张国焘严重破坏纪律的行为,为了使党内关系正常化,毛泽东在党的六届六中全会上重申个人服从组织、少数服从多数、下级服从上级、全党服从中央等四项纪律,并且指出:"必须对党员进行有关党的纪律的教育,既使一般党员能遵守纪律,又使一般党员能监督党的领袖人物也一起遵守纪律,避免再发生张国焘事件。为使党内关系走上正轨,除了上述四项最重要的纪律外,还须制定一种较详细的党内法规,以统一各级领导机关的行动。"[23] 1945 年,刘少奇在党的七大上所作的《关于修改党章的报告》中

---

〔21〕 林尚立:《中国共产党与国家建设》,天津人民出版社 2017 年版,第 220 页。

〔22〕《毛泽东选集》(第 1 卷),人民出版社 1991 年版,第 87 ~ 88 页。

〔23〕《毛泽东选集》(第 2 卷),人民出版社 1991 年版,第 528 页。

指出:“党章、党的法规,不仅是要规定党的基本原则,而且要根据这些原则规定党的组织之实际行动的方法,规定党的组织形式与党的内部生活的规则。”[24]

1978 年 12 月,邓小平在中央工作会议上的讲话中指出:“国要有国法,党要有党规党法。党章是最根本的党规党法。没有党规党法,国法就很难保障。”[25]在此之后,中国共产党有关党内法规的建设逐渐步入正轨。1990 年中共中央印发《中国共产党党内法规制定程序暂行条例》,对党内法规概念作出权威界定并具体规定党内法规的制定程序。1992 年党的十四大第一次将“党内法规”写入党章,党章第 44 条第 1 款规定:“党的各级纪律检查委员会的主要任务是:维护党的章程和其他党内法规,协助党的委员会加强党风建设,检查党的路线、方针、政策和决议的执行情况。”进入 21 世纪以来,“党内法规”这一概念频繁出现在中央领导的重要讲话中。例如,2001 年,在庆祝中国共产党成立 80 周年大会上的讲话中,江泽民指出:“各级党组织和每个党员都要严格按照党的章程和党内法规行事,严格遵守党的纪律。”2006 年,在十六届中央纪委六次全会上,胡锦涛提出:“要适应新形势新任务的要求,加强以党章为核心的党内法规制度体系建设。”

2012 年党的十八大以来,党内法规建设步入快速发展阶段。2013 年中共中央印发《中央党内法规制定工作五年规划纲要(2013—2017 年)》,2018 年中共中央印发《中央党内法规制定工作第二个五年规划(2018—2022 年)》,党内法规进入系统建设阶段。2014 年,《中共中央关于全面推进依法治国若干重大问题的决定》将党内法规纳入中国特色社会主义法治体系,并强调:“依法执政,既要求党依据宪法法律治国理政,也要求党依据党内法规管党治党。”习近平在《关于〈中共中央关于全面推进依法治国若干重大问题的决定〉的说明》中进一步强调:“在我们国家,法律是对全体公民的要求,党内法规制度是对全体党员的要求,而且很多地方比法律的要求更严格。……全面推进依法治国,必须努力形成国家法律法规和党内法规制度相辅相成、相互促进、相互保障的格局。”

二、党内法规的特征

党内法规是党的统一意志的集中体现,这是党内法规的本质特征。在党的政治活动原则上,党的统一意志是在遵循民主集中制原则的基础上,通过“下级服从上级、全党服从中央”的方式形成。在我国,党的统一意志和国家意志具有统一性,这种统一性源于党的先进性和代表性。从外在形式而言,党内法规的特征体现为以下四个方面:

第一,党内法规的制定主体具有特定性。2019 年修订的《中国共产党党内法规制定条例》明确了有权制定党内法规的主体包括“党的中央组织,中央纪律检查委员会以及党中央工作机关和省、自治区、直辖市党委”。党的其他各级组织及工作机关无权制定党内法规。不同制定主体在制定党内法规的权限上也有特定性。只能由党中央制定的党内法规的事项包括:党的性质和宗旨、路线和纲领、指导思想和奋斗目标;党的各级各类组织的产生、组成和职权职责的基本制度;党员义务权利方面的基本制度;党的领导和党的建设各方面的基本制度;涉及党的重大问题的事项;党的纪律处分和组织处理方面的基本制

---

[24] 《刘少奇论党的建设》,中央文献出版社 1991 年版,第 400 页。
[25] 《邓小平文选》(第 2 卷),人民出版社 1994 年版,第 147 页。

度;其他应当由中央党内法规规定的事项。中央纪律检查委员会以及党中央工作机关制定党内法规的职权范围包括:为贯彻执行中央党内法规作出配套规定;履行党章和中央党内法规规定的党的工作相关职责。省、自治区、直辖市党委能够制定党内法规的职权范围包括:为贯彻执行中央党内法规作出配套规定;履行党章和中央党内法规规定的领导本地区经济社会发展和负责本地区党的建设相关职责。

第二,党内法规的调整对象主要是党员和党组织。党内法规规范的关系主要是党内关系,即党员与党员之间、党员与党组织之间、党组织与党组织之间的权利、义务、职责关系。但是,存在一类较为特殊的党内法规,它的调整范围可能溢出党内关系。例如,《党政领导干部选拔任用工作条例》《中国共产党统一战线工作条例》等,它们的调整范围溢出党内关系而延伸至党外关系。这种党内法规的规范对象具有特定性,所针对的是党发挥领导作用涉及的重要主体,包括党外人士及其他组织。这种类型的党内法规调整的关系涉及党与人民的关系、党与国家机关的关系、党与社会的关系。

第三,党内法规在功能上属于行为规范。一方面,党内法规规范的是党组织的工作、活动和党员行为,而非党员内心活动或者思想意识,即便有关思想建设方面的党内法规,规范的也是党员和党组织在思想建设中的行为。党内法规按照治党管党要求,明确告知党员和党组织可以为、应当为、禁止为的界限,以及当为而不为或不当为而为时会受到怎样的处罚。因此,在逻辑结构上,党内法规与法律规范类似。另一方面,党内法规具有可重复适用性,是针对不特定主体的行为规范,而非针对具体的事件、具体的人员。这种"不特定"可以是党内某一群体。例如,《领导干部报告个人有关事项规定》针对的就是党员领导干部,而不包括普通党员。因此,党内法规的规范性不能理解为,每一部党内法规都适用于每一名党员。

第四,党内法规以党的纪律执行为保障。中国共产党是一个充满使命感的政党,党内法规的有效实行主要依靠党员和党组织对党的宗旨、路线、方针、政策的高度认同而自觉遵循。这是党内法规得以顺利执行并产生广泛影响的根本之处。正是基于这样的使命感和内心认同,在通常情况下党内法规的执行主要依靠党内精神性或物质性正向激励机制。但党内法规的有效实现也离不开执行党的纪律,通过严明党的纪律约束保证党内法规设定的义务性、禁止性规范得到遵守。正因如此,党的各级纪律检查委员会在保障遵守党内法规中发挥举足轻重的作用。中国共产党是党纪严明的政党,严明的纪律规范体系和纪律执行体系确保中国共产党成为一个团结且充满行动力的政党。

三、党内法规在法治体系中的定位

党内法规是否属于"法",在理论上存在不同看法。根据法理学教材对"法"的定义,法是国家意志的体现,由国家制定或认可,依靠国家强制力保证实施,党内法规显然不是法律。然而,无论是国家,还是社会,或国际共同体,都有相应的规范,因此多元主义法律观会将党内法规纳入广义的"法"的范畴。在多元主义法律观下,广义的"法"所体现的并不只是国家意志,更是公共意志,能够代表或体现公共意志的主体并不限于国家。在不同国家、不同历史时期,受历史传统、文化观念、政治建构、经济形态等方面因素影响,体现公共意志的主体并不完全一致。在当代中国,中国共产党无疑是能代表和体现广泛公共意志的主体。因此,党内法规属于广义上的“法”,它为特定主体设定权利和义务,对其行为产生规范、引导和约束作用。党内法规体系是中国特色社会主义法治体系的重要组成部分,具有特殊的地位和意义。可以通过如下两则材料来说明:

根据中央组织部党内统计数据,截至2019年12月31日,中国共产党党员总数为9191.4万名,其中工人(工勤技能人员)644.5万名,农牧渔民2556.1万名,企事业单位、社会组织专业技术人员1440.3万名,企事业单位、社会组织管理人员1010.4万名,党政机关工作人员767.8万名,学生196.0万名,其他职业人员710.4万名,离退休人员1866.1万名;党的基层组织468.1万个,其中基层党委24.9万个,总支部30.5万个,支部412.7万个;全国共有党的各级地方委员会3202个;全国8636个城市街道、31,062个乡镇、105,257个社区(居委会)、533,824个行政村已建立党组织,覆盖率均超过99%;全国共有机关基层党组织72.3万个,事业单位基层党组织91.3万个,企业基层党组织147.7万个,社会组织基层党组织14.2万个。[26]

澳大利亚前总理陆克文就中国共产党在国家治理中的地位和作用表达过这样的观点:“你们党员这么多,是8000多万,澳大利亚全国人口是2400万,所以你们党员比我们全国人口都多。这么大规模的一个党派,你们能够控制,或者能够管理,党的管理是非常复杂的一件事。但是到现在为止,总体来讲,中国故事不错,进展不错,又催生了经济方面的进展,是独一无二的。”[27]

从上述材料可以看出,中国共产党党员、党组织覆盖国家和社会生活各主要领域。有效管理和规范党员及党组织的行为,提高党员(尤其是党员领导干部)的宗旨意识和思想觉悟,可以对提升各领域法治水平、促进社会发展进步起到显著的积极作用。党内法规既是管党治党的重要依据,也是建设社会主义法治国家的重要保障。依规治党深入党心,依法治国才更能深入民心。

党内法规对于法治体系的政治保障作用,突出地体现在两个方面:

第一,党内法规严于国家法律。在应然层面,中国共产党的先锋队性质决定了共产党员应当遵循比一般社会成员更高的行为标准。在实然层面,党内法规可以在遵守法治原则的基础上,对党员以及党组织提出更高要求。正如习近平强调,“党章等党规对党员的要求比法律要求更高,党员不仅要严格遵守法律法规,而且要严格遵守党章等党规,对自己提出更高要求”,[28]“法律是对全体公民的要求,党内法规制度是对全体党员的要求,而且很多地方比法律的要求更严格。我们党是先锋队,对党员的要求应该更严”。[29]

第二,党内法规为法治体系运行提供良好外部生态环境。法律在具体实施中会出现

---

〔26〕 中共中央组织部:《2019年中国共产党党内统计公报》,载共产党员网,http://www.12371.cn/2020/06/30/ARTI1593514894217396.shtml。

〔27〕 《澳大利亚前总理陆克文:中国的反腐败措施是有效的》,载中国新闻网,http://www.chinanews.com/gn/2015/09-10/7517179.shtml。

〔28〕 中共中央纪律检查委员会、中共中央文献研究室编:《习近平关于严明党的纪律和规矩论述摘编》,中央文献出版社、中国方正出版社2016年版,第56页。

〔29〕 中共中央文献研究室编:《习近平关于全面依法治国论述摘编》,中央文献出版社2015年版,第11页。

"折扣执行""过度执行""变通执行"等现象。出现这些现象的原因较为复杂,其中不可忽视的一点是外部生态尤其是政治生态不健康。党的十八大以来的反腐败实践表明,通过严格执行党内法规,全面从严治党,能够整肃政治生态、净化社会风气,为法律的制定和实施提供良好的外部环境。

四、党内法规与国家法律的衔接和协调

《中共中央关于全面推进依法治国若干重大问题的决定》指出:"注重党内法规同国家法律的衔接和协调,提高党内法规执行力,运用党内法规把党要管党、从严治党落到实处,促进党员、干部带头遵守国家法律法规。"这为党内法规与国家法律的衔接和协调提出顶层设计思路。具体而言,应当着眼四个方面:

第一,以"宪法为上、党章为本"原则处理宪法与党章关系。《中央党内法规制定工作五年规划纲要(2013—2017 年)》明确指出:"宪法为上、党章为本。以宪法为遵循,保证党内法规体现宪法和法律的精神和要求,保证党内法规制度体系与中国特色社会主义法律体系内在统一,确保各级党组织和党员在宪法和法律范围内活动,认真履行党内的各项职责和义务。以党章为根本,按照党章确定的基本原则、要求和任务,推进党内法规制定工作。"这一论断为正确把握党章和宪法的关系提供基本指引。在我国,党和国家路线、方针以及重大部署方面的变动,往往首先制定和修改党内法规,其中尤为重要的是修改党章,之后才会修改宪法。之所以如此,是因为党章和宪法的统一性蕴含于党的先进性和代表性中。与宪法相比,党的集中统一意志及其所具有的先进性和代表性,首先体现在党章之中,进而为宪法修改提供指引。

第二,理解和把握党内法规与国家法律的差异。两者之间差异体现在多个方面:其一,在调整范围上,党内法规小于国家法律。党内法规的调整领域仅限于共产党党内,仅有少量调整事项涉及党外主体,所规范的行为主体仍是共产党党员和党组织,调整的是在治党管党以及执政过程中形成的党务关系。与之相比,国家法律调整范围覆盖国家和社会生活各个方面。其二,在规范要求上,党内法规严于国家法律。党内法规在国家法律之上对共产党党员行为作出进一步调整,提出较之于普通公民更高的要求。这源于党的先进性、纯洁性要求,只有对党员保持高出普通公民的要求,才能实现从严治党,保证党的凝聚性和行动力。其三,在规范效力上,党内法规低于国家法律。党必须在宪法和法律范围内活动,党内法规不能突破法律规定,对于法律保留事项不得作出规定。在现代法治文明中,党内法规不仅需要重视纪律规范,也要重视保障党员的基本权益。

第三,实现党内法规与国家法律之间相互促进和保障。具体而言,有两点十分重要:其一,国家法律为党内法规的制定提供规范化标准,助力提升党内法规制定质量。与国家法律相比,党内法规的规范化程度仍有较大提升空间,国家法律可以在价值平衡、概念表达、体例规范、逻辑体系等多方面为党内法规的制定提供参考。特别是,党内法规的制定需要符合现代法治精神及原则,将现代法治要求融入党内法规。与此同时,由于党内法规和国家法律在立法意旨、价值权衡、行为规范、评价模式等方面存在一定的差异,因此不能简单以国家法律的规范化标准衡量和要求党内法规。其二,国家法律为党内法规的有效实施提供保障和支撑。例如,《个人独资企业法》第 7 条("在个人独资企业中的中国共产

党党员依照中国共产党章程进行活动")、《国防法》第 21 条("中华人民共和国的武装力量受中国共产党领导。武装力量中的中国共产党组织依照中国共产党章程进行活动")、《村民委员会组织法》第 4 条("中国共产党在农村的基层组织,按照中国共产党章程进行工作,发挥领导核心作用,领导和支持村民委员会行使职权;依照宪法和法律,支持和保障村民开展自治活动、直接行使民主权利")等法律为党的组织活动制定了保障性条款。党内法规中的许多规范具有一定的前瞻性和倡导性,国家法律可以将其吸收并转化为具体规定,在推动规范社会主体行为的同时,也起到保障党内法规实施的作用。

第四,以党员权利和义务合理配置作为党内法规与国家法律衔接的基本导向。依据世界各国政党制度的实际情况,党员的权利—义务(责任)配置模式存在"自由主导型"、"纪律主导型"以及"自由/纪律均衡型"三种"理想类型"。在我国,与党情、国情以及现代法治文明相适应的模式应当是自由/纪律均衡型,体现为中国共产党内实行的民主集中制原则。[30] 在侧重强调党内集中时,党内法规的制定与实施会偏重于强调党员义务;在侧重强调党内民主时,党内法规的制定与实施会相对偏重于强调保障党员权利。无论如何,党的组织的健康成长,都离不开党员权利与义务的均衡配置。从现代法治文明发展趋势看,党内法规应当顺应党员权利观念、民主政治意识日益增强的趋势。因此,党内法规和国家法律的衔接,应当在平衡权利—义务配置中,更加尊重并保障党员权利,从而增强党员对党组织的认同感和信任度。为了更好地保障党员权利,中共中央 2004 年制定《中国共产党党员权利保障条例》,并于 2020 年修订。需要注意的是,在党员的义务和权利的辩证关系中,义务重于权利,义务为主、权利为辅,党员的义务具有先决性、主导性,党员的权利具有派生性和从属性。[31] 而国家法律将公民首先设定为权利主体,其次才是义务主体。这种差别源于中国共产党的使命型政党特质,需要将全党凝聚为强有力的组织体系,在革命、建设和改革中开展各项伟大斗争、实现宏伟奋斗目标。

---

〔30〕 参见宋功德:《党规之治》,法律出版社 2015 年版,第 204 ~ 205 页。
〔31〕 参见宋功德:《党规之治》,法律出版社 2015 年版,第 214 页。

第二十一章　法律与公共政策

第一节　公共政策概述

一、公共政策的含义

自公共权力产生起,公共政策就一直伴随着人类社会。法律强调对社会关系调整的稳定性,公共政策则具有一定的灵活性,对经济社会发展的战略和具体问题,可以快速进行干预。公共政策,有助于加快经济社会发展的制度建设,有利于更充分地保护公民权利,有助于促进社会生活的规范化、法治化。

政策是处理国家事务、公共事务,调整各种关系的路线、方针、规范和措施的统称。[1] 广义上,凡是公共权力主体制定,同时对一定的社会行为主体产生一定影响的法律、法规、战略、规划、计划、条例、规章、政令、声明、指示、办法、细则等,都是某种公共政策。[2] 狭义上,公共政策不包括法律法规,与法律法规有所区分。在中国,公共政策是由执政党或国家机关制定、发布的,在一定时期内具有普遍指导性或约束力且能反复适用的规范和准则。公共政策体现公共权力对社会经济发展进行的积极干预,它在一定时期内对某方面的公共利益或公共资源在调整、配置上具有公共效力,代表了公共权力主体所意图达到的目标或目的。我国的公共政策主要包括党的政策和国家政策。

二、公共政策的特征

作为中国国家治理中规范体系的重要构成部分,公共政策具有鲜明的特征:

1. 公共政策的内容具有规范性。公共政策内容的规范性,由公共政策是一种制度规范的基本属性所决定。公共政策在内容上的规范性,一是体现为公共政策具有普遍适用性。公共政策作为制度规范,在适用范围上并非针对个别的公民或组织,而是在专门领域范围内发挥作用,其规则在适用上具有普遍性。二是体现为公共政策的反复适用性。作为一种相对稳定的制度规范,公共政策能够被反复适用。反复适用性可以增强公共政策的适用对象的行为预期,降低公共治理的成本,实现有效治理。

2. 公共政策的制定主体具有广泛性。公共政策的制定,主要是指享有制定、发布和实施公共政策的公共权力主体,主要包括执政党和国家机关。作为公共政策制定主体的中国共产党,包括党中央、中央纪律检查委员会、中央各部门和省、自治区、直辖市党委等,有

---

〔1〕 参见沈宗灵:《法理学》(第3版),北京大学出版社2009年版,第179页。

〔2〕 参见张国庆主编:《公共政策分析》,复旦大学出版社2019年版,第2页。

权制定公共政策。此外，其他地方党委为了贯彻和落实党中央、上级党委的政策，也可以制定具有反复适用性的公共政策。作为公共政策制定主体的国家机关，包括全国人大及其常委会、国务院、国家监察委员会、最高人民法院、最高人民检察院等，都可以发布公共政策，国务院下设的办公厅、组成部门、直属特设机构、直属机构、办事机构、直属事业单位、部委管理的国家局等，可以在职权范围内或依照授权发布公共政策。公共政策制定主体中最广泛的是地方政府及其组成部门、直属机构，省、市、县级地方政府及其组成部门、直属机构都可以结合本辖区范围的具体情况，发布各种政策。

3. 公共政策的表现形式具有多样性。公共政策的表现形式，是指承载公共政策内容的法定的文件表现形式。公共政策的表现形式多种多样，制定主体通常会结合政策的层次、内容等选用不同的表现形式。最为常见的政策形式有“决议”“决定”“意见”“通知”“指导意见”“若干意见”“发展规划”“规划纲要”“工作规划”，其次常见的是涉及更为具体的政策内容的“工作要点”“行动方案”“公告”“政策措施”“函”“工作方案”“实施意见”“实施方案”“规定”“补充规定”“解释”“通告”“会议纪要”“指引”等。

党的政策通常以决议、决定、意见、通知等形式发布。相比于直接以党中央名义发布的政策，中央纪律检查委员会和中央各部门发布的政策更为具体，具有更强的针对性。国家政策中层级最高的是国务院发布的各种政策，主要以“国发”“国办发”“国办函”等公文形式发布。国务院的政策大多以国务院办公厅的名义下发，内容涉及经济社会发展的各个方面。为强调某些国家政策的重要性，国务院办公厅还会以文件转发的方式发布国务院部委的政策。此外，公共政策在形式上还体现为党政联合发文，即中国共产党各级党委与国家政权机关因治理事项存在交集而共同发布相关通知、意见、决定、规定、指示等制度文件。[3]

是否构成公共政策，需要结合文件的内容来综合判断，不能仅仅依据文件的外在形式。由于公共政策的表现形式与党政机关的行政公文形式有所重合。因此，以行政公文形式出现的文件并非都是公共政策。比如，有些涉及人事调动、福利调整、会议通知、先进评选等事由的通知、方案，仅仅涉及内部行政事务，不是可以反复适用的公共政策。

4. 公共政策具有明确的目标。公共政策一般具有清晰、明确的目标。公共政策的制定，就是为了在一定时期内解决特定的公共治理问题，这决定了它具有明确的目标要素，具体政策措施围绕明确的政策目标展开。公共政策的目标，既可以是宏观战略，也可以是具体的治理事务。比如，《中共中央关于全面推进依法治国若干重大问题的决定》，将“建设中国特色社会主义法治体系，建设社会主义法治国家”作为全面推进依法治国的总目标。而《光山县人民政府关于支持羽绒服装产业发展的实施意见》，将推动县域羽绒服装产业的发展作为政策目标。公共政策目标既可以是单一性的，也可以是综合性的。比如，农业农村部办公厅印发的《渔业无线电管理专项整治工作方案》，政策目标是渔业发展中的无线电管理。中共中央办公厅、国务院办公厅印发的《关于创新机制扎实推进农村扶贫开发工作的意见》，着眼于农村的扶贫开发，涉及农村社会保障、产业发展、集体经济发展等多个方面，政策目标具有一定的综合性。

---

〔3〕 参见封丽霞：《党政联合发文的制度逻辑及其规范化问题》，载《法学研究》2021 年第 1 期。

5. 公共政策的时效具有弹性。公共政策的时效,是指政策发挥规则效力的时间周期。政策发布后的时效可长可短,通常只在一定的政策周期内适用,政策周期可长可短。例如,党的十九大报告中提出的乡村振兴战略,政策周期很长,一直到2050年;而地方政府发布的“环保利剑2019”专项行动计划,仅针对为期一个月的环保执法专项行动。

公共政策时效与制定主体的层级有一定关系。制定主体的层级越高,公共政策涉及的公共利益就越重要、越广泛,政策时效就相对越长。国务院和部委发布的政策具有宏观性,政策时效一般较长。例如,财务部、税务总局、工业和信息化部、交通运输部《关于节能新能源车船享受车船税优惠政策的通知》,提出了促进节约能源、鼓励使用新能源的公共政策,它从发布之日起长期有效。政策制定主体的层级越低,公共政策涉及的公共利益就越具体,政策时效往往越短。比如,地方政府每年都会制定辖区范围内的大气污染防治工作方案。2020年,武汉市政府出台的《大气污染防治工作方案》提出,通过优化和调整产业结构、能源结构、运输结构,深化工业废气治理,确保全市可吸入颗粒物、优良天数、二氧化硫排放量等防治指标在本年度范围内得到全面优化。公共政策时效还与政策内容有一定关系。例如,省级政府发布的房地产政策一般长期有效,因为政策内容是确保房地产市场的持续健康发展;而国务院发布的应急性公共卫生政策,只是应对某次突发性的公共卫生事件,公共政策时效不会太长。

第二节　当代中国的公共政策体系

当代中国公共政策体系是国家治理的规范体系的有机组成部分,它主要由中国共产党的政策和国家政策组成。

一、中国共产党的政策

(一)中国共产党的政策的含义和层次

中国共产党的政策一般简称为党的政策,主要是指中国共产党各级各类组织在履行职责过程中形成的具有普遍约束力、可以反复适用的党的规范性文件的总和。党的政策体系包括:中共中央制定的政策,中央纪委、中央工作机关制定的政策,省、自治区、直辖市党委制定的政策,其他地方党委为贯彻和落实党中央、上级党委的政策而制定的政策。在表现形式上,党的政策主要是具有普遍约束力并能够反复适用的决议、决定、意见、通知等。

党的政策体系,包含总政策、基本政策和具体政策三个层次。党的总政策,是党在某一历史时期根本性、全局性的总路线,它决定党的各项基本政策和具体政策。比如,《关于建国以来党的若干历史问题的决议》,对中华人民共和国成立以来党的重大历史问题作了总结和评价,肯定了十一届三中全会以后逐步确立的适合中国国情的建设社会主义现代化强国的正确道路,进一步指明了中国社会主义事业和党的工作继续前进的方向。党的基本政策,是党在某一领域或某一方面,为实现总任务、总政策所规定的重大决策和基本原则。比如,《中共中央关于加强党同人民群众联系的决定》,肯定和强调了人民群众是中国共产党的力量源泉和胜利之本,确立了群众路线是实现党的思想路线、政治路线、组织路线的根本工作路线,是中国共产党的优良传统和政治优势。党的具体政策,是在总政策和基本政策的指导下,党为了解决某一具体问题,或为某一项具体工作而制定的行动准则或行动方案。比如,为了防止干部任职年龄层层递减,优化县乡领导班子年龄结构,2010 年中共中央组织部印发了《关于防止县乡领导干部任职年龄层层递减的意见》。

党的政策属于党的制度规范体系,体现中国共产党执政的政治理念、行动纲领、路线、方针和准则,是中国共产党统一意志的体现。中国共产党是执政党,党的政策的内容不局限于党内事务,其范围较为广泛,往往同时牵涉到党和国家的事务。党的政策在实施时也因其内容的广泛性不同而有不同的实施范围。仅属于党的事务的政策,只在党内施行;同时属于党和国家事务的政策,则转化为立法或国家政策,通过国家行为来实施。[4]

(二)党的政策与法治及党内法规的关系

党的政策与法治密切关联。中国共产党通过政策表达法治主张,为法治发展提供明确的政治指引和工作意见,确保执政党的统一意志顺利转化为国家的统一意志。党的重大决议、决定、意见等,对法治改革作出明确的要求,为法律体系的建设和完善提供明确的指引;党的对国家治理领域的具体规划、意见、通知等,为法律实施提供明确的政治指导和工作要求,为执法、司法、监察提供强有力的政治保障。此外,党的政策对党的思想、组织、纪律、干部等方面作出明确的政治要求,加强党的建设和党内治理的规范化水平,确保党领导立法、保证执法、支持司法、带头守法,党员干部要做尊法学法守法用法的模范。

党的政策与党内法规既有联系也有区别。党内法规是党的制度体系中最基础、最重要的制度规范,对党的思想、路线、方针、组织等方面的基本问题进行规定。党的政策是党的统一意志的规范化体现,是党的路线、方针得以贯彻实施的重要形式,是党的制度体系的重要组成部分。党的政策与党内法规存在明显区别。

1. 制定主体不同。党内法规的制定主体是特定的,包括党的中央组织,中央纪律检查委员会以及党中央工作机关和省、自治区、直辖市党委;党的政策的制定主体更加宽泛,除党内法规的制定主体之外,还包括其他地方党委。

2. 规范事项不同。党内法规的规范事项是党的组织、党的领导和党的建设、党组织的工作、党的干部、党员权利义务、党的纪律处分和组织处理等事项;而党的政策的规范事项往往较为具体,更多涉及党和国家事务的具体方面。

3. 名称不同。党内法规使用党章、准则、条例、规定、办法、规则、细则等专属名称,党的政策一般使用决议、决定、意见、通知等名称。

4. 表述形式不同。党内法规一般采用条款形式进行表述,党的政策一般采用段落形式进行表述。

5. 审批程序不同。党内法规的制定程序更加严格,一般需要经过会议审议批准;党的

---

〔4〕 参见刘作翔:《当代中国的规范体系:理论与制度结构》,载《中国社会科学》2019 年第 7 期。

政策除了会议审议批准外，还可以采取领导签批、领导转批的形式审批。[5]

二、国家政策

国家政策是国家机关在宪法和法律范围内，为管理国家内外事务而确定的方针、原则、制度、对策的总称。国家机关包括人大、政府、政协、监察机关、审判机关、检察机关等；不仅指中央国家机关，还包括地方国家机关。虽然法律能够提供经济社会发展中规则之治的基本方案，但法律在实践中，还需要国家政策予以具体化，以便法律的目标能够更好实现；而且，对于还处于探索期、未能或不宜仓促以法律进行规范的经济社会事务，通过国家政策予以规范无疑更为合适。按照国家机关的职能分工，国家政策可以分为行政政策、立法政策和司法政策，其中行政政策内容最多、涉及面最广，在国家政策体系中占据重要位置。

（一）行政政策

行政政策是指由国家行政机关制定的，用以管理社会公共事务的行为准则。一般来说，行政政策主要包括中央政府政策、部委政策和地方政府政策。

1. 中央政府政策。中央政府政策是国家政策中层级最高、效力最高、影响最为广泛的政策。在发布主体上，国务院和国务院办公厅是中央政府政策发布的重要主体，中央政府政策主要以国务院办公厅的名义发布。在政策形式上，国务院、国务院办公厅发布的"通知"是最主要的载体，如《国务院关于印发优化口岸营商环境促进跨境贸易便利化工作方案的通知》《国务院办公厅关于聚焦企业关切进一步推动优化营商环境政策落实的通知》等。

2. 部委政策。部委政策是部委依据法定职能发布的国家政策。"部委"是一个统称，包括国务院的组成部门、直属特设机构、直属机构、办事机构、直属事业单位、部委管理的国家局等。部委发布的政策内容十分丰富，包括产业政策、税收政策、价格政策、就业政策、财政政策、技术政策、教育政策、社会保险政策、计划生育政策、国家货币政策、外汇管制政策、自由贸易政策、文化政策、民族贸易政策、国防政策、外交政策等。

3. 地方政府政策。地方政府政策是省级、地级、县级、乡级行政区的政府发布的国家政策，政策内容由地方政府及其组成部门的事权而定。地方政府政策在职权范围和法定授权范围内拥有充分的政策空间，可以结合行政辖区的具体情况，细化中央政府政策、部委政策和上级地方政府政策。

（二）立法政策

立法政策是国家立法机关根据一定时期的形势和任务，为立法工作制定的指导方针和原则。[6] 立法政策是立法工作得以进行的基本依据，不同的立法政策在内容上有不同的侧重。有的立法政策规定了国家较长时期内的立法基本方向和目标。比如，我国将长

---

〔5〕 参见宋功德、张文显主编：《党内法规学》，高等教育出版社2020年版，第20～21页。

〔6〕 参见孙国华主编：《中华法学大辞典（法理学卷）》，中国检察出版社1997年版，第281页。

期处于社会主义初级阶段就是中国现阶段立法工作必须遵循的根本政策。有的立法政策确定某一部门法的基本原则。比如,我国未成年人犯罪刑事立法政策坚持“教育、感化、挽救”的方针和“教育为主、惩罚为辅”的原则。有的立法政策是根据某一特定时期的需要而制定的,对该时期法律的立、改、废、释有具体的指导意义。比如,1982 年以来中国刑法的几次修改都是根据特定的刑事立法政策完成的。此外,每届全国人大常委会通过的立法规划和全国人大常委会每年发布的立法工作计划,也属于立法政策。

(三)司法政策

司法政策是国家机关所制定的对司法活动进行指引和规范的一系列路线、方针、原则和指示。比如,最高人民法院围绕党的中心工作和国家大局,根据形势需要,就加强审判工作所发布的指导性文件。司法政策主要可分为刑事司法政策、民事司法政策、行政司法政策。司法机关在每年度全国人大会议上提交的工作报告中涉及司法政策的部分,属于司法政策。广义上,每年全国人大常委会工作报告中对司法工作提出的方针、政策、措施、要求等,也属于司法政策。

司法政策与司法解释有所区别。在性质上,司法政策属于国家政策,司法解释属于法律规范。在形式上,司法解释的形式包括“解释”“规定”“批复”“决定”四种。凡属司法解释,一律编“法释”文号并发布公告。司法政策的形式包括“意见”“通知”“会议纪要”“复函”“指导意见”等。在发布程序上,司法政策的发布没有严格的法定程序,司法解释只能由最高司法机关按照法定程序发布。在法律效力上,司法政策效力层次低于司法解释,本身不具有溯及力,不能与司法解释相抵触,在裁判文书中不得引用,虽有指导作用和规范作用但不是司法活动中强制适用的规范。司法解释可以在裁判文书中作为法律依据直接引用,其效力优于司法政策。当两者有不同规定时,应以司法解释作为裁判依据。

第三节　党的政策与国家法律的关系

如何处理党的政策与国家法律的关系,是治国理政过程中的一个现实问题。党的政策和国家法律都是我国规范体系中的重要构成部分。针对特定具体事务,党的政策往往先于国家法律而存在。在具体实践中,党的政策与国家法律是协同配合、相互促进的关系。

一、党的政策对国家法律的先导和指引

1. 党的政策是制定法律的依据。党的政策是国家法律的先导和指引,尤其是其中的总政策和基本政策,是制定法律的重要依据。在党的政策指引下制定法律,就是通过法定程序使党的主张成为国家意志。执政党的总政策和基本政策,涉及执政党的总路线和执政党在具体领域或方面的重大决策和基本原则。例如,《中共中央关于全面推进依法治国若干重大问题的决定》确定了建设中国特色社会主义法治体系、建设社会主义法治国家的总目标,明确了全面依法治国的性质和方向、工作重点、总抓手等,成为我国新时期法

治建设的重要依据。在其指引下，立法机关把握立法方向，突出工作重心，围绕经济社会发展的重要问题，制定、修改和完善了大量法律。再如，《关于制定国民经济和社会发展第十三个五年规划的建议》中提出：促进人口均衡发展……全面实施一对夫妇可生育两个孩子政策。[7] 据此，第十二届全国人民代表大会常务委员会修正《人口与计划生育法》，规定“国家提倡一对夫妻生育两个子女”。

2. 党的政策指导法律的实施。党的政策对法律的实施具有重要的指导作用。党的政策，特别是一些具体政策，可以指导法律的执行和适用，使之与经济社会形势相适应，促使法律的实施更加符合实际情况。比如，《关于深化行政管理体制改革的意见》指出，对行政权力的监督制约机制不完善，滥用职权、以权谋私、贪污腐败等现象仍然存在。为此，党中央提出要加强依法行政和制度建设，加快法治政府建设，健全行政执法体制和程序，完善行政复议、行政赔偿和行政补偿制度。[8] 这对于行政法律、法规的实施提供了重要的指导。再如，为了促进《村民委员会组织法》的实施，中共中央办公厅、国务院办公厅发布《关于加强和改进村民委员会选举工作的通知》，强调依法规范村民委员会选举程序，坚决查处村民委员会选举中的贿选等违法违纪行为。[9]

3. 党的政策填补法律的空白。法律体系建设是一个历史过程。在法律不完备时，党的政策有填补空白的功能。改革开放以来，在法律没有明文规定的情况下，按照党的政策办事几乎是最常见的做法。在几乎所有的法律出台或完善前，党的政策都发挥了至关重要的规范作用。而在改革开放之前，我国基本法律体系尚未建立起来，党的政策在社会经济生活中发挥了直接的规范作用。[10] 比如，在《人口与计划生育法》颁布之前，党关于节制生育的政策在很长时间内发挥重要作用。[11] 再如，党关于旅游事业的政策，在很长时间内承担了后来的《旅游法》的功能。[12] 随着中国特色社会主义法律体系的形成，党的政策填补法律空白的情形逐渐变少。

二、国家法律对党的政策的实现和发展

1. 法律是实现党的政策的最重要工具。党的政策可以借助很多工具落实，法律在其中最为重要、不可缺少。在西方国家，议会中的议员各有党派归属，议会通过的法律体现执政党或多数党的政策主张。在我国，中国共产党的意志通过法定程序成为国家意志、形成法律。现代国家的治理，几乎都依赖法律、以法治方式进行。依靠法治、通过法律确立制度安排、保障制度优势、引领制度发展，是人类在治国理政过程中形成的经验积累，是现

---

〔7〕 参见中共中央文献研究室编：《十八大以来重要文献选编》（中），中央文献出版社2016年版，第816页。

〔8〕 参见中共中央办公厅法规局、中共中央纪委法规室、中共中央组织部办公厅编：《中国共产党党内法规选编（2007—2012）》，法律出版社2014年版，第42～46页。

〔9〕 参见中共中央办公厅法规局、中共中央纪委法规室、中共中央组织部办公厅编：《中国共产党党内法规选编（2007—2012）》，法律出版社2014年版，第57～62页。

〔10〕 参见《彭真文选》，人民出版社1991年版，第491～496页。

〔11〕 参见《中共中央对卫生部党组关于节制生育问题的报告的批示》，载《建国以来重要文献选编》（第六册），中央文献出版社2011年版。

〔12〕 参见《中共中央批转中央外事小组〈关于开展我国旅游事业的请示报告〉》，载《建国以来重要文献选编》（第十八册），中央文献出版社2011年版。

代国家和社会治理的普遍趋势。在治国理政的各个领域、各个环节,都离不开法律,需要法律发挥出规范作用。中国共产党治国理政也是如此,党的政策只有经过法定程序转化成法律,党的主张只有通过法律形式转化为国家意志,才能更好落实到国家和社会治理活动中。因此,法律是实现执政党的政策的最重要的工具。

2. 法律有助于完善和发展党的政策。党的政策在治国理政中发挥实效,需要法律对其加以修正、完善和发展。党的政策是对国家治理各个方面的宏观设计,很多政策内容停留在制度构想层面,需要落实为法律实践。合理的立法规划、科学的立法程序和成熟的立法技术,能够结合社会经济发展的形势,对党的政策予以制度转化,呈现为表达规范、体例合理、形式严谨的法律制度,进而修正、完善党的政策。党的政策可以在保持不变的情况下,通过法律的修订和解释获得进一步的完善。法律实施中,司法和执法按照特定的程序,针对具体案件适用法律,这有助于将党的政策落实到具体实践,在实践中发展党的政策。

3. 法律为党的政策划定法治边界。依法执政是党执政的基本方式,要求党的执政行为不得违反宪法和法律。党的政策是党的执政工具,必须体现和贯彻依法执政。为了确保党的政策始终符合全面依法治国的基本要求,党的政策在内容上不得超越宪法和法律的规定范围,在实施中也要遵守宪法和法律。党的政策在形式上相对灵活,在制定上应遵守法定程序,符合法治精神。因此,法律为党的政策划定了法治边界。

三、党的政策与法律的协调原则

党的政策是党的领导在规范上的体现,而国家法律是党领导人民通过立法程序制定的规范,党的政策和国家法律都体现党的主张和人民的意志,两者本质上是一致的。然而,在具体层面上,党的政策需要随形势变化而变化,而法律的变化往往滞后,两者可能出现不一致,甚至在规范上出现冲突。协调党的政策和法律的关系,需要坚持以下两条原则:

1. 依法执政原则。中国共产党领导人民制定了宪法和法律,党必须在宪法和法律范围内活动,必须坚持依法执政。依法执政要求加强党对立法工作的领导,党通过制定大政方针、提出立法建议等执政权的行使,使党的主张经过法定程序变成国家意志。就此,党的政策可以依照党内法规、宪法对法律提出完善的意见并提供指导。依法执政要求执政党坚持在宪法和法律的范围内活动,带头维护宪法和法律的权威。这要求党的政策不得违背宪法和法律精神,不得作出违犯宪法和法律的政策要求。

2. 实事求是原则。在具体问题的处理上,应从实际出发,遵循实事求是原则。如果实践证明,党的政策存在偏失,应当及时调整政策。如果法律已经不符合客观形势,应该及时通过法定程序对法进行废除、修改、补充或另立新法。在法律尚未进行变动之前,应当尊重法律,不宜以党的政策直接替代法律。这就需要坚持依法办事,并结合最新的党的政策来调整法律的适用。

第四节 法律与国家政策的关系

在中国特色社会主义法律体系建成后，法律成了国家政策的基础，而国家政策促进法律的实施，确保法律运行的实效，填补了法律的漏洞，推动了法律的发展。

一、法律是国家政策的基础

在规范体系中，法律的效力高于国家政策。作为调控公共利益、配置公共资源最具广泛性的规范，国家政策需要以法律为依据，并受法律的制约。法律是国家政策的基础。

(一)法律是国家政策制定的依据

国家政策的合法性源于法律。国家政策制定的目的是解决国家政治、经济、社会生活中的特定问题，应在法治框架内进行。法律是国家政策的制定依据，体现在以下三个方面。

第一，国家政策制定的主体必须享有法定权限。国家政策制定的主体是国家机关，只有享有法定权限的国家机关，才能发布权限范围内的国家政策，否则就属于越权制定国家政策，不具有合法性。越权制定的国家政策很容易与合法的规范体系产生冲突，给政策执行带来源头上的障碍。依法制定国家政策，可以依托体系化的法律制度形成层次分明、结构合理的国家政策体系，有助于充分发挥国家政策的作用。

第二，国家政策制定的程序必须合法。遵守法定程序之所以重要，是因为程序性规定反映了民主原则，民主原则必须通过相应的程序表现出来。遵守法定程序，是实施法治的重要方面。国家政策的制定，需要避免“长官意志”，防止“独断专行”，应当依照法定程序，充分保证制定过程的合法性、程序性；还应提升公众参与和社会意见吸纳程度，实现制定过程的公开性、民主性。按照法定程序制定国家政策，才能保证公共政策的质量，更准确地设置政策目标、系统地设置政策举措、明确政策执行的责任，使公共政策更好地适应经济社会发展和法治建设的需要。

第三，国家政策的内容必须合法。国家政策的内容具有相对于法律的一定独立性，体现制定主体在职权范围内的能动性发挥，其内容一般是对既有法律的细化和具体化，应当符合法律要求、遵循法治原则、符合法治精神。旨在填补法律空白的国家政策，其内容也应与既有法律体系有效衔接，确保国家政策的内容符合法治原则和法治精神。

(二)法律是国家政策效力的基础

国家政策的效力，源于法律制度，需要法律制度的保障。

第一，法律中的“政策条款”赋予国家政策以法律效力。在法律中，存在不少“政策条款”，将相应的经济社会事务处理权限和处理规则指向国家政策。具体有两种情形：一是在法律中用专门条款规定，缺乏法律依据时应遵循国家政策；二是以专门的法律条款推动或支持国家政策的制定、实施。比如，《旅游法》第 23 条规定：“国务院和县级以上地方人民政府应当制定并组织实施有利于旅游业持续健康发展的产业政策，推进旅游休闲体系建设，采取措施推动区域旅游合作，鼓励跨区域旅游线路和产品开发，促进旅游与工业、农业、商业、文化、卫生、体育、科教等领域的融合，扶持少数民族地区、革命老区、边远地区和贫困地区旅游业发展。”

第二，法律对国家政策的合法性予以审查监督。在现代法治国家，国家政策是国家治理的重要工具。法治要求实现法律对国家政策的有效制约，确保国家政策依法运行。法律成为检验国家政策法治化水平的标尺，超出法律范围或是有违法治原则、法治精神的国家政策，合法性不足，效力不可持续。国家应建立审查监督机制，从制定权限、制定程序和规范内容上，对国家政策进行审查监督，确保国家政策的合法性。国家机关应当扩大国家政策的备案审查范围，及时清理已发布的国家政策。

二、国家政策促进法律的实施

法律实施包括执法、司法、守法和法律监督等。国家政策细化法律内容，优化法律实施机制，从而促进法律实施。

（一）国家政策细化法律的内容

法律追求统一性，往往作出概括性规定，难以兼顾地域、经济发展水平和社会发展程度的不均衡，这导致法律实施对国家政策有所依赖。国家政策可以细化法律的内容，将法律规范转化为细致的、操作性更强的政策规范。法律颁布后，国家机关常常发布相应的细则或实施办法。甚至有时，颁布法律就是为发布国家政策提供法律依据。以《中小企业促进法》为例：

《中小企业促进法》以改善中小企业经营环境，发挥中小企业在国民经济和社会发展中的重要作用为立法目的，其中第24条规定：“县级以上人民政府及其有关部门应该通过政府网站、宣传资料等形式，为创业人员免费提供工商、财税、金融、环境保护、安全生产、劳动用工、社会保障等方面的法律政策咨询和公共信息服务。”因此，地方政府可以遵照《中小企业促进法》，出台优化中小企业公共服务方面的政策。浙江省慈溪市制定的《小微企业三年健康成长计划（2015—2017）的通知》，细化了《中小企业促进法》的内容，从统筹财政、优化融资、减免税费、减免缓征规费、公共服务等方面进行了全面而具体的政策规定，因地制宜地改善了当地中小企业的经营环境，促进了民营经济的快速发展。

（二）国家政策优化法律实施的机制

国家政策涉及面广，政策出台方式高效灵活，政策内容紧贴经济社会发展形势，可以优化法律实施。

第一，国家政策为法律实施提供必要的前期准备。国家政策通过便捷的法治信息发布机制，及时表达国家对于法律的态度，便于社会公众通过公共渠道以最快的速度接受最新的法律信息。比如，《民法典》颁发后，政府通过政策手段开展法治宣传，为《民法典》的实施提供系统的政策解读。这有助于普及最新的法律知识，为法律的顺利实施营造了良好的法治氛围，提供必要的前期准备。

第二，国家政策为法律实施提供明确指引。法律实施有时无法及时应对社会形势的变化，难以实现法律效果与社会效果的统一。国家政策可以结合社会经济发展中的具体问题，有针对性地筛选出法律实施的要点，引导法律实施直面社会治理难点，促使法律实施更加符合社会的法治期待，增强法律实施的权威性，提高社会对法律实施的认可。

在金融法治领域，民间借贷极为活跃，出现了高利贷、黑社会催债、“套路贷”诈骗等乱象。贷款公司利用借款人的无知和轻信，在贷款过程中设置包括“虚增债务”“伪造证据”“恶意制造违约”“收取高额费用”等种种套路，借助司法力量，逼迫借款人高额还款。2018年8月，最高人民法院发布《关于依法妥善审理民间借贷案件的通知》，要求各级人民法院在审理民间借贷案件时加大对借款事实和证据审查力度、严格区分民间借贷和诈骗、严守法定利息红线、建立民间借贷纠纷防范和解决机制。这项政策有助于避免违法犯罪披着民间借贷的外衣套用司法保护，有效维护了金融市场秩序，保障了社会和谐稳定。

当然，为了优化法律实施，国家政策需要严格遵守宪法和法律，确保在发挥积极作用的同时，始终运行在法治轨道上，避免国家政策对法律的替代。

第三，国家政策为法律实施提供充分的配套资源。法律实施依赖配套资源的供给状况，国家政策能够为法律实施提供多方面的资源保障。比如，在案多人少的情况下，人事政策、福利政策可以扩充法院编制，提升法官职业激励，进而提高司法机关的运行效率。比如，执法预算政策有助于执法机关更新执法装备、提升执法效率。

三、国家政策完善和发展法律

法律会存在各种漏洞。国家政策的出台，能够及时填补漏洞、完善法律。法律创制中，国家政策可以灵活地开展各种制度探索，为法律的出台做好铺垫和准备，有助于法律的稳步发展。

（一）国家政策填补法律的漏洞

面对社会经济的发展，法律难以在短时间内频繁变动，难免有所滞后。法律的修改和法律解释的出台，可以部分解决法律回应社会需求的不足，却仍然存在较大局限，不能完全填补法律的漏洞。国家政策可以对法律漏洞和法律空白进行填补，从而完善规范体系。

《大气污染防治法》早在1988年便开始实施，经历过多次修订，依然无法为大气环境保护提供充分的制度依据。2013年9月，国务院发布《大气污染防治行动计划》，提出了大量的政策举措，包括大气污染区域联防联控制度、以排污许可制为核心的固定污染源环境管理体系等。这些大气环保政策，有效填补了《大气污染防治法》在严重空气污染治理方面的制度空白。

国家政策对某些特定法律漏洞的填补，具有短期性，不可能完全替代法律。等到存在漏洞的法律逐步完善后，早先的国家政策变得不再重要。不过，只要法律存在不足，就需要国家政策及时、灵活地填补法律的漏洞。

（二）国家政策推动法律的形成和发展

法律的形成不可能一蹴而就，往往需要经历相当长的时期。比如，《企业破产法》的出台历时 23 年，1984 年开始启动政策试点，直到 2007 年正式出台施行。国家政策在法律创制的初期发挥了重要作用，它可以以政策试错的方式开展制度建设探索。等到国家政策运行相对成熟后，再通过立法程序将其上升为法律，以确保法律相对完备可行。

改革开放初期，中央将温州确定为经济试验区后，温州市人民政府发布了《关于农村股份合作企业若干问题的暂行规定》等一系列地方政策，引发了全国对“温州模式”的大讨论。最终，政策实践证明了私营企业的经济优势，为《私营企业暂行条例》的出台做好了准备。

国家政策体系往往是法律的雏形。对于运行多年、实施效果良好的国家政策，国家会择机对其进行系统清理，选择性地将其转化为法律。以我国人类遗传资源管理法律制度发展为例：

科技部、卫生部联合制定的《人类遗传资源管理暂行办法》是这方面最早的国家政策。后来，《关于加强人类遗传资源保护管理工作的通知》《人类遗传资源采集、收集、买卖、出口、出境审批行政许可服务指南》等国家政策相继出台。最终，《人类遗传资源管理条例》的送审稿于 2016 年形成，并于 2019 年由国务院公布施行。

法律形成后，经过一段时期的实施，会出现一些不足。国家政策在补充法律不足的同时，还可以为法律的修改提供针对性的政策建议，为法律的发展做好重要的立法准备。

2008 年修订的《水污染防治法》，在实施中难以统筹水资源管理、水污染治理和水生态保护。2015 年，国务院发布《水污染防治行动计划》，建立了以改善水环境质量为核心的政策体系；2016 年，中共中央办公厅、国务院办公厅印发《关于全面推行河长制的意见》，在管理体制、政府责任等方面提出很多指导性意见。2018 年开始施行的新《水污染防治法》在修订过程中，将《水污染防治行动计划》《关于全面推行河长制的意见》中的各项制度措施予以规范化、法治化，充分吸收了相关政策精神。

第二十二章　法 治 国 家

第一节　法治与法治国家

一、“法治”的内涵

“法治”是一个历久而常新的概念，古今中外有许多思想家对法治进行过思考和探讨。在中国古代，先秦法家就提出了“以法治国”“缘法而治”“唯治为法”等思想主张。《管子·明法》有云：“威不两错，政不二门，以法治国，则举措而已。”《商君书·君臣》则言：“明王之治天下也，缘法而治。”韩非子更是直接提出：“故治民无常，唯治为法，法与时转则治，治与世宜则有功。”（《韩非子·心度》）。可见，“以法律治理国家”的认识和做法在中国已有悠久的历史传统。从思想的内容来看，尽管上述主张有一定的时代局限性，但它们反映了特定历史时期社会的客观需要，对当时的经济、政治、社会和文化发展都起到了促进作用。历代统治都在一定程度上沿袭、借鉴了法家的思想主张，在中国古代的各个繁盛时代，都可以看到“以法治国”思想所绽放的光辉。

在西方，“法治”思想始于古希腊时期。柏拉图曾言：“在法律服从于其他某种权威，而它自己一无所有的地方，我看，这个国家的崩溃已为时不远了。但如果法律是政府的主人，并且政府是它的奴仆，那么形势就充满了希望。”〔1〕亚里士多德也探讨过“法治”的含义，他认为“法治”应当具有两个层面的内涵：“已成立的法律获得普遍的服从，而大家所服从的法律又应该本身是制定得良好的法律。”〔2〕19世纪末期，英国法学家戴雪提出了著名的法治三要素：人民“唯独受法律治理”，犯罪与否皆由法律决定；“人民在法律前之平等”，所有人都受到法律平等对待；个人的权利是宪法赖以建立的基础。〔3〕上述思想学说，对西方法治发展起到了重要的指引和推动作用。

现代法治，其意主要为“法的统治”（rule of law）。法治既是以法律至上为基本原则，依照法律治理国家的治国思想和方式；也是以严格依法办事为行为导向，依照法律从事社会交往的活动方式和秩序状态。具体来看，法治主要包括以下几个方面的含义：

第一，法治是一种国家治理方式。在历史上，法治首先是作为一种国家治理的模式而产生的。自国家形成以来，人们就在不断思考和摸索完善的治国理政方式。在国家和社会发展的过程中，许多治理方式相继产生，“人治”“礼治”“德治”等治理方式都曾发挥过

---

〔1〕［古希腊］柏拉图：《法律篇》（第2版），张智仁、何勤华译，商务印书馆2016年版，第123页。

〔2〕［古希腊］亚里士多德：《政治学》，吴寿彭译，商务印书馆1983年版，第199页。

〔3〕参见［英］戴雪：《英宪精义》，雷宾南译，中国法制出版社2001年版，第244～245页。

重要的作用。现代法治最初被作为一种与“人治”相对的治理方式而提出。在法治方式下，国家以法律为社会控制和社会关系调整的主要手段，法律在国家治理中居于核心和主导地位，任何人和组织的意志、任何其他的制度和规则都不能超越法律。

第二，法治是一种社会活动方式。人们在进行社会交往、开展社会活动的过程中，往往需要遵守一定的规范和准则。在法治化的社会中，法律居于主导性地位。法律一经制定和颁布，任何人和组织的社会活动都必须受其约束，最终形成一种规范有序的社会活动方式。具体而言，社会公众会自觉遵守法律的规定，习惯于通过法律来构筑和调整社会关系；政府机关和官员更要遵循法律的要求，在法律规定的范围内行使公共权力。总之，作为一种社会活动方式的法治，是法律对社会活动给予指引、对社会关系进行调整的结果，它是“法的统治”塑造社会实践的具体表现。

第三，法治是一种社会秩序状态。通过法律规范国家治理并塑造社会活动，社会便会形成一种良好的秩序状态。在这一秩序状态中，国家的公共权力、社会公众的权利，以及社会的公共利益，都被法律规范、认可和保护。当用法治来描述社会秩序状态时，法治可视为法律约束国家权力、社会权利得到保障、公共权力和公民权利得到合理配置的一种秩序状态。这种秩序状态以法律制度为基础，但又超出法律制度本身，它是法律进入社会、塑造社会的结果。

二、中国法治的发展历程

法治是现代社会的基本共识，发展法治是人类文明的普遍追求。近代以来，随着国家和民族现代化步伐的迈进，中国开始探索自身的法治发展道路。然而，由于经济政治文化条件不充分、民族压迫、战争频繁等，近代时期的中国法治始终未能取得显著的成果。中华人民共和国成立前夕，中共中央发布指示和训令，提出废除国民党伪法统和“六法全书”。中华人民共和国成立后，法治建设虽有曲折，但持续发展。

1954 年，我国《宪法》在第一届全国人民代表大会第一次会议上获得通过。随后，国家根据《宪法》制定出台国家机构组织法和其他重要法律，基本确立了中华人民共和国的基本政治制度、法律制度、立法体制和司法体制。1956 年，董必武在中国共产党第八次全国代表大会上作了题为《进一步加强人民民主法制，保障社会主义建设事业》的发言，全面总结了中华人民共和国成立以后的法律建设工作，明确指出“依法办事，是我们进一步加强人民民主法制的中心环节”。[4] 此外，该发言首次把法治的基本要求概括为“有法可依”和“有法必依”两个主要方面。其中，“有法可依”主要是指向法治发展过程中法律制定和修订工作的必要性；而“有法必依”则主要强调司法、执法和守法等法律实施环节的重要性。遗憾的是，1957 年以后，由于受到国内和国际复杂形势的困扰，我国法治建设陷入停滞状态，侵犯公民权利和破坏法治秩序的事情时有发生。

1978 年，党的十一届三中全会作出了把工作重点转移到社会主义现代化建设上来的战略决策，明确提出了健全社会主义法制和加强社会主义民主的方针，会议明确提出：“为了保障人民民主，必须加强社会主义法制，使民主法制化、法律化，使这种制度和法律

〔4〕《董必武政治法律文集》，法律出版社 1986 年版，第 487 页。

具有稳定性、连续性和极大的权威,做到有法可依,有法必依,执法必严,违法必究。”我国法治建设重新步入历史发展的正轨,进入了全新的发展阶段。法制建设取得了一系列的成就:1982 年全面修订《宪法》,陆续出台《刑法》《刑事诉讼法》等一批重要法律,确立了“市场经济是法治经济”的理念。1997 年,中国共产党十五大报告提出“实行依法治国,建设社会主义法治国家”,“依法治国”自此成为党领导人民治理国家的基本方略,并于 1999 年写入《宪法》。我国社会主义法治建设取得了历史性的突破,并陆续取得一系列成就:确立依法治国基本方略、形成相对深化系统的法治理论。

2012 年党的十八大以来,以习近平同志为核心的党中央更加注重法治在治国理政中的重要作用,开创性地提出全面依法治国、建设社会主义法治国家的战略任务,开启了建设法治中国的新征程。2014 年 10 月,党的十八届四中全会通过了《中共中央关于全面推进依法治国若干重大问题的决定》,提出“全面推进依法治国,总目标是建设中国特色社会主义法治体系,建设社会主义法治国家。这就是,在中国共产党领导下,坚持中国特色社会主义制度,贯彻中国特色社会主义法治理论,形成完备的法律规范体系、高效的法治实施体系、严密的法治监督体系、有力的法治保障体系,形成完善的党内法规体系,坚持依法治国、依法执政、依法行政共同推进,坚持法治国家、法治政府、法治社会一体建设,实现科学立法、严格执法、公正司法、全民守法,促进国家治理体系和治理能力现代化”。2020 年,中央全面依法治国工作会议提出了习近平法治思想,习近平法治思想内涵丰富、论述深刻、逻辑严密、系统完备,从历史和现实相贯通、国际和国内相关联、理论和实际相结合上深刻回答了新时代为什么实行全面依法治国、怎样实行全面依法治国等一系列重大问题,是全面依法治国的根本遵循和行动指南。总结而言,党的十八大以来,我国的法治建设实现了从“依法治国”到“全面依法治国”的飞跃,并形成了马克思主义法治理论中国化最新成果——习近平法治思想。在习近平法治思想指引下,全面依法治国成为新时代坚持和发展中国特色社会主义的基本方略,在推进国家治理现代化和建设社会主义现代化强国中发挥基础性、支撑性和引领性的作用。

中国法治的发展道路是思想引领、经验积累和实践创新的有机统一,中国法治走的是坚持自主性法治道路与借鉴域外经验相结合的基本建设路径。一方面,中国的法治进程始终保持了国家主权的独立性和完整性,特别是执政党能够保持政治定力,并没有因为借鉴域外法治经验而减损国家主权以及国家核心利益。对于域外具体法律制度或者法治理论的选择和取舍,主要是从我国的实际条件以及国家治理的现实所需出发,对相关法律制度进行必要的改造,对相关法治理论进行阐释吸收。当代中国的法治发展由中华历史传统、中国革命传统和现代法治共同塑造,既保证了法治的自主性,也保持了法治建设的开放性。另一方面,在法律全球化的背景下,外国法治在许多方面已经进行了丰富的探索并形成诸多较为成熟的经验,我国法治建设在很多领域吸收借鉴了外国尤其是西方法治经验;同时并未抛弃自有的道路和原则,并未放弃自主性探索,而是始终坚持党的领导,坚持人民主体地位,坚持从中国实际出发,坚持走中国特色社会主义法治道路。

三、法治国家的基本内涵

“法治国家”最初是与“警察国家”相对的一个概念,它是一种关于国家形式、国家结构和治国方式的统称。早期的“法治国家”主要是指国家权力由法律所规范的国家，并不必然具有民主政治、个人自由、法律平等、公民权利等内涵。现代意义上的“法治国家”是德国资产阶级宪政运动的产物，它主要源于康德的国家学说。康德认为，国家就是一群人在法权法则之下的联合；国家的公民走出了按自己想法行事的自然状态，并与所有其他人联合起来，服从一种公共法律的外在强制；在这样的国家中，公民们具有宪法规定的自由、平等和人格独立这三种不可分离的法律属性。[5]

中国法理学中的“法治国家”，需要放到中国特色社会主义法治语境下讨论。党和国家提出“建设中国特色社会主义法治体系，建设社会主义法治国家”的总目标，并提出“坚持法治国家、法治政府、法治社会一体建设”的路线方针。据此，“国家”一词可以从广义和狭义两个层面进行理解。在广义上，国家是一个包含其内部所有成员和组织的共同体，政府和社会都存在于国家之中；在狭义上，国家则是一个有别于社会的范畴，它主要包括作为政权组织的国家结构、国家体制、国家权力等要素。

因此，“法治国家”可以从广义和狭义两个层面理解。广义的法治国家可以理解为“国家的整体法治化”，它是指一个国家共同体内部所有制度、事务、行为等要素的法治化，是一个国家通过依法治国和法治国家建设所达到的一种宏观、整体、理想的法治状态。狭义的法治国家可以理解为“国家政权的法治化”，主要指国家结构设置和国家权力构成的法治化。

狭义的“法治国家”至少包括以下几个方面的内涵：

1. 党的执政的法治化。在中国语境下，“法治国家”的首要问题，是执政党与国家的关系问题。在中国国家体制中，执政党的权力和组织体系与国家权力结构耦合在一起。正确认识执政党在法治建设中的作用，通过依法执政推动依法治国，是法治国家建设的关键内容。在宏观体制上，党依法执政应当在坚持党的领导的同时，进一步在《党章》和《宪法》框架内合理界定执政党、人大、政协之间的关系。在具体机制上，需要健全党领导依法治国的制度和工作机制，完善党确定依法治国方针政策和决策部署的工作机制和程序。完善党委依法决策机制，发挥政策和法律的各自优势，促进党的政策和国家法律互联互动。各级党组织和领导干部应维护宪法法律权威和保证宪法法律实施，各级领导干部要对法律怀有敬畏之心，带头遵守法律，带头依法办事，不得违法行使权力，更不能以言代法、以权压法、徇私枉法。

2. 国家权力结构和权力关系的法治化。国家中的权力结构和权力关系直接决定了国家的性质和治理方式。一个国家由谁来掌握权力、政权机构如何组织、权力如何配置和制约、依照何种规则运行等，都属于国家权力结构和权力关系的重要内容。法治国家要求国家权力的合理配置和有效制约，国家权力应当严格依照宪法来设定和配置。按照《宪法》，我国以人民代表大会制度为根本政治制度，全国人民代表大会在国家权力结构中居于核心地位，它是其他权力的来源和基础，也是我国法治国家“宪法法律至上原则”的重要保障。在此基础上，国家管理公共事务的行政权力和解决社会争端的司法权力，都必须服从权力机关所制定的宪法和法律。

---

〔5〕 参见［德］康德：《康德政治哲学文集》，李秋零译，中国人民大学出版社2016年版，第90～92页。

3. 国家权力运行的法治化。国家权力需要运行起来，才能发挥出真实的治理效能，动态的权力运行才能真实反映国家的法治水平。法治国家不仅要求权力结构和权力关系的"静态法治化"，还要求权力在运行过程中保持"动态法治化"。国家权力的规范运行，是法治国家的必然要求。首先，国家权力的运行需要符合一系列法定原则；其次，国家权力的运行不得违反法律规定的具体方式、途径和程序；最后，法律还会对国家权力的行使者设置特定的义务，并对违法行使权力进行责任追究。总之，法治国家对国家权力运行的原则、过程和结果，都有具体的法律根据和强制力保障，以防法外用权、有权无责或有责难究等问题的发生。

第二节　法治国家的宪制维度

狭义的法治国家可以从国家的宪制维度进行理解。所谓"宪制"，可以理解为一个国家应对本国的重大、长期和根本问题所采用的制度模式。[6] 宪制维度下的法治国家，强调国家通过法治的方式安排和处理自身的基本结构、根本体制和权力运行等方面的基础性问题。

一、法治国家、法治政府、法治社会的关系

从宪制层面讨论法治国家，需要先对法治国家、法治政府、法治社会三者的关系进行细致梳理。狭义上，法治国家、法治政府与法治社会都是全面依法治国的有机组成部分，三者相互联系、相互支撑、相辅相成，是法治中国建设的三根支柱；三者本质一致、目标一体、成效相关，缺少任何一个方面，法治中国建设都难以有效推进。

法治国家建设的主要立足点在于国家的"宪制"或"政制"(constitution)层面，主要致力于解决诸如"国家的统一，人民的团结，国内各民族的团结"[7]之类的问题。具体而言，法治国家建设立足于构建和完善国家权力的基本构造，为依法治国方略的全面推进以及法治政府建设、法治社会建设提供总体框架和基本结构。法治政府建设着力于政府权力的具体运行，使政府权力的运行制度化、规范化、程序化、法治化，以此对法治国家建设进行延展，为法治社会建设提供制度空间。法治社会建设着力于公权力运作系统以外的社会生活的法治化，推动社会成员具备相应的法治观念、行为习惯，在法治框架下维系平等和自治的社会关系，维持管理、服务、合作多元的社会治理关系，协调权力与权利的冲突，最终将法治国家和法治政府建设的成果体现在社会生活之中，使法治成为一种可察、可感、可知的社会生活样态和社会治理状态。[8]

在全面推进依法治国的总体框架下，法治国家、法治政府、法治社会三者的关系，可以概括为"一体两翼"：法治国家是"体"，法治政府和法治社会是"翼"。法治国家是法治政

---

〔6〕　参见苏力：《大国宪制——历史中国的制度构成》，北京大学出版社2018年版，第73～74页。

〔7〕　《毛泽东文集》(第7卷)，人民出版社1999年版，第204页。

〔8〕　参见陈柏峰：《中国法治社会的结构及其运行机制》，载《中国社会科学》2019年第1期。

府、法治社会建设的目标,法治政府、法治社会建设必须服从、服务于法治国家建设。其一,法治国家建设侧重于全面依法治国的顶层设计,关乎国家的基本政治架构和法治架构,为法治政府和法治社会建设设定政治前提和体制基础。其二,法治政府与法治社会是并行关系,前者为后者提供充足的制度空间。法治政府建设意味着对政府权力和行为边界的明晰设定,也就意味着为法治社会建设留下相应的空间;法治政府建设,通过体制机制层面法治化的规范和设置,为法治社会建设提供一系列制度保障。其三,法治社会承接法治国家和法治政府建设的成果,将它们体现在社会生活中。法治社会建设回应现实社会生活中各种问题,并以法治化方式加以解决,协调各种社会主体的关系、调整社会群体间的利益格局。这些目标的达成,离不开对法治国家建设和法治政府建设成果的承接,是在社会生活中深入推行法治的结果。当然,法治社会建设也会为法治政府建设的推进提供来自社会深层的持续动力。

尽管法治国家、法治政府、法治社会建设分别从不同的层面推进法治中国的发展,但三者又是有机统一的,无法截然分割。

二、法治国家的权力构造

宪制维度下的法治国家的核心内容,是国家基本权力构造和运行的法治化。对此,可以从横向和纵向两个方面来理解。

(一)横向的国家权力基本构造

横向的国家权力基本构造,主要包括人民代表大会制度下的“一府一委两院”制度。“一府”是指人民政府,“一委”是指国家监察委员会,“两院”是指人民法院、人民检察院。国家行政机关、监察机关、审判机关、检察机关都由作为国家权力机关的人民代表大会产生,对它负责,受它监督。上述组织机构是横向的国家权力构造的基本构成单元,国家的公共权力主要由这些机构来具体行使。

人民代表大会制度是我国的根本政治制度。中华人民共和国的一切权力属于人民,人民通过全国人民代表大会和地方各级人民代表大会行使国家权力。全国人民代表大会和地方各级人民代表大会都由民主选举产生,对人民负责,受人民监督。全国人民代表大会是最高国家权力机关;地方各级人民代表大会是地方国家权力机关。国家行政机关、监察机关、审判机关、检察机关都由人民代表大会产生,对它负责,受它监督。

人民政府是各级国家行政机关的统称,它是国家权力机关的执行机关。在中央人民政府(国务院)的统一领导下,地方国家行政机关负责组织和管理本行政区域的各项行政事务。地方各级人民政府一方面要对本级人民代表大会及其常务委员会负责,另一方面也要对上一级国家行政机关负责。国家监察委员会是国家的监察机关,它专门负责行使国家监察职能,对所有行使公权力的公职人员进行监察,调查职务违法和职务犯罪,开展廉政建设和反腐败工作。人民法院是国家的审判机关,人民检察院是国家的检察机关,它们依法代表国家独立行使审判权和检察权,不受任何行政机关、社会团体和个人或者其他的干涉。

在法治国家的结构中,横向的国家权力的配置应当符合法治原则,国家机构的职权设置和关系调整应当在宪法的框架下进行。人民代表大会统领,行政机关、监察机关、审判机关、检察机关各司其职,构成横向的国家权力基本构造的主要轮廓。具体而言,人民代表大会与“一府一委两院”的关系,可以概括为以下几个方面:其一,决定与执行的关系。人民代表大会是代表人民行使国家权力的机关,行使立法、重大事项决定、选举和任免、监督等国家权力。人民代表大会制定的法律、作出的决定,“一府一委两院”必须执行。其二,监督与被监督的关系。人民代表大会代表人民,还拥有对“一府一委两院”工作的监督权。“一府一委两院”必须依法对人民代表大会负责并报告工作,接受人民代表大会的监督。其三,协调一致的关系。人民代表大会与“一府一委两院”虽然职责不同、分工不同,但目标是一致的,都是为了反映和实现人民的根本利益,共同建设中国特色社会主义。人民代表大会统一行使国家权力,并在这一前提下合理划分国家的行政权、监察权、审判权、检察权,既避免权力过分集中,又避免不必要的牵制,使各个国家机关既专司其职,又互相配合、协调一致地开展工作。

(二)纵向的国家权力基本构造

纵向的国家权力基本构造,主要指向中央和地方的关系和权责安排。我国是单一制国家,国家首先作为一个统一的整体,根据治理需要和现实条件,按照一定的原则对国家内部进行区域划分,各个地方行政区域单位共同组成了统一的主权国家。在国家结构中,国家主权先于各个行政区划存在,地方行政区不是政治实体,不具有任何主权特征。即各地方行使的权力并非其自身固有的,而是来源于中央授权,地方的自主权或自治权是由国家通过宪法授予的。

“中央统领”与“地方支撑”的有机结合,是我国纵向的国家权力基本构造模式。这一权力构造体现在以宪法为核心的法律体系之中,具体表现为一般性中央和地方关系的法治形态以及民族区域自治制度和特别行政区制度。《宪法》第 3 条第 4 款规定:“中央和地方的国家机构职权的划分,遵循在中央的统一领导下,充分发挥地方的主动性、积极性的原则。”

我国是全国各族人民共同缔造的统一的多民族国家,民族区域自治是党解决民族问题的基本政策,也是国家的基本政治制度。民族区域自治,是指在国家统一领导下各少数民族聚居地区设立自治机关,行使自治权,实行区域性自治。具体而言,民族区域自治制度主要有两个方面的含义。一方面,我国实行的民族区域自治是在国家统一领导下的自治,各民族自治地方都是中国不可分离的一部分,各民族自治机关都是中央政府领导下的一级地方政权,都必须服从中央的统一领导。另一方面,我国的民族区域自治并非单纯的民族或地方自治,它是民族与区域因素的结合,还是经济和政治因素的结合。中华人民共和国成立以来的历史证明,民族区域自治对发挥各族人民当家作主的积极性,发展平等、团结、互助的社会主义民族关系,巩固国家的统一,促进民族自治地方和全国社会主义建设事业的发展,都有着巨大的作用。在法治中国的发展进程中,民族区域自治是中央和地方关系法治化建设的重要维度,已成为法治国家不可或缺的组成部分。

特别行政区制度,是指在我国领土内,根据我国《宪法》和基本法的规定而设立的具有特殊法律地位、实行特别社会政治经济制度的行政区域,并规定特别行政区政府对所辖区域社会享有高度自治权的制度，是"一国两制"的具体实践。"一国两制"是我国为实现国家和平统一而推行的基本国策，其具体含义是"一个国家，两种制度"。20世纪80年代，为实现国家和平统一，邓小平创造性地提出"一国两制"的科学构想。"一国"，是指在中华人民共和国内，特别行政区是国家不可分割的部分，是直辖于中央人民政府的地方行政区域，中央政府对特别行政区拥有全面管治权。特别行政区享有的高度自治并非完全自治，也不是简单分权，而是中央授予的地方事务管理权。"两制"，是指"一国"之内的国家主体实行社会主义制度，特别行政区实行资本主义制度，特别行政区政府对所辖区域社会的政治、经济、财政、金融、贸易、工商业、土地、教育、文化等方面享有高度自治权。"一国"是实行"两制"的前提和基础，中央与特别行政区的关系，是一个主权国家内中央与地方的关系，或者说是中央对特别行政区进行管辖和特别行政区在中央监督下实行高度自治而产生的相互关系。

从权力构造的合法性来看，以《宪法》为核心的法律体系构成我国中央和地方关系安排的宪制基础。《宪法》作为国家的根本法，在全国范围内具有最高法律地位和最高法律效力，包括民族自治区和特别行政区在内的地方性行政区域所制定的法律，均不得同《宪法》的内容和精神相抵触。地方行政区域所开展的行政和司法活动，也必须处于法律体系的框架之中。随着法治国家建设的不断深入，尤其是地方法治的不断发展，必然要求继续完善与中央和地方关系的相关制度和机制，特别是要持续激活中央和地方"两个积极性"，既依法行使权力，又保持自主性和创造力，将中央和地方的关系纳入规范化、法治化轨道。

第三节 中国特色社会主义法治体系

党的十八大以来，党和国家提出了全面依法治国的战略，并以"建设中国特色社会主义法治体系、建设社会主义法治国家"作为这一新战略的总目标。全面依法治国的总目标具有两个层次的含义：从具体内容来看，全面依法治国是要建设中国特色社会主义法治体系；从宏观愿景来看，全面依法治国的最终目的是要建成社会主义法治国家。就两者的关系而言，具体内容可以视为宏观愿景的核心内涵和实现路径，宏观愿景则是具体内容的主题凝练和意义概括。概言之，全面依法治国战略的最终目标，是要建成社会主义法治国家。而要实现这一最终的目标，必须通过建设中国特色社会主义法治体系来实现。"中国特色社会主义法治体系"和"社会主义法治国家"是全面依法治国总目标的不同侧面，它们共同构成了社会主义中国法治建设的总蓝图。

全面依法治国涉及方方面面，不同方面的工作相互支撑、相互融合，在实践中必须找到一个总揽全局、牵引各方的总抓手。建设中国特色社会主义法治体系就是全面依法治国的总抓手，各项工作都要围绕这个总抓手来谋划推进。因此，中国特色社会主义法治体系具有重要的意义，它既是全面依法治国的总目标，是我国法治建设的"纲"；也是国家治理现代化的重要依托，是国家治理体系的骨干工程。中国特色社会主义法治体系是一个内容丰富的有机整体，它具体由以下几个方面构成：

1. 完备的法律规范体系。法律规范体系即法律体系，是指一国全部现行法律规范所组成的有机统一整体。2011 年，中国特色社会主义法律体系就已经形成。[9] 但在现实基础不断发展变化的情况下，诸多法律规范还需适应中国特色社会主义进入新时代的要求进一步完善。从“法律体系”到“完备的法律规范体系”，是全面依法治国背景下的新任务和新要求。建设中国特色社会主义法治体系，首要的是完善以宪法为核心的法律规范体系。没有完备的法律规范体系，法治将成“无源之水，无本之木”。所谓“完备的法律规范体系”，其中的“完备”应当具有以下几个层面的含义。其一，“完备”意味着法律规范体系的全面性，主要是指法律规范体系的内容能够对国家和社会各领域的活动进行全面的调整和指引；其二，“完备”意味着法律规范体系的系统性，主要是指法律规范体系内在结构的严谨和协调；其三，“完备”意味着法律规范体系的合理性，主要是指法律规范的具体内容能够适应国家和社会的现实需要，其中的权力、权利和义务设定科学合理。因此，建立完备的法律规范体系，需要围绕提高立法质量和立法效率，坚持科学立法、民主立法、依法立法，坚持立改废释并举，增强法律法规的及时性、系统性、针对性、有效性，提高法律法规的可执行性、可操作性。

2. 高效的法治实施体系。中国特色社会主义法治体系语境下的法治实施，具有广义和狭义两种理解。在广义上，法治实施可以理解为在社会中实现法治要求和目标的活动；在狭义上，法治实施主要是指以法律实施为主要内容的法治实践活动。法律的生命在于实施，法律的权威也在于实施。离开了法律的实施，法治就不具有完整的内涵和意义。高效的法治实施体系是法治体系发挥实际效用的基础。目前，我国的法律实施仍然存在一些问题，不少法律规范有着美好的内容和愿景，却尚未能在现实中贯彻落实。党的十八届四中全会通过的《中共中央关于全面推进依法治国若干重大问题的决定》指出：“有法不依、执法不严、违法不究现象比较严重，执法体制权责脱节、多头执法、选择性执法现象仍然存在，执法司法不规范、不严格、不透明、不文明现象较为突出，群众对执法司法不公和腐败问题反映强烈……”在这样的背景下，建立高效的法治实施体系具有十分重要的意义。“高效”有两个层面的含义。其一，“高效”意味着“有效”，主要是指法律规范在现实中获得了实施，并对社会活动和社会关系发挥切实的作用；其二，“高效”意味着法治运行的高效率，主要是指法治能够及时地回应人民群众的需求。要建立高效的法治实施体系，首先要加强宪法实施，提高宪法实施水平和实效。正如习近平总书记指出：“法治权威能不能树立起来，首先要看宪法有没有权威。”其次，要完善执法、司法、守法等方面的体制机制，确保上述体制机制的高效运转，实现严格执法、公正司法、全民守法，确保法律全面有效实施。

3. 严密的法治监督体系。法治监督是指对法律实施状况的监督。在建立高效的法治实施体系之后，还应当对法治的实施进行严密的监督和制约。如此一来，法治才具有稳定

---

〔9〕 2011 年 3 月 10 日，全国人民代表大会常务委员会委员长吴邦国同志向十一届全国人民代表大会四次会议作全国人大常委会工作报告时庄严宣布，一个立足中国国情和实际、适应改革开放和社会主义现代化建设需要、集中体现党和人民意志的，以宪法为统帅，以宪法相关法、民商法、行政法、经济法等多个法律部门的法律为主干，由法律、行政法规、地方性法规与自治条例、单行条例等三个层次的法律规范构成的中国特色社会主义法律体系已经形成。

性和持续性。所谓“严密的法治监督体系”,其中的“严密”可以从多个方面来理解:首先,法治监督工作应当坚持“严格”原则。监督主体要依法对各类法律活动的合法性进行严格的监督,通过监督的强度来提高监督的权威和执行力。其次,法治监督体系的运行应当保证“严谨”。要坚持监督工作的规范化、程序化、制度化,完善监督工作的制度框架和权责配置,明确监督主体、监督程序和监督责任,提高各种监督方式的协同性,提高监督体系自身的法治化水平。最后,法治监督体系所覆盖的范围应当“周密”。监督体系要广泛吸纳党内监督、人大监督、行政监督、司法监督、审计监督、社会监督、舆论监督等形式,通过整合这些监督方式形成强大的监督合力,对法治运行的全过程和全方位监督,使监督工作能够覆盖各类法律活动的各个环节和各个方面,保障法治监督的实效。

4. 有力的法治保障体系。徒善不足以为政,徒法不足以自行。法治的有效运行有赖于一系列的保障措施,有力的保障体系是法治体系的关键内容。法治保障体系是由法治的政治保障、制度保障、组织保障、资源保障、运行保障等构成的有机整体。所谓政治保障,是指坚持党对全面依法治国的领导,把党的领导贯穿于依法治国的各领域和全过程,通过不断提高依法执政能力和水平,保障全面依法治国的正确政治方向;所谓制度保障,是指以中国特色社会主义制度保障全面依法治国,坚持以社会主义基本经济制度、民主政治制度和基本社会制度为基础推动社会主义法治建设;所谓组织保障,是指加强法治队伍建设,加强政法系统的基层党组织建设,切实提高领导干部的法治思维和依法办事能力,通过高素质的法治队伍和政法系统,保障法治的尊严、权威和有效实施;所谓资源保障,是指投入足够的人员、物资、经费等,使法治系统可以良性运行,拥有持续的工作能力;所谓运行保障,是指通过建立科学的法治建设指标体系和考核标准,保障全面依法治国各项任务的细化和落实,保障法治建设的有效推进。

5. 完善的党内法规体系。党内法规是党的中央组织以及中央纪律检查委员会,中央各部门和省、自治区、直辖市党委制定的规范党组织的工作、活动和党员行为的党内规章制度的总称。党内法规体系是指以党章为根本,以民主集中制为核心,以准则、条例等中央党内法规为主干,由各领域各层级党内法规所组成的规章制度体系。依法执政是依法治国的关键,党要实现依法执政,就需要依托完善的党内法规体系。党的十八届四中全会通过的《中共中央关于全面推进依法治国若干重大问题的决定》指出,“党内法规既是管党治党的重要依据,也是建设社会主义法治国家的有力保障”。由此可见,党内法规体系的完善与否,不仅能够决定党的执政能力,还对中国的社会主义法治建设具有直接影响。具体而言,建设完善的党内法规体系,需要做好以下工作:其一,完善制定党内法规的相关体制和机制,做好关于党内法规的备案审查工作,加强党内法规的解释力度,最终形成完备的党内法规和制度体系;其二,完善党内法规与国家法律的衔接和协同,推动党规与国法的良性互动,最终实现依法执政与依法治国的有机统一;其三,完善党内法规的执行,依靠党内法规实现党要管党、从严治党,促进党员干部带头遵守国家法律,切实提高党内法规的执行能力和水平。

第五编　法 与 社 会

第二十三章　法律的社会实效

第一节　法律实效概述

一、法律实效的概念

法律的社会实效,以下简称法律实效,它是法律在执行、适用和遵守过程中表现出来的实现状态和社会效果,是法律关系主体对法律上权利义务的享有和履行的实际状况。从宏观角度看,法律实效以立法的目的是否达到或多大程度上达到为标志;从微观角度看,法律实效以法的规范性要求是否达到或多大程度上达到为评判尺度。法律实效以法的要求、目的、愿望、目标的实现为依归,它更强调法的社会事实状态,是从法的社会运行的结果状态来审视法的社会调整功能。法律实效关注法律的实际效果,不从伦理学意义上讨论法律的正当性,也不从教义学上讨论法律的内容及其体系融贯性。

对法律实效的这一界定,内在包含着如下几个方面的内容:

第一,法律实效概念中的"法律"是指国家制定法。在分析实证主义法学看来,国家实在法是法律的唯一合法渊源,根据这一理论主张,法律只能以国家实在法的方式存在。这种理论主张对自然法和民间习惯、习俗等影响社会秩序的重大因素视而不见。而事实上,自然法理念对实在法有约束和判定作用,它通过这种判定作用来审视实在法的正当性,构成了实在法的"高级法"背景,从而影响由实在法所规范的社会秩序。同时,习俗、习惯法、地方性规范等社会规范在一定意义上承担着组织民间秩序的功能。国家实在法介乎自然法和社会规范之间。自然法是实在法的应然和理想层面,它通过实在法兑现其内容,从而表现出其对社会行为的调整功能。而习俗、习惯、地方性规范等与人们生活契合的社会规范,在一定区域和范围内对社会生活起着重要作用。讨论法律实效,针对的是国家实在法,因此,法律的实现状态和社会效果的考察范围严格限定于国家制定法。

第二,法律实效是指实然层面的事实。自从休谟对事实和价值作出明确的区分以来,实然和应然这两个概念就成了人们分析社会现象经常运用的概念范畴和分析工具。法律效力和法律实效之间存在应然和实然的区分。前者表达应然,后者展现实然。尽管应然和实然在实践中往往有冲突,但不应过分夸大两者的冲突。事实上,人们以划一的规则来调整和规范多元的行为,本身就表明了应然(规则)和实然(多元行为)的结合。应然和实然是相对的概念。对于自然法学者所设定的价值理想而言,实在法规则是应然的自然法的实然层面;对于社会实证主义而言,法律实效就是法律规则的应然目标在社会实现的实然状态。当讨论法律实效时,法律规则是应然层面的,而丰富的法律实践则是实然层面的。从实然角度看,法律规则及其效力只是一种规范理想,只有法律规则产生法律实效,才使规范理想变成社会行为和社会实践。

第三，法律实效表征的是法律在实践中所达到的结果状态，其两端分别是法律实现和法律失败。有人将法律的实现界定为法律在实际生活中的贯彻〔1〕；也有人把法律实现当作从法律规范制定到人们按照法律实际地享有权利和承担义务的全过程〔2〕。我们则倾向于将这两个方面结合起来。从宏观上看，法律实现是法律得以在社会中贯彻实施；从微观上看，法律实现即法律规范所设定的权利、义务转化成为社会成员之间实然的法律关系内容。法律失败则是法律在现实社会生活中遭遇无法实施的局面，法律所设定的权利（力）义务难以转化为现实的法律关系，得不到人们观念或行动上的认可。

二、法律实效与相关概念辨析

（一）法律实效与法律效力

法律实效与法律效力是两个联系紧密而又有区别的概念。学界通常把法律效力分为形式效力和实质效力。形式效力指的就是法律在逻辑上的效力，即一种可能性；实质效力指的就是法律从应然的规则转向实然的法律权利和义务运作（被法律主体享受或承担）的事实。虽然法律实效和法律的实质效力两个概念的指涉有所不同，但法律的实效体现了法律的实质效力。这正如法律上的平等是形式平等，而事实上的平等是实质平等；仅仅置于法律规范层面上的法律效力只能是形式效力，只有转化为人们对法律权利和义务的实际享有与履行——法律实效的时候，法律规则的形式效力才能体现为实质效力。由此可见，法律的实质效力就是法律的形式效力在具体社会生活中转化为现实的以权利和义务为其内容的法律关系。法律实效与法律效力是实然与应然的关系，“法律效力的意思是法律规范是有约束力的，人们应当像法律规范所规定的那样行为，应当服从和适用法律规范。法律实效意思是人们实际上就按照法律规范规定的行为模式（即‘应当那样行为’）而行为，规范实际上被适用和服从”〔3〕。但并不能将法律实效简单地对应为法律的实质效力，法律的实质效力强调的是法律自身的存在及其约束力，主要是指一种单向的法律对社会实践的作用，而法律实效不仅指法律规范在实践中能否得到应用，更注重的是在法律实施过程中法律功能或者目的实现的程度和状态。

可以说，法律实效是法律效力的实现样态和方式。一般来说，法律效力的状况在逻辑上限定和规范着法律实效的状况和范围，两者是一种递进关系，即法律效力在先，法律实效在后。法律效力是法律实效的逻辑规范形式，法律实效是法律效力的社会经验事实。两者的区别也是明显的：法律效力是应然的，而法律实效是实然的；法律效力预示着一种可能性，而法律实效表现着一种现实性；法律效力注重普遍的形式，而法律实效则强调法律效力的具体实现状态；法律效力是法律内蕴的属性，而法律实效则是法律在社会实践中的外在表现；法律效力是一个恒定量，而法律实效则是一个变量；等等。〔4〕 法律效力作为

---

〔1〕 北京大学法律系法学基础理论教研室：《法律社会学》，山西人民出版社 1988 年版，第 247 页。

〔2〕 黄建武：《法的实现》，中国人民大学出版社 1997 年版，第 9 页。

〔3〕 ［奥］凯尔森：《法与国家的一般理论》，沈宗灵译，中国大百科全书出版社 1996 年版，第 42 页。

〔4〕 谢晖：《论法律实效》，载《学习与探索》2005 年第 1 期。

法律对社会发挥作用的内在属性，只有在实践中外化为法律实效时，才能在量上衡量其大小，否则即使效力再强的法律，也只能停留在规范层面，对于人们的实际交往行为没有实践意义。甚至在一定意义上讲，法律实效就是法律效力的实践目标。这一目标的实现，意味着法律已从形式的规范世界转化为实质的人们的实践世界。在这个意义上讲，缺乏实效的法律，某种程度上是空洞的摆设，并没有成为人们行为的准则。

（二）法律实效与法的有效性

法律实效与法的有效性是两个不同的概念。法的有效性，是指法律规范义务人的约束力，它具有三种理解维度：社会学的、伦理学的、法律教义学的，它们分别关注法的实际效果、内容正确和形式合理。法的有效性的这三个方面立场各异：社会学的有效性概念反映了人们对具有调控社会功能的法的期待，伦理学的有效性概念使人们保持对法的批判与反思能力，而法律教义学的有效性概念则显现法的科学性，尤其是复杂社会的法的建构技术。[5] 法律实效是从社会学意义上谈论法的有效性，即法律在社会贯彻实施后的实现状态和社会效果，其两端分别是法律实现和法律失败。

第二节　法律实效的类型

如果以法律效力的预设值为参照，从结果形态上看，法律实效主要有法律实现、法律过度执行、法律折扣执行、法律失败四种类型。

一、法律实现

法律实现，即法律实效与法律效力的预设一致。这表明法律在社会实践中被执行和实际遵守的状况与它的预设效果一样。一方面，法律实施主体不折不扣地实施了法律，没有从自身的利益立场出发来影响法律的实施，或者即使从自身利益立场出发，也得出与法律预设一致的结果。另一方面，守法主体没有从自身偏好出发，设法规避法律的相关规定，或者即使按照自身的偏好，也得出与法律预设一致的结果。这样，法律规范的预设效果在实践中得以顺利实现，法律实施的结果体现了法律规范的内容和精神。

二、法律过度执行

法律过度执行，即法律实效大于法律效力的预设。此时，法律实效表现出“过度执行”的状态。这意味着经过实施后，法律实效超过了立法所预设的法律效力效果。这种情形产生的原因在于执法者和司法者过度执行了法律，法律实施的效果被扩大了。当执法者或司法者认为法律的规定有利于自己的利益、宗旨或目标时，或是存在政府权力、社会舆论等外在压力时，执法者或司法者倾向于过度执行法律，扩大执行效果。

---

[5] 郑永流：《法的有效性与有效的法》，载《法制与社会发展》2002 年第 2 期。

在2001年修订《婚姻法》之前，虽然法律规定"结婚年龄，男不得早于二十二周岁，女不得早于二十周岁。晚婚晚育应予鼓励"，但由于结婚需要当事人双方的单位出具同意证明，民政机关才予以登记，而各级政府将计划生育工作列入辖区内单位考核指标，所以一些国家机关和事业单位规定：如果女职工年龄不到23周岁，男职工年龄不到25周岁，不予出具办理结婚所需的有关证明。单位为了完成计划生育任务，通过单位规章将法定婚龄置换成了法律提倡的晚婚年龄。计划生育执法部门对此"乐见其成"，这是典型的对法律的"过度执行"。

三、法律折扣执行

法律的折扣执行，是指立法并未得到全部的执行，而只得到部分执行或选择性执行，法律规范所设定的权利、义务只是部分地转化成为社会成员现实的法律关系。[6]

《残疾人保障法》第50条第2款明确规定："盲人持有效证件免费乘坐市内公共汽车、电车、地铁、渡船等公共交通工具……"但一些城市的公共汽车公司、地铁公司、轮渡公司等规定：残疾人乘坐地铁，不但要持有残疾人证，还要持有市政府颁发的免费乘坐证，才能享受免费待遇。显然，这些公司出于狭隘的利益考虑，通过单位规章缩小了法律规范应有的效果。[7]

《劳动法》第44条第3项规定："法定休假日安排劳动者工作的，支付不低于工资的百分之三百的工资报酬。"但在一段时间内，许多私营企业、外资企业对此不予理睬，仅按一般加班支付工资报酬。有些企业甚至规定，职工必须服从加班安排，节假日也不例外，如不服从，将面临扣发工资到开除等一系列惩罚。

选择性执行是法律的折扣执行中一种很特殊的情形，它是指执法者根据具体情形和自身的利益，选择在一些情形下执行法律，而在另一些情形下不执行法律。

一些基层干警依照法律办事，常常难以实际治理乡村"混混"，因为缺乏相应的社会性约束措施。因此，这些基层干警缺乏动力治理乡村"混混"问题，而是选择性执法。他们在力量对比中占优势时，才打击乡村"混混"；反之，则放弃履行职责。这样，总是在打击那些乡村"混混"中的"弱者"，而对那些势力大的"强者"却无所作为。某派出所民警在某村抓赌时，反而遭到乡村"混混"的袭击和殴打。派出所并没有立案处理，而是暗中调查袭警者，准备以后"碰到"合适时机时，再加以重罚。这样做，一是出于对乡村"混混"群体性袭击的畏惧，二是依法办案面临证据和法律程序上的"障碍"。

四、法律失败

法律失败，就是法律在现实生活中完全未能得以实施，处于悬浮状态，法律所设定的权利义务完全未能转化为现实的法律关系。这是法律实效未能达到法律效力预设值的一种极端情形，意味着法律规范在实践中几乎没有产生任何正面实际效果。这种情形发生

---

〔6〕 关于法律的折扣执行，可参见徐昕：《论私力救济》，中国政法大学出版社2005年版，第246页之后。
〔7〕 梁兴国：《单位规章对法律实效之影响》，载《政法论坛》2006年第5期。

的原因在于,法律的规定严重影响到执法者、司法者或社会相关主体的利益,执法者、司法者或社会相关主体积极规避法律,使法律无法得以落实,从而使法律预设的效果归于零。

湖北号称“千湖之省”,20世纪80年代末以前,渔业保护得比较好。那时,大多数大湖都有渔业管理委员会,每年召开渔民代表大会,渔民按时缴纳渔业资源保护费。每年春天,渔业管理委员会在渔民的监督下,投入大量鱼苗,渔业资源保护状况良好。20世纪80年代末,这种模式有所松弛,国家颁布《渔业法》来应对。渔业管理部门得到了加强,管湖的人越来越多,渔民交的费用被用来买车、买船、买房,渔民代表大会不再召开,也没人去放鱼苗。渔民捕鱼产量下降,开始用电船非法捕鱼,渔业管理部门最初对非法捕鱼进行罚款,后来干脆明码标价,非法电船只要交钱就畅通无阻。这导致渔业资源几近枯绝。到20世纪90年代中期,渔业管理部门就开始放任农村的“狠人”非法占有水面进行人工养殖,继续按照水面面积收取费用。[8] 这样就导致了奇怪的现象,执行《渔业法》的渔业管理部门,依靠渔民违法捕鱼、违法占用水面而生存,而保护资源的《渔业法》成了破坏渔业资源的法律,立法的原意和精神全部落空,法律处于“失败”状态。

第三节　法律实效不足的规范表现形式

法律实效不足,即法律实效未达到法律效力的预设,包括法律过度执行、法律折扣执行、法律失败等。这意味着法律在运行中未达到预设效果,法律规范在社会实践中被执行和实际遵守的状况与它的预设效果不一致。法律实效不足,一般是因为法律执行主体在贯彻落实法律时,从自身的利益立场出发,未能严格按照法律的精神实质有效地贯彻落实法律,致使法律目标过度实现或部分或全部落空;或者社会民众从自身偏好出发,设法规避法律的相关规定,得出与法律预设不一致的结果。从规范表现形式来看,法律实效不足的情形非常多,包括规范附加、规范替代、规范残缺、规范截留、规范空转等。

一、规范附加

规范附加,是指法律执行主体在执行(适用)法律的过程中,人为附加了不恰当的规范内容,使法律的调整对象、范围、力度、目标超越了法律精神实质的要求,影响了法律规范的忠实表达和实施。规范附加表面上看起来是法律执行主体结合实际贯彻落实立法,实质却是附加不合理的规范条款,为法律规范增添若干新的目标,变相扭曲法律的精神。以《人口与计划生育法》颁布之初的法律贯彻为例:

这一法律的目的是控制人口数量、提高人口素质。但在很多地方,超生罚款成了县乡政府财政收入重要来源。为此,许多地方在《人口与计划生育法》的基础上,附加出台“土政策”,将生育指标公开“拍卖”,不对育龄妇女进行有效管理,只等超生以后征收罚款。

---

[8] 湖北省的斧头湖(咸宁市咸安区、嘉鱼县、武汉市江夏区共管)如此,洪湖(洪湖市、监利县共管)亦如此,参见李昌平:《我的困惑》,载《读书》2002年第7期。

这样一来,《人口与计划生育法》的精神未能落实。

上述情况下,法律执行呈现出扩大化样态,亦即法律执行主体在执法过程中为了自身利益而给法律附加了额外的不恰当内容,法律的调控对象、范围、力度、目标超越了原定的要求,影响了法律的有效实现。

二、规范替代

规范替代,是指法律执行主体利用法律的抽象性特征和自由裁量权,以本地区或本部门具有特殊性为借口,作出不同于法律精神的解释,从而扭曲法律规范,甚至以自行制定的“土政策”直接替代法律规范。执法者常常以表面一致的规范替代应当执行的法律规范,因此在实践中法律名义上得到了执行,实际并未得到有效执行,法律规范所设定的权利、义务未能以法律所设定的方式转化为社会成员现实的法律关系。规范替代的实质就是钻法律和制度的空子,打着“实事求是”的旗号“阳奉阴违”,具有较大的迷惑性和破坏性。

为推进城镇化进程,1997年国务院颁布小城镇户籍改革试点方案,扩大了落户城镇的范围。方案一出,一些城市为吸引投资、吸纳资金而先后出台“城市增容费”措施,以各种名目有偿为农民办理农转非户口,扩大落户范围的规范被“交费农转非”的规范替代,造成当时影响很坏的“政府卖户口”现象。

上述情况下,法律执行呈现出全面异化的样态,法律执行主体在执法过程中换入表面上与法律一致而事实上背离法律精神的规范内容。这种法律规范的替换性执行即是人们常说的“上有政策,下有对策”。

三、规范残缺

任何一部法律都是由若干相互配套的具体条文和措施所组成的,形成一个多层面、多因素的有机整体,共同指向特定的法律目标。在执行法律前,应当对法律内容全面领会、整体把握。但少数执法主体出于自身利益的考虑,对法律的不同条文分别采取积极执行、消极执行、拒绝执行等行为,使原本完整的法律在选择执行中变得残缺不全,影响了法律整体功能的发挥。

我国《劳动法》很早就规定了劳动关系主体必须签订书面劳动合同,要求相关政府部门对企业进行监督。但在实践中,许多企业将签订的合同文本放在自己手中,不向劳动者发放合同文本,政府劳动监督部门对此视而不见。当发生劳资纠纷时,劳动者由于没有书面劳动合同而难以在纠纷中胜诉。《劳动法》的规定在执行过程中变得残缺不全,其整体功能未能有效发挥。

规范残缺会导致法律执行局部化。法律执行者在执行法律时根据自己的利益需求对法律的精神实质或部分内容任意取舍,有利的就贯彻执行,不利的则有意曲解乃至舍弃,致使法律内容残缺不全,无法完整落到实处,甚至收到与初衷相悖的效果。这种表现形式在我国当前改革时期很常见,国外有学者将其称为“政策选择执行”[9]。这里所说的“政策选择执行”与前文所说的法律的折扣执行中的“选择性执行”相比,虽然都进行了“选择”,但是意义并不相同。这里是指执法者对相关法律规范的选择,而前文“选择性执行”是指执法者对是否执行的情景和场合的选择。

四、规范截留

规范截留,是指当某项法律或某些法律规范可能严重损害自己利益时,法律执行者不传达、不贯彻,隐瞒、截留该法律。规范截留现象常常发生在交通不便、信息闭塞的偏远农村地区。这些地区的立法目标群体文化素质普遍较低,法治意识、民主意识欠缺,容易受到蒙蔽。规范截留行为是对法律的公然对抗,其政治、法治和社会影响十分恶劣。

农业税时代,某些基层政府为了自身利益或出于某种考虑,隐瞒国家立法关于村民自治方面的详细规定,不让农民群众对相关法律和法律实施规范有所知情,从而保持自己对村民选举的操控能力。安徽省某个杂志社曾因编辑相关支农、减轻农民负担方面的法律和政策文件,而遭到地方政府批评,文件汇编还遭到查禁。[10]

“规范截留”造成了法律宣传和贯彻的“盲点”,致使目标群体无法了解法律精神,法律所指向的社会问题难以得到调整,法律目标完全落空。这会导致法律执行停滞,亦即法律因与执行主体的利益发生冲突,从而导致执行过程未能启动或在执法某一阶段、某一环节出现“梗死”。

五、规范空转

规范空转是指在法律的贯彻落实过程中,执行者和司法者只做表面文章,不落实具体法律规范措施,使法律执行浮于表面、流于形式。实践中,规范空转常常表现为以会议落实会议、以文件落实法律,导致法律的贯彻执行停留在一般性的宣传号召层面上。导致这种执行敷衍行为的根本动因是该部法律有损执行主体利益,或者虽无损利益,但执行起来耗费人力财力、“得不偿失”。规范空转使立法成为一纸空文,在阻碍法律目标实现的同时,还极大地浪费了公共资源,严重损害了法律的严肃性和权威性。

在很长时段内,中小企业污染严重,国务院多次开展环境整顿,要求关闭中小型污染企业,要求各地贯彻执行相关法律和公共政策。然而,由于地方政府与企业在利益上有着千丝万缕的联系,一些地方政府和部门执行敷衍,象征性地开展环境污染检查,象征性地发出停业整顿通知。由此可见,大量不符合法律法规要求的中小污染企业继续违规生产,导致环境污染不断恶化,重大污染事件频频发生。

规范空转会导致法律执行表面化,即法律在执行过程中只是被宣传一番,而未被转化为具体的操作性措施,使法律所产生的作用低于法律目标的要求。这种表现形式类似于

---

〔9〕 O' Brien, Li Liangjiang, *Selective Policy Implementation in Rural China*, Comparative Politics Vol. 31, Number 2, January 1999, p. 167 – 185.

〔10〕 陈桂棣、春桃:《中国农民调查》,人民文学出版社 2004 年版。

荷兰学者布雷塞斯所说的“象征性合作”，即“地方政府假装合作，而实际上并未合作。在实际执行中，这种情况包括口头上支持中央政策，或以书面形式表态，但没有按照中央政府的期望做任何事情”。[11]

第四节 法律实效的影响因素

法律实效是法律在运行中表现出来的结果形态，它受到诸多因素的影响，是它们综合作用的结果。这些因素至少包括法律与社会的协调性、执法主体的偏好、执法能力等。

一、法律与社会的协调性

法律与社会的协调性，是指法律规范与一个社会的经济基础、社会结构及其背后的道德、伦理、文化、习俗、信仰等社会规范和价值观念之间的协调程度。从理论上讲，法律是社会的产物，建立在一定的经济基础之上，反映某一时期的社会结构，维护现有的社会制度和价值观念。然而，中国是一个后发现代化国家，法律肩负着改造社会的历史重任。中国法律运行的显著特征是，由中央政权先行立法，然后由基层政权执行，通过政权体系将立法贯彻下去。这种模式决定了中国的法律有一定的外来性，它不完全是从中国社会自然生长出来的，因此法律规范时常会与社会规范、民间观念、社会需求有所冲突。

当法律与社会的协调性较好时，法律更容易贯彻实施，法律实施的成本低、阻力小，法律实效更好。此时，法律实效往往会体现为法律实现的状态。以“严打”为例：

“严打”通常发生在社会秩序混乱的时期，群众失去安全感，有“严打”的要求和偏好。“严打”一般由中央发起，这种刑事政策符合社会需求和民众需要，因此历次“严打”的效果都相当不错，在较短的时间内保障了社会秩序。“严打”的刑事政策之所以屡次成功，是因为这种刑事政策很大程度上符合社会需求，基层政权能够实现体系内资源的总动员，促进权力向基层社会和治理软肋的传输与渗透。同时，基层政权也在实施这一政策时增强了自身的合法性。

当法律与社会的协调性不好时，法律贯彻实施就会存在困难，法律实施的成本高、阻力大，法律实效不高。此时，法律实效往往体现为法律折扣执行或法律失败。以农村土地承包实践为例：

20世纪80年代以来，中央一直强调农地承包关系的稳定，《土地管理法》和《农村土地承包法》明确反对土地根据人口变动而变动。但是，农村广泛存在土地调整的地方性共识，农民基于生存伦理和平均主义心态，认为应当按照人口变化进行土地调整。这与法律规范构成直接冲突。一直到2010年左右，稳定承包关系的法律规范在很多地方得不到切实执行，土地“三年一小调，五年一大调”的现象普遍存在。

---

〔11〕［荷兰］H·布雷塞斯、M·霍尼赫：《政策效果解释的比较方法》，张蓉燕译，载《国际社会科学杂志》1987年第2期。

当法律与社会协调性不好时,法律实效问题很容易表现为,法律与基层社会规范之间的冲突和无法融合。基层社会具有一定程度的均质性,存在能在地方区域内大体得到认同和遵守的价值观念或社会规范,它们与法律规范不协调、不匹配。当然,不宜夸大基层社会的同质性,进而将法律与社会的冲突化约为国家法与民间法的冲突;更不宜因为法律规范通过移植取自西方,是对西方法治经验的借鉴,就将法律与基层社会的冲突化约成西方法律与中国本土资源的冲突。一旦如此,法律实效问题可能被引向西方法律与中国经验之间的关系,法律移植在实践和理论上是否可能等有失偏颇的问题。

二、执法主体的偏好

执法主体(包括司法和行政执法主体)的偏好是影响法律实效的重要因素。由于中国是后发现代化国家,立法肩负着改造社会的重任,法律往往具有一定外来性,需要通过政权体系贯彻执行。相应渠道有两个,一是政府系统,二是法院系统。因此,法律实施包括行政执法和司法,执法主体是包括各级政府及其部门组成的行政体系和各级法院组成的司法体系。由于中国是政府推动型法治现代化国家,对中央立法的贯彻更多依赖政府系统。

人们往往容易忽略执法主体的偏好及其复杂性,从而陷入两种理想或极端的认识。其一,将执法主体看作立法者和法律的忠实代理人。由于中央层面的立法者是全国人大、国务院等政权机构,而相应的执法主体是地方政府和地方法院,尤其是最基层的县乡政府和法院(法庭),因此将地方政府和法院理解为法律和中央(上级)政权手臂的延长。其二,将执法主体看作地方利益的保护者。由于有法不依、执法不严的情形在实践中常见,地方政权机构常常并非中央政权和法律的忠实代理人,所以就出现另外一个极端认识,认为地方政府和法院是当地利益的保护者,将复杂的法律实践化约为"地方保护主义"。这两种认识都不符合现实,难以面对法律实践的复杂性。作为法律执行主体的地方政府和法院,既不是法律和中央政权的忠实代理人,也不是地方利益的保护者,它有自身独立的偏好和利益。这种利益并非腐败意义上的,而是制度运作偏好意义上的。

在中国,法律和中央政权通常不受社会势力的影响,或者被期望不受任何社会势力和利益集团的影响,而总是着眼于国家整体利益和社会整体需求。正基于此,可以认为立法具有伦理上的正当性,是从国家整体利益和社会整体需求出发的。因此,中央的偏好与法律的目的完全一致,可以假定为希望法律得到不折不扣的执行。而作为法律执行主体,地方政府和法院有着自己独立的偏好,这种偏好未必与中央一致,也未必与社会偏好一致。将执法主体的偏好纳入法律实践过程和结果中,就可以看到它对法律实效的影响。

实践中,通过行政手段进行土地调整在全国农村一直普遍存在,县乡政府在其中充当了"隐蔽的合谋者"角色。因为县乡政府知道,严格执行法律,就会导致村庄土地利益结构刚性化,村庄就难以谋求发展。村庄引来公共项目或经济发展项目,占用土地后,如果不调整土地,就得持续多年支付占地补偿,这会成为村集体沉重的负担。如果可以调整土地,村庄利益结构就具有一定的弹性,乡村组织就可能利用这种弹性来做成一些事情。这样一来,如果县乡政府希望村组干部带领村庄发展,就不能反对土地调整;但县乡政府又不能明确支持违反法律的土地调整行为，因此就只好采取模糊的态度。[12]

在上述案例中，法律执行主体的偏好与法律不一致。法律执行主体要将这种偏好转化为现实，需要具备两个条件：一是要具备能有效规避法律的手段，摆脱中央政权对法律执行的监控；二是要极力防止不同意见者将其违反法律精神的做法向上级告发。如果能做到这两点，执法主体就可以将其偏好转化为现实而不遇到障碍。此时，法律和中央政权的意图就会落空，法律实效往往体现为法律失败、法律折扣执行。

在一段时间内，计划生育和殡葬改革等移风易俗方面法律的实施状况，提供了另一方面的例子：

中央和上级政府为了贯彻立法，规定计划生育率或火葬率达不到一定比例的县乡，党政干部的政绩考核就要“减等”，甚至遭到“一票否决”。这样，通过政绩考核机制，上级政权就将基层执法主体的偏好统一到法律意图上，作为执法主体的基层政权成为推行计划生育和殡葬改革的主力。正是在保证基层政权的偏好与法律一致的情况下，各种移风易俗的法律和政策才能在与社会规范不协调、与社会偏好不一致的情况下，获得预期效果。

在上述情形下，对于地方政府而言，严格执法同时维护了自身利益。中国作为一个后发型现代化国家，客观上需要由接受现代观念的精英来推动发展，因此移风易俗、改造社会的严格执法有着相当的合理性。尽管会面临一些困难和矛盾，执法主体的偏好还是会贯彻到法律实践中。这样，法律实效往往会体现为法律实现，或在社会压力过大时体现为法律折扣执行。

三、执法能力

执法能力，是指一种国家将法律转化为现实的能力，它是国家能力在执法领域的表现。王绍光曾将国家能力用公式表达为“国家能力 = 国家实际实现的干预程度/国家希望达到的干预范围”。[13] 与此类似，执法能力可以表述为“执法能力 = 法律实效/法律表达的国家意图”。由此可见，法律实效取决于执法能力，也反映执法能力。全国各地违建执法的困境颇能说明问题：

多年来，许多城市不断加大力度打击违法建设，但执法成效似乎有限，违建现象一边遭受打击，一边有所蔓延。例如，最近十年来湖北某市多次“重拳打击违法建设”，但收效有限，而“多次”本身就说明了执法效果的不彻底性。法律规则在实践中遭遇漠视、规避和拒斥，“重拳”执法耗费大量政府资源，但收效仍然不好，还引发了政府与社会的对立和冲突。这构成了违建执法的困境。

执法能力需要同时从两个维度理解：

1. 国家与社会的关系。执法能力涉及国家对社会的形塑，因此需要考察国家与社会

---

〔12〕 陈柏峰：《地方性共识与农地承包的法律实践》，载《中外法学》2008 年第 2 期。

〔13〕 王绍光：《安邦之道：国家转型的目标与途径》，生活 · 读书 · 新知三联书店 2007 年版，第 5 页。

的互动关系。法律在执行过程中会经历一种与社会的磨合过程，它发生在执法机构与社会的接触面上。执法机构与社会是相互作用的，执法机构试图将法律变成社会现实，社会力量也会试图改变执法机构，法律系统与社会系统之间不断发生碰撞与交换、压制与反制。国家对社会的形塑，必然体现在执法人员与社会的互动关系中，社会中既包括社区干部、地方精英，也包括弱势群体。如此一来，执法人员也是执法能力的重要构成要素，其理念、意志、品质、能力，都可能影响执法能力和执法结果。有正确的理念、高尚的品质、坚强的意志、突出的能力，执法人员就可以尽可能聚集执法所需的资源。

2. 国家及其机构的结构。国家是一个庞大的科层体系，在与社会的互动中，不同的机构都可能被当作国家。制定法律与执行法律的并不是同一类机构、同一批人，甚至在执法过程中，发出执行号令与实际执行的也不是同一类机构、同一批人。不同的机构、不同的人群有自身独特的利益、偏好、经验和意志，所以保证一线执法人员有效传递、贯彻法律意图对国家能力是巨大的考验。因此，法律在科层体系中的传递效度，也构成执法能力的影响因素。只有能力强大的国家，才能保证政令畅通、统一、完整；能力弱小的国家，政令在国家科层体系内部、上下级机构之间传播就可能被歪曲。有时，法律执行还涉及不同职能的国家机构，取决于多部门的协商与合作。故此，执法能力既涉及机构之间（执法机构与其他机构、执法机构的上下级）的关系，也涉及执法机构与执法人员的关系。

总而言之，执法能力至少面临三个方面的问题：执法机构、执法人员及其与社会的互动。其一，由于科层体系内部不同机构缺乏有效合作，法律和国家意志难以在执法过程中被忠实传递和贯彻，从而导致执法出现“损耗”。其二，一线执法人员处于科层组织的末端，是国家进入社会的前线，如果缺乏科学有效的行政考核，缺乏足够的素养（包括理念、能力），都会影响执法能力。其三，法律“穿透”社会，最终需要经由一线执法人员的执法行动，他们需要与执法对象进行反复的较量，而社会的复杂性（执法空间和执法事务的特性）制约着执法人员。

有学者认为，执法能力由执法权调控能力、人员组织能力、财政保障能力、依法行政能力和执法互动能力构成。[14] 执法权调控能力是对各专业化执法权进行灵活搭配、组合的能力；人员组织能力是组织人员参与执法工作，并加强人员专业化的能力；财政保障能力是通过财政手段、工作机制等方式对执法进行物质保障的能力；依法行政能力是依照法律规定开展执法工作，并将行政权力约束在法治轨道内的能力；执法互动能力是向社会贯彻法治意识、回应群众诉求、吸纳社会力量，并最终实现社会控制的能力。显然，执法能力具有复杂的构成，受到众多因素的制约，有的制约因素可通过制度设计来改变，有的因素则需要依赖于长期的社会经济发展才能改变。

---

〔14〕 李梦侠：《当代中国基层行政执法能力研究》，中南财经政法大学 2019 年博士学位论文，第 175 页。

第二十四章　法律与社会规范

第一节　社会规范概述

一、社会规范释义

社会规范在规制人的行为、维系社会秩序方面，具有重要作用。对于绝大多数人，构成自己社会生活秩序核心的通常是各种社会规范。[1] 社会规范是指国家正式制度之外，社会群体内约束个体行为，并以自发、分散或内生的社会制裁去执行的非正式规范。社会规范是一种行为规范，是社会生活中的各种实际规则。社会规范具有以下基本特点：

第一，社会规范存在于国家正式制度之外。社会规范是一种远离国家权力的社会控制方式。社会规范的形成不直接源于国家的立法行为，也不完全依赖其他正式制度的确定。社会规范的合法性源于社会自身，不需要获得国家的直接认可。从历史的角度看，社会规范的产生早于法律的出现。即便法律不断深入社会，社会规范依然广泛存在于家庭生活、社会交往、经济活动、宗教活动、网络空间等各个方面。在法律无法深入的特定社会秩序领域，社会规范占据了中心位置。

第二，社会规范适用于不同社会群体及其社会组织。社会规范在社会秩序体系中具有独特的适用对象，只适用于特定社会群体。社会群体是一个广义的说法，个人因处于不同的社会场景而形成不同的角色定位，这些同质的角色定位集合形成特定的社会群体。比如，一个人在工作中是公司的职员，在社会组织中是社工，同时还是信仰某个宗教的教徒，那就存在公司职员、社会工作者、教徒三种角色定位，他需要在不同的角色定位中遵守不同的社会规范，个人行为要符合社会群体内部的基本期待。在经济社会发展过程中，社会群体以组织化的面貌出现。比如，一般意义上的公益性社会团体，就是一种组织化了的社会群体。这些社会团体依照不同的利益关系、行业特点和社会作用，制定社会团体章程，确立并推行各种适用于社会组织内部的社会规范。

第三，社会规范运行过程中的社会制裁具有自发性、分散性和内生性。与正式制度不同，社会规范对个体行为的约束，主要通过自我内化机制和激励机制来完成。对于个体而言，社会规范是外在的，但个体在违反规范时，会自发产生羞愧、罪过等心理而遭受主观损失。这种个体在主观上承受心理负担的过程，便是以自发的方式完成了社会规范的社会制裁。社会规范对个体行为的激励具有分散性，社会评价、社会排斥、社会荣誉以及未来

---

[1] 参见[美]罗伯特·C. 埃里克森：《无需法律的秩序：相邻者如何解决纠纷》，苏力译，中国政法大学出版社2016年版，第4~7页。

的社会收益等都属于社会规范的奖惩内容,这些社会奖惩由社会群体中的个体或集体作出,不需要国家进行高度中心化的公共裁决。

二、社会规范的常见种类

社会规范存在于社会秩序领域的各个角落。从社会关系紧密的村落到陌生化程度较高的商业领域,从日常生活空间到宗教活动场域,都存在社会规范。与法律不同,社会规范的存在并不需要国家权力机关公开发布,也不一定以成文形式作为载体,更谈不上社会规范总体上的体系化。常见的社会规范有乡土规范、村规民约、道德规范、社团规范、商业行规、宗教规范、网络规范等。

(一)乡土规范

乡土规范是乡村社会中形成的对村民行为具有直接约束力的社会规范。乡村社会的血缘关系和地缘关系重合,人们生活在这样的社会结构中,需要对社会关系准确分类并定位自身。为此,人们遵守相应的乡土规范。其中最基础的是亲属圈规范,亲属圈规范存在地域上的差异性。有的农村亲属圈较小,以近亲属为主;有的农村亲属圈较大,可以延伸至整个姓氏家门。其次是一般的社会习俗,如彩礼规范、红白喜事规则,这些社会规范都是个体在日常生活中必须遵守的行为准则。在一些少数民族聚居地区,民族习惯也是重要的乡土规范。民族习惯构成了当地大多数居民社会生活的基本规范,既具有世俗性,又可能具有信仰色彩或宗教性。

(二)村规民约

村规民约是乡村集体成员为了处理社会事务、促进公益事业、解决社会纠纷、维护村民利益,以民主协商的方式确立的社会规范。村规民约主要通过民主协商的方式形成,由村民在日常生产生活中产生,并经过村民代表的提议,通过村民代表会议、村民委员会的讨论,在行政村一级形成正式的规范文本。村规民约广泛地存在于乡村治理之中,在保障基层民主、管理公共事务、配置集体资源、保护利用资源、促进团结互助、推进移风易俗、维护乡村治安、解决民间纠纷等方面具有积极作用。[2] 村规民约之所以能发挥作用,与乡村社会的自治传统、村民集体认同心理的支撑紧密相连,也与国家力量的支持有关。

(三)道德规范

道德是一种靠社会舆论、社会习俗和人们的内心信念来保证实施的社会行为规范。它是人们关于善与恶、美与丑、正义与邪恶、光荣与耻辱、公正与偏私的感觉、观点、规范和原则的总和。道德规范在社会规范中具有重要的位置,存在于每个社会中。道德规范通过一套社会认知体系来规范、引导个人的行为,其在本质上反映着人们的内心信念,是人类社会文明的体现。道德规范通过道德信念指引人的行为,赋予社会行为以道德意义。道德规范不仅包括公民道德,还包括现代职业道德。社会分工出现后,职业领域开始形成

---

〔2〕 参见陈寒非、高其才:《村规民约在乡村治理中的积极作用实证研究》,载《清华法学》2018年第1期。

特定行业对从业人员的职业要求,其中最核心的是与特定行业紧密相关的各种职业操守。身处不同职业领域中的社会个体,都需要遵守以职业操守为核心的职业道德。职业道德比公民道德在适用上更有特定性。专业人士所遵从的职业道德,比公民道德更具强制性,最大限度地体现了道德规范的公共性。

(四)社团规范

社团的产生源于现代社会对社会利益冲突和功能失调所作出的反应。在社会秩序的达成上,社团具有独特的功能优势,不仅在社会专业领域具有专业经验和专业技术知识,还能够克服国家和市场治理模式的不足。一般而言,社会团体主要分为城乡社区服务类、公益慈善类、科技类、行业协会类、宗教类、涉外类和政治法律类等基本类型。社团规范主要是指社团章程和社会内部组织、管理上的规范,其主要目的是健全组织机制和完善内部治理机制。

(五)商业行规

商业行规是指由商业组织制定,或由商人自行约定,或在长期商业实践中自发形成的,用于调整因商业活动产生的各种关系的具有非正式约束力的社会规范。[3] 商业行规主要包括:(1)行业协会、商会章程。这是协会、商会活动的基本准则,是协会、商会实现民主决策与自律管理的基本保证。(2)行规行约。行规行约是协会、商会根据章程规定的权限和范围制定的促进行业自律的具体规范。一般而言,一些"会员公约""自律公约""行为规范"字样的商业行规等都属于行规行约。(3)行业惯例或行业习惯。行业惯例或行业习惯是某一行业通常采用,并为行业内部所知晓或应当知晓的商业行为惯用方式。绝大多数行业惯例或行业习惯并未成文化,却在行业内部被普遍适用。(4)行业标准。行业协会、商会可根据行业实际情况制定不低于国家标准的行业标准,特别是在一些新产品制造或新兴服务行业。行业标准一般是各种技术性规范,其主要功能是引导、规范并促进技术进步。

(六)宗教规范

宗教是一种有组织的活动,宗教活动的核心是信仰的萌发和实现。宗教活动表现为特定的外部行为,如拜佛、诵经、礼拜、讲道、受戒、封斋、过宗教节日等。这些宗教活动需要有相应的行为规范来约束教徒和信众的行为,如宗教教义、教规、戒律、经文、宗教管理规范等。可见,宗教规范是指宗教团体行为的一系列制度,是宗教活动有序开展的重要保证。宗教规范是信仰观念的外在化和规范化,本质上是宗教信仰的规范载体。由于涉及神和人的关系,宗教规范通常表现为人对神的义务性规范,通过信仰体系来支配宗教行为。

(七)网络规范

网络规范,是指网络社群中形成的依靠信息技术获得执行的社会规范。传统的社会

[3] 参见董淳锷:《商业行规的司法适用——实证考察与法理阐释》,载《清华法学》2020年第1期。

规范主要在紧密社群中产生，而网络规范主要形成于网络用户之间，并且依靠信息技术来获得有效执行。[4] 互联网中的信息技术，将物理空间中散落的小规模社会群体联系起来，形成规模更大的网络社群，大大降低了社会个体集体行动的成本。这使得网络规范依靠网络技术对物理世界边界的突破，在大型网络社群中快速发展。在网络空间中，平台规则是最具硬度的社会规范，堪称网络社会中的"法律"。除了普通的网络社群，互联网平台承载并控制着海量的信息资源、网络行为和市场交易。相比于一般性的网络规范，平台规则并非自下而上、形式化程度低的社会规范，而是更多具有自上而下的治理属性，其内容和实施机制均有较强的中心化特征。借助新型数据技术，互联网平台在网络空间中享有极为重要的规制权力，为网络空间提供了基础性的秩序公共品。

第二节　法律与社会规范的关系

法律在现代秩序建构中发挥了越来越重要的作用，却不可能在所有秩序领域产生全面的规制效果。社会规范的形成和发展具有独特的社会群体互动的逻辑，无法与法律完全划界而治。法律和社会规范在运行中存在复杂的相互作用，呈现多元共治的关系。就法律的功能而言，法律支持社会规范的发展，对社会规范予以干预和改造，推动社会规范的变迁。就社会规范的功能而言，社会规范辅助法律的执行，降低了法律运行的成本。

一、法律支持社会规范的发展

法律是运作成本高昂的秩序公共品。为了节省治理成本，国家通过立法来支持社会规范的发展，推动社会力量开展自我治理。

1. 法律促进社会规范的发展。社会规范的形成是一个逐步演化的过程，需要社会主体之间经过多次博弈。如果过于强调自发性，社会规范发展可能很缓慢。甚至，社会利益团体的反对或相互间的无序竞争，会导致社会规范陷入无谓的争端之中。[5] 法律是国家依据法定程序制定或认可的、以国家强制力为后盾的行为规范体系。相对于社会规范，法律的比较优势在于，当遇到阻碍其实施的力量时，能够依靠强制力改变原有的社会利益格局。为此，当法律有序介入社会规范的创新时，能够及时向社会主体宣示关于社会行为的指引性信息，有助于重塑社会认知，加快社会规范的创新。比如，《村民委员会组织法》和《城市居民委员会组织法》的立法宗旨是通过村民自治、居民自治的方式实现社会治理。这些法律无疑为社会治理中的各方主体提供了博弈的参照系，促使他们客观测量自己的利弊得失，衡量预期收益和机会成本，有助于村规民约、居民公约的快速形成和健康发展。

2. 法律认可或吸收新兴的社会规范。社会规范不可能一成不变。对于因新的社会形势而出现的社会规范，法律可能予以认可或吸收。

"七天无理由退货"是网购中有利于消费者的"后悔权"交易规范，原本是网络平台在

---

〔4〕 参见戴昕：《重新发现社会规范：中国网络法的经济社会学视角》，载《学术月刊》2019 年第 2 期。

〔5〕 参见吴元元：《认真对待社会规范——法律社会学的功能分析视角》，载《法学》2020 年第 8 期。

交易实践中自发形成的商业规范。2013 年修正的《消费者权益保护法》第二十五条认可并吸收了这种网络商业规范，明文规定“经营者采用网络、电视、电话、邮购等方式销售商品，消费者有权自收到商品之日起七日内退货，且无需说明理由……”

社会规范的发展并非独立的自我演化过程。法律依靠自身在多元规范体系中的优势地位，积极介入社会规范的发展进程，影响社会规范的发展方向和形成速度。

二、法律推动社会规范的变迁

法律具有主动性，会借助强制力改造旧有的社会规范，也能够及时干预“失灵”的社会规范，促进社会福利的最大化。

1. 法律改造旧有的社会规范。相较于社会规范，法律具有优势地位。当国家试图深入某个领域时，可以通过立法、推动法律执行，改造旧有的社会规范。

在我国农村，曾经普遍存在承包地随人口变动调整的习惯，这种调地习惯基于土地生产资料人人有份的村社共识。后来，《农村土地承包法》禁止根据人口变动调整土地。农地调整行为逐步消失后，农民不断丧失农地调整规范的村社记忆。当村社集体成员对农地调整已不抱有期待时，国家推行的现代产权规则开始在乡村社会获得社会基础。同时，国家不断加强的农村社会保障制度建设，逐步替代农地制度的社会保障功能，法律规则由此实现对农地调整社会规范的整体性替代。

由此可见，法律改造旧有的社会规范，并非由于社会规范失去作用，而往往是国家基于新的治理目标，以强制力打破社会规范，推动社会的变迁。

2. 法律干预“失灵”的社会规范。社会规范所维系的秩序，并不完全符合社会发展的需求。法律积极干预社会规范，有利于促进社会行为进入更有效率的均衡状态。

在饭局上，一直盛行敬酒、劝酒乃至灌酒的各种社交规范。很多人不愿多喝，却难以推辞。2011 年修正的《刑法》规定“在道路上醉酒驾驶机动车的，处拘役，并处罚金”。这便是所谓的“醉驾入刑”。此后，出现了越来越多的“开车不喝酒”的拒酒理由。“醉驾入刑”为很多人提供了违反酒桌社交规范的借口，使很多人规避了过量饮酒所带来的身心负担。

在社会群体中，一些行为在原有的社会情境中被认为是对社会规范的违反，而法律介入之后，这些行为可能反而是对法律权威的遵从。法律为违反社会规范的行为提供了新的解释，重新定义社会规范的含义，减弱了社会规范对个体的约束力。

在公共卫生习惯中，社会普遍认为佩戴口罩意味着身患传染性疾病。在公共场合戴口罩的人，很容易被社会公众判定为流行疾病患者。新冠肺炎疫情暴发后，国家颁布“公共场合必戴口罩”的防疫法令，戴口罩的社会规范的含义得到法律的重新定义，即作为阻断病毒传播行为的“戴口罩”，受到国家强制力的有效支持，成为预防和控制流行病传播的法定方式。这样，人们就可以在新的社会情境下安心佩戴口罩，不至于因被认为是疾病携带者而遭受社会排斥。

由此可见，在干预方式上，法律通过作用于社会规范适用的微观情境，对行为的社会含义进行重新定义，进而弱化社会规范对行为的约束。[6] 法律对“失灵”的社会规范的改造，并不单纯通过行政执法完成，而是借助微观社会情境，充分调动个体的理性选择来达成。

三、社会规范辅助法律的执行

法律发挥效用需要依赖充足的公共财力、公正高效的法律实施系统和良好的守法社会基础。与法律相比，社会规范的形成和运行更多是一种内生秩序，无须动用大量的国家资源。人们遵守秩序并非由于感受到法律制度的存在，而是因为社会规范对社会个体的广泛约束力。[7] 借助社会规范的自我实施机制，法律运作成本可以降低。

社会规范的自我实施机制，是指社会规范处于弥散化的执行中，社会个体既遵守规则，也执行和监督规则。法律借助这种成本低廉的社会执行机制，可以克服单纯依靠国家权力的诸多局限。因此，社会规范通过自我执行的方式约束社会行为，为法律的执行提供重要辅助。

良好的环境是一种特殊的公共品。在农村垃圾治理中，乡村社会以村民自治的方式，充分发挥公共道德、村规民约等社会规范的声誉激励作用，将包含现代公共卫生意识和环保理念的垃圾处理方法，融入农村居民的生活习惯，从而通过社会成员的自发参与，促使环保法律和政策以温和的方式逐渐在乡土社会扎根。

在网络治理中也存在社会规范为法律提供执行便利的情况。网络规范对法律执行的辅助作用，既体现为提高失范行为被发现的概率，也体现为补充法律制裁的力度，增加行为人的守法激励。例如，网络用户群体往往是自媒体著作权侵权行为的发现者和制裁者。网络空间自发形成的著作权保护规范，会促使用户自发执法。

第三节　当代中国的规范体系

现代社会规则是一个由多元规范构成的体系。在规范多元的格局中，不同类型的规范有不同的性质、作用机制和运行方式，在不同秩序场域发挥特定的功能。当代中国有法律、党内法规、党的政策、国家政策、社会规范等多种规范类型。理解法律与社会规范的关系，需要将它们置于当代中国的规范体系中。

一、法律规范体系

在当代中国的规范体系中，法律规范体系当居首位。按照我国“一元多级”的立法体制，法律规范体系可分为中央立法和地方立法两个层面。在中央立法层面，有以下类型的法律规范：

---

〔6〕 参见戴昕：《“守法作为借口”：通过社会规范的法律干预》，载《法制与社会发展》2017年第6期。

〔7〕 参见［美］埃里克·A.波斯纳：《法律与社会规范》，沈明译，中国政法大学出版社2004年版，第5页。

1. 宪法。宪法是治国安邦的总章程,是中国革命和建设经验的科学总结和胜利成果,是建设中国特色社会主义的伟大纲领。宪法是建设中国特色社会主义法治体系、建设社会主义法治国家的最高法律依据。宪法在整个法律规范体系中具有至高无上的地位。

2. 法律。法律分为全国人大制定的基本法律和全国人大常委会制定的基本法律以外的其他法律,其中全国人大常委会制定的基本法律以外的其他法律数量多于基本法律。

3. 行政法规。行政法规由国务院制定,其法律地位仅次于宪法和法律。此外,国务院常务会议通过的决议、决定和它发布的行政命令,与行政法规具有同等法律效力。

4. 监察法规。2019 年 10 月 26 日第十三届全国人民代表大会常务委员会第十四次会议表决通过的《全国人民代表大会常务委员会关于国家监察委员会制定监察法规的决定》,明确“国家监察委员会根据宪法和法律,制定监察法规”。监察法规由全国人民代表大会常务委员会授权国家监察委员会制定,由国家监察委员会发布。

5. 部门规章。部门规章是国务院各部委等依据宪法、法律、行政法规,在权限内发布的命令、指示和规章,在各部委业务管辖范围内生效。

在地方立法层面,有以下类型的法律规范:〔8〕

1. 地方性法规。地方性法规是地方国家权力机关依照法定的权限,在不同宪法、法律和行政法规相抵触的前提下,制定和颁布的在本行政区域范围内实施的规范性文件。地方性法规的立法主体具体包括省、自治区、直辖市、省级人民政府所在地的市和国务院批准的较大的市、其他设区的市、自治州的人民代表大会及其常委会。

2. 地方政府规章。地方政府规章是省、自治区、直辖市和设区的市、自治州的人民政府,根据法律、行政法规和本省、自治区、直辖市的地方性法规,制定的规章。

3. 自治条例。自治条例是民族自治地方的人民代表大会依照当地民族的政治、经济、文化的特点,制定的有关本地方实行区域自治的组织和活动原则、自治机关的构成和职权等内容的综合性规范性文件。

4. 单行条例。单行条例是民族自治地方的人民代表大会依照当地民族的政治、经济、文化的特点,制定的关于某一方面具体事项的规范性文件。

以上是当代中国法律规范体系的基本状况。在法律规范基本体系之外,还存在立法解释、司法解释、行政解释和地方性法规解释,〔9〕它们也属于法律规范的范畴:

1. 立法解释。立法解释是全国人大常委会对法律作出的解释,同法律具有同等效力。全国人大常委会作出立法解释是重要的立法形式,所以立法解释属于法律规范。

2. 司法解释。司法解释是国家最高司法机关依据全国人大常委会的法律授权,在适用法律过程中对具体应用法律问题所作的解释。司法解释的对象是法律,解释的规范形态具有法律效力,而且在司法实践中能够被援引。所以,法律授权范围内的司法解释属于法律规范。

3. 行政解释。行政解释是国务院及主管部门经过全国人大常委会的法律授权后,就

---

〔8〕 这里仅在一般意义上介绍我国地方立法层面的法律规范类型。除此之外,还有经济特区的经济法规和特别行政区的法律等特殊类型。

〔9〕 参见刘作翔:《当代中国的规范体系:理论与制度结构》,载《中国社会科学》2019 年第 7 期。

司法工作之外的法律适用问题，对法律进行的解释。这种在法律授权范围之内进行的法律解释，属于法律规范。

4. 地方性法规解释。地方性法规解释是由制定相应法律规范的省、自治区、直辖市人民代表大会常务委员会对地方性法规进行的解释或作出的规定。经过全国人大常委会的法律授权后，省、自治区、直辖市人民政府主管部门对地方性规范的具体应用问题进行的解释，也属于地方性规范解释。

二、党内法规体系

党内法规体系是以党章为根本，以准则、条例等中央党内法规为主干，由各领域各层级党内法规组成的有机统一整体。党内法规体系主要包括党章、党规、党纪等以条文形式出现的党的规范性文件。在形式上，党内法规由党章、准则、条例、规则、规定、办法、细则等组成，这些构成了党内法规的内容。

1. 党章。党章是最根本的党内法规，是党内法规体系中的“母法”，是制定其他党内法规的基础和依据。党章对党的性质和宗旨、路线和纲领、指导思想和奋斗目标、组织原则和组织机构、党员义务和权利以及党的纪律等作出根本规定。

2. 准则。在党内法规体系中，准则是效力仅次于党章的党内法规，属于基础主干法规，具有很高的权威性和稳定性，如《关于新形势下党内政治生活的若干准则》《中国共产党廉洁自律准则》等。

3. 条例。条例是对党的某一领域重要关系或某一方面的重要工作作出的全面规定，如《中国共产党机构编制工作条例》《党政领导干部选拔任用工作条例》《中国共产党党内监督条例》《中国共产党纪律处分条例》《中国共产党问责条例》《中国共产党党员权利保障条例》等。

4. 规则、规定、办法、细则。这四种党内法规是对中国共产党的某一方面重要工作的要求和程序等作出的具体规定。其中，规定是调整党内生活中的一般性问题或者某一方面工作的党内法规，规范的范围和对象比较集中，措施和要求比较具体，如《党政主要负责人履行推进法治建设第一责任人职责规定》。办法是对开展某项工作的方法、步骤和措施作出规定的党内法规，具有突出的程序性、针对性和可操作性，如《领导干部个人有关事项报告查核结果处理办法》。规则是对党的有关组织运行机制以及工作程序方法作出规定的党内法规，如《中国共产党纪律检查机关监督执纪工作规则》。细则是为保证综合性党内法规正确实施而制定的配套规范，或者对一些具体事项作出规定的党内法规，具有很强的可操作性，如《中国共产党发展党员工作细则》。〔10〕

党内规范体系由两个“1+4”纵横交错而成。“1”是指党章。作为党的根本大法，党章是“万规之本”，其他党内法规以党章为根基，党章在各级各类党内法规中具有最大权威和最高效力。第一个“1+4”指的是纵向上的效力位阶。这里的“4”包括由党中央制定的中央党内法规，由中央纪委、中央各部门制定的部委党内法规，由省级党委制定的地方党内法规以及由党中央授权的副省级城市和省会城市党委制定的地方性党内法规。第二

〔10〕 参见宋功德、张文显主编：《党内法规学》，高等教育出版社2020年版，第31页。

个"1+4"指的是横向上的调整领域。这里的"4"是指四大制度板块,即党的组织规范制度、党的领导规范制度、党的自身建设法规制度、党的监督保障法规制度。其中,党的组织规范制度规范党的中央组织、地方组织、基层组织,党的纪检机关、工作机关、派出机关、党组以及其他党组织的产生和职责问题;党的领导规范制度规范党在党外实施的各种领导行为,规范党领导经济建设、政治建设、文化建设、社会建设、生态文明建设以及外事、国防军队建设等活动;党的自身建设法规制度规范党在党内实施的自身建设行为,规范党的政治建设、思想建设、组织建设、作风建设、纪律建设等活动;党的监督保障法规制度规范党的工作责任制、党内监督、问责、组织处理、党纪处分、奖励表彰、党员权利、党的机关运行保障等活动。[11]

三、党和国家政策体系

党的政策体系,主要是指中国共产党各级各类组织在履行职责过程中形成的具有普遍约束力,可以反复适用的决议、决定、意见、通知等党的规范性文件的总和。党的政策体系包括:中共中央制定的规范性文件;中央纪委以及党中央工作机关和省、自治区、直辖市党委制定的规范性文件;其他地方党委为贯彻和落实党中央、上级党委的政策而制定的政策。

党的政策体系由党的总政策、党的基本政策和党的具体政策构成,还可以分为涉及党的自身建设的政策和涉及党的领导和执政的政策。其中涉及党的自身建设的政策,通常由党委单独制定,并在党内发挥制度效力;而涉及党的领导和执政的政策,可以由党委单独发文,也可以与非党组织联合制定、以党的文件字号发布。[12] 在党的政策体系中,最具有代表性的党的政策是中央全会的决定,如党的十八届四中全会通过的《中共中央关于全面推进依法治国若干重大问题的决定》。这种党的纲领性文件,是党的政策体系的重要组成部分,集中体现了党的领导、人民当家作主、依法治国的有机统一,系统承载了党领导经济社会发展的主张和意图。

国家政策是当代中国规范体系的重要构成部分。除了法律规范,国家还通过发布政策,实现对国家和社会的治理目标。我国社会正处于急剧转型期,法律应对各种问题具有保守性、滞后性,国家政策在出台和适用上具有及时性、灵活性,能够对快速变动中的社会经济关系进行有效规范。国家政策可以分为立法政策、司法政策和行政政策。[13]

四、社会规范体系

在当代中国规范体系中,社会规范体系是存在最为广泛、文本化程度最低的规范体系。这些社会规范总体上构成了对法律规范和其他规范的有效补充,大大降低了社会治理的成本。随着国家治理转型的深化和市场经济的发展,我国社会规范不断演化,不同的社会规范呈现不同的演化特点。

---

〔11〕 参见宋功德:《坚持依规治党》,载《中国法学》2018 年第 2 期。
〔12〕 参见宋功德:《党规之治》,法律出版社 2015 年版,第 514 页。
〔13〕 参见刘作翔:《当代中国的规范体系:理论与制度结构》,载《中国社会科学》2019 年第 7 期。

1. 乡土规范的弱化。改革开放以来,市场、法律、行政权力等现代性力量,不断冲击乡土社会,家庭关系、人际关系发生松动。乡村社会巨变中,农民原有的价值观发生变化,农民的行为逻辑不断趋向理性化,农民的法律意识不断提高,这加剧了乡土规范的弱化。

2. 村规民约的强化。当前,国家积极推动自治、法治、德治相结合,逐步形成"三治"融合的乡村治理体系,村规民约成为推动基层民主发展的重要载体。随着大量村级治理层面的社会共识转化为村规民约,村规民约具有更强的公共治理属性。同时,村规民约也成为法治乡村建设的重要抓手,法律和国家政策借助村规民约来实施,从而助推公共规则进入乡村社会,提高了社会治理法治化的水平。

3. 道德规范及职业伦理的重构。在社会的剧烈变革中,以熟人社会和单位体制为基础的社会道德遭受到市场经济浪潮的冲击,出现了严重的危机。中国的道德规范亟须重建,以实现现代道德理念的规范化。与此同时,现代市场经济的迅速发展,对旧的行业体系形成冲击,大量新兴行业兴起,各种职业伦理规范还处于建设初期,职业失范现象时有发生,而法律规范难以替代行业发展对职业道德的内在需求。因此,现代社会中道德规范及职业伦理的重构,有助于推动形成新的社会秩序,降低经济社会生活的风险。

4. 社团规范的培育。目前,我国社会团体组织规范的自我生产能力严重不足,发展相对滞后。在法治社会建设过程中,需要改革社团监管体制,贯彻共建共治共享原则,以制度建设来培育社团规范。同时,需要完善社团发展的相关立法,确保社团规范在法治化轨道上健康发展。

5. 商业行规在司法适用中的类型化。随着市场经济的蓬勃发展,商业行规可谓多彩纷呈。商业行规不仅促进了行业自律,有助于实现行业自治,还在商业纠纷的司法裁判中发挥了重要作用。〔14〕 商业习惯、惯例因《民法典》的规定而具备法源地位,能够在司法中成为证据或事实,也可作为判决依据。商会行会制定的行业规范、规则和标准,在当事人共同选定适用时,可以成为界定权利义务的依据。由商人约定或由商会、行会牵头拟定的行业公约、格式合同、示范合同或企业一致达成的行动协议,可以协助法律界定当事人的权利义务关系。

6. 宗教规范的法治化。我国信教人数持续快速增长,教徒结构明显变化,宗教活动的经济性、市场化凸显,传统宗教和新兴宗教矛盾较为复杂。〔15〕 为了应对新形势,我国于2017 年对《宗教事务条例》进行修订,全面强化宗教事务管理,为宗教活动的开展提供法治保障。通过对非法宗教活动进行制裁,对相关宗教规范进行合法性审查,将宗教活动引向法治化轨道。

7. 网络规范的兴起。得益于互联网技术的快速发展,网络成为人们生活、娱乐和交易的重要载体,人们出行、餐饮、日用购物等都越来越依托微信、支付宝等网络平台,平台规则越来越成为社会生活中的常用规则。社会生活深嵌在网络空间中,这带来社会规范的网络化。在此意义上,网络规范早已不限于虚拟世界,而成为现实生活必不可少的社会规范。

---

〔14〕 参见董淳锷:《商业行规的司法适用——实证考察与法理阐释》,载《清华法学》2020 年第 1 期。

〔15〕 参见冯玉军:《新修订〈宗教事务条例〉出台的意义、内容与前景》,载《中国宗教》2017 年第 10 期。

第二十五章 法 律 文 化

第一节 法律文化概述

一、法律文化的基本内涵

法律不仅是一种构造国家政权组织或处理社会纠纷时适用的规范，它还可以被理解为一种文化现象。这一独特视角所形成的问题领域被称为“法律文化”。“法律文化”概念最早由美国法学家劳伦斯·弗里德曼于1969年在《法律文化与社会发展》一文中提出。[1] 根据他的界定，法律文化是“与法律体系密切联系的价值与态度，这种价值与态度决定法律体系在整个社会文化中的地位”。由此可见，法律文化概念背后的问题意识是，法律现象是否只是法律规范？如果只是法律规范，那么世界各国和地区的法律趋同就可以通过法律移植来实现。如果法律规范还联系着各自社会的历史、文化，那么法律的独特性、多元性乃至不可移植性，就成为一种必然。

二、法律文化的概念争议

正如人们对“文化”这个概念存在广泛的分歧，对于何为“法律文化”也没有统一的理解。作为这一概念的提出者，弗里德曼后来在1975年出版的《法律制度》一书中进一步阐发了法律文化。他认为，法律文化主要关乎思想，它的产生并不是自动或任意的，而是公众围绕着法律制度形成的理解、态度和行为方式。以思想为出发点，弗里德曼归纳了美国法律文化的两大特点：其一，分权制衡。这一思想渗透在美国政治和法律制度的每一个角落，“在美国，制衡哲学如此突出，可以称为美国法律文化的独特标志”；其二，要求意识。相比于有些文化对诉讼表现出的消极态度，美国人过于积极地向法庭索取权利，这正是美国的法律文化的独特表现。[2] 以弗里德曼为代表的美国法学家普遍将法律文化聚焦于观念、精神、价值层面，凸显的是主观性。

苏联法学家也注意到了法律文化，但与美国学者的关注点有所不同。在主观性以外，他们还认为，对法律文化的分析应建立在与之相适应的社会经济结构之上。克拉萨切柯夫在1968年发表的《社会主义法律文化的基本特征及其意义》中将法律文化理解为，社

---

〔1〕 See Lawrence M. Friedman, *Legal Culture and Social Development*, Law & Social Review, Vol. 4, No. 1, 1969, p. 29 – 44.

〔2〕 参见[美]弗里德曼：《法律制度：从社会科学的角度观察》，李琼英、林欣译，中国政法大学出版社1994年版，第245～249页。

会在历史发展的某一特殊阶段上观念形态的法律状况。后来其他苏联学者,如切克伐兹、卡明斯柯、拉弟诺夫、凯西罗夫、西米特柯等对法律文化的定义,大体沿袭了克拉萨切柯夫的思路,他们不仅将法律文化视为一种纯粹的主观产物,而更倾向于将其视为一种主客观交织存在的广泛而复杂的社会现象。[3]

以千叶正士为代表的日本法学家对法律文化也有独特的理解。千叶正士在1996年发表的《法律文化的操作性定义》中,梳理了日本法学家观察法律文化的视角。他发现,日本对法律文化的研究有一个共性,即直接或间接地以日本人的法律意识与其他民族,特别是欧美的比较为主要目的。[4] 日本学者普遍认为,进行法律文化研究不仅在于了解法律文化本身,而且在于借学习发达国家的法治经验和法律文化为契机,将自身建设为发达的法治国家。因此,他们会广泛地展开社会调查,查明日本社会各个阶层的法律文化状况,以便于对症下药。由此可见,日本学者对待法律文化的态度具有鲜明的实用性、功利性特点。

从20世纪80年代开始,中国的人文知识界掀起了一股"文化热"浪潮,试图反思中国传统文化与现代化的适应性问题,产生了诸如"蓝色文明"与"黄色文明"之争这类问题。一些理论法学者参与其中,形成了中国的法律文化研究。其中的代表人物梁治平认为,研究法律问题不仅可以,而且应该在比法律规范文本更开阔的背景下展开,而文化作为一个包罗万象的概念,满足了人们从社会、历史、比较的角度把握法律的追求。他1985年就在《读书》杂志撰文提出"用法律去阐明文化,用文化去阐明法律",[5]展示了研究法律问题的新视野、新范式。张中秋1991年出版著作《中西法律文化比较研究》,从法的形成、法的本位、法的文化属性、法与宗教伦理、法的体系、法的学术、法的精神、价值取向八个方面,对中西法律文化进行了系统比较和论析。[6]

三、法律文化的概念

综上所述,法律文化是一个富有弹性的概念。从广义的角度上看,法律文化可以囊括所有的法律现象,包括法律规范、法律行为、法律的机构设立和运作、法律意识和法律观念等,此时它偏重于外在的客观描述。从狭义的角度上看,法律文化主要是指法律的观念形态、价值体系以及与此相关的人类行为模式,其偏重于内在的主观限定。由于广义的法律文化涵盖面过大,为了避免研究对象的含混,学者普遍接受狭义的法律文化概念,认为法律文化是法律现象的一个分支,它是一种蕴含在有形的法律现象之中的价值和精神的总和。

---

〔3〕 参见[美]范思深:《苏联的法律文化观点》,郭宝平译,载《中外法学》1989年第2期。
〔4〕 参见[日]千叶正士:《法律多元:从日本法文化迈向一般理论》,强世功等译,中国政法大学出版社1997年版,第231页。
〔5〕 梁治平:《法辨:中国法的过去、现在与未来》,中国政法大学出版社2002年版,第11页。
〔6〕 参见张中秋:《中西法律文化比较研究》,南京大学出版社1991年版。

第二节 法律文化的分类

为了形成对法律文化的立体化把握,有必要从多个角度审视法律文化,这就涉及法律文化的分类。根据学界的普遍理解,法律文化有以下分类方式:内部法律文化和外部法律文化,官方法律文化和民间法律文化,主流法律文化和非主流法律文化,本土法律文化和外来法律文化,传统法律文化和现代法律文化等。

一、内部法律文化和外部法律文化

以是否与法律职业群体直接相关为标准,法律文化被分为内部法律文化和外部法律文化。内部法律文化是指法律职业群体内部(如法官、律师和其他法律工作者)所形成的价值观念和思想意识,〔7〕它往往以法律职业主义的面孔呈现。根据韦伯的论断,现代化的标志就是越来越多的行业和活动被形式理性统治,根据形式的原则,以抽象的方式解决问题,通过逻辑的方式来判断事物之间的关系;从法律文化着眼,就是内部法律文化在社会治理中占据支配性地位的一种表征。由此可见,可以理解法律职业群体的诸多相互支撑的诉求,如普遍性优于特殊性、形式合理性优于实质合理性、程序问题优于实体问题,以及流行的所谓“法律人思维”,这些都是内部法律文化发展的必然结果。

与之相对应,外部法律文化是指法律职业群体以外的社会大众形成的法律文化,它通常表现为一种朴素的正义观,常常被称为“民意”“人情”。社会大众尽管没有受过法律专门化的训练,但他们基于常情常理、世道人心,对具体法律问题或者对法律制度的运作效果也会产生是非好恶的判断。一般认为,相比于法律职业群体,社会大众对法律的理解缺乏整体性、系统性、稳定性,容易受到情绪的左右,以至于有破坏法律的形式理性的消极面相。但在积极的层面,正是因为这种法律文化来自法律职业群体以外,又有助于抑制内部法律文化固有的封闭和保守,可能对过于强调形式正义而忽视实质正义的内部法律文化进行纠偏。

以刑事辩护律师与社会大众的法律观分歧为例。与常人对法律的判断、诉求有所不同,刑事辩护律师业务在多数情况下以金钱交易为媒介,法律服务是律师向客户或被告人出售的商品,因此,“拿人钱财,替人消灾”事实上成为刑事辩护律师的文化观念。这就要求刑事辩护律师从客户或被告人的利益角度出发,尽最大努力找到无罪和轻罪的辩护理由。这显然与社会大众通常主张的道义原则(“惩恶扬善”)构成冲突。

2002 年,辽宁省铁岭市中级人民法院对当地黑社会性质团伙头目刘涌判处死刑。在二审阶段,刘涌的辩护律师以警察办案过程存在刑讯逼供为由,辅以法学专家的论证意见,促使辽宁省高级人民法院撤销一审判决,改判刘涌死刑缓期两年执行。二审改判引发了社会对司法公正的质疑。为保证法律效果、政治效果和社会效果相统一,最高人民法院

---

〔7〕 参见[美]弗里德曼:《法律制度:从社会科学的角度观察》,李琼英、林欣译,中国政法大学出版社 1994 年版,第 227 页。

提审此案,判决刘涌死刑。

结合法律文化的分类理论可以看出,刘涌案的审理体现了内部法律文化和外部法律文化之间的张力和互动。

二、官方法律文化和民间法律文化

以法律文化的来源或形成方式为标准,法律文化可分为官方法律文化和民间法律文化。官方法律文化是正统法律文化,侧重于强调其与国家意志的亲和性。民间法律文化则是非正统法律文化,针对的是发源于社会生活的法律文化。

这种分类方式与基于法律职业群体的分类方式有重叠之处。官方法律文化因具有正式制度的属性,需要通过职业化、专业化维持制度的稳定性,因此多与内部法律文化重叠;而民间法律文化往往反映社会大众的朴素观念,因此与外部法律文化有更多交集。但它们并不完全等同。例如,法院立足于发挥司法职能,弘扬社会主义核心价值观,这显然是当代官方法律文化的重要组成部分,但这不能简单地等同于内部法律文化,因为它引入了法律职业以外的因素来扩充法官的正义考量范围,如人民群众的朴素情感和基本的道德诉求。又如,近些年,社会中出现了一种被称为"访民经纪人"的灰色职业,这些人依赖对法律和政策的掌握,利用政府系统的信访考评机制,替他人组织、策划上访,要挟地方政府,谋求非法利益。这显然源于民间法律文化,但这个灰色职业群体却显示出法律职业化的面相。

官方法律文化和民间法律文化的这种分类方式,隐含的是国家与社会的二元格局。在传统社会,国家与社会之间经过长期的濡化过程变得协调一致,官方法律文化和民间法律文化保持一体的状态。然而,当国家作为一种有组织的政治力量,援引现代法律观念和制度有意识地干预社会自发秩序时,国家与社会开始分离,官方法律文化和民间法律文化的二元区分也就相应产生。而由于社会生活的惯性,民间法律文化在短期内难以有效适应官方法律文化创造的新的制度环境,人们普遍感到两套文化话语之间的紧张、背离和冲突。

作为"法律与文学"的经典文本,电影《秋菊打官司》生动地表现了官方法律文化和民间法律文化的张力。

该部电影讲述的故事发生在中国西北农村,一个名叫秋菊的妇女,因其丈夫被村长踢伤,试图通过不断的上访要讨一个说法。秋菊所说的"说法",大致是让政府部门批评村长,并让村长公开赔礼道歉。经历了乡派出所、县公安局、市公安局层层处理,秋菊始终不满意,最后她向法院提起诉讼。法院认定村长构成故意伤害罪,警察将其带走。这一结果让秋菊陷入困惑:"怎么把人给抓了,我只是要个说法。"

秋菊之所以会困惑,正是在社会现代化的背景下,以国家正式法律制度为代表的官方法律文化与以所谓的"说法"为代表的农村传统习俗、惯例或民间法律文化之间的冲突和不合。[8]

---

〔8〕 参见苏力:《法治及其本土资源》(修订版),中国政法大学出版社2004年版,第24~42页。

三、主流法律文化和非主流法律文化

以法律文化的社会接受程度为标准，法律文化可以分为主流法律文化和非主流法律文化。这一分类方式与前一分类方式之间存在交集。官方法律文化通常是主流法律文化，民间法律文化往往对应非主流法律文化。例如，儒家思想是传统中国的官方法律文化，毫无疑问，它同时也是当时社会的主流法律文化，而墨家、阴阳家等思想则代表民间法律文化和非主流法律文化。但二者仍然不能简单地等同，从分类标准来说，它们有着明显的区别：官方法律文化和民间法律文化考察的是法律文化的起源与正式制度的关系；而主流法律文化和非主流法律文化的区别，却是从社会生活层面界定不同法律文化之间的主次。

20世纪80年代，随着人民公社制度的瓦解，国家对农村的控制力开始下降。当时农村的年轻人，既不同于经受过农业集体化时代规训的长辈，也不同于在城市读书学习或子承父业成为工人的同辈，他们进入了一种没有正经事可做的状态。于是，他们自发地以村组为单位，结成玩伴，在村庄周围闲逛。为了彰显个性和叛逆，往往追求衣着打扮上的标新立异，如穿花衬衣、喇叭裤。这种看重名气的观念进一步发展为一种以斗勇好狠的畸形英雄主义："你不敢偷我去，你不敢抢我去，你不敢打我去。"在这种观念的裹挟下，当时农村年轻人的越轨行为日渐增多，聚众斗殴、偷鸡摸狗、敲诈勒索、滋扰女性，致使乡村秩序一度非常混乱。[9]

年轻人的越轨文化属于一种非主流法律文化，但不能将其等同于一种民间法律文化。

四、本土法律文化和外来法律文化

从空间上看，法律文化可以分为本土法律文化和外来法律文化。本土法律文化指的是一个民族或国家土生土长的法律文化，外来法律文化是从本土之外传播到本土的法律文化。尽管不同地区法律文化的差异一直存在，但在人类发展的早期，由于信息交往较为缺乏，法律文化传播不够广泛。进入近代以后，社会流动和社会交往加剧，人们容易接触到其他地区的文化，感受到外来文化与自己生活经验的隔阂，从而反向激活对本土文化的理解，产生本土法律文化和外来法律文化的区分。

产权制度无疑是法律文化的重要内容。财产权利的配置不仅针对财产本身，而且反映了人们对人际关系的理解，是人们社会观的一部分。即使是在今天的中国农村，通常农民的社会行动和经济行动单元仍然是家庭。生产和消费行为都是在家庭内部完成，子女天然地享受财产权利，产权界定的"私"是围绕着家庭展开的。但是，根据英国历史学家麦克法兰的研究，从13世纪开始，英国农民的社会和经济活动单位就是个人，私产的边界非常清晰。"只要父亲在存，儿子实际上就不具有权利，在任何意义上，父与子都不是共同所有者"，子女只有经由取得、授予或赠予才获得财产，这就倒逼他们到别处自谋生

---

〔9〕 陈柏峰：《乡村江湖：两湖平原"混混"研究》，中国政法大学出版社2019年版，第77~132页。

路。[10] 这种绝对意义的个人产权制度不仅发生在古代英国,也影响了后来英国的殖民地,如澳大利亚、北美等。

英国农民对财产及其继承的理解,相对于中国,则是一种外来法律文化。

五、传统法律文化与现代法律文化

从时间上看,法律文化可以分为传统法律文化与现代法律文化。现代化使社会的经济基础从农耕经济转入工商经济,这一结构性变迁使得社会人际关系发生了相应的改变,法律文化在此过程中也发生了适应性调整。在传统社会,法律文化主要表现为义务本位、男权主导、社群主义等方面,这是与农耕经济不得不面对自然风险的社会生产方式相兼容的;而在现代社会,法律文化主要表现为权利本位、自由优先、选择至上、价值中立等方面,这契合了市场经济对个人主义的要求。

存留养亲制度起源于北魏,在唐朝得到进一步完善,宋、元、明、清一直沿用,其含义是:徒流罪犯家有祖父母、父母年老或疾病而无其他男丁侍养者,得停止或免除刑罚的执行,允许罪犯返家侍养其亲,待老人去世以后,再执行刑罚。这一制度被认为是"孝道"精神融入法律制度的典范。它的暗含假定是:个人具有社会性,当对个人施加的刑罚殃及他人的重大利益时,刑罚执行可以有所变通。而在清末修律时,沈家本认为"存留养亲"有违公平,故应将其废除。这一主张的深层理由是,现代法律文化假定人是理性的、独立于他人的个体,因此,个人应当对自己行为的结果负责,罪责自负是为必然。

可见,存留养亲的制度变迁反映了传统法律文化与现代法律文化的内在紧张。

第三节 法律文化的构成

法律文化作为法律精神和价值的总和,其涵盖内容极为广泛。可以从两个维度进行归纳,形成对法律文化构成机理的结构性把握:一是法律文化的共时性构成,即在一个不特定的历史时期,法律文化内在的、固有的结构,它体现的是法律文化构成的共性;二是法律文化的历时性构成,即法律文化在不同历史时期的叠加结构,借助历史传统,它表现的是法律文化构成的特性。

一、法律文化的共时性构成

根据理性化程度的高低,法律文化的共时性构成分为三个有递进关系的层次:法律心理、法律意识形态和法律思想体系。[11]

法律文化的第一个层次是法律心理。它的含义是,在日常生活中,人们面对法律现象所产生的直观感受、心态和情绪。它强调的是社会大众对法律现象的下意识反应,因此带

---

〔10〕[英]艾伦·麦克法兰:《英国个人主义的起源》,管可秾译,商务印书馆 2008 年版,第 112 页。

〔11〕参见刘作翔:《法律文化理论》,商务印书馆 1999 年版,第 118~135 页。

有较多的感性色彩。弗里德曼将其具体表述为:人们的感觉和行为是否认同法院是公正的?他们什么时候愿意使用法院?他们认为法律的哪些部分是合法的?他们对法律有多少了解?[12]法律心理偏重于感性因素,从而具有在不自觉的情况下影响人们行为的功能。

以"有事打110"为例。从1996年开始,这一口号从漳州向全国推广,逐步成为社会广泛接受的心理,甚至成为一种思维定式。这固然带来增加公安系统非警务活动的消极影响,但积极影响巨大,当人们习惯于遇事求助警察,这意味着国家建立了扎根社会的通道,这是现代国家权力向基层社会充分渗透的逻辑使然。

法律文化的第二个层次是法律意识形态。与第一个层次相比,法律意识形态的理性化程度更高。借鉴《布莱克维尔政治学百科全书》中的定义,法律意识形态是指具有符号意义的法律信仰观点和表达形式,[13]如"公平""自由""人权""程序正义"等。法律意识形态具有简洁性,因此可以便利地用于说明、解释、评价现实世界,支撑某一种行为和思维模式,同时抑制其他行为和思维模式。事实上,由于法律意识形态总是和人们关于公正的道德伦理判断交织在一起,因此它不是一般的词语或语句,而是一种不证自明、不容挑战的观念力量。法律意识形态会激发人们追求对于法治的理想,但由于它具有过分抽象和缺乏反思性的特点,又会忽视对具体问题的把握,缺乏实际操作手段。

法律文化的第三个层次是法律思想体系。它是法律文化的整个观念系统中理性化程度最高的内容。它不只是满足于对法律现象进行条件反射式的回应,也不是对个别、孤立、临时的法律问题作出评论,而是从全局性、系统性、反思性的角度对法律问题进行理论说明。由于法律思想体系对理性化的高度要求,因此需要通过学理研究来完成。但是,法律思想体系不应束之高阁,它需要有一个传播、普及的过程,这也不可能脱离人们在不同公共领域的阐释工作。因此,这凸显了法学教育、法治宣传的重要性。

二、法律文化的历时性构成

法律文化是一个历时性发展的过程。相比于形式上容易发生变革的法律制度,法律文化具有很强的延展性。西方近代法律文化,如法律至上、人人平等、人格独立等,可以上溯到古代希腊、罗马时期。而对当代中国法律文化的把握,也不能局限在当下的横向比较,还要在纵向的历史传统中发现具有时空贯穿性的因素。

传统中国文化以儒家伦理为主体,诉诸道德教化的力量,使社会成员自我管束。借由儒家伦理的观念力量,中国社会上下层面相互整合,从而以非常俭省的方式形成了国家一体化的局面。进入近代以后,面对国家衰变,儒家伦理遭遇前所未有的质疑和挑战,与之伴随的是国家四分五裂。中国共产党重新完成了中国社会的整合,并在国家建设的过程

〔12〕 参见[美]弗里德曼:《法律制度:从社会科学的角度观察》,李琼英、林欣译,中国政法大学出版社1994年版,第226页。

〔13〕 参见[英]戴维·米勒、韦农·波格丹诺主编:《布莱克维尔政治学百科全书》(修订版),邓正来等译,中国政法大学出版社2002年版,第368页。

中,实践了社会主义生产资料公有制、组织化生产的理念。改革开放以后,社会主义市场经济制度使中国社会的结构再一次发生剧变,私有产权、个人主义是这一过程中制度与观念的派生物。

中国在最近两百年中,社会结构发生了多次重大变革,这使人们在理解中国社会的文化时,看到的是错位、互斥、断裂。面对当下社会市场经济的现实,人们很容易忽视甚至否定之前的历史传统的影响,认为历史将终结于源自西方文明的自由市场模式。

针对这一文化、历史立场,甘阳在2005年提出"通三统"。这原本是公羊学的概念,用于说明前后统治者之间承前启后的关系。甘阳将其借用过来,试图揭示在全球化的语境下,中国文化融会贯通的特点。中国人的日常行为当中注重人情和乡情是传统中国儒家文化的遗产,中华人民共和国成立后的"毛泽东时代"强调平等和正义是一个革命传统,而改革开放以来的市场经济背景下形成的自由和权利意识也融入中国人的日常生活中,成为一个新的改革传统。这三种文化并不是非此即彼的关系,而是相互并存、在历史中不断发展的状态。[14] 中国历史文化显示出自身的独特性、延续性和整体性,这有力地回击了西方中心主义的文化观、历史观。习近平指出,我们党领导人民进行社会主义建设,有改革开放前和改革开放后两个历史时期。虽然这两个历史时期在进行社会主义建设的思想指导、方针政策、实际工作上有很大差别,但两者决不是彼此割裂的,更不是根本对立的。不能用改革开放后的历史时期否定改革开放前的历史时期,也不能用改革开放前的历史时期否定改革开放后的历史时期。[15]

具体到当代中国的法律文化,"通三统"的原理同样成立。黄宗智将其阐述为:一是源于"中华法系"的法律传统,其中包括基于道德话语的社区调解;二是清末民国以来从西方尤其是大陆法系移植过来的成文法律,其中包括权利理论和话语,以及经过形式逻辑整合形成的法律规范;三是20世纪以来的中国革命的传统,其中包括党政体制和社会主义的理念、话语,如社会公正和为人民服务。[16] 在这种法律文化视野下,当代中国的法律文化显示出巨大的综合性,具有一种历史的纵深感,它是三个传统并存、拉锯、渗透的产物。片面地关注成文法律,或者西方形式主义法律是不够的,必须同时关注到中国古代、近代革命两大传统对法律制度、文化的影响,如此才能真正认识和建立符合中国社会实际需要的法治。

> "祖业"现象在中国农村较为多见,鄂南马镇的经验素材较为丰富。祖业声索主要发生在建房、葬坟、土地征收时,争夺的是依附于土地的某种权益,依据的是祖业观念及背后的地方性规范。在村庄语境中,祖业意味着成员资格,承载了生活秩序的象征功能,村民因此会援引各种资源展开争夺。地权实践形态是各方角力的平衡结果,法律和地方性规范在其中实现复合,形塑了一种"混搭"的地权结构。它是各种不同的"业"构成的"权利束",祖业、土地集体所有、农户承

---

〔14〕 参见甘阳:《通三统》,生活·读书·新知三联书店2007年版,第3~4页。

〔15〕 参见习近平:《正确认识改革开放前和改革开放后两个历史时期》(2013年1月5日),载《论中国共产党历史》,中央文献出版社2021年版,第3~4页。

〔16〕 参见[美]黄宗智:《中国的新型正义体系:实践与理论》,广西师范大学出版社2020年版,第274~275页。

包经营等共存于其中。这种地权结构融入了三大传统：传统中国土地占有状况、土地宗族集体所有制以祖业的名义在地权结构中存续，新中国社会主义建设时期的土地集体化成果以“农村土地集体所有制”和“集体土地所有权”的名义在地权结构中存续，改革开放以来的分田到户、农户承包经营、农地承包权物权化、承包权与经营权分立等实践则以“农地承包经营权”的名义在地权结构中存续。由于集体与宗族的范围常常重合，“土地集体所有制”某种程度上对“土地宗族所有”构成了“代偿”。在这种地权结构中，新中国社会主义建设时期和改革开放以来的传统有国家法律的保障，中国古代的传统则以历史记忆存续，表现为农民的祖业观念及其背后的地方性规范。[17]

祖业现象提供了一个法律文化历时性构成的“通三统”的微观范例。影响当代中国每个历史时期的法律文化，除了宏观上留下了明显的思想和制度，在微观处也会留下痕迹或印记。它们可能嵌入了制度结构，也可能留在观念体系中。因为“人们自己创造自己的历史，但是他们并不是随心所欲地创造，并不是在他们自己选定的条件下创造，而是在直接碰到的、既定的、从过去承继下来的条件下创造”。[18]

第四节 法律文化的全球化与地方性

一、法律文化的全球化

随着经济全球化的加速，为了促使跨地域、跨文化交往更有效率，法律制度趋同化现象日渐显著。作为其结果之一，以个人自由、公民权利、隐私保护等价值观为核心的法律文化在全球范围内蔓延、拓展，形成了法律文化全球化现象。它与经济贸易的全球化构成了相互促进的关系。

弗里德曼发现，除了传统的财产权、人身权和政治权利，美国社会中还弥漫着其他形形色色的权利话语与实践，甚至连囚犯正餐后选择吃何种甜食都被他们视为自身理所应当的权利。尽管权利本位在西方国家普遍存在，然而从广度和深度上看，美国比其他西方国家更甚。权利话语的背后，蕴含的是渗透到生活各个方面的选择自由：“（享有）选择生与死、选择如何生与死的权利；享有选择旅行路线的权利；享有选择思想与表达的权利……以及享有选择家庭模式的权利等。”[19]这一独特的法律文化现象被弗里德曼概括为“选择的共和国”。在他看来，这些行为折射出一种激进的、强调自我表现的个人主义倾向。法律制度为了与这种人格特质相适应，表现出更加宽容、开放、尊重个人选择的特点，而诉讼爆炸和法律职业群体的扩张则是其派生现象。

法律文化全球化还被赋予了政治性内涵，即它是以美国为主导的国际政治格局中的

---

〔17〕 陈柏峰：《“祖业”观念与民间地权秩序的构造》，载《社会学研究》2020年第1期。

〔18〕 马克思、恩格斯：《马克思恩格斯文集》（第2卷），人民出版社2009年版，第470~471页。

〔19〕 ［美］弗里德曼：《选择的共和国：法律、权威与文化》，高鸿钧等译，清华大学出版社2005年版，第228页。

一个要素，能动地服务于相应政治意图的实现。

“二战”以后，美国以“法律与发展”为名，积极向全球输出法律制度和观念。美国向拉美国家进行了两轮法律输出，第一轮法律输出发生在20世纪60年代至70年代，输出对象有哥伦比亚、哥斯达黎加、巴西、智利、秘鲁等；第二轮法律输出发生在20世纪80年代中期到21世纪初，除了上述国家外，还包括阿根廷、玻利维亚、厄瓜多尔、萨尔瓦多、洪都拉斯等。以哥伦比亚为例，作为美国“法律援助”计划的主要接受国，在1986年至1991年，哥伦比亚获得来自美国国际开发署的资金约270万美元，在1991年至1999年，哥伦比亚又获得3900万美元的资助，用于国际刑事调查训练协助等项目的开展。[20]

通过这些资金援助，拉美国家进行了包括改进刑事司法、发展人权、推进民主宪政等方面的改革。这些改革将法律视为推动社会现代化的工具，而所谓现代化，在很大程度上与市场经济、民主政治、保护个人自由等目标等同。这使法律制度的内容被限定于财产私有化、交易合同化、公民自治、司法审查、抗辩制改革等一系列相互关联的方面，并在此基础上规定了法律文化全球化的风格。

二、法律文化的地方性

法律文化全球化不能简单地被视为一种文化形式对其他文化形式的替代或征服，而应当从社会历史实践的角度出发，在尊重和理解各国、各地区和各民族的法律文化的前提下，将法律文化全球化理解为一种全球化和地方性之间相互渗透、拉锯、融合的动态过程。

作为对外开放的国家，中国积极融入世界政治、经济格局。2001年加入世界贸易组织，2004年将人权写入《宪法》，2007年制定《物权法》，2020年制定《民法典》，市场经济在很大程度上促使中国与世界在法律文化上趋于融合。但是，中国并没有完全接纳个人主义和自由主义的逻辑，而是在保持集体主义传统的前提下，实践有限度的个人主义。

改革开放以来确立的家庭联产承包责任制，可以视为对计划经济时代权力高度集中的土地制度的松绑。但农民仍然只是享有土地承包权和经营权，所有权仍然掌握在村集体手中，土地所有权不能自由交易。虽然这种土地制度安排不符合自由主义的通说，但是，在大多数农民还难以体面地在城市长久定居的前提下，它非常务实地为农民提供了退回农村后的最基本物质保障和生活意义归宿。与此同时，正是由于土地制度安排拒绝了片面的自由主义，从而保持了农村社会的向心力、凝聚力。

以美国“选择的共和国”为代表的法律文化滋生的权利泛滥、诉讼爆炸和过于依赖律师使社会陷入内耗，而那些全盘接受美国法律模式的国家更是陷入“外弱内弱”的困境。[21] 这既表明自由主义话语的内在局限，也说明追求单一形式的法律文化这一目标本身存在缺陷。从根本上讲，法律文化最终的发展，都是一种在回应本国、本地经济社会问

---

〔20〕 [英]桑托斯：《迈向新法律常识——法律、全球化和解放》（第2版），刘坤轮、叶传星译，中国人民大学出版社2009年版，第403～404页。

〔21〕 参见[美]弗里德曼：《选择的共和国：法律、权威与文化》，高鸿钧等译，清华大学出版社2005年版，第8～20页。

题过程中的公共选择的结果，而不来自意识形态的事先规定。但是，强调本土性并不等于拒绝法律文化全球化。事实上，在经济全球化的时代，地方性同时建立在开放性的基础上。因此，法律文化全球化和地方性的辩证关系在于，世界各国、各地区、各民族应当有自身独特的法律实践，但在相互比较、借鉴的过程中，又能够演化出具有生态意义的全球法律文化图景。

第二十六章　法律与科学技术发展

法律与科学技术发展之间的关系,包括两个方面,科学技术发展对法律的影响和法律对科学技术发展的影响。一方面,科学技术发展对法律的影响广泛而深入,不仅对宏观政策和法律产生直接影响,还促使具体的法律规范作出相应的改变。科技发展改变了人们的法律意识,更新了法律的运行方式,丰富了法学研究的主题和方法。另一方面,与对其他社会现象的影响类似,法律通过规范作用对科学技术产生影响,如通过对科技产品产权的界定、对科技行为的规制来促进科技发展。本章将讨论法律与科学技术发展的关系,介绍有关科技的法律和政策,并简述科技前沿的法律问题。

第一节　科学技术发展对法律的影响

科学技术对法律的影响表现在四个方面:一是引发新的宏观政策和法律,改变具体的法律规范;二是改变人们的法律意识;三是对立法、执法、司法等法律运行活动产生广泛影响;四是对法律治理格局产生深远影响。

一、科技发展对法律制度的影响

科学技术对法律制度的影响表现在两方面:宏观上,科学技术的发展推进科技新政策和法律;微观上,科学技术的发展直接改变具体的法律制度。

(一)科技发展推进科技政策和法律

当今世界,科学技术对国家和社会的影响日益重要,科技发展越来越事关国家和民族荣辱兴衰,各国越来越重视以法律的方式引导、协调、保障和促进国内科技的发展和国际科技交往与合作。

> 20世纪30年代,各国集中国力于科技资源备战,保障和促进有关军工科技的发展和竞争。在此过程中,各国注重以国家科技政策为基础,引导电子、石化、原子能等新技术领域的科技创新和转化。20世纪80年代,在微电子、生物技术和新材料领域又形成新一轮的创新高峰。美国在20世纪90年代主张用经济、贸易、金融、法律、外交等多种手段来维持美国科技的领先地位,在题为《保证美国强盛的技术政策》的报告中直接声称“低于技术领先的任何目标对美国来说

都是不可接受的”。[1]

进入21世纪以来,美国实施《美国竞争力计划》,后又通过《美国竞争法》,把提高美国的创新能力和竞争力提高到了法律的高度;并多次发布《美国国家创新战略》,提出维持美国创新生态系统的政策,从关键要素出发,制订战略计划,强调战略领域的发展。

较早确立“新技术立国”国策的日本,从20世纪50年代开始就以法律形式鼓励企业从世界各地大量引进先进技术,并特别注重每一时期的高新技术产业,如机械制造、电子、纤维设备、信息技术等。韩国也效法日本,从20世纪60年代开始,以专门的产业振兴法促进汽车、电子、钢铁等新兴产业的发展。

从上述材料可见,为了快速提升和确保国家竞争力,各国大力推进科技创新政策和法律,并将科技创新提升到国家战略的高度。

(二)科技发展改变具体法律制度

由于科技的发展,法律制度和法律规范不断受到挑战,发生相应改变。机动车辆出现以后,需要制定相应的新规范,如核发驾驶执照、限速、第三者强制责任险等。随着无人驾驶汽车的出现,法律对责任主体和侵权责任分配问题也需要作出新的调整。基因技术导致的转基因食品安全问题,需要法律对新问题新风险予以回应。伴随数字技术(包括计算机、数据库、多媒体、信息高速公路等)的发展,出现了许多新的知识产权问题,使传统知识产权法面临新挑战。智能电话、计算机技术、通信技术、飞行器、代孕技术、核能技术、器官移植、信用卡、通讯社交软件、移动支付、人脸识别,乃至各种新药的产生,都给既有法律带来挑战。法律的边界不断扩张到以往未涉及的社会生产生活领域,这些新的领域需要新的法律规范明确具体的权利义务关系。以现代医学的发展为例:人工授精、试管婴儿、人类胚胎移植等新技术的出现,使人类得以自主干预生殖过程,随之产生的新型父母子女关系、抚养关系以及继承关系,使传统婚姻家庭继承方面的法律受到极大冲击。具体而言,科技发展对具体法律制度的影响表现在以下五个方面:

第一,科技发展产生的新事物,拓宽了法律制度和法律规范的调整方式。例如,实验法是德国的新型法律,具有与传统法律不同的特征:它设有期限,伴有评估措施(包括评估的义务、评估委员会的设立、评估报告的制作等),是一种具有高度灵活性、机动性和过渡特征的法。[2]

第二,科技发展让跟不上时代需要的法律规范退出历史舞台,促进新的法律规范的产生,甚至促进全新法律制度的形成。例如,科学技术的发展使得保护发明人专利权以及创作者的智力成果成为必要,即通过法律承认和保护无形财产的价值。知识产权的法律保护可以激励人们的发明和创作活动,让更多的人认识到脑力劳动的价值。伴随这一发展,法律定义和保护的“财产”从传统的有形财产扩展到无形财产,包括著作权、专利权、商标

---

〔1〕 沈宗灵:《法理学》,北京大学出版社2000年版,第339页。

〔2〕 参见王贵松:《风险社会与作为学习过程的法》,载《交大法学》2013年第4期。

权、信息权等。科技的发展,促进知识产品在法律制度框架内被保护,引发知识产权保护法律制度的产生和变革。

第三,技术性规范的法律化,导致新的法律术语和法律部门的产生。一方面,科学技术带来很多特有概念,进入法律规范后成为法律术语。例如,由于航空技术的产生和发展,航空法中出现了“领空”这一与国家主权紧密联系的法律概念。在建筑、冶金、石化、环保、航运、铁路运输、医药、食品等行业里,有些技术标准和技术规范直接被赋予法律效力,成为法律规范。另一方面,科学技术的发展还直接导致新的法律部门的出现,丰富了法律体系的内容。计算机和信息技术、太空领域、生物工程、基因工程、核电工程等新领域,都需要专门的法律对其中的新问题进行调整,因此产生了信息法、航空法、宇宙空间立法、基因技术法、原子能法等新的法律规范,进而导致新的法律领域如科技法、环保法的产生。

第四,科学技术的发展还让法律规范的制定更具有科学依据。以关于结婚的条件为例:古代“同姓不婚”的习俗,在现代遗传学、医学来看,符合优生优育的科学原理,因而被现代法律吸收。我国《民法典》婚姻家庭编中“直系血亲或者三代以内的旁系血亲禁止结婚”的规范内容吸收了这一科学原理。

第五,科学技术的发展将改变法律规范的存在方式,法律数据化时代即将到来。在新科技革命的背景下,知识生产、迭代、更新的速度极快,法律将迎来数据化时代。传统时代法律的存在形式是“立法+典型案例”,新技术革命将带来法律存在方式的变革,立法、法律解释、法律案例和其他法律相关信息,容易被数字化存储,这使大量且快速的立法活动成为可能。立法数量和诉讼案件数量的激增,不再是获取法律规范的难题。通过大数据、云计算以及人工智能的辅助,法律人和社会公众可以迅速地筛选信息,在“深度学习”中获取法律规范和裁判规则。

二、科技发展对法律运行的影响

第一,科技发展促进了立法的科学化,提高了立法的效率。在立法预测、规划、草案拟定、法案讨论和表决、法规整理汇编、立法评估等过程中,资料搜集、统计、加工、处理等技术性操作都因为计算机、互联网、大数据等技术的发展而变得清晰、透明和高效。

第二,科技发展使司法过程更加科学化。科技发展大大提高了证据对事实的证明能力。在人类早期的司法实践中,由于科学技术水平不高,而司法过程又有认定法律事实的刚性需求,因此主要依赖口供定案。口供在古代世界各地的刑事案件中都被视为最重要的证据,这导致刑讯逼供长期被作为获取证据正式且正当的手段,这背后的一个重要原因是缺乏科学的刑事侦查技术。在现代社会,刑讯逼供大量减少,且被认为是获取证据的不正当方式,很大程度上缘于科技发展带来了获取证据的有效手段。借用微电子技术、计算机技术、通信技术、生物技术、医学技术、摄影技术、化学技术等科技手段,可以快速准确地查获证据。例如,亲子鉴定、法医鉴定、毒物鉴定等司法鉴定,可以增强证据的可信度。不断发展的各种技术,可以对终生不变的指纹、声纹、味纹、唇纹、眼纹和血纹等人体特征进行鉴定。摄像监控系统、“黑匣子”和“电子眼”等科技装置,更是可以成为可靠的“技术证人”。

第三,科技发展还产生了人工智能辅助的司法新形式。司法主要是一个判断的过程,通过对大前提(法律)、小前提(案件事实)的演绎推理得出结论(裁判结论)。传统司法高度依赖法官的个人经验,法官在生活经验和职业基础上权衡各种因素,预判司法的政治效果和社会效果,力图作出准确裁判。大数据时代的人工智能可以采集不同时间和空间类似案件的裁判数据,对裁判的政治效果和社会效果进行模拟,给出基于数据分析的司法裁判模型,供法官参考。此外,人工智能还可能通过"深度学习",习得隐藏在大数据背后未被阐明的各种潜在因素或规则,从而增强司法的准确性和可靠性。

第四,科技发展提高执法效率,使执法方式更加文明,同时降低公民的守法成本。计算机、互联网和其他现代化设备对信息的高效处理,可以帮助执法机关提高办事效率,增强执法的透明度和开放性,便于行政相对人了解行政执法的目的、方式和内容,使各种信息在不同的执法机构之间以及执法机构和普通民众之间高速流动、高效共享。执法方式因科技的发展而变得更加文明,公民也因相关法律信息获取的便捷性而降低守法成本。

三、科技发展对法律意识的影响

科学技术的进步,不仅带来生产力的发展、财富的增加、物质生活水平的提高,它还从根本上影响了人们的法律意识,改进了人们的生活方式、思维方式。在人类历史上,科学技术的重大突破往往引起社会变革:种植、养殖农业技术的发明催生了家庭和私有制,一家一户的农业生产取代了部落集体生产方式;蒸汽机的发明,引发了机器大工业的生产革命,随之封建社会解体,资本主义兴起。在法律意识方面,伴随着工业革命,"奴役与服从"开始被"自由与平等"的观念代替,专制、特权的观念被民主、人权的观念代替。以信息技术为代表的新技术革命彻底改变了传统的生产生活方式,为人类生活提供了高质量的物质条件,引发了人的观念和思维方式的更新,对人类的未来观和伦理观提出了新的挑战。在历史进程中,科技发展对法律意识的改变体现在三个方面:理性意识的发展,法的时空观念的扩张,标准化意识的形成。

第一,科技发展促进理性法律意识的发展。从某种角度来看,技术和科学都是意识形态。[3] 马克思将"理性"作为解释法律概念和法律观的关键词。科技发展促进理性思维的发展,也促使法律观念的革新。在古代社会,法律意识与道德、宗教、社会习俗观念密不可分,法律或者是神意的体现(宗教),或者与服从的美德(道德、习俗)相关。科技发展促进了理性思维的发展,人们认识到法律的现实属性(法律是主权者的命令)、社会属性(否定神定论),法律被认为是"民族精神的体现"(萨维尼)、"公意的体现"(卢梭),人们逐渐认识到法律的社会控制功能("遵守法律"不是"无意识地服从",是达到良好的社会治理目标的需要)。这些观念的变化体现出人们对法律的认识从非理性到理性的转变。这种法律意识的变化体现了从具体的经验感受到抽象的理性思维的提升。

第二,科技发展扩张了法的时空观念。新科技革命迅速而极大地改变着社会,不断改变和塑造人们的生活方式、行为方式和思维方式,影响着人类和自然的关系以及自然生态的平衡。人们关于法的时空观念也相应地不断地进行调整扩张。科技发展使人们对法律

〔3〕 参见[德]尤尔根·哈贝马斯:《作为"意识形态"的技术与科学》,李黎、郭官义译,学林出版社1999年版,第38~83页。

的时间观发生改变。在古代社会，立法者遵循先王立法，司法者遵循先例，法律的正当性来自对过去经验的不断回望。在现代社会，法律不仅包含对过去经验的认可，还注重法的效果、法的目的等，因此现代法不仅包括对过去经验的总结，而且指向未来，对未来有预见性。在科技突飞猛进的今天，人们尤其需要对未来发展有相当的预见性，并在此前提下进行立法、展开司法。科技发展还引发法治在空间领域的扩展，从而重塑人们对法的空间观念。随着互联网的发展，以主权国家为空间的规范机制受到挑战。网络空间具有全球性和开放性，互联网发展在某种意义上是无国界、无边界的，强调信息共享、通讯自由等。在网络空间，各种新的跨国家、区域性、平台性的规范突破主权空间起到实际作用，目的性或随机性的算法机制在功能上替代传统的法律规范。在此情况下，人们对法的空间观念必然发生变化。

四、科技发展对法律治理格局的影响

科技发展对法律治理格局产生了深远的影响，法律与科技行业准则、指南、标准、规范等"软法"的共同治理越来越成为现实，科技行业的"软法"越来越必不可少。科技行业的准则、指南、标准、规范，通常与科技工作者的职业责任感和历史使命感紧密联系在一切，突出科技研究群体对自我行为约束的主体性和自发性。与依靠国家强制力保证实施的法律法规等"硬法"不同，科技领域的"软法"主要是指通过相关行业主体的广泛参与、共同协商、制定并认可的具有民主性、公开性、行业性的行为规则，用以调整科技发展过程中的社会关系，表现为科技行业方面的准则、指南、标准、规范等。这些科技行业的"软法"，往往是对没有法律规则和国家标准而又需要在某个行业范围内统一的技术要求所制定的规范。它们可能由政府部门、行业协会、大公司或科学家联盟来制定，只是一种推荐性规则和职业伦理性规范，不具有强制性，因而是一种"软法"。

在人类历史上，法律与各种"软法"（行业规范、社团规范、村规民约、商业惯例等社会规范）一直处于协同治理状态，但从来没有像当代这样，协同治理对高科技行业"软法"的需求这么迫切。当今世界，核能、生物化学、基因技术、信息技术等高科技行业，有关社会与法律问题涉及面较广，触发的各类风险往往十分复杂，内含多种安全威胁，这些安全威胁还可能交织联动，全球各国对其可能引发的风险后果难以形成全景式的认识，其蕴含的某些隐患也远未完全暴露出来。在这种情况下，科技力量的持续积聚与固有法律监管体系之间必然存在冲突，法律监管难度极大。当科技发展处于不断试错的过程，这就需要"软法"保持对科技前沿的感知，通过其"易调易控"的机制优势提升治理效能，并为法律制定提供政策和规范储备。与法律相比，科技行业的准则、指南、标准、规范等"软法"调整的时空制约和限制条件较少，而且最前沿的科技工作者共同协商有利于通过人类理性约束技术能力的滥用，遏制经济利益的非法获取，在保护人类安全和公共利益的同时，依法依规保障科技攻关和产业创新。

第二节 法律对科学技术发展的影响

法律是调整社会关系、实现社会控制的规范体系,是“使人类行为服从于规则之治的事业”,[4]也是对科技活动进行规范的重要工具。在科学技术迅猛发展的今天,科技知识在全球范围内共同生产、成果共享成了新的趋势,各国纷纷制定相应的法律和政策来保障本国在国际科技合作和竞争中的地位。法律对科学技术的影响主要是规范科技活动和行为,一方面表现为对科技创新的推动,另一方面表现为对科技活动的监管;它在影响效果上表现为积极促进与消极阻碍两方面。

一、法律对科技发展的推动

法律对科技发展常常发挥着积极的推动作用。一方面,法律能够对科技创新形成有效激励,促进智力产品的创作活动;另一方面,法律可以推动发明创造的应用,从而推动经济社会发展。以中国为例,度量衡的统一、夏历的推广,都是法令施行的结果。中国古代对于冶炼营造、水利兴修、田亩税赋计算(如《田律》《九章律》)等,都有严格的技术法式。我国古代法律对科技有重要的促进作用。航海计时器的研发也说明了法律对科技创新的推动作用。

18世纪以前,由于没有精确的航海定位及导航技术,远洋航海活动充满迷路甚至饿死渴死的危险。为了确定远洋航行中轮船在海洋中的位置,需要测算纬度和经度,测算经度需要在远洋航行期间保持精确的计时钟。1714年,英国国会宣布悬赏,奖励发明海上导航系统的人2万英镑;同时期,西班牙、荷兰等国也宣布对发明计时钟给予巨额悬赏。这笔悬赏持续到18世纪中叶,最后由71岁高龄的英国的乡村木匠约翰·哈里森获得。在英国国会悬赏的刺激下,哈里森用33年时间持续研发适合海上航行的计时器(怀表)。[5]

法律对科技创新的推动作用,主要体现在以下几个方面:

第一,法律能够维护科技活动的正常秩序,鼓励发明创造和创新,保护专利权、著作权、信息控制权、发现权等知识产权。“网络传播权”的发展体现了这一点。

1999年的“王蒙等6位作家诉世纪互联通讯技术有限公司所属网站‘北京在线’侵犯著作权案”是我国第一件关于“网络传播权”的案件。在此之前,我国著作权法尚未确定网络传播权的概念,无法有效规范网络上的信息传播行为和著作权侵权相关问题,这为法院判决带来法律依据方面的困难。2000年,最高人民法院出台了《关于审理涉及计算机网络著作权纠纷案件适用法律若干问题的解释》;2001年,全国人大常委会审议通过了《关于修改〈中华人民共和国著作权法〉的决定》,以法律方式确立了“信息网络传播权”;

---

〔4〕 [美]朗·富勒:《法律的道德性》,商务印书馆2005年版,第124~125页。

〔5〕 参见徐东:《知识产权:故事背后的法律》,法律出版社2007年版,第309~311页。

2006 年,国务院颁布《信息网络传播权保护条例》。自此以后,权利人享有的信息网络传播权受法律保护。除法律另有规定外,任何组织或者个人将他人的作品、表演、录音录像制品通过信息网络向公众提供,应当取得权利人许可,并支付报酬。

第二,法律通过规范科技组织、科技人员管理、科技奖励、科技发展计划、科技经费管理、科技情报与档案管理等方面的事务,提供对科技活动秩序的保障。以我国《科技进步法》的发展为例:

1993 年,我国颁布了科学技术领域的第一部具有基本法律性质的法律《科学技术进步法》;1996 年,颁布《促进科技成果转化法》等配套法律以规范科技活动;2002 年,科技部和财政部联合下发《关于国家科研计划项目研究成果知识产权管理的若干规定》;2007 年修订的《科学技术进步法》进一步明确:财政性科技项目创造的知识产权,除涉及国家安全、国家利益和重大社会公共利益的外,授权项目承担者依法取得。这通过利益机制激励科研机构和科技人员自主创新的积极性,促进科技成果转化。

第三,法律规定政府部门在科技成果转化和推广中的管理、指导和协调等职能,明确其职责范围,规范其权力行使。通过《拜杜法案》的相关规定可以理解这一点。

如何促进政府投资产生的科研成果尽快向产业界转移,实现公共投资的经济和社会价值,一直是各国政府所面临的挑战。美国于 1980 年制定《拜杜法案》,将政府资助所作之发明获得专利的权利划归完成单位,以产权激励的方式刺激此类创新成果的实施,并为此构建了被称为"拜杜规则"的一整套颇为完备的制度。我国 2002 年《关于国家科研计划项目研究成果知识产权管理的若干规定》借鉴了《拜杜法案》,将政府投资的科研成果的知识产权授予项目承担单位,刺激创新和技术成果的转化。

第四,法律规定技术交易规则,规范科技成果的交易行为,防范和抑制因科学技术的失控或滥用带来的社会灾害和生态灾害。例如,正在公开征求意见的《原子能法》就是旨在和平利用原子能、安全处理核废料、禁止核扩散、防止核战争的法律。此外,克隆技术应用、网络安全技术应用等方面都有相应的法律予以规范。

值得注意的是,法律并不总是推动科技创新,有时也可能阻碍科技创新。这方面最典型的是专利权,它一旦形成技术垄断,就会"阻碍"创新。从发明创造者的角度,拥有专利权意味着专利权人不仅能收回相关发明创造的投资成本,还能得到丰厚的回报;然而,从新技术应用的角度,专利权是一种消极的排他性权利,权利人有权阻止或排除他人无偿使用新技术。若权利不受法律保护,任何人均无须付出代价即可使用,则资源将被过度使用,导致"公地悲剧";相反,若过多权利人对于同一资源拥有排他权,则无人可有效运用此资源,因为每个权利人都可以为他人使用该资源设置障碍,每个权利人又都无法完全排除其他人的干扰,从而导致"反公地悲剧"。[6]

---

〔6〕 See Michael Heller, *The Tragedy of the Anticommons: Property in the Transition from Marx to Markets*, Harvard Law Review, 111(3), 1998, p. 621 – 688;[美]迈克尔·赫勒:《困局经济学》,闾佳译,机械工业出版社 2009 年版,第 14 ~ 17 页。

20世纪80年代前后,美国开始允许对药品开发的医学研究工具和测试申请专利,医药企业纷纷投入申请专利的疯狂竞赛。一项药品往往涉及很多项专利权,而每一位专利权人都认为自己的发现至关重要,专利权分割严重,专利许可交易的信息成本和协调成本过高,导致旨在有效使用专利药品的多方协议困难重重,专利授权常常难以进行。复杂的专利权结构下,专利权人相互牵制,有意愿利用专利药品的企业知难而退,从而影响专利药品的可及性,并阻碍专利药品进一步的技术创新。

二、法律对科技活动的监管

法律对科学技术发展的影响,还体现为法律对科技活动进行监管,主要有预防、管制、回应和重构四种模式。

1. 预防模式。它是指针对还未形成广泛应用与影响的科技产品,法律对其采取预防式的规定。例如,在人工智能起步阶段,各国制定了人工智能开放和利用的基本原则,尽可能通过科技伦理的法治化原则,降低未来人工智能发展的风险。

2017年,国务院发布《新一代人工智能发展规划》,强调建立相关法律法规妥善应对人工智能可能带来的挑战,形成适应人工智能发展的制度安排。截至2019年5月,全国已有19个省(自治区、直辖市)发布了26项人工智能专项政策,并提出了各自的发展定位与目标。人工智能学科和专业建设加快推进,全国30多所高校成立了人工智能学院,75所高校自主设置了89个人工智能相关二级学科或交叉学科。人工智能进入高中新课本,第一本高中教材《人工智能基础》(高中版)出版。

2. 管制模式。它体现的是法律对涉及的相关科技问题主动引导和干预。在人工代孕、原子能、克隆技术等领域,我国普遍采取的是专业性的管制模式。

2018年11月,南方科技大学副教授贺某宣布一对名为露露和娜娜的基因编辑婴儿于11月在中国健康诞生,由于这对双胞胎的一个基因(CCR5)经过修改,她们出生后即能天然抵抗艾滋病病毒HIV。这一消息迅速激起轩然大波,震动了世界。国家卫生健康委员会、科学技术部随后回应:“基因编辑婴儿”属于法律明令禁止的行为,将对违法违规行为坚决予以查处。2019年1月,广东省相关调查组查明,“基因编辑婴儿事件”系贺某为追逐个人名利,自筹资金,蓄意逃避监管,私自组织有关人员实施。2019年12月,“基因编辑婴儿”案在深圳市南山区人民法院一审宣判,贺某、张仁礼、覃金洲等3名被告人因共同非法实施以生殖为目的的人类胚胎基因编辑和生殖医疗活动,构成非法行医罪,分别被依法追究刑事责任。2020年12月通过的《刑法修正案(十一)》,专门增加了“非法植入基因编辑、克隆胚胎罪”。

3. 回应模式。它是法律根据科技与社会的发展,相应地调整具体的原则和规则回应需求。例如,面对网约车的普遍应用和社会广泛认可,交通运输部发布《网络预约出租汽车经营服务管理暂行办法》,对网约车的地位予以认定,使之合法化。面对支付宝、余额宝等新型金融工具,法律也是通过回应模式来减少科技风险,通过相应的规则确保金融市场安全。

在世界范围内,无人驾驶汽车逐渐应用到日常生活领域。2018 年,美国亚利桑那州坦佩市全球首例自动驾驶汽车致人死亡事件,凸显了科技产品带来的风险与监管责任问题。不同国家在法律上对无人驾驶汽车的应用风险采取不同的立法回应。德国 2017 年 5 月修订的《道路交通安全法》认定自动驾驶汽车的合法地位,并在侵权责任上规定了高标准;英国 2018 年 7 月《自动与电动汽车法案》也出台了类似的规定,提出严格的保险条款和责任规则;美国交通部则提出非强制性的指南《自动驾驶系统:安全愿景 2.0》,并将风险预防与行业自律挂钩。我国目前允许在城市公共道路上测试自动驾驶汽车。

4. 重构模式。它是法律针对科技应用的不同价值维度进行重新整合。

"5·15 冷冻胚胎继承纠纷案"是 2014 年全国十大民商事案件之一。南京市民李华(化名)夫妇儿子、儿媳遇车祸双亡,生前没有生育,但曾在南京市鼓楼医院做过试管婴儿,并留下了 4 枚冷冻胚胎。李华及其亲家两对失独老人都想拿到冷冻胚胎,延续"香火"。李华在宜兴人民法院起诉亲家,并追加拒绝交出胚胎的南京市鼓楼医院为第三人,要求将冷冻胚胎的继承和处置权判给自己。一审法院认为冷冻胚胎不属于遗产范畴,不支持原告关于监管处置冷冻胚胎的诉求。无锡市中级人民法院二审改判,支持原被告双方共同处置 4 枚冷冻胚胎。

我国《人类辅助生殖技术管理办法》《人类辅助生殖技术规范》对冷冻胚胎的法律属性未予界定,但明确禁止以任何形式买卖配子、合子、胚胎。在上述案例中,无法根据现有的法律确定胚胎是否可以继承,但二审法院包容了法律的伦理向度,重构了胚胎继承的合法性。

第三节　有关科学技术的法律和政策

20 世纪 80 年代以来,我国在科技方面的政策和法律文件超过 2000 余件。有关科学技术的法,既有宪法和国家战略中的相关规定,也有与科技成果保护相关的知识产权法等私法性质的法,还有科技普及法、促进科技成果转化法、科技进步法等公法性质的法,以及相关的国际公约。有关科学技术的法,内容上涵盖科技研究开发和保护、成果转换、市场贸易与管理、环境保护、奖励交流与合作等多方面。

一、国家科技发展战略

国家科技发展战略以《宪法》第 20、47 条,《国家中长期科学和技术发展规划纲要(2006—2020)》以及正在编制推进中的《国家中长期科技发展规划(2021—2035)》等为代表。

1978 年邓小平提出科学技术是生产力,知识分子是工人阶级的一部分,四个现代化的关键是科学技术现代化。1982 年我国《宪法》把实现科学技术现代化与工业、农业、国防现代化一起作为我国社会主义现代化战略目标。《宪法》第 20 条规定,国家发展自然科学和社会科学事业,普及科学和技术知识,奖励科学研究成果和技术发明创造。第 47 条规定,公民有进行科学研究、文艺创作和其他文化活动的自由。这些规定将发展科学技术确定为我国的基本国策,是我国科技立法的宪法基础。

《国家中长期科学和技术发展规划纲要(2006—2020)》提出了建设“创新型国家”的概念。党的十七大明确将“提高自主创新能力,建设创新型国家”确定为国家发展战略的核心。知识产权制度、国家科技奖励制度和创新型人才培养制度的法治化,是建设创新型国家的规范依据和保障。2008 年《国家知识产权战略纲要》和 2016 年《国家创新驱动发展战略纲要》再次强调科技创新的国家战略高度,相关法律也进行了修订。例如,2008 年《专利法》修正,加大了意思自治的适用范围;2015 年《促进科技成果转化法》修正,强调尊重市场规律,发挥企业的主体作用,促进科技研发投入多元化等。总体而言,我国科技创新国家战略促进科技创新的重点从“国际跟从”向“国内研发”转移。

二、保护科技发明与应用的法律

保护科技发明与应用的法律以《专利法》为代表,专利法是保护发明、创造及相关权益的法。1474 年,威尼斯共和国颁布了人类历史上第一个专利法,开创了法律保护技术发明的先河。工业革命之后,美国、德国、法国、俄国、日本等国都相继颁布了专利法,成立专利机构,许多国家开始通过立法保护科技活动。

早在 13 世纪,英国就出现了以英王特许的方式所保护的专利。1617 年,英国正式制定第一部专利法,把一种发明垄断权即专利权授予最早的发明者,有效期 14 年,但作为对价,发明者必须公开技术。纺织机、蒸汽机等新发明在英国专利法的保障下发挥了巨大的经济潜力,至 18 世纪 60 年代,英国最早发生工业革命、技术革命和产业革命,把科学技术广泛应用于生产,引起了深刻的社会变革。

在我国,除《专利法》之外,《著作权法》《商标法》《反不正当竞争法》《计算机软件保护条例》《集成电路布图设计保护条例》等知识产权法律法规,以及《民法典》中有关技术合同的规定,《计量法》《标准化法》中关于标准的定量依据等内容都与保护、规范和促进科技活动相关。另外,我国先后加入了《建立世界知识产权组织公约》《保护工业产权巴黎公约》《关于集成电路知识产权条约》《商标国际注册马德里协定》《保护文学艺术作品伯尔尼公约》《保护录音制品制作者禁止未经许可复制其录音制品公约》《专利合作条约》等国际知识产权公约。这些国际条约已经成为我国国内法的重要组成部分,在处理涉外知识产权法律问题时应优先适用,我国声明保留的除外。

在国际科技合作中,需要本国的法律和政策对本国利益进行维护。

1979 年邓小平率团访美期间,代表中国政府与时任美国总统卡特签署了中美邦交正常化后的第一个协议,即《中美科技合作协定》。1989 年协议续签时,美方提出根据美国 1987 年的 12951 号总统令,美国对外新签或续签政府间科技合作协定,必须首先就知识产权达成协议,提议与我国就此进行谈判。谈判时美方提出对合作研究产生的知识产权由美方享有该成果在第三国的一切权利或世界范围内的一切权益,中方提出在第三国的权益应当按贡献大小分享。经过两年多的艰苦谈判,才最后达成协议。

从上述材料可见,在国际科技竞争和合作中,应重视用法律保护我国公民、企业和国家的利益,保障和促进我国的科技进步。

三、促进科技发展的法律

20世纪50年代以来,各国都制定了专门的科技促进法。例如,美国于1950年制定《科学基金法》,1976年制定《国家科技政策、组织和重点法》(或译为《1976年美国国际科学技术政策、机构和优先目标法》),设立白宫科技办公室,参与国家财政预算制定,将科技投入视为重大国策。其他国家也制定了相应的法律:英国1965年制定《科学技术法》,韩国于1967年制定《科学技术振兴法》,奥地利于1970年制定《科学研究组织法》(包括《科技组织法》和《科技促进法》),法国于1982年制定《科学研究与技术发展指导和规划法》,墨西哥于1985年制定《协调和促进科学技术发展法》。

我国于1993年第八届全国人大常委会通过的《科学技术进步法》,是我国第一部科技基本法。《科学技术进步法》的颁布标志着我国科技立法进入体系化、完善化、完备化发展的阶段。2002年,我国颁布施行《科学技术普及法》,进一步促进了科技的发展和普及。2007年修订的《科学技术进步法》第2条首次以法律形式确认了建设创新型国家的国家发展战略。

第四节　科技前沿的法律问题

预测科技发展的莫尔定律(Moore's Law)、梅特卡夫定律(Metcalfe's Law)、里德定律(Reed's Law)都预测未来社会发展呈几何级数增长,这在人工智能、大数据技术、网站服务等不同领域都有表现。相应地,在互联网通信技术、基因技术、大数据、人工智能、人工辅助生殖技术等科技前沿领域,法律都面临挑战,甚至必须革新。与此同时,还有很多因科技发展带来的社会问题,需要新的法律规则、原则或司法技术予以回应。本节将介绍互联网、基因技术、大数据技术和人工智能相关科技前沿的法律问题。

一、互联网相关法律问题

互联网颠覆了传统的获取知识信息的路径,改变了人们的社交、工作、生活方式。人们通过互联网进行移动办公、网络购物,通过各种网络平台和自媒体获取信息、进行社会交往;互联网促成了政务、公安、医疗、教育、物联、消防等各行业各领域的互联互通;共享单车、移动支付等新型互联网技术改善了社会服务和民生保障;"互联网+"战略的实施使传统产业升级,产生了新的就业和创业机会。"高级定制""食品全程可追踪""上门回收垃圾"这些新型"互联网+"的生活方式让人们的生活变得更加轻松、高效以及个性化。总之,互联网成为生活世界。〔7〕

〔7〕截至2020年6月,我国网民规模达9.4亿,互联网普及率达67%,网民使用手机上网的比例达99.2%,网络购物规模达7.49亿,手机网络购物用户规模达7.47亿,网络支付用户规模达8.05亿,手机网络支付用户规模达8.02亿,网络视频(含短视频)用户规模达8.88亿。资料来源:中国互联网信息中心(CNNIC)发布的第46次《中国互联网发展状况统计报告》。

随着“宽带中国”等国家层面战略的推行，国家将互联网服务推进到城镇乡村的每一个角落，互联网被定位为承担着普遍服务、社会责任的公共基础设施。互联网作为一种互动交流、信息获得与传播、休闲娱乐的工具，在人们的生活中变得日益重要。在2015年全国两会上，国务院总理李克强提出“互联网+”的概念。“互联网+”是指通过互联网技术渗透改造传统产业，产生新的产业形态。当代各行业都在利用信息通信技术以及互联网平台实现信息的充分共享，进行生产活动。例如，“互联网+通信”出现了即时通信，如微信、QQ；“互联网+零售”出现了电子商务，如淘宝、京东；“互联网+广告”成就了百度；“互联网+银行”出现了支付宝……

随着互联网日益成为日常生活的必需品，法律面临越来越多的难题和挑战。在网络信息数据保护、网络安全与公民隐私保护、互联网金融（如电子商务合同相关法律问题、区块链技术引发的金融风险问题）、互联网“深度链接”（如搜索引擎运营商的法律责任问题、竞价排名引发的不正当竞争法律问题、超文本链接可能引发不正当竞争的法律问题）、网络环境下产权保护问题（如域名地位归属、数字音乐版权、跨境版权侵权问题、虚拟物品财产权等问题）、基于互联网的新生电子商务中的问题（如网上拍卖中的欺诈）、网络犯罪（如网络诱导自杀、互联网金融所涉及的犯罪行为）、网络安全（系统安全、网络信息安全、信息传播安全、信息内容安全等各种问题）等方面，现有法律都面临挑战。

互联网与虚拟技术的快速发展，使人类社会的规则得到延伸，现实空间与虚拟空间的重叠，产生了具有浮动边界、有多重角色并存的行为主体和多维时间多重空间并置的场域。互联网创造了一个新的空间——网络空间（Cyber - space），它既是现实生活的延伸与扩展，又存在虚拟特征。网络空间这种虚拟与现实的双重属性，使得人类生活也相应改变。在这样无限、浮动、变化、虚实结合的空间中，人类社会关系发生了新的变化。人们依据不同的现实和虚拟身份不断聚合分离，行为主体在多重角色间快速切换。点击热点新闻事件这样简单的行为都可能产生改变个人命运的巨大影响，也会影响立法、司法过程。各种类别的小社团、共同体的分治和中央化的统筹交织在一起，越来越多的“无法之境”与技术的全面监控同时成为法律需要面临的现实。

二、基因技术相关法律问题

对于人类基因编辑问题，法律需要坚守人性尊严的底线，对患者安全、医师责任、保险、专利与商业化等内容作出回应或预先安排；需要预防基于基因而产生的社会分裂，尤其是防止基因成为人类社会不平等的新根源。同时，需要合理的技术规制政策，通过有效激励措施引导科研和产业方向，合理协调有关基因技术的学术研究、产业发展、权益保护、基因安全等不同方面的利益和需求。

2003年12月，我国科技部和原卫生部联合下发《人胚胎干细胞研究伦理指导原则》，其基本立场是，人类基因编辑实验限于医疗或研究目的，不允许进行生殖性细胞基因改造，不允许培养人与其他生物的嵌合体胚胎，更不允许克隆人。[8] 2015年年底，我国与英

---

[8] 《人胚胎干细胞研究伦理指导原则》禁止进行生殖性克隆人的任何研究（第4条），禁止买卖人类配子、受精卵、胚胎或胎儿组织（第7条），要求贯彻告知情同意与知情选择等原则，保护受试者的隐私（第8条）。

美四家权威学术机构在华盛顿共同举行人类基因编辑国际峰会,科学家就人类基因编辑技术的研究及其规制达成初步的伦理共识:对早期人类胚胎或生殖细胞的基因编辑不得用于生育目的。人类基因编辑研究委员会 2017 年正式发布研究报告,提出了人类基因编辑研究伦理和监管的原则与规范标准。美国、德国、英国、法国、印度等国在 20 世纪 80 年代就出台了一系列有关动植物品种保护法、遗传操作规制(基因技术法)等重要的基因工程类法律。德国在 1990 年通过世界上首部《基因技术法》。法国民法中有关于基因权的条款,美国 2008 年《基因信息非歧视法》是关于基因权利以及基因技术方面的立法。我国未来应在民法中设计基因权利保护,并制定《人类基因资源管理法》《基因技术法》。

此外,人类基因和生物基因都是十分重要的资源,需要法律进行管理和保护,相关研究和开发也需要法律规制。我国于 1997 年颁布《植物新品种保护条例》,1999 年颁布该条例的林业部分实施细则,2015 年修订《种子法》,但法律对于品种侵权取证、原始育种的保护与创新、动植物基因编辑技术、动植物基因分子技术等,始终缺乏相关规定。未来应当对《种子法》和《植物新品种保护条例》进行修订完善。对基因改造技术不当应用而产生的生物基因污染问题,可吸收《生物多样性公约》《生物多样性公约卡塔赫纳生物安全协定书》及其补充协定书的相关内容,全面整合现行的《基因工程安全管理办法》《农业转基因生物安全管理条例》,制定《基因技术法》。

三、人工智能相关法律问题

人工智能的关键是算法,算法本身便是规则。算法建立在对某项事物认识的基础上,是一系列解决问题的指令,是对问题解决方案的完整描述。算法中的指令描述的是一个计算,从一个初始状态和初始输入开始,经过一系列有限而清晰定义的状态(从一个状态到另一个状态的转移可能不确定),最终产生输出。虽然初级人工智能的深度学习能力尚不充分,只是简单算法的产品,但接受与这类产品相关的服务,也需要接受算法设定的各种规则。高端人工智能越来越具备较强的学习能力,具备从数据或经验中学习的能力,能够从环境交互中学习、与用户交互中动态学习,不断进化和进步;甚至具备运用知识的能力,从根本上趋近人类的逻辑推理智慧,存储、表示、运用知识,并基于知识进行数据融合和归纳推理;还具备处理不确定性的能力,处理数据中的不确定性(噪声、数据属性缺失等)、模型决策的不确定性(决策结果的置信度等)、模型内部参数的不确定性(如人工智能无人驾驶)。与大数据、网络通信技术结合的高端人工智能,在某一部分的能力已经超出了人类。在未来世界,人工智能有可能脱离人类设计而自行创制新的算法,这可能对人类社会产生巨大的影响,人反而可能受到人工智能的奴役。

在初级人工智能时代,谁为机器人的行为承担责任,是现有法律制度中有关责任分配的问题,如医疗人工智能侵权责任问题、人工智能雇员的合同和侵权责任问题、机器人士兵的刑事责任问题等。在人工智能向深度学习阶段发展,成为高级人工智能时,与机器人有关的责任问题转变为法律主体资格问题。例如,有关人工智能生成物著作权保护问题,禁止虐待机器人(尤其是人形机器人)的法律与伦理基础问题等。日益复杂化的机器人带来的公共政策问题,也对法律与公共政策的兼容提出了挑战。与此同时,算法规制成为了新的法律问题。

面对人工智能带来的问题,目前世界范围内,司法界大多使用传统的解释学工具,通过对法律的扩张解释或采用类比方法处理人工智能案件。比如,在刑事领域,将人工智能(机器人)类比危险动物,或将使用机器人视为高度危险的行为,适用严格责任原则。在合同领域,将机器人视为工具方法进行解释,也采取严格责任原则。在侵权领域,人工智能相关法律问题类推适用严格责任原则,人工智能行为类比动物侵权行为、儿童或雇员行为来承担责任。然而,随着人工智能向越来越复杂的高级阶段发展,越来越需要专门的法律制度予以规范。

伴随人工智能应用变得越来越广泛,"所有的决策都是人类作出的"这一假设逐渐不能成立,人工智能的算法需要被纳入法律责任分配考虑的范围。将法律责任自动分配给开发人工智能的人,不再完全合理;操作人工智能,或进行监督或管理的人员也应当承担责任。如果将应用人工智能设计和开发程序、制造物品并投入使用市场比喻为一种"游戏",那么有关人工智能的法律责任,"游戏"玩家、参与人和"游戏"设计者应该共同负责。也就是说,人工智能的设计者、制造者、使用者甚至人工智能本身都可能成为法律责任主体。未来的法律赋予人工智能一定的主体资格(法律人格)也许会成为现实,或许这还是一种有效的人工智能监管策略。

2017 年,国务院发布《新一代人工智能发展规划》,强调建立相关法律法规妥善应对人工智能可能带来的挑战,形成适应人工智能发展的制度安排。我们正处于人工智能复杂性和深度广度爆炸式增长的时代,监管方面的技术问题远比法律人的想象复杂,而其中的法律和伦理问题则远比工程师的想象更富争议。

四、大数据相关法律问题

大数据,是规模大到在获取、存储、管理、分析方面大大超出传统数据库软件处理能力的数据集合,具有海量的数据规模、快速的数据流转、多样的数据类型、价值密度低等显著特征。大数据的价值在于它的使用,而不是占有本身,而使用必须有超强的数据处理能力。大数据的意义在于,通过超强能力的处理,从数据的整合、分析和开放中获得最大的使用价值。大数据时代,公共决策最重要的环节是大数据运用,而不再仅仅依赖个体经验或长官意志。大数据技术蓬勃发展,随之引发诸多法律问题,如数据安全、信息伦理和隐私伦理、数据主权与数据权利、大数据算法歧视的法律规制、政务数据与公共数据治理等。

1. 数据安全、信息伦理和隐私伦理。我国《网络安全法》初步建构了数据安全保护的法律机制。数据安全的多维立体风险防控,需要进一步推进数据本地化立法,加强数据跨境流动监管,建立个人数据保护法律机制,制定《个人数据保护法》,并加大对数据违法犯罪行为的打击力度,建构行业规范、民法、行政法、刑法相结合的多层次规范体系。面对虚假信息泛滥、人肉搜索网络暴力、数字鸿沟、数据污染和隐私侵权等问题,需要强化大数据信息伦理和隐私伦理建设,秉承以人为本、反对数字异化的原则,建立行业自律机制,创新安全防护技术,完善数据安全法律,提高公民的信息素养和数据维权意识。

2. 数据主权和数据权利。数据主权包括数据管理权和数据控制权,其主要功能是在新技术环境中巩固国家主权。数据权利兼具人格权和财产权双重属性,数据人格权主要包括数据知情同意权、数据修改权、数据被遗忘权,其主要功能是保障隐私空间,让人们享受大数据时代的"美好生活";数据财产权主要包括数据采集权、数据可携权、数据使用权和数据收益权,其主要功能是引导数据资源被合理高效利用,让人们分享大数据价值增益。关于数据权利问题,我国《民法典》对数据保护作了规定,在我国数据保护立法上迈出了重要的一步;未来立法还可以继续细化,如确立事前许可制度、被遗忘权制度,完善事后救济制度。此外,立法在保护个人数据权利的同时,也需要兼顾大数据其他各方主体的利益平衡。

大数据监控的指数级增长和全方位覆盖不可避免地对个人隐私、自由构成威胁。以人脸识别技术为例,东南某省会城市率先在地铁安检口安装了人脸识别摄像头,与"全国在逃人员信息系统"进行实时比对,可迅速识别在逃人员出入地铁的线索。八个月内,公安机关凭借该技术抓获在逃人员500余人。如今,在重点空间使用人脸识别技术已成为高密度城市安全防卫的常见策略。人脸识别技术融合了信息和生物技术,有关部门在获得人脸信息的超级访问权后,虽然监控能见度大幅提升,但个人隐私边界不断崩塌。2019年,美国旧金山市、萨默维尔市相继出台了禁止政府部门使用人脸识别技术的禁令。2020年,欧盟关于在公共场所禁用人脸识别技术的政策也在酝酿之中。

3. 算法歧视的法律规制。大数据时代,数据是基础资源,而算法决策是核心引擎。数据本身具有客观中立性,但人为设计的算法却不可避免地隐含偏见。例如,互联网平台通过大数据分析消费者的购买或浏览记录,对用户进行"画像"后,根据其喜好程度、收入水平,在提供相同质量的商品或服务的情况下,分别实施"差异化定价"。此类在算法自动化决策中产生的不公平现象,就是算法歧视。随着算法决策深度浸润到人类日常生活和社会治理的方方面面,算法歧视在更广阔领域以更加隐蔽的形式呈现,其可能引发就业、交易、理财等诸多领域不公平的差别对待,影响社会公平正义。大数据的算法常常看似反映"大多数人的偏好",实际上可能隐含歧视。算法设计的效率导向、数据和输入的偏差、算法自带的价值偏见、算法黑箱带来的透明度缺失,都可能触发算法歧视。由于算法有关大数据处理的规则,实际上隐含了一种"准公权力",因此对算法歧视的法律规制就十分必要,需要针对大数据算法的设计与应用,结合具体场景和现有问题循序渐进地展开。目前,欧盟主要通过《通用数据保护条例》中的"数据清洁"条款,从源头上移除特定种类的数据,以防止敏感数据带来的歧视。我国法律应当确立算法公正运行的基本原则,算法的开发者、监管者、运营者在涉及算法的工作中应当尊重平等权利;应当合理配置相关主体的权利义务,赋予公民对于个人数据信息的控制权,包括控制其信息数据的收集范围,要求解释或删除有关个人的信息数据;同时,对算法权力进行控制,针对算法设计者及运营者设置算法审查,并建立相应的算法违规问责制度。

4. 政务数据与公共数据治理。大数据时代,政府在公共管理与社会服务过程中积累了海量的公共数据,数据治理面临机遇与挑战。挑战主要有公共数据的具体意涵模糊、政府大数据收集的正当性基础薄弱、公益目的数据收集信息公开与个人数据自决权利的张力、政府公共数据使用的约束机制欠缺等一系列问题。《数据安全法(草案)》将"政务数据安全与开放"单独成章,在保障安全性的前提下从数据质量、采集、处理、存储、开放等方面对公共数据治理提出原则性要求,充分体现了我国对安全开放公共数据的重视与决心。一些城市率先制定公共数据管理方面的规章，如 2020 年《无锡市公共数据管理办法》。从近年世界各国政府颁布的大数据战略来看，各国对公共数据治理重视程度日益提高，数据治理呈现制度化、标准化和专业化趋势。目前，我国数据管理偏重对个人赋权，对企业课以义务，政府规制相对不足。在此背景下，更应正视信息多头收集的现状，直面政府巨型数据库建设效能不高的弊端，厘清政府信息使用的正当性基础，并在此基础上合理约束政府信息使用，平衡私权与公共利益的关系。

第二十七章　法律与经济社会发展

第一节　法律与经济社会发展的一般关系

法律与经济社会发展存在密切联系。一方面，经济社会发展离不开法律制度供给，通过法律制度变革可以回应经济社会发展的需求。另一方面，经济社会发展状况一定程度上是法律制度的经济社会基础的重要构成部分。经济社会基础，是指在经济社会活动中发生的、必然的、不以人的意志为转移的关系，即与一定社会物质生产力相适应的生产关系。这些生产关系的总和是社会的经济结构。上层建筑是建立在经济社会基础之上并与之相适应的社会意识形式。法律作为上层建筑的重要组成部分，受经济社会基础决定，并服务于经济社会基础。

一、经济社会基础决定法律

一个国家的法律制度是一定经济社会基础的反映。这集中表现为，法律的内容、性质由经济社会基础决定，并且法律随着经济社会基础的变化而变化。

1. 法律的内容在根本上是由经济社会基础决定。法律的内容不是主观创造的，它必须反映和体现经济社会基础的内容。离开经济社会基础，法律是不存在的。例如，在原始社会时期，生产力发展水平比较低，生产关系单一，私有财产权利观念并未确立，经济社会生活对法律的需求不大。在这种经济社会基础之上，不可能产生知识产权、网络交易等方面的法律制度。随着科学技术不断发展，社会生产力水平不断提高，经济社会生活交往日益频繁和多样，才形成保护知识产权、网络交易中的财产权利等现代法律制度。

2. 法律的性质反映经济社会基础的性质。法律不是从来就有的，而是当生产力发展到一定阶段，随着私有制、阶级和国家的产生而逐步产生的。私有制产生后，随之会产生一定的阶级，进而产生不同性质的国家和法律。在人类历史上，法律的存在总是同一定的经济社会基础相联系，不同的经济社会性质决定了不同的法律的性质。例如，资本主义性质的经济社会基础与社会主义性质的经济社会基础存在本质区别，前者主要以生产资料私有制作为经济社会基础，后者主要以生产资料公有制作为经济社会基础。与此相对应，资本主义国家的法律制度反映了生产资料私有制的性质，社会主义国家的法律制度反映了生产资料公有制的性质。

3. 法律随着经济社会基础的变迁而不断变化。法律是上层建筑的重要组成部分，当经济社会基础发生变化时，法律为了适应经济社会的发展，也必须发生变化。马克思和恩格斯在论述国家法与所有制的关系时曾指出：

> 在现代各国人民那里,工业和贸易瓦解了封建的共同体形式,因此对他们说来,随着私有制和私法的产生,便开始了一个能够进一步发展的新阶段。在中世纪进行了广泛的海上贸易的第一个城市阿马尔非也制定了航海法。当工业和商业进一步发展了私有制(起初在意大利随后在其他国家)的时候,详细拟定的罗马私法便立即得到恢复并重新取得威信。后来资产阶级强大起来,国王开始保护它的利益,以便依靠它的帮助来摧毁封建贵族,这时候法便在一切国家里(法国是在16世纪)开始真正地发展起来了,除了英国以外,这种发展到处都是以罗马法典为基础的。[1]

从以上论述可以看出,随着私有制的产生,封建土地所有制逐步瓦解。私有制的建立进一步催生了资产阶级,并产生了新的经济社会关系,进而不断摧毁封建制的经济社会基础。与此相对应的是,建立在封建制基础之上的法律制度也不断瓦解,随之而来的是以罗马法为基础的私法制度不断发展。罗马私法是建立在工商业不断发展的经济社会基础上,这显著区别于封建制下的经济社会基础。

当然,经济社会基础决定法律,并不意味着法律不受其他因素的影响,或与其他社会现象无关。其他社会现象如人口、地理环境、历史传统,对法的性质和内容也有一定影响。孟德斯鸠在《论法的精神》中曾经描述过印度的气候、地理环境以及信仰等因素与法律形成的关系:

> 印度人相信,静和空是万物之根本和终结。因而,他们把绝对无为视为至高境界和追求的目标。他们称至尊为真如。暹罗人相信,无须驱动机器,无须驱使肉体行动,这便是最高福祉。这些地区的酷热使人萎靡不振,静止令人舒适,运动使人痛苦,所以,这套理论体系看来合乎自然。印度的立法者佛顺其所感,把人置于极度消极状态。然而,佛的学说生于气候所致的怠惰,反过来又助长这种怠惰,因而造成了数不清的弊害。[2]

尽管法律与其他因素或者其他现象之间存在联系,但这些方面并不能在根本上决定法律的性质和内容。法律的性质和内容在根本上是由经济社会基础决定的。

二、法律服务于经济社会基础

在肯定经济社会基础决定法律的同时,也必须看到法律对经济社会基础的反作用。这种反作用的积极方面具体体现为:法律促进和保障经济社会基础,并对旧的经济社会基础进行摧毁和改造,以服务于自己赖以存在的经济社会基础。

1. 法律对经济社会基础进行促进和保障。经济社会基础决定法律的制定,反之,法律的制定是为了巩固自己所依赖的经济社会基础。例如,在17世纪和18世纪,一些发展较快的资本主义国家,通过资产阶级革命的方式推翻了封建制度。为了巩固资产阶级革命

---

〔1〕《马克思恩格斯全集》(第3卷),人民出版社1960年版,第71页。

〔2〕[法]孟德斯鸠:《论法的精神》(上卷),许明龙译,商务印书馆2016年版,第276页。

胜利的成果，维护资产阶级的利益，促进资本主义经济的发展，在资产阶级革命胜利后，不同国家也都相应地制定了法律。英国1689年颁布的《权利法案》、法国1789年颁布的《人权宣言》以及美国1787年颁布的《宪法》，不仅顺应了资本主义经济发展的历史潮流，反映了资本主义经济社会的发展要求，而且巩固了资产阶级的经济社会基础。

2. 法律对旧的经济社会基础加以改造或摧毁。在各国法律发展历程中，旧的经济社会基础反映的是过时的经济社会关系，为了巩固新生的经济社会关系，代表新的经济社会基础的法律往往需要对旧的经济社会关系进行改造，以在法律上确认新的经济社会基础。例如，在中华人民共和国成立前夕，中共中央曾以规范性文件的形式废除国民党统治时期的法律制度，意在新的经济社会基础之上建立相应的法律制度。

> 1949年2月，中共中央发出《中央关于废除国民党〈六法全书〉和确定解放区司法原则的指示》，明确指出："在无产阶级领导的以工农联盟为主体的人民民主专政的政权下，国民党的《六法全书》应该废除，人民的司法工作不能以国民党的《六法全书》作依据，而应该以人民的法律作依据，在人民的新的法律还没有系统地发布以前，则应该以共产党的政策以及人民政府与人民解放军所已发布的各种纲领、法律、命令、条例、决议规定作依据。"〔3〕

此外，中华人民共和国成立后，我国确立了无产阶级领导的以工农联盟为主体的人民民主专政政权，在土地资源分配领域颁布了《土地改革法》（已失效），它消灭了延续几千年的封建土地所有制，重新确立了新的土地生产关系，为建立社会主义制度提供了前提条件。

第二节　经济社会发展推动法律变革

随着经济社会发展到一定阶段，社会交易关系日渐增多，与此同时，社会成员之间也会产生新的利益冲突。为了保障社会成员之间的交易关系能够有序进行，就必须在社会成员之间树立一套契约规则。相应地，随着社会交往增多，社会成员对保障平等交换以及保护私人财产的法律制度需求也越来越大。并且，这种法律需求具有稳定性和普遍性，代表了经济社会发展的方向。国家在法律制度和理念层面回应这种需求，有助于最大程度发挥法律对经济社会发展的推动作用。

一、经济社会发展催生法律需求

在商品经济发展早期，由于经济社会交往逐渐增多，人们在日常交往中最早出现了类似于今天"契约"的交易规则。马克思曾言："先有交易，后来才由交易发展为法制。我在分析商品流通时就指出，还在不发达的物物交换情况下，参加交换的个人就已经默认彼此

---

〔3〕《中共中央文件选集》（第18册），中共中央党校出版社1992年版，第152页。

是平等的个人，是他们用来交换的财务的所有者；他们还在彼此提供自己的财物，相互进行交易的时候，就已经做到这一点了。这种通过交换和在交换中才产生的实际关系，后来获得了契约这样的法的形式，等等，但是这一形式既不构成自己的内容，即交换，也不构成存在于这一形式中的人们的相互关系，而是相反。”[4]

随着经济全球化的发展，国家之间的贸易往来日渐增多，有效协调各国法律的冲突成为发展中国家需要破解的重要难题。这方面的努力，主要体现在建立区域共同体市场。

20世纪80年代，世界市场上竞争加剧和多变，这促使工业化国家和发展中国家一起组建地区经济共同体。这一趋势发展的主要原因是，交通和通信领域的技术创新拓展了市场规模，使得它能容纳越来越多的商品和服务。在此背景下，拉丁美洲国家签订了反映自由贸易的《安第斯条约》，南美洲国家签订了南方共同体市场的协定。除此之外，它们还有更宏伟的共同目标，那就是对大量的法律法规进行制度上的协调。协调的领域主要包括银行、保险、证券、外商投资规则以及环境保护等，这些领域的法律制度协调进一步促进了区域经济一体化的发展。

当法律制度建立后，经济社会又会出现一些新的发展领域，产生一些新的社会关系，反过来又需要一些新的法律制度确认和保障经济社会中出现的新的利益关系。

在当代中国，随着移动互联网的发展，人们的网购行为越来越多，电子商务行业蓬勃发展。据相关统计，“十二五”期间，电子商务年均增长速度超过30%。2015年，我国电子商务交易额超过20万亿元；网络零售额3.88万亿元，其中实物商品网上零售额3.23万亿元，占社会消费品零售总额的比重达到10.8%；电子商务交易市场规模跃居全球第一；电子商务就业人员达2690万人；互联网对中国经济增长的贡献率达到7%。

区别于以往线下的交易行为，网络交易行为具有虚拟性、灵活性、双边性、开放性等特征。随之而来的是网络交易关系也越来越复杂和多变，传统的《合同法》《消费者权益保护法》《侵权责任法》等法律，难以有效调整网络交易上出现的新型交易关系，以及解决网络交易中出现的新问题。例如，网上缔约生效的时间、履行合同的方式，以及网上交易的欺诈、非法集资等违法犯罪的性质认定问题，都无法完全用旧的法律制度解决，这就需要国家及时制定相应法律加以规范和调整。

上述材料表明，随着电子商务行业的蓬勃发展，制定新的法律调整和规范电子商务行为已成为保障电子商务行业健康发展的重要手段。电子商务行业的蓬勃发展催生了新的社会关系并带来新的社会问题，规范新的社会关系以及解决新的社会问题催生了法律的需求。为了适应电子商务行业的发展，2018年8月，第十三届全国人大常委会第五次会议表决通过了《电子商务法》。《电子商务法》的制定背景和历程表明，经济社会发展产生了新型社会关系，新型社会关系反映了不同社会主体的利益诉求，协调并平衡各种社会利益诉求的冲突则需要依靠法律。

---

[4] 《马克思恩格斯全集》(第19卷)，人民出版社1963年版，第422～423页。

二、通过法律变革回应发展需求

经济社会发展到一定阶段之后，必然推进法律变革，法律变革是为了回应经济发展需求。在具体方式上，法律变革主要从制度创新、理念转变等方面来回应经济社会发展需求。

（一）通过法律制度变革回应经济社会发展需求

经济社会向前发展将改变一些旧的生产关系，催生一些新的生产关系。新的生产关系带来新的利益格局，如何在法律上妥善安排各种利益关系，事关经济社会发展平稳有序推进。

2019 年 1 月 1 日，我国《电子商务法》实施后，其在规范平台经营者、平台内经营者以及网上消费者的经济社会活动等诸多方面都创造了很多新的制度，进一步促进了电子商务行业的健康发展。例如，《电子商务法》第 49 条第 1 款规定："电子商务经营者发布的商品或者服务信息符合要约条件的，用户选择该商品或者服务并提交订单成功，合同成立。当事人另有约定的，从其约定。"相比《合同法》规定的一系列合同订立的程序，这个规定反映了网购行为的发展趋势。因而这项制度变革更加具有针对性和现实性，回应了网上交易行为及时和快捷的需要。

与《电子商务法》一样，《公司法》的修正（2018）、《外商投资法》的制定（2019）等都是适应社会主义市场经济发展需求的，它们不仅为国内经济社会发展提供了强有力的制度支撑，而且回应了经济社会发展对法律制度变革的需求。在市场经济发展过程中，为进一步完善公司股份回购制度，充分发挥公司股份回购制度的积极作用，促进公司建立长效激励机制、提升上市公司质量，稳定资本市场预期，《公司法》的修正完善了公司股份回购制度。与此同时，随着国内市场逐步开放，外资企业的地位不断得到认可，保障外资企业与国内企业的平等竞争地位和相应的投资权益已成为国内法律制度供给的重要内容。为此，我国借鉴国外先进的法律制度，尤其是与市场经济发展相关的法律制度，通过制定《外商投资法》将其转化为本国的法律制度。

（二）通过更新法律理念回应经济发展转型

法律理念的更新将重塑经济社会发展模式。在当今世界各国发展实践中，实现经济社会与生态环境保护协调发展既是各国经济结构转型的重要目标，也是实施可持续发展战略的重要举措。

随着工业发展带来的环境问题日益突出，在一些纪实文学中可以见到对环境保护理念的呼吁和倡导。在《寂静的春天》中，作者描述了美国伊利诺伊州欣斯尔镇一位家庭主妇曾给一位著名的鸟类学家的来信："6 年前我们搬到这里来住，那时候鸟儿很多，我安装了一个喂食器。每年冬天，红雀、山雀、绒毛鸟、五子雀会陆陆续续来这里觅食。夏天的时候，红雀和山雀会把它们的小鸟带来。喷洒了几年 DDT 后，镇上已经没有知更鸟和燕八哥了；两年来，我家的架子上也没有见到山雀的影子，今年红雀也消失了；附近筑巢的只剩下一对鸽子，可能还有一窝猫鹊。”[5] 这封来信反映了DDT药物对生态环境的破坏。DDT是一种有效的杀虫剂，但也是一种有毒药物，虽然能够除去一些病虫害，但如果没有及时处理干净将对鸟类的生存环境造成破坏。

这个看似非常小的生活事例，反映了人类活动与生态环境之间的关系。推而广之，在人类的经济发展活动中，尤其是在企业生产活动中，如果不注重生态环境的保护，不对企业生产过程中的排放物质进行有效处理，将在无形中对生态环境系统造成破坏。例如，20世纪90年代，国内许多小型企业建立在淮河两岸，企业废水在未经净化处理的情况下直接排到淮河，导致淮河的水变黑，直接影响到周边的居民饮用水和农田灌溉供给。后来当地政府关停了许多小型企业，淮河的水逐渐变清。这一事件警醒了当地政府重视协调经济发展与生态环境保护之间的关系。

经济社会与生态环境保护协调发展的理念推动着国家立法理念的更新。党的十八大以来，国家修订了《环境保护法》(2014)、《大气污染防治法》(2015、2018)、《水污染防治法》(2017)，并制定了《土壤污染防治法》(2018)等保护生态环境的法律，主要目的在于贯彻实施生态文明发展战略，实现经济社会发展与生态环境保护协调发展，引领我国经济社会走向可持续发展之路。2018年，我国《宪法修正案》明确规定，“推动物质文明、政治文明、精神文明、社会文明、生态文明协调发展，把我国建设成为富强民主文明和谐美丽的社会主义现代化强国，实现中华民族伟大复兴”。“生态文明”上升为宪法的基本理念，并作为建设“美丽”的社会主义现代化强国的重要支撑。“生态文明”入宪体现出我国对生态环境保护的认识不断提高，将此前的生态环境法律制定与修改提升到更高层面。

第三节 法律推动经济社会发展

经济社会发展需要良好的法治环境。通过法律确定政府调控经济社会活动的权力边界，设计相应的制度调节经济社会行为，并采取有力的措施严格执行法律规定，有助于充分发挥法律在经济社会发展中的规范和保障作用。

一、法律对宏观经济社会发展的调控

经济社会的调节既需要依靠市场手段，也需要依靠政府宏观调控。宏观调控是现代市场经济同近代市场经济的区别所在，是由“看不见的手”过渡到“看得见的手”的重要标志。重视宏观调控不是国家的主观愿望，而是现代市场经济的必然要求，是现代政府的内在功能。

政府通过立法手段把宏观调控的经济政策纳入法治轨道，这是法律发挥宏观调控作用的前提。当今世界上，大多数国家的经济政策都通过立法方式进行转化，进而充分发挥政府的宏观调控职能，不断调控经济社会活动。

---

[5] [美]蕾切尔·卡逊：《寂静的春天》，许亮译，北京理工大学出版社2015年版，第80页。

1929年10月24日，美国爆发了资本主义历史上最大的一次经济危机。当时的胡佛政府推行自由放任的政策，政府无力管控经济危机带来的大量工人失业以及社会救济问题。这场危机持续四年后，也即1933年，面对广大失业人员要求政府改革现有经济政策的压力以及大量的工厂倒闭的严峻形势，罗斯福开始推行救济、复兴和改革。与此同时，通过《全国工业复兴法》与"蓝鹰运动"，来防止盲目竞争引起的生产过剩；根据《全国工业复兴法》，各工业企业制定本行业的公平经营规章，确定各企业的生产规模、价格水平、市场分配、工资标准和工作日时数等，以防止出现盲目竞争引起的生产过剩。这加强了政府对资本主义工业生产的控制与调节，缓和了阶级矛盾。与此同时，罗斯福政府还推行以工代赈、大力实施公共工程等措施，使失业人员得到基本保障，至此经济开始复苏。

上述历史事件表明，经济社会的健康发展离不开政府的宏观调控。政府通过法律手段可以规定经济社会发展中的政策，以减少市场盲目竞争带来的一些负面影响，从而调节和控制经济社会活动，引导经济社会健康发展。

二、法律对微观经济社会行为的引导

法律对微观经济社会行为的引导主要通过法律实施来实现。作为法律实施的重要主体之一，政府依法加强对经济社会行为的监管，有助于引导经济社会行为在法律框架内进行，进而维护正常的经济社会秩序。政府如何规范经济社会行为需要考虑多方面的因素，尤其是第三世界国家与发达国家的执法机构在监管经济社会行为的能力方面存在显著差异，这主要是因为各自的法律体系、执法环境、执法条件、文化背景存在差异。

在我国政府日常行政管理活动中，时常可见这样一种现象，当某类违法现象发展到一定程度后，政府常常要组织多个部门、多方力量严格执行某些法律，以规范经济社会行为。这些现象常见于城市管理、食品安全、环境保护、市场监管、安全生产等领域。例如，2018年3月，我国中部某县为了迎接中央环保督察，清理和整顿一些无环评资格证和排污许可证的"小散乱污"企业，专门制定了专项行动方案。在方案正式实施前，该县党政领导和分管环保工作的领导分别组织各个部门召开了动员会，并提出了方案落实要求。方案要求县生态环保部门牵头，联合自然资源、工商、矿产、公安等部门在两个月内开展集中专项整治。该专项行动方案还明确了各个部门的具体分工和执法责任，以及各个部门完成此项任务的时间节点和具体负责人。在此情形下，各个执法部门按照方案要求进行严格执法，逐步清理和整顿了一批违法生产的排污企业，既引导了"小散乱污"企业依法依规经营，也贯彻执行了环保法律和政策。

上述材料反映出，政府在一定时间内组织多个部门、集中优势资源，通过严格执行法律打击某类经济社会违法行为，有助于维护正常的经济社会秩序。但是，世界各国政府执法机构的执法能力又与各国的执法体制密切相关，区别于西方国家的执法体制，我国的党政体制优势能够保障法律在基层社会贯彻执行。[6]

此外，司法机关也可以通过审理具体案件确定权利义务关系，并通过作出判决实施国

---

〔6〕　参见陈柏峰：《党政体制如何塑造基层执法》，载《法学研究》2017年第4期。

家法律和公共政策，引导经济社会活动在法律框架内进行。在实践中，司法机关通常会制定具体司法意见指引法官正确把握政策和法律的边界，准确确定个案中的权利义务关系，从而引导经济社会发展。例如，随着“一带一路”倡议的深入实施，为服务“一带一路”地区的经济社会活动，2019 年 12 月，最高人民法院出台《关于人民法院进一步为“一带一路”建设提供司法服务和保障的意见》，规定了经济社会政策转化为司法实践的具体情形，它对于法官灵活掌握经济社会政策、正确运用法律具有重要意义，有利于充分引导“一带一路”领域的经济社会活动在法律框架内进行。

三、法律对经济社会发展问题的解决

在经济社会发展过程中，不可避免会出现各种各样的问题。经济社会发展中的问题可以通过道德、经济、政策和法律等手段解决。各种手段都有其优势，但相比道德、经济以及政策等手段，通过法律手段解决经济社会发展问题具有国家强制性和权威性，能够充分发挥法律对经济社会行为的规范作用，确保经济社会生活始终运行在法律的轨道上。法律对经济社会发展问题的解决主要表现为，在制度层面设定激励机制，以规范和约束经济社会的各种行为，从而维护正常的经济社会秩序。

改革开放以来，我国的经济社会发展取得巨大成就。然而，如果经济社会发展中不注意生态环境保护，将带来生态环境的破坏。而随着新发展理念的提出，相关生态环境法律制度逐步完善，从而对环境问题解决发挥着越来越重要的作用。

2014 年以前，我国《环境保护法》没有规定环境污染行为的按日计罚规则，企业排污行为有恃无恐。尽管环境监管部门可以针对企业的排污行为采取罚款、查封或者扣押等行政处罚措施，但没有取得明显效果，其中重要原因之一是企业环境违法的成本极低。对于企业而言，如果严格按照法律规定和环保部门的要求运行并维护环保设施，将带来额外的经营成本。企业经过成本效益的核算，仍然愿意在缴纳高额的排污费和行政罚款的情况下进行偷排或漏排。

2014 年修订的《环境保护法》第 59 条第 1 款设计了按日计罚规则，明确规定：“企业事业单位和其他生产经营者违法排放污染物，受到罚款处罚，被责令改正，拒不改正的，依法作出处罚决定的行政机关可以自责令改正之日的次日起，按照原处罚数额按日连续处罚。”这条规定增加了排污企业的违法成本，迫使排污企业在违法成本与企业经济利润之间进行衡量。这有助于逐步引导企业安装并运行排污设施，一定程度上解决企业环境违法成本低、不服从环境监管的问题，也有助于维护环保部门的执法权威，减少企业排污对生态环境的损害。

2014 年修订的《环境保护法》之所以被称为史上最严“环保法”，很大原因在于按日计罚规则的引入。它调整了企业的经济生产活动，一定程度上解决了很多企业在生产过程中不愿意运行排污设施的问题。如果生产企业把自身的排污成本纳入企业的运营中，那么将倒逼企业遵守市场竞争的优胜劣汰规则，重新制定企业发展战略，调整企业生产技术，推进企业进行科技创新，实现产业转型升级。这项法律制度在一定程度上解决了企业排污与生态环境保护的冲突问题，有助于推动经济社会与生态环境协调发展。

第四节　中国的法律、市场经济与社会建设的历程

我国社会主义市场经济体系的建立和社会建设目标的提出经历了一个历史过程。同样，中华人民共和国成立以来，我国的法制建设也并非一蹴而就。法律与市场经济、社会建设之间的关系演变，呈现出不同的历史阶段和复杂历程。

一、中华人民共和国成立与法律的曲折发展阶段(1949～1978年)

中华人民共和国成立初期，废除国民党旧法统、创设全新的国家制度与人民的新法律，成为新生人民民主政权的迫切要求。1949年2月，中共中央发出《中央关于废除国民党〈六法全书〉和确定解放区司法原则的指示》，该指示要求废除国民党的《六法全书》，目的是确立中华人民共和国代表人民利益的法律。这一时期的法律具有鲜明的意识形态特性，它是无产阶级领导的以工农联盟为主体的人民民主专政的工具。在法制建设领域，废除国民党的《六法全书》是一个重要历史事件，它标志着我国开启了“在无产阶级领导的以工农联盟为主体的人民民主专政政权下”的法制建设历程。然而，这种法制建设具有鲜明的阶级和政治色彩，法律作为阶级斗争的政策话语曾一度影响这一时期法制建设的进程。

为了巩固新生的人民政权，建立社会主义制度，继《婚姻法》和《土地改革法》的相继颁布，1954年中华人民共和国制定了《宪法》，其中第6条第1款明确规定：“国营经济是全民所有制的社会主义经济，是国民经济中的领导力量和国家实现社会主义改造的物质基础。国家保证优先发展国营经济。”这为建立社会主义经济制度奠定了基础。此后，随着农业、手工业和资本主义工商业三大改造的完成，社会主义制度初步建立。

社会主义制度建立后至改革开放前夕，商品经济不发达，国家和社会资源的调配主要靠计划和命令的手段，对法律需求不大，法制建设不受重视，人们对法律在社会主义建设的作用认识不够。“文革”期间，司法机构遭到破坏，法律在经济社会生活中处于虚无状态，法制建设基本处于停滞状态。

二、法制建设与市场经济同步发展阶段(1978～2004年)

改革开放初期，法制在社会主义建设中的作用得到逐步认识。党的十一届三中全会作出把我国工作重心转移到经济建设上来的决定，停止“以阶级斗争为纲”，此时法律在经济社会发展中的重要作用被逐渐认识，法律的任务和发展目标也随之发生变化。邓小平在党的十一届三中全会上指出：“为了保障人民民主，必须加强法制。必须使民主制度化、法律化，使这种制度和法律不因领导人的改变而改变，不因领导人的看法和注意力的改变而改变……所以应该集中力量制定刑法、民法、诉讼法和其他各种必要的法律，例如工厂法、人民公社法、森林法、草原法、环境保护法、劳动法、外国人投资法等，经过一定的民主程序讨论通过，并且加强检察机关和司法机关，做到有法可依，有法必依，执法必严，

违法必究。"[7]

改革开放初期,关于经济建设与法制建设的关系,邓小平提出"一手抓建设,一手抓法制""两手都要抓"的方针,将社会主义法制建设与经济建设紧密结合起来。至此,法制建设与市场经济迈入同步发展时期。这一时期,还确立了社会主义法制"有法可依,有法必依,执法必严,违法必究"的"十六字"方针。

改革开放的推进实践证明,在社会主义条件下利用市场的手段发展经济有助于解放和发展社会生产力。与此同时,加强经济立法、完善宏观调控,用法律保障社会主义市场经济的健康发展,越来越成为国家推进经济体制改革的重要方向。1984 年,《中共中央关于经济体制改革的决定》指出,"经济体制的改革和国民经济的发展,使越来越多的经济关系和经济活动准则需要用法律形式固定下来"。1992 年,党的十四大报告则明确提出"加强立法工作,特别是抓紧制订和完善保障改革开放、加强宏观经济管理、规范微观经济行为的法律和法规",并提高到了"这是建立社会主义市场经济体制的迫切要求"的高度。1997 年,党的十五大报告中进一步提出,"使市场在国家宏观调控下对资源配置起基础性作用"。2002 年,党的十六大报告再次提出,"在更大程度上发挥市场在资源配置中的基础性作用"。这些政策理念的变迁,反映出国家对社会主义市场经济发展规律的认识不断加深。

社会主义市场经济的深入发展也不断推进法律制度体系的完善。这方面最显著的例子是,社会主义市场经济条件下私营经济的法律地位被不断确认和巩固。

1988 年《宪法修正案》规定:"国家允许私营经济在法律规定的范围内存在和发展。私营经济是社会主义公有制经济的补充。国家保护私营经济的合法的权利和利益,对私营经济实行引导、监督和管理。"随后 1993 年《宪法修正案》明确规定:"国家实行社会主义市场经济","国家加强经济立法,完善宏观调控","国家依法禁止任何组织或者个人扰乱社会经济秩序"。1999 年《宪法修正案》进一步规定:"在法律规定范围内的个体经济、私营经济等非公有制经济,是社会主义市场经济的重要组成部分","国家保护个体经济、私营经济的合法的权利和利益。国家对个体经济、私营经济实行引导、监督和管理"。

宪法修正案内容的变化表明,随着社会主义市场经济的深入发展和社会主义市场经济体系的建立,国家也在逐步完善市场经济法律制度,并用宪法的形式确立市场经济条件下国有经济和私营经济的平等竞争地位。

三、市场经济、社会建设与法制建设全面发展阶段(2004~2014 年)

社会主义市场经济的深入发展,带来了一系列社会问题。市场经济条件改变了计划经济时期资源分配的方式。与此同时,社会成员获取财富的方式日益开放和多元,社会成员的流动性不断增加。自由竞争带来了社会贫富差距以及城乡之间、区域之间发展不平衡的问题。随着全国交通网络体系的逐步建立,许多农民纷纷进城务工,但是农民工进城后并没有在教育、就业、医疗、社保等方面享受和城市居民同等的待遇,这造成社会的不公

[7] 《邓小平文选》(第 2 卷),人民出版社 1994 年版,第 146~147 页。

平,并引发诸多社会问题。

解决这些社会问题必须加强社会建设,为此国家作出了相关的顶层制度设计。2004年,党的十六届四中全会首次提出“构建社会主义和谐社会”,并把加强社会建设作为构建和谐社会的重要途径。2007年,党的十七大报告中明确提出“加快推进以改善民生为重点的社会建设”,并从教育、就业、收入分配、社会保障、医疗、社会管理等方面作出顶层制度设计。2012年,党的十八大报告中,进一步把社会建设作为“五位一体”总体布局的重要组成部分,提出加强社会建设,“要围绕构建中国特色社会主义管理体系,加快形成党委领导、政府负责、社会协同、公众参与、法治保障的社会管理体制”。

如果说中华人民共和国成立后至改革开放前夕的前30年,国家主要致力于政治建设;改革开放后至党的十七大前夕的中间30年,国家主要致力于经济建设;那么自2008年前后也即从改革开放30年至今,国家主要致力于加强社会建设。可以看出,时代在变迁,经济社会也在不断进步,国家建设的任务也在不断调整。而在加强社会建设的过程中,法制建设贯穿始终,这一时期的市场经济、社会建设和法制建设步入全面发展阶段。

随着社会主义市场经济的发展,物质生活水平不断提高,社会成员对经济和社会权利保障的要求也越来越高。这就要求,国家既要以法律的力量保障经济建设顺利进行,也需要用法律的力量保障社会建设顺利进行。在市场经济和社会建设中,法律能够起到重要的保障作用。一方面,社会建设的目的是实现社会和谐稳定,保障和改善民生,这些都需要法律作出明确的制度设计,引导社会成员有序表达自己的利益诉求。另一方面,经济社会发展带来的社会问题需要以法律手段解决,法律对规范和解决经济社会发展过程中带来的阶层利益分化、社会矛盾纠纷多样化等问题具有重要作用。

为了发挥法律在市场经济以及社会建设中的作用,这一时期国家加紧制定并修改了有关经济社会领域的法律,以实现人民的经济社会权利。一方面,保障经济社会权利是尊重人权的体现。国家在2004年《宪法修正案》中明确规定“国家尊重和保障人权”,通过根本大法的形式宣示人权的重要性,有助于提高全社会尊重和保障人权的意识,推动市场经济与社会建设协同发展。另一方面,实现人民的经济社会权利还体现在一些具体法律中,如《就业促进法》《社会保险法》《劳动合同法》等法律的制定或修改。这些法律进一步确认了经济社会权利,并在经济社会权利实现形式上作出具体规定,为实现人民经济社会权利提供了制度前提。

专门就社会建设进行立法的典型是深圳市。作为全国首例为社会建设立法的地区,深圳市以地方立法的方式明确社会建设的内容和目标,为国家尽快制定专门的社会建设法律制度提供了有益的经验探索。

深圳市是改革开放的前沿,也是最早的经济特区之一。在用法律制度保障和发展市场经济方面,深圳具有重要的示范带动作用。与此同时,用法律的方式促进社会建设,深圳市也发挥了同样作用。2012年1月,深圳市人大常委会通过了《深圳经济特区社会建设创新促进条例》,该条例涵盖基本公共服务、社区建设、社会组织、社会管理等不同方面,在公众参与机制、非户籍居民平等参与社区自治等诸多方面都作出了探索性改革,是深圳社会建设领域的纲领性法律文件。

四、法治经济、法治社会与全面依法治国阶段(2014 年至今)

2014 年 10 月,党的十八届四中全会通过了《中共中央关于全面推进依法治国若干重大问题的决定》,指出全面推进依法治国,总目标是建设中国特色社会主义法治体系,建设社会主义法治国家。这是党历次中央委员会全体会议中,首次将法治作为主题,依法治国方略进入全面依法治国新阶段。全面依法治国,要求把依法治国贯彻到经济社会发展的各个方面,国家的政治、经济、社会各方面的活动都依法进行。

上述决定提出,"社会主义市场经济本质上是法治经济。使市场在资源配置中起决定性作用和更好发挥政府作用,必须以保护产权、维护契约、统一市场、平等交换、公平竞争、有效监管为基本导向,完善社会主义市场经济法律制度"。这为新时代经济发展提供了方向指引。习近平指出:"法治经济的本质要求就是把握规律、尊重规律。"[8]这里的规律主要指的是市场经济发展的一般规律,其中主要涉及法治与经济的关系。市场经济发展需要营造良好的法治环境,法治应该全面融入市场经济发展的过程。从"法制经济"到"法治经济"以及从市场的"基础性作用"到"决定性作用"的表述变迁,表明我国更加重视法治在市场经济发展过程中的重要作用。通过法治的力量激活市场在资源配置中的决定性作用,不断推进社会主义市场经济持续健康发展。

上述决定第五部分专门部署"增强全民法治观念,推进法治社会建设",从推动全社会树立法治意识、推进多层次多领域依法治理、建设完备的法律服务体系、健全依法维权和化解纠纷机制等 4 个方面展开。在社会建设方面,上述决定提出:"依法加强和规范公共服务,完善教育、就业、收入分配、社会保障、医疗卫生、食品安全、扶贫、慈善、社会救助和妇女儿童、老年人、残疾人合法权益保护等方面的法律法规。"这些表明,社会建设诸多领域被纳入法治保障轨道,法治将全面融入社会建设各领域。与此同时,在社会治理方面,要求全面推进治理法治化,充分发挥法治在社会矛盾纠纷化解中的重要作用。习近平指出:"坚持在法治轨道上统筹社会力量、平衡社会利益、调节社会关系、规范社会行为,依靠法治解决各种社会矛盾和问题,确保我国社会在深刻变革中既生机勃勃又井然有序。"[9]

2017 年 10 月,党的十九大报告中指出,中国特色社会主义进入新时代,我国社会主要矛盾已经转化为人民日益增长的美好生活需要和不平衡不充分的发展之间的矛盾。社会主要矛盾的变迁,也将带来经济发展方式和社会治理方式改革。在经济发展方面要贯彻新发展理念,走创新、协调、绿色、开放和共享的发展之路。而在社会治理方面,2019 年 10 月,党的十九届四中全会明确提出:"必须加强和创新社会治理,完善党委领导、政府负责、民主协商、社会协同、公众参与、法治保障、科技支撑的社会治理体系,建设人人有责、人人尽责、人人享有的社会治理共同体,确保人民安居乐业、社会安定有序,建设更高水平

---

〔8〕 习近平:《在中央经济工作会议上的讲话》(2014 年 12 月 9 日),载《习近平全面依法治国论述摘编》,中央文献出版社 2015 年版。

〔9〕 习近平:《密织法律之网,强化法治之力》(2014 年 10 月 23 日),载习近平:《论坚持全面依法治国》,中央文献出版社 2020 年版。

的平安中国。"这既强调了法治在社会治理过程中的保障作用,也注重科技在社会治理过程的支撑作用,是社会治理理念、治理体制和治理方式的一次重大创新,是推进国家治理体系和治理能力现代化的必然要求。2020年中共中央印发《法治社会建设实施纲要(2020—2025年)》,明确规划了"十四五"时期法治社会建设的总蓝图和施工图。

延伸讨论

法律与发展运动的经验与教训

"二战"后,面对各国经济、社会、政治等方面发展的不平衡,西方发达国家进行了行之有效的经济改革措施和计划,以加快并推动本国经济复苏。与此同时,一些战后新兴的独立国家在国内外复杂多变的形势下,面临经济、社会乃至政治等方面的建设任务。在此背景下,为了帮助新兴的独立国家尤其是第三世界国家加快本国的经济社会发展,西方发达国家资助一些研究机构和学术团体研究并制定第三世界国家的经济和社会发展的改革计划。为了提供有效的法律改革计划,始于20世纪50年代的美国"法律与发展运动"主张对第三世界国家进行法律援助,帮助第三世界国家战后重建经济发展所需要的民主政治制度以及自由市场。

美国"法律与发展运动"的理论前提是韦伯的形式法律理论,[10]认为一个国家形式理性的法律制度可以促进一国经济的发展。因此,要想促进战后第三世界国家资本主义经济的发展,必须建立一套形式理性的法律制度。在此背景下,"法律与发展运动"主张对第三世界国家进行法律移植,帮助第三世界国家制定民主政治、经济发展等方面的法律制度。

"法律与发展运动"最终以失败而告终。究其原因,主要是移植的法律制度不是建立在第三世界国家的经济社会基础之上。按照法律与经济社会发展的一般关系,经济社会基础决定法律制度,法律制度建立在经济社会基础之上。第三世界国家独立后,经济社会发展水平并没有发展成西方发达国家的程度。事实上,第三世界国家在移植发达国家的法律制度之后,经济社会并没有得到全面发展,且长期处于贫穷和缺乏权利保障的状态。在第三世界国家未独立以前,其经济社会长期被西方发达国家控制。"二战"后,尽管第三世界国家纷纷独立,但是社会生产力水平仍然比较低,经济社会基础较为薄弱,因而不能盲目照搬西方发达国家的法律制度,因为西方发达国家的法律制度是建立在社会生产力水平较高的经济基础之上。西方发达国家对第三世界国家的法律援助表面上是为了第三世界国家进行法律改革,但其本质是一种法律意识形态输出,目的是加强对第三世界国家的文化控制和政治控制。

第一次"法律与发展运动"的失败并没有使国际学界停止关注法律与发展的关系。在总结第一次"法律与发展运动"的失败教训后,国际上很多学者开始关注第三世界国家

〔10〕 参见[德]马克斯·韦伯:《法律社会学》,康乐、简惠美译,广西师范大学出版社2011年版。

本国的制度对本国经济社会发展的影响。这里面的制度既包括正式的制度,也包括非正式的制度。尤其是本国非正式的制度是如何影响经济社会发展,成为很多学者关注的重要问题。到了20世纪90年代,随着经济全球化的发展,大多数国家加入了世界贸易组织,经济全球化的进程不断加快,世界银行以及其他国际组织开始关注一国的制度环境对经济发展的影响。在此背景下,许多学术机构重新开始研究法律与发展的关系,这一时期有代表性的理论是诺斯的制度经济学理论。诺斯认为,产权制度是一国正式的法律制度,在产权明晰的情况下,才能减少交易成本和交易的不确定性;诺斯还研究了非正式制度(如习俗、意识形态乃至文化等)对经济增长的影响;并指出非正式制度对正式制度的效力有约束作用。[11] 后期,有学者从法律人类学的角度分析第三世界国家的非正式制度对经济社会的影响,尤其致力于发现第三世界本国的历史文化传统与外来法律制度的互动机制,并提出了法律多元主义理论。[12]

回顾"法律与发展运动"的历史,有些经验教训值得总结。一方面,"法律与发展运动"的核心问题在于,如何准确定位法律与发展的关系。而研究法律与发展的关系,又离不开对具体国家的历史背景、文化传统、社会条件、政治体制等因素的关注。另一方面,"法律与发展运动"的前提是,肯定经济社会发展与法律有关。但是,法律是如何对经济社会发展发生作用,以及正式法律制度、非正式法律制度在多大程度上能够促进一国经济社会发展,这些问题的回答需要结合法律移植受体国的社会实际情况进行具体分析。

法律固然对经济社会发展具有重要作用,但不能夸大这种作用。一个国家的经济社会发展是由很多因素相互作用而成,法律制度只是其中因素之一。在建设中国特色社会主义市场经济的过程中,一方面要创造良好的市场环境,让法律在市场经济中发挥重大作用;另一方面也要结合具体实践分析影响法律发挥作用的体制机制因素,并结合社会主义市场经济发展的实际情况,研究中国的各种具体因素对经济社会发展的影响。只有结合一国实际深入分析影响经济社会发展的多重因素,才能准确理解法律和经济社会发展的关系,正确认识法治在经济社会改革和发展中的作用。

---

〔11〕 参见[美]道格拉斯·C. 诺斯:《制度、制度变迁与经济绩效》,杭行译,韦森审校,上海人民出版社2014年版。

〔12〕 Sally Engle Merry, *Legal Pluralism*, Law & Society Review, Vol. 22, No. 5(1988), p. 869 – 896.